教育部"新世纪高等教育教学改革工程"项目(A0121)
人文社科课程整合优化研究课题之一

中国文化历程

（第二版）

余国瑞　主编

东南大学出版社
·南京·

内 容 简 介

本书是教育部"新世纪高等教育教学改革工程"项目的研究成果,是一本具有整合优化特点的新教材。全书以提高大学生文化素质和相关修养为目的,认真吸取了已出版的这类教材的优点。在内容上,文化概说一章论述了文化的含义、结构和中国文化的特性及其成因;中间十章将文、史、哲等知识统一起来,按时代顺序系统地介绍了中国文化的历程。每一时代,由浅入深,由普及到提高,分概述、述评、专题三个部分逐层展开论述。最后一章,论述了中国文化遗产的相关知识。在形式上,采用了多种方法,力求纲举目张,条理清晰,便于自学。全书有插图约300幅,每章后附文化大事年表,有的章后还辑录了名家名言和经典文献选读。

本书是为高等学校各专业大学生编写的文化史性质的通用教材,也可供大中小学教师和社会各界读者自学或参考。

图书在版编目(CIP)数据

中国文化历程 / 余国瑞主编. — 2 版. — 南京：东南大学出版社,2019.1(2021.8重印)

ISBN 978－7－5641－7955－7

Ⅰ.①中… Ⅱ.①余… Ⅲ.①文化史-中国-高等学校-教材 Ⅳ.①K203

中国版本图书馆 CIP 数据核字(2018)第 194416 号

中国文化历程(第二版)

主　　编	余国瑞
责任编辑	宋华莉
编辑邮箱	52145104@qq.com
出版发行	东南大学出版社
出 版 人	江建中
社　　址	南京市四牌楼2号(邮编:210096)
网　　址	http://www.seupress.com
电子邮箱	press@seupress.com
印　　刷	兴化印刷有限责任公司
开　　本	700 mm×1 000 mm　1/16
印　　张	24.5
字　　数	571 千字
版 印 次	2019 年 1 月第 2 版　2021 年 8 月第 2 次印刷
书　　号	ISBN 978－7－5641－7955－7
定　　价	58.00 元
经　　销	全国各地新华书店
发行热线	025－83790519　83791830

(本社图书若有印装质量问题,请直接与营销部联系,电话:025-83791830)

教育部"新世纪高等教育教学改革工程"项目（A0121）
人文社科课程整合优化研究课题之一

《中国文化历程》（第二版）编委会

主　编：余国瑞

副主编：萧洪恩　苏　娅　万江红

编委及编撰者：余国瑞　萧洪恩　苏　娅
　　　　　　　　万江红　陈秋枫　王金琼
　　　　　　　　朱　彬　王百玲

《中国文化历程》(第一版)编委会

主　编：余国瑞

副主编：苏　娅　万江红　王金琼　朱　彬

编　委：翟新格　周家洪　李　华　高　潮
　　　　保　德　李永平　杨世义　王百玲

编撰者：余国瑞　王金琼　翟新格　万江红
　　　　周家洪　李　华　保　德　高　潮
　　　　陈秋枫　苏　娅　李永平　朱　彬
　　　　杨世义　廖红霞　王百玲　朱　京
　　　　唐清云　罗清萍

审稿专家：冯天瑜

序

作为世界文明古国之一的中国，具有悠久而丰富的文化传统。这一传统在跌宕起伏间，保有延绵不绝的系统和特异的风貌。例如，作为中国文化载体的汉字，历经甲骨文、金文、大篆、小篆、隶书、楷书、行书的递变，于承续中见进化，形成一种有别于拼音文字、自有优长的表意形声文字，在中国、日本等组合的汉字文化圈使用至今，被称为人类文明史上的奇迹；又如在文学领域，诗骚、汉赋、魏晋诗文、唐诗、宋词、元曲、明清小说，高峰迭现、异彩纷呈；再以学术论，先秦诸子学、两汉经学、魏晋玄学、隋唐佛学、宋明理学、清代朴学、近代新学，此伏彼起，波澜壮阔。这种在一国范围内，文化诸门类的发展保持如此完整的递进序列，是世界文化史上的仅见之例。

天行健，君子以自强不息。

地势坤，君子以厚德载物。

生生不已、宽厚包容的中国文化，走过了漫长的历程，在近现代经受了空前严峻的挑战，历尽艰难险阻，逐步完成文化的现代转型，迎来了宏伟的发展机遇。世界的目光正聚焦中国。值此新的历史关头，反顾中国文化的行迹，我们看到的不仅是史迹缅怀、博物陈列意义上的辉煌，更重要的，它是当下文化坚实的前进基地和取之不尽、却需要作现代转换的宝贵资源，它还是迎受、改造异域文化的丰厚母体，当然，也遗留着某种阻滞新文化发展的惰力。在这些意义上，传统文化的若干成分并非历史化石，而是具有鲜活的当下性价值，它们还运作于我们的现实生活之中。正因为如此，每一个现代中国人都有必要了解中国文化的发展历程，而担负着承接、发扬优秀文化传统重任的大学生，尤其有此必要。一个接受高等教育的人，要成为真正意义上的"知识分子"，不能限于拥有某种专业技能，还应当具备观照家国天下的心智与德行，而这种人文关怀的获得，决非说教可致，必须仰赖于文化史的哺育。当然，这里的"文化史"并非仅指某本书、某门课，而是指从我们的先辈走过的文化历程中获取教益，从民族的、世界的文化积淀中吸取营养。这需要我们终生努力，所谓"百年积德"，但在大学期间奠定基础，熟悉升堂入室的门径，也是至关紧要的。正因为如此，近二十年来，许多大学竞相开设文化史方面的课程，相关教材也如雨后春笋般涌现。我们案头的这部余国瑞先生等编撰的《中国文化历程》便是其中的优秀之作，它兼顾普及与提高、知识性介绍与思维性抉发、史的叙述与论的阐释、广义文化与狭义文化等双边关系，成就了一部精要而畅达的教材。这部书在高等学校的人文素质教育中，一定能发挥良好作用。我们乐观其成。

冯天瑜

2004年5月12日

撰于武汉大学中国传统文化研究中心

第二版前言

《中国文化历程》是21世纪初我们承担的国家教改项目的研究成果。为了编写一本具有整合优化特点、内容和形式更符合当代大学生学习中国文化知识、提高文化素质需要的教材，我们曾历时三年的研究和教学实践，才完成了初版《中国文化历程》的编写任务。这本教材自2004年出版以来，得到学生和教师的欢迎和好评，这是对我们莫大的鼓励和鞭策。作为一项探索性的改革成果，它还存在这样那样的缺点和不足。在出版社的大力支持下，为了改进和完善本教材，经过编者们的共同努力，第二版《中国文化历程》终于同读者见面了。

在内容方面，初版本教材的一个突出问题是，没有重点论述中国现当代文化的一个核心内容，即中国特色社会主义理论体系。认真学习习近平总书记的一系列重要讲话后，我们对这个问题有了一定的认识。中国文化，既包括中国传统文化，也包括源自中国优秀传统文化，在中国共产党领导下，中国人民在革命、建设、改革开放的伟大事业中创造的革命文化和社会主义先进文化。优秀传统文化、革命文化和社会主义先进文化三者紧密联系，互为一体，是现当代中国特色社会主义理论体系最集中、最鲜明的体现，是中国特色社会主义事业取得的最辉煌成就。因此，第二版在第十章增加了两个重要部分：一是论述了中国特色社会主义理论体系及其历史地位；二是学习和介绍了习近平"论中国传统文化"。后一部分是习近平中国特色社会主义思想的重要组成部分，是马克思主义、毛泽东思想关于继承、弘扬优秀传统文化思想的继承、发展和创新，它指明了实现中华文化的创造性转化和创新性发展的方向和道路。

此外，第二版内容的改进，还有两个重点：一是增加了第十一章中国文化遗产。这里的文化遗产，是指由联合国发起、联合国教育科学文化组织负责组织保护和传承的对人类具有杰出普遍价值的世界各国保留下来的物质或精神的文化与自然财富。中国于1985年12月12日正式加入联合国《保护世界文化与自然遗产公约》。自1986年以来，截至2018年7月已被联合国有关组织认定的中国世界遗产有53项。其中中国的世界文化遗产36项，世界文化与自然双重遗产4项，世界自然遗产13项。中国已成为世界文化与自然遗产类型最齐全的国家之一。其世界遗产总量目前仅次于意大利。除这些世界文化遗产外，中国还有一大批由国家认定的文化遗产。习近平总书记在十九大报告中指出，要"加强文物保护利用和文化遗产保护传承"。这是我们必须担负的历史责任，也是我们增设中国文化遗产一章的重要原因。二是对全书引用的文献进行了全面校勘。有些引文和引事，由于所出文献版本不同，说法不尽相同，我们力求择善而从。虽然如此，错漏和不当之处仍然难免，敬请读者批评指正。

在形式方面，第二版也有所改进。一是将春秋战国文化三章合并为一章，内容没有减少,但调整后内容的连贯性、系统性、整体性更强了,更加便于阅读。二是在编写体例上力求做到全书统一、规范。

本书再版,由于种种原因,参加初版编写工作的老师大多没有参加修订工作。新的编委会,主编余国瑞,副主编萧洪恩、苏娅、万江红。由余国瑞执笔撰写了第十章新增各部分,由萧洪恩执笔撰写了第十一章。苏娅、万江红、陈秋枫等老师参加了部分修订工作。

《中国文化历程》再版,得到东南大学出版社的大力支持,相关编辑参与了全书的校勘工作,谨对出版社及诸位编辑深表谢忱。

余国瑞
2017 年 12 月 10 日

第一版前言

20世纪80年代以来的"文化热",催生了在全国高校普遍开设的文化类公选课程。这类课程以它特有的魅力吸引了众多学生。学生选修这类课程的热烈程度以及实际效果,证明开设这类课程对提高大学生人文素质很有必要。

2001年,由华中农业大学文法学院王绪朗教授主持的教育部"新世纪高等教育教学改革工程"(A0121)项目,将这类课程的改革作为一个重要课题列入计划,目标是通过对这类课程的综合研究,进一步改革教学思想、教学内容和教学方法,编写一本具有整合优化特点的教材,更有效地提高教学质量。随后我们接受任务成立了有多所高校教师参加的课题组,并从深入调查入手,对全国高等学校开设这类课程的实际情况进行了分析研究。2002年5月提出了改革的基本思路和新教材的大纲草案。同年8月在西北农林科技大学召开了研讨会,对改革思路和教材大纲进行了较深入的讨论。会后各校根据课题组的要求,一方面组织力量编写教材,一方面开展教学试验,在教学实践中认真听取老师和学生的意见,对正在编写和已经写成的教材进行了反复修改。2004年年初才将这本教材的定稿交出版社。

编写本教材的指导思想是根据教育的基本规律,从教学对象的实际出发,全面、深入地探讨相关课程之间的关系,相关教学内容之间的关系,以及这些课程的教学内容与教学方法之间的关系,根据它们的内在联系,重新建构一种比较符合学生需要和教学实际的科学、合理的教学体系,更有效地实现教学目的。我们认为这种文化史性质的课程同其他文化素质类课程一样,其教学目的应该是,让学生在有限的学时里,不仅能获得更多、更完整的知识,而且能激发学习兴趣,启发积极思考,培养创新精神,提高相关能力和素质。本课题的研究和本教材的编写,就是根据这一指导思想进行的。我们主要做了以下三方面的工作。

●**课程的整合优化** 目前各高校为提高学生文化素质而开设的中国文化类公选课程,大体有以下一些情况:有的只讲传统文化;有的既讲传统文化,又讲现代文化;有的突出"史"的教学,以"史"为线索来讲;有的突出"思想"的教学,按"思想"性质的分类组织教学。各种课程的深浅程度很不一致,有的重普及,有的重提高。课程名称也各式各样,如《中国文化概论》《中国文化史》《中国文化要义》等。要对这类课程进行整合优化,首先要明确大学开设这类公选课程,目的是为了提高学生的人文素质,其次还要弄清教学对象的实际情况。根据我们的调查,目前大学生十分缺乏中国文化的基础知识,以及与此相关的中国历史的基础知识。虽然中学开设了历史课程,但受应试教育的影响,多数大学生,甚至包括研究生,仍缺乏较为系统的中国历史常识和相关修养。因此我们认为当前在大学开设这类以提高文化综合素质为主要目的的中国文化课程,***第一,应突出普***

及性,同时注意将普及与提高有机统一起来;第二,应重点讲文化思想,同时注意将中国历史知识的教学与中国文化思想的教学有机统一起来;第三,应重点讲知识,同时注意将知识教学与培养学生能力和素质有机统一起来,重视启发学生思考,培养学生创新能力。根据这种认识,我们主张把文、史、哲三方面的内容整合起来讲授,力求使这三方面的内容融为一体;我们还认为这门课程不能只讲传统文化,应将传统文化与现当代文化结合起来讲授;也不能只讲狭义的精神文化,应讲广义的文化,将物质文化、制度文化以及精神文化结合起来讲授;不能孤立、割裂地讲中国文化精神和文化成果,应该把这些精神和成果放在"史"的过程中去讲授,因为"文化"本身是一个发展的概念,将文化精神、文化成果放在历史过程中去讲授,不仅更具体、生动,而且更符合文化之为文化的真正意义。这本教材是文化史性质的教材,但是,我们从大学生实际出发,淡化了"史"的某些特点,突出了这门课程的综合性、通俗性,因此,我们将这本教材定名为《中国文化历程》。

● **课程内容的整合优化**　这是本课题研究的重点和难点。当我们把文、史、哲三方面的内容整合起来讲授时,很多问题产生了。首先是内容太多,其次是怎样才能使各方面内容有主有次,并结合为一个整体,最后还有编排上的一些困难,弄不好必然是杂乱无章或流水账似的肤浅。因此,仅有整合还不够,还须优化。经过反复研究,我们决定分层次对内容加以选择和组织,每个时期都按如下三个层次分三节讲述。**第一个层次**,即每章第一节,是文化和历史知识的概述,目的是以极简明的语言说明这一时期文化和历史的基本面貌,尽量给学生较完整、全面的社会和文化发展知识,使学生在重点学习文化思想前,对文化思想产生的基础,即相应物质的、制度的文化和其他文化成果有较全面的了解。为了做到这一点,我们还编写了这一时期的"文化大事年表"附在每章之后,供学生参阅。**第二个层次**,即第二节,专讲这一时期最具代表性的哲学思想。这是在第一层次的基础上内容的深化。讲哲学思想,当然也必然涉及政治、经济、军事和文学艺术思想。哲学思想是文化的精髓和灵魂,对开启和激发学生理论思考、培养学生思维能力和创新能力有十分重要的意义,应该是学生学习的重点。在讲述中,要注意哲与文、史的结合。**第三个层次**,即第三节,是在上两节基础上,内容的进一步深化,因此取名为"专题讨论"。其中大部分内容仍然是通俗的,不少专题具有综述性质,也有部分内容有一定的深度,这是必要的。如果说第一节主要是基础知识的普及,第三节则是这些知识的补充、升华和提高,中间第二节则介于二者之间。这样每章的内容就将普及与提高、广义文化与狭义文化统一起来,由浅入深,形成了层次分明的体系。此外,为了加深学生对不同时期文化内涵的了解,有些章后根据具体情况编辑了名人名言或经典文献的选读作为附录,以开阔学生的视野和给学生以更具体丰富的体验。

要解决篇幅有限与内容太多的矛盾,关键是要突出重点,不能面面俱到。从全书的内容选择可以看出,我们突出了春秋战国时代文化和近代以及现当代文化的教学。"轴心时代"的春秋战国文化是中国文化的"根",给予重点讲述是必要的;而近代和现当代文化同当前实际联系最紧密,给予适当重视也是理所当然的。在每章的内容选择上,我们力求突出那些具代表性和能使学生举一反三的内容。对有些非主要内容,点到为止,或一笔带过,或不讲。每章第一、二节的节题称"概述",称"述评",目的也是想突出重点,使论述更简洁明了。

●**课程内容与方法手段的整合优化** 这方面的改革包括课堂教学、课外教学以及教材编写等各个方面。这里我们只简要说明本教材的内容与方法手段整合优化的一些做法。*第一,以图片为辅。*全书采用了300幅图画和照片。这些图片不仅使表述更生动,而且很多图片本身就有很高的文化价值,使用这些图片在一定程度上可以减少文字的叙说,增加信息量。*第二,纲举目张的编写方法。*我们将辞书条目化的特点借用到本教材中来,除了采用一般标题法外,又将书中内容要点概括为词组或短语,作为中心思想置于段首,并用"●"领起;在一段话中则用*斜黑体*标示出层次,使读者一目了然,能很快把握其中的主要内容以及逻辑关系;为了便于查阅,我们还在目录中将各章节要点一一列出。*第三,采用多种方法调动学生自学的积极性。*以启发式的讲授和课堂讨论为主,采用多种方法从各方面调动学生自学的积极性,引导学生主动自学,是提高教学质量和效率的最好方法,这本教材就是为方便学生自学编写的。

我们的研究和改革实践是初步的、尝试性的,其中问题不少,缺点和错误在所难免,我们将在今后教学实践中不断地改进和完善,真诚希望广大使用这本教材的老师、同学以及所有读者多予批评。

本书各部分的编撰者是:绪论,余国瑞;第一章,王金琼;第二章,翟新格;第三章,万江红;第四章,周家洪;第五章,李华;第六章,保德、高潮;第七章,陈秋枫、高潮;第八章,苏娅、高潮;第九章,李永平;第十章、第十一章,朱彬、杨世义、廖红霞;第十二章,王百玲。最后由余国瑞统稿,并进行了修改。朱京、唐清云、罗清萍参加了专题、图片以及部分附录的收集、整理和编写工作。万江红协助主编,参与了大事年表的修改以及统稿过程的工作。

本书是一本编、撰结合的教材,采用了大量文献、图片资料,其中专题讨论部分有不少是根据专家、学者的有关论著摘编的。我们谨向本书所引文献和图片的作者深表谢忱!

我们衷心感谢著名历史学家、武汉大学中国传统文化研究中心主任、博士生导师冯天瑜教授在百忙中审阅了书稿,并赐序言。

我们还要向一直支持本课题研究工作的项目主持人、华中农业大学王绪朗教授表示衷心的感谢!向东南大学出版社表示衷心的感谢!向关心和帮助过我们的上海能博文化经济研究所秦扶一所长、杨浩明先生以及上海大学于成鲲教授表示衷心的感谢!

余国瑞
2004年2月5日

目　　录

绪　论　文化概说 ……………………………………………………（1）

一、文化的含义 ………………………………………………………（1）
什么是文化—文化的本质

二、文化的结构 ………………………………………………………（2）
社会活动主体即人本身的文化—社会活动即社会行为的文化—社会活动结果的文化—文化的双螺旋结构

三、中国文化的特性及其成因 ………………………………………（5）
"协和万邦""和而不同"的整体和谐观—"天人合一"，人与自然和谐相处的发展观—强调人自身修养的人本观—系统的整体思维方法及实践理性精神—中国文化的多元一体格局与多民族文化的交融互惠—中国文化特性的成因

四、中国文化的发展趋势 ……………………………………………（8）
不断创新和不断发展是中国文化的生命—批判地继承—在优秀传统文化的基础上广泛吸取优秀的外来文化

第一章　远古文化 ……………………………………………………（10）

第一节　远古文化概述 ………………………………………………（10）

一、中国原始人类的形成 ……………………………………………（10）
人类神创论—科学进化说—独立起源的中国原始先民

二、原始社会的经济与社会制度 ……………………………………（13）
原始社会的经济结构—原始的"大同"世界

三、原始社会的文化成就 ……………………………………………（14）
"绿色革命"—磨石作器—制陶工艺

第二节　远古文化思想述评 …………………………………………（16）

一、原始思维 …………………………………………………………（16）

1. 原始思维的基本特征 …………………………………………（16）
集体无意识—非理性思维—自在性和自发性

2. 原始思维发展过程的基本类型 ………………………………（17）
行为思维—形象思维—逻辑思维

二、原始宗教 (18)

1. 原始宗教起源 (18)
原始宗教产生的基础—原始宗教的形成

2. 原始宗教形式 (19)
自然崇拜—图腾崇拜—生殖-祖先崇拜

三、原始艺术 (20)

1. 艺术起源 (20)
艺术起源于劳动—劳动并非艺术起源的唯一因素

2. 原始艺术的表现形式 (21)
绘画—雕塑—装饰—音乐—舞蹈

四、古代神话故事 (23)

1. 古代神话的产生 (23)
神话与人同自然的斗争—神话与原始社会性质

2. 神话的内容、特点和价值 (24)
神话的内容—神话的特点—神话的价值

第三节 专题讨论 (26)

一、"美"的原始形成过程 (26)
抽象几何纹的形成与"美"的关系—抽象几何纹来自写实的生动的动物形象—"美"在有意味的形式

二、中西神话比较 (27)
相同点—不同点

三、中华民族的形成 (29)
"华夏"是多民族的共称—中国远古部落的三大集团—东西两大部落集团的斗争与融合

附:远古文化大事年表 (31)
［思考与讨论］ (33)

第二章 夏、商、西周文化 (34)

第一节 夏、商、西周文化概述 (34)

一、奴隶制及国家的产生和发展 (35)

1. 奴隶制的确立与兴盛 (35)
由原始公有制向奴隶制的过渡—奴隶制的确立—奴隶制的兴盛

2. 国家体制的形成与完备 ……………………………………（36）
　　　　由部落联盟向国家的过渡—国家体制的初步形成—国家体制的完备
　二、夏、商、西周的文化成就及其影响 ……………………………（39）
　　　青铜文化—文字系统的形成—巫史及其礼乐的创制—科技成就

第二节　夏、商、西周文化思想述评 ……………………………………（42）
　一、由尊命尊神到尊礼尚德 …………………………………………（42）
　　　夏道尊命—殷人尊神—周人尊礼
　二、《周易》及其思想 …………………………………………………（44）
　　　《周易》的核心思想—正确理解爻和卦—《周易》的影响

第三节　专题讨论 ………………………………………………………（47）
　一、青铜艺术和汉字艺术 ……………………………………………（47）
　　　狞厉的美—线的艺术—解体和解放
　二、《周易》的文化价值及其在传统文化中的地位 …………………（51）
　　　《周易》是古代经邦济世的宝贵经典—《周易》是充满辩证智慧的哲学著作—《周易》是打开宇宙迷宫之门的一把金钥匙—《周易》为科学研究提供了一套别开生面的象数思维模式—《易经》是上古文化知识汇编—《周易》的价值为何受到人为扭曲

　附1：夏、商、西周文化大事年表 ……………………………………（54）
　附2：《周易》选读 ……………………………………………………（56）
　［思考与讨论］ …………………………………………………………（57）

第三章　春秋战国文化 ……………………………………………（58）

第一节　春秋战国文化概述 ……………………………………………（58）
　一、春秋战国的来历及社会性质 ……………………………………（59）
　　　何谓"春秋""战国"—春秋战国时期的社会性质
　二、春秋战国时期的政治和经济 ……………………………………（60）
　　　社会生产力的发展—封建生产关系的产生与确立—变法革新—在激烈的兼并战争中走向融合与统一
　三、春秋战国时期文化成就及其影响 ………………………………（62）
　　　科学技术成就—文学艺术成就—思想文化成就

第二节　春秋战国时期各家代表人物及其思想述评 …………………（64）
　一、儒家代表人物及其思想 …………………………………………（64）
　　（一）儒家创始人孔子及其思想 ……………………………………（64）
　　　　1. 孔子生平简介 ………………………………………………（64）

        2. 孔子的思想 …………………………………………………………（64）
            孔子的政治思想—孔子的伦理道德思想—孔子的天命观—孔子的认识论和教育思想—孔子的人格修养理想
        3. 孔子思想对后世的影响 ………………………………………………（67）
            孔子既不代表奴隶主阶级，也不代表封建地主阶级—孔子思想的主流是进步的—还孔子思想的本来面目
    （二）孟子、荀子对儒家思想的发展 ……………………………………（68）
        1. 孟子 ……………………………………………………………………（68）
            孟子生平简介—孟子的仁政学说—孟子的性善说—孟子的天命观—《孟子》的文学价值—孟子思想的历史地位
        2. 荀子 ……………………………………………………………………（71）
            荀子生平简介—荀子的唯物宇宙观—荀子礼法并用的政治思想—荀子的性恶论—荀子在文学上的贡献—荀子思想的历史地位
    （三）儒家思想的评价及其展望 …………………………………………（72）
        1. 儒学的兴衰与厄运 ……………………………………………………（72）
            中国思想文化的主干—五四新文化运动与儒学—极"左"路线与儒学
        2. 改革开放以来的儒学新评价 …………………………………………（73）
            20世纪80年代以来内地学者对儒学的反思—海外对儒学的态度—20世纪90年代以来的新动向
        3. 儒学的未来展望 ………………………………………………………（74）
            儒学与人生信仰—儒学与社会道德—儒学与自然和社会科学—儒学与现代管理
二、墨家代表人物及其思想 ……………………………………………………（75）
    1. 墨子生平简介 ……………………………………………………………（75）
    2. 墨子的思想 ………………………………………………………………（76）
        墨子的认识论—墨子的政治思想—墨子的逻辑思想—墨家学派的科学成就—墨子思想的历史地位
三、道家代表人物及其思想 ……………………………………………………（77）
    （一）道家创始人老子及其思想 …………………………………………（77）
        老子·生平简介—老子的道论—老子的政治论—老子的人生论—《老子》的辩证思想
    （二）庄子对道家思想的发展 ……………………………………………（80）
        庄子生平简介—庄子的道论—庄子的人生论—庄子的相对主义—庄子的认识论

（三）道家思想对中国传统文化的影响 ……………………………… (81)
因性思想的影响—无为思想的影响—超越思想的影响—批判思想的影响

四、法家代表人物及其思想 ……………………………………………… (84)
（一）法家思想的性质 ………………………………………………… (84)
先进生产力的代表—剥削阶级的局限性—不同时代"法治"思想性质不同
（二）法家代表人物及其思想 ………………………………………… (86)
1. 前期法家代表人物及其思想 ………………………………… (86)
   慎到—申不害—商鞅
2. 法家思想的集大成者韩非及其思想 ………………………… (87)
   韩非生平简介—韩非的政治思想：法、术、势的统一—韩非的社会观：历史进化论—韩非的人格理想："争于气力"
（三）法家思想的现实意义 …………………………………………… (90)
积极意义—消极意义

五、兵家代表人物及其思想 ……………………………………………… (91)
1. 孙武及《孙子兵法》 …………………………………………………… (91)
   孙武的生平—孙武的军事思想
2. 孙膑及《孙膑兵法》 …………………………………………………… (93)
   孙膑生平简介—孙膑的军事思想

六、名家和阴阳家代表人物及其思想 …………………………………… (95)
（一）名辩思潮与名家代表人物及其思想 …………………………… (95)
1. 惠施 ………………………………………………………………… (95)
   惠施生平简介—惠施的"历物十事"—惠施的"二十一事"
2. 公孙龙 ……………………………………………………………… (97)
   公孙龙生平简介—公孙龙的主要思想
3. 名家思想的意义 …………………………………………………… (98)
   重知性—重思辨
（二）阴阳家代表人物及其思想 ……………………………………… (98)
1. 邹衍及其主要思想 ………………………………………………… (98)
   邹衍生平简介—"大九州"说—"五德终始"说
2. 阴阳家对中国文化的影响 ………………………………………… (99)
   对古代科学的促进作用—神秘主义的不良影响

第三节　专题讨论 ……………………………………………………… (100)
一、儒家传统与人权、民主思想的关系 ………………………………… (100)
儒学与民主的关系—儒学与人权的关系—儒学及中国文化对人类的永久性价值

二、道家的当代评价 ……………………………………………… (101)
　　重视生命的价值—崇尚自然和人性—怀疑一切—超越一切—批判精神
三、道家思想在西方的传播 ………………………………………… (102)
　　1. 道家思想在西方传播概况 …………………………………… (102)
　　　　1840年到1900年的高潮—第一次"道家热"—第二次"道家热"—几个应
　　　　注意的问题
　　2. 道家思想在西方传播的原因 ………………………………… (104)
　　　　西方社会本身的原因—道家思想特性方面的原因
四、西方自然法学与中国法家思想比较 …………………………… (104)
　　法的实质—法的运行—法的体系—几点启示
五、春秋战国时期地域文化 ………………………………………… (106)
　　（一）齐鲁文化 ………………………………………………… (106)
　　　　崇尚周礼—百家争鸣
　　（二）楚文化 …………………………………………………… (107)
　　　　道家发源地—浪漫主义的先河
　　（三）三晋文化 ………………………………………………… (108)
　　　　法家思想的源头—纵横家的天地—与胡族文化的交融—"养士"之风盛行
　　（四）秦文化 …………………………………………………… (110)
　　　　广纳六国文化—注重实效和功利
附1：春秋战国文化大事年表 ……………………………………… (111)
附2：春秋战国时期各家代表人物名言选编 ……………………… (115)
　　附2.1　孔子、孟子、荀子、墨子名言选编 ……………… (115)
　　附2.2　老子、庄子名言选编 ……………………………… (118)
　　附2.3　法家、兵家代表人物名言选编 …………………… (120)
[思考与讨论] ………………………………………………………… (122)

第四章　秦汉文化 ………………………………………… (123)

第一节　秦汉文化概述 ……………………………………… (123)

一、国家和文化的大一统 …………………………………………… (123)
　　大一统的政治体制—大一统的经济制度—大一统的文化措施—独尊儒术—
　　文官制度的创建
二、秦汉文化成就及其影响 ………………………………………… (126)
　　1. 科学技术成就 ………………………………………………… (126)
　　　　农耕、冶铁与纺织—天文与数学—医学—造纸

2. 史学和文学艺术成就 ··· (128)
　　　　司马迁与《史记》—班固与《汉书》—文学艺术
　　3. 对外交流 ··· (129)

第二节　秦汉文化思想述评 ··· (130)
　一、崇尚黄老 ·· (130)
　　　黄老初兴—黄老盛行—黄老思想的社会效果
　二、董仲舒及其新儒学 ··· (131)
　　1. 董仲舒生平简介 ··· (131)
　　2. 董仲舒的新儒学 ··· (132)
　　　　儒学官学地位的确立—关于"天"的理论—阴阳五行说—天人感应论—
　　　　人性论—社会伦理思想—社会历史观
　三、无神论与谶纬迷信的斗争 ·· (135)
　　1. 儒学经学化及其与谶纬迷信的合流 ······························· (135)
　　　　儒学经学化—经学谶纬化—谶纬法典化
　　2. 无神论者与谶纬迷信的斗争 ··· (136)
　　　　桓谭—王充—张衡
　四、道教初创与佛教东来 ·· (138)
　　1. 道教的初创 ··· (138)
　　　　五斗米道—太平道
　　2. 佛教东来 ·· (140)
　　　　佛教来由—佛教传播—佛教翻译

第三节　专题讨论 ··· (141)
　一、汉代艺术特征 ·· (141)
　　　汉代艺术的屈骚传统—汉代艺术的真正主题—汉代艺术的气势与古拙风格
　二、走向世界的秦汉文化 ·· (145)
　　　中华文化与世界古文明的交流之始—"丝绸之路"的历史意义
　附1：秦汉文化大事年表 ··· (146)
　附2：佛教知识 ··· (152)
　　　佛教的基本教义—佛教的影响—佛教思想的哲学意义
　[思考与讨论] ··· (154)

第五章　魏晋南北朝文化 ·· (155)

第一节　魏晋南北朝文化概述 ··· (155)
　一、动乱与变革时代的政治和经济 ······································ (155)
　　　三国鼎立—南北融合—庄园经济—九品中正制

二、魏晋南北朝时期的文化成就及其影响 (158)

1. "笔意之间"——书法 (158)
钟繇—王羲之—王献之

2. "形神之间"——绘画与雕塑 (160)
绘画—雕塑

3. "物我之间"——音乐 (161)

第二节 魏晋南北朝文化思想述评 (161)

一、玄学的兴衰 (161)

1. 玄学代表人物及其思想 (161)
何晏与王弼—阮籍与嵇康—乐广与裴𬱟—郭象

2. 玄学的历史功过 (163)
消极影响—积极影响

二、儒释道的融合 (164)

1. 中国佛教的三大系 (164)
中国佛教三大系—中国佛教三大系与大小乘佛教的关系—大乘佛教显宗与密宗的区别

2. 佛教的本土化 (165)
佛教与现世报应和灵魂不灭思想的结合—佛教与儒家伦理道德的结合

3. 道教与儒佛的融会 (166)
陆修静—陶弘景—萧衍

三、文学与文化的自觉 (166)

1. 文学的自觉 (167)
文学观念的自觉—追求强烈的情感与辞采美—诗赋的唯美倾向—文论体系的形成

2. 史学与科学的自觉 (168)
史学的自觉—科学的自觉

四、范缜的《神灭论》及神灭之争 (169)
范缜与《神灭论》—神灭之争及其意义

第三节 专题讨论 (171)

一、魏晋风度 (171)
怪异的装扮—饮酒与服药—隐避山林

二、儒道互补说 (173)
什么是"儒道互补"—儒道互补的内容和原因—儒道互补的途径

三、胡汉互化对中原文化发展的影响……………………………………（175）
　　　　人口和种族的融合—经济的融合—文化的融合
　　附:魏晋南北朝文化大事年表…………………………………………（176）
　　[思考与讨论]……………………………………………………………（180）

第六章　隋唐文化……………………………………………………（181）

第一节　隋唐文化概述……………………………………………（181）
　　一、强盛帝国的开明政治………………………………………………（181）
　　　　官制—兵制—法律制度—科举制
　　二、海纳百川的文化开放政策…………………………………………（183）
　　　　对外开放的气度—多国文化的大融合
　　三、恢宏壮阔的文化成就………………………………………………（185）
　　　　诗歌—书法—绘画—乐舞—雕塑

第二节　隋唐文化思想述评………………………………………（188）
　　一、佛教宗派的形成……………………………………………………（188）
　　　1. 佛教宗派形成的原因………………………………………………（189）
　　　　对外交流的开放政策—判教的出现—寺院经济的发展
　　　2. 佛教宗派简介………………………………………………………（189）
　　　　华严宗—天台宗—唯识宗—净土宗
　　二、禅宗的产生与发展…………………………………………………（191）
　　　1. 禅宗源流……………………………………………………………（191）
　　　　拈花微笑说—顿悟成佛说—南北禅宗的佛学理论
　　　2. 禅宗对佛教的改革与创新…………………………………………（193）
　　　　世俗化的精神追求—杂糅诸学的认识方法—简便易行的禅定解脱方式
　　三、韩愈的道统理论与古文运动………………………………………（195）
　　　　韩愈生平简介—韩愈的道统理论—唐代古文运动
　　四、柳宗元的无神论与文学成就………………………………………（197）
　　　　柳宗元生平简介—柳宗元的无神论—柳宗元的文学成就

第三节　专题讨论…………………………………………………（199）
　　一、隋唐科举制度及其对中国社会的影响……………………………（199）
　　　　什么是"科举制"—科举制的特点—科举制的影响
　　二、李白与杜甫的思想…………………………………………………（201）
　　　1. 李白的思想…………………………………………………………（201）
　　　　入世的人生态度—出世的道家情怀

  2. 杜甫的思想 ··(202)
    正统儒家思想说—儒家思想超越说—以儒为主兼有道佛说
 三、中西建筑文化比较 ··(204)
   中国建筑的精神—中国建筑的主要特征—中西城市建筑比较—中西建筑材料比较
 附:隋唐五代十国文化大事年表 ···································(206)
 [思考与讨论] ··(210)

第七章　宋元文化 ··(211)

第一节　宋元文化概述 ··(211)
 一、宋元时代的政治经济形势 ···································(212)
   政治经济形势概况—王安石变法—宋辽金元之间的征战与文化交融
 二、宋元时代的文化成就及其影响 ······························(215)
   印刷业和教育事业的发展—科举达到最合理阶段—科技文明居历代之首—规模盛大的中外文化交流

第二节　宋元文化思想述评 ······································(217)
 一、理学奠基者程颢、程颐 ·······································(217)
  1. 二程生平简介 ··(217)
   程颢—程颐
  2. 二程的哲学思想 ···(218)
   本体论:"天者,理也","惟理为实"—认识论:"格物穷理"—辩证法:物极必反—人性论:"性即理也"
  3. 二程的影响 ··(219)
 二、理学集大成者朱熹 ··(220)
  1. 朱熹生平简介 ··(220)
  2. 朱熹的思想 ··(221)
   由以理为本到以气为器的本体论结构—由"格物"到"穷理""致知"的认识论结构—由"正心"到"诚意"的修身养性结构—由"修身"到"齐家、治国、平天下"的"经世致用"的价值观结构—对矛盾普遍性的认识—对矛盾特殊性的认识
  3. 朱熹思想的影响 ···(223)
 三、陈亮、叶适对理学的批判 ····································(224)
  1. 陈亮、叶适生平简介 ··(224)
   陈亮—叶适

2. 陈亮、叶适的思想 ……………………………………………（224）
　　　　浙东学派及其主张—王霸义利之辩

第三节　专题讨论 …………………………………………………（226）
　一、宋代理学的价值和意义 ………………………………………（226）
　　宋明理学的精神—理学与民族人格建构—朱熹思想的历史地位及其作用
　二、理学与佛教的关系 ……………………………………………（227）
　　理学的宗教禁欲倾向受佛教修持论的影响—理学体系直接借鉴了佛教华严宗的逻辑建构方式—理学吸收了禅悟的修持方法
　三、宋元文学艺术成就及历史地位 ………………………………（228）
　　宋词的艺术成就—元曲的艺术成就—宋元绘画的艺术成就—宋代"话本"的产生

　附1：宋辽夏金文化大事年表 ……………………………………（231）
　附2：宋代理学家名言选编 ………………………………………（236）
　［思考与讨论］ ……………………………………………………（238）

第八章　明清文化 ………………………………………………（239）

第一节　明清文化概述 ……………………………………………（239）
　一、明清时代的政治经济形势 ……………………………………（239）
　　1. 明代的政治和经济 …………………………………………（239）
　　　　封建专制统治的加强—张居正的改革—资本主义萌芽—抗击外国侵略—李自成的农民革命及其历史意义
　　2. 清代的政治、经济和外交 …………………………………（242）
　　　　文字狱和"康乾盛世"—殖民者的侵略和清朝的对外关系—民族矛盾和阶级矛盾激化
　二、明清文化成就及影响 …………………………………………（244）
　　郑和下西洋及中西文化的交流—科学技术的发展—考据学兴起以及史学和文献的编辑整理—文学艺术成就

第二节　明清文化思想述评 ………………………………………（247）
　一、早期启蒙思潮的兴起及一般特征 ……………………………（247）
　　早期启蒙思潮—早期启蒙思潮的一般特征
　二、早期启蒙思潮的代表人物 ……………………………………（248）
　　1. 黄宗羲 ………………………………………………………（248）
　　　　黄宗羲生平简介—气本论的自然观和"学贵适用"的认识论—"君臣共治""工商皆本"的启蒙思想

2. 王夫之 ·· (250)
      王夫之生平简介—"太虚即气,纲缊之本体"的唯物论—"分一为二"和
      "合二为一"的朴素辩证法—"物之理""心之灵""行之先"的认识论
   3. 戴震及其哲学思想 ·· (251)
      戴震生平简介—"气化即道"的自然观—"有血气才有心知"的反映论—
      "理存乎欲"的理欲观

  第三节 专题讨论 ·· (253)
    一、市民文艺 ·· (253)
      市民文艺产生的时代背景—哲学思想的影响—小说反映的市民精神—戏曲
      反映的市民精神—版画反映的市民精神
    二、四部中国古典小说名著评介 ·· (257)
      1. 罗贯中与《三国演义》 ·· (257)
         作者简介—思想内容—艺术成就
      2. 施耐庵与《水浒传》 ·· (258)
         作者简介—思想内容—艺术成就
      3. 吴承恩与《西游记》 ·· (258)
         作者简介—思想内容—艺术成就
      4. 曹雪芹与《红楼梦》 ·· (260)
         作者简介—思想内容—艺术成就

  附:明清文化大事年表 ·· (261)
  [思考与讨论] ·· (266)

第九章 近代前期文化 ·· (267)

  第一节 近代前期文化概述 ·· (267)
    一、近代中国社会性质和近代前期革命的三次高潮 ···················· (267)
      1. 近代中国社会性质 ·· (267)
         鸦片战争及其后的"洋人的朝廷"—半殖民地半封建经济
      2. 洋务运动与近代前期民主主义革命的三次高潮 ··············· (270)
         洋务运动—太平天国革命运动—戊戌变法与义和团运动—辛亥革命
    二、近代前期的文化成就 ·· (274)
      广泛吸收西方资本主义文化—科学和文学艺术成就
  第二节 近代前期文化思想述评 ·· (275)
    一、改良主义思想家 ·· (275)
      龚自珍与魏源—康有为与梁启超—严复

二、孙中山及其哲学思想 ··· (278)
　　　孙中山的政治思想—孙中山的社会历史观—孙中山唯物主义一元论的自然观—孙中山唯物主义的知行观

第三节　专题讨论 ··· (281)
　一、洋务运动的积极意义 ··· (281)
　　　洋务运动开展是对封建保守观念的有力冲击—洋务运动引入西方近代文明推动了社会思想的进步—洋务运动为新知识分子群的形成创造了条件
　二、晚清"四大谴责小说"评介 ··· (283)
　　　1. 李宝嘉与《官场现形记》 ··· (283)
　　　　　作者简介—思想内容—艺术特色
　　　2. 曾朴与《孽海花》 ··· (284)
　　　　　作者简介—思想内容—艺术特色
　　　3. 刘鹗与《老残游记》 ··· (285)
　　　　　作者简介—思想内容—艺术特色
　　　4. 吴沃尧与《二十年目睹之怪现状》 ······································· (286)
　　　　　作者简介—思想内容—艺术特色

　附：近代前期文化大事年表 ··· (288)

　[思考与讨论] ··· (290)

第十章　近代后期和现当代文化 ··· (291)

第一节　近代后期和现当代文化概述 ··· (291)
　一、近代后期的经济、政治与文化 ··· (291)
　　　1. 新民主主义革命时期的经济与政治 ····································· (291)
　　　　　新民主主义革命时期的伟大历史贡献与意义—中国资本主义的发展和无产阶级的壮大—"五四运动"和中国共产党成立—孙中山的"二次革命"和国共合作后的"大革命"—从土地革命到抗日战争和解放战争的胜利
　　　2. 新民主主义革命时期的文化成就 ·· (295)
　　　　　哲学社会科学成就—文学艺术成果—科学教育成就
　二、现当代经济、政治与文化 ·· (296)
　　　1. 改革开放前的经济、政治与文化 ·· (296)
　　　　　改革开放前中国社会主义革命和建设的伟大历史贡献及意义—改革开放前社会主义革命、军事和外交成就—改革开放前社会主义经济建设成就—改革开放前社会主义文化和其他战线取得的成就

2. 改革开放以来的经济、政治与文化 …………………………（298）
　　　　改革开放以来中国社会主义建设与改革事业的伟大历史贡献及意义——改革开放以来中国特色社会主义理论体系的建构——改革开放以来各个领域取得的总成就——改革开放以来经济建设成就和人民生活的改善——改革开放以来文化、科技和各项事业发展成就
　三、现当代文化的发展趋势与现当代文化的特点 …………………（300）
　　1. 现当代文化的发展趋势 …………………………………………（300）
　　　　三大文化体系的融会贯通——民族性与世界性结合
　　2. 现当代文化的特点 ……………………………………………（302）
　　　　文化市场化和大众文化兴起——电视、网络媒体渐成文化生活的主流形式——文学艺术的全面转型——中国传统文化的传承和再创造——文化法规体系逐步建立

第二节　近代后期和现当代文化思想述评 ……………………………（304）
　一、"五四"新文化运动的代表人物及其思想 …………………………（304）
　　　主要代表人物——高扬"民主""科学"的大旗——"打倒孔家店"，反对文化专制——倡导并实践着文学的革命
　二、毛泽东思想及其历史地位 ………………………………………（306）
　　1. 毛泽东思想产生的条件及发展过程 ……………………………（306）
　　　　毛泽东思想产生的条件——毛泽东思想的发展过程
　　2. 毛泽东思想的基本内容 ………………………………………（308）
　　　　毛泽东思想的哲学基础——新民主主义革命理论——社会主义革命与建设理论
　　3. 毛泽东思想的历史地位 ………………………………………（310）
　　　　毛泽东思想是马克思主义中国化的第一次历史性飞跃——毛泽东思想是指导中国革命和建设取得胜利的旗帜——毛泽东思想的世界意义
　三、中国特色社会主义理论体系及其历史地位 ……………………（311）
　　1. 中国特色社会主义理论体系的形成条件和发展过程 …………（311）
　　　　中国特色社会主义理论体系形成的条件——中国特色社会主义理论体系的发展过程
　　2. 中国特色社会主义理论体系的主要内容 ………………………（313）
　　3. 中国特色社会主义理论体系的历史地位 ………………………（314）

第三节　专题讨论 ………………………………………………………（315）
　一、毛泽东思想与中国传统文化 ………………………………………（315）
　　　中国传统文化中带有人民性即民主性和科学性的那些成分，是毛泽东思想

的重要来源—毛泽东著作从内容到形式都是中华民族的，是富有中国特色的—毛泽东要求我们有分析有批判地总结和继承发扬我们民族文化的珍贵遗产—毛泽东晚年错误同他晚年在对待中国传统文化问题上的失误有关

二、习近平论中国传统文化 ……………………………………… (319)
论中国传统文化的历史地位—论中国传统文化的当代价值—论中国传统文化的继承、弘扬和创新

附：近代后期和现当代文化大事年表 …………………………… (322)

[思考与讨论] ……………………………………………………… (332)

第十一章 文化遗产的保护与传承 ……………………………… (333)

第一节 国际保护文化遗产概述 ………………………………… (333)

一、物质文化遗产和非物质文化遗产的联系与区别 ………… (333)

二、国际保护物质文化遗产公约概述 ………………………… (334)
提出保护文化和自然遗产国际公约的背景—《1972年公约》规定的"文化遗产"的种类、定义与评价标准—《1972年公约》规定的"自然遗产"的种类、定义与评价标准—"文化与自然双重遗产"及其评价标准—"文化景观"与"濒危世界遗产"的种类、定义与评价标准—世界遗产委员会和《世界遗产名录》《濒危世界遗产名录》（或称"处于危险的世界遗产目录"）—文化和自然遗产的国家保护和国际保护

三、国际保护非物质文化遗产公约概述 ……………………… (338)
提出保护非物质文化遗产公约的背景—"非物质文化遗产"的定义、特点与种类以及评价标准—"政府间保护非物质文化遗产委员会"—非物质文化遗产的国家保护和国际保护

四、世界文化遗产的申报与评选 ……………………………… (341)
申报工作的基本要求—文本撰写中应注意的问题—申报评选与保护工作有机结合

第二节 中国文化遗产保护与传承工作述评 …………………… (342)

一、加强文化遗产保护与传承工作的重要性和紧迫性 ……… (343)
保护文化遗产的重要性—保护文化遗产的紧迫性

二、中国保护文化遗产工作的创新与特点 …………………… (344)
加强文化遗产保护的指导思想、基本方针和总体目标—中国特色保护文化遗产法律体系形成—文化遗产保护内容的创新与特点—文化遗产保护体制机制的创新与特点

三、中国世界文化遗产名录 ……………………………………… (347)
　附1：中国世界物质文化遗产(53项) ……………………………… (348)
　附2：中国世界非物质文化遗产名录 ……………………………… (351)

第三节　专题讨论 …………………………………………………… (352)

一、保护文化遗产背后发展观念的变革 ……………………………… (352)
　保护文化遗产与全球性现代化观—保护文化遗产与文化生产力观—保护文化遗产与大众文化观—保护文化遗产与文化产业观—保护文化遗产与农村就地现代化观—新发展理念与文化遗产的保护

二、当代中国文化遗产的保护与开发模式 …………………………… (355)
　1. 物质文化遗产保护与开发模式 ……………………………… (355)
　　博物馆式保护与产业开发模式—大遗址保护与整体开发模式—文化遗产旅游开发模式—城市历史街区开发模式—村落开发模式
　2. 非物质文化遗产保护与开发模式 …………………………… (357)
　　民俗博物馆保护与开发模式—节庆文化保护与开发模式—特色餐饮开发模式—演艺开发模式—主题公园开发模式—物化产品开发模式—影视开发模式

　附3：中华人民共和国保护文化遗产大事年表 …………………… (360)
　[思考与讨论] ……………………………………………………… (363)

主要参考文献 ……………………………………………………… (364)

绪 论 文化概说

绪论扼要阐述了"文化"概念的内涵及本质,着重讨论了文化的结构和中国文化的主要特性,提出了对中国文化发展趋势的基本看法。这些都是学习中国文化历程应该弄清的重要问题。

一、文化的含义

●**什么是文化** 这是一个看似简单却又复杂的问题。说它简单,因为谁都知道"学习文化""文化水平不高"中所说的"文化"是指一般的知识和运用文字的能力。但是为什么我们又把考古遗址及考古发现也称为"文化"?如"仰韶文化""龙山文化"等,还有"饮食文化""酒文化""企业文化""学校文化"等,这些文化的含义又是什么?到底什么是文化,有不同说法,一种较普遍的观点是,将"文化"作广义与狭义两种区分,如《苏联大百科全书》(1973)认为,广义文化"是社会和人在历史上一定的发展水平,它表现为人们进行生活和活动的种种类型和形式,以及人们所创造的物质和精神财富",狭义文化仅指"人们的精神生活领域"。还有人将文化划分为"物质的—制度的—心理的"三个层次,其中文化的物质层面是最表层的;而审美趣味、价值观念、道德规范、宗教信仰、思维方式等,属于最深层;介乎二者之间的,是种种制度和理论体系。1952年,美国人类学家克罗伯和克拉克洪,在《文化:概念和定义的批判考察》一书中,对欧美160余种文化概念进行了比较和分析,他们对文化的定义是:"由外显的和内隐的行为模式构成,这种行为通过象征符号而获致和传递,文化代表了人类群体的显著成就,包括它们在人工造物中的体现;文化的核心部分是传统的即历史的获致和选择的观念,尤其是它们所带的价值,文化体系在一方面可以看作是活动的产物,另一方面则是进一步活动的决定因素。"①这个定义较全面地揭示了"文化"这个概念的整体性、历史性、层次性等特点,但它并未说明文化的本质。

●**文化的本质** 对文化本质比较一致的看法有两点:*第一,文化的核心在于揭示人与动物的区别,即"人化物"与"自然物"的区别*。"文化"即"人化",它既包括自然的"人化",也包括人的不断"人化"。动物是没有文化的,文化是人之为人的本质特征。人离动物性越远,文化程度就越高。*第二,"文化"是一个历史的概念、发展的概念*。原始人类能自觉地把自然的石头磨成圆球打击野兽,这种行为就是文化;这种行为的结果,如磨圆的石头也是文化;原始人对圆的石头能投掷得更远更准确的认识更是文化。但是如果一个现代的成年人,当他身旁放着圆的石头和一杆猎枪时,他面对已严重威胁着人们生命的来犯野兽,不用猎枪而用圆的石头去打击它,这种行为就不是"文化",或者说是一种"倒退的文化""落后的文化""死的文化"。因为这种行为没有体现今天人类的本质,即今天人类对自己和自然的新的认识和创造。再举一个例子,"崇鬼敬神"在商代是一种文化,相对于原始人类蒙昧的宗教信仰,商代人表现出的企图通过自觉地对鬼神的崇敬和祭祀活动,有目的地安排自己的生活、掌握自己的命运,应该是有重大进步意义的文化;但是如果有人今天还像殷商时代的人那样狂热地迷信鬼神,就不能说是有文化的表现。总之,人类是不断由低级向高级进化的,文化必然随之由低级向高级进化。在这个过程中,有些文化被淘汰,成为"死的文化";有些则被保存下来,仍然发挥着积极的作用;有些则在长期的积淀、演化过程中转变为新的文化。

二、文化的结构

文化的结构是指由不同层次、不同种类的文化构成的统一整体。怎样划分文化层次和文化种类,是一个学术难题。我们主张按人的社会活动过程对文化进行划分。"人化"在本质上就是指人的社会化,而人的社会化只有在人的社会活动中才能形成,真正人的活动都是社会活动。任何社会活动的全过程,都有三个要素:一是活动的主体,即人本身,包括人的物质性的身体和精神性的思想、品德等;二是活动,即人的社会行为,它包括外在的人的动作行为,也包括内在的人的思想、情感等心理行为;三是活动的结果,这种结果,可能是物质的,也可能是精神的。据此可将文化分为以下三大类,这三类文化的互动和发展形成了文化的双螺旋结构(图0.1)。

●**社会活动主体即人本身的文化** 对这类文化有各种分类方法,如既可以分

---

① 宋林飞.现代社会学[M].上海:上海人民出版社,1987:450-451.

为德、智、体、美等四个方面的修养,也可以分为知识、能力、素质等三个方面的修养。就其表现形式而言,这类文化还可分为两种:一种主要表现为物质性的人的体质修养;一种主要表现为精神性的人的思想、道德、品质、性格、知识、能力等修养。中西文化的重要差别之一,就是中国从古至今都很重视这类文化,重视人自身的修养,无论是儒家、道家还是中国化的佛学,都把人自身的修养作为行事的根本。近代以来,西方文化片面追求社会行为的结果,忽视了人本身的修养,致使物欲横流,道德滑坡。

●**社会活动即社会行为的文化** 包括人认识和改造客观世界(含人自身)的各种物质生产和精神生产活动。物质生产活动,可以按产业划分为不同的部门文化,如农业生产活动、工业生产活动、商业生产活动等;精神生产活动,可以划分为科学技术、文学艺术、哲学历史、宗教信仰等生产活动。把社会活动本身视为文化,比仅仅把社会活动结果视为文化更为全面、深刻。虽然人的行为结果是人行为的体现,但它不等于人的行为过程,正如一个工厂的产品不等于这个产品的生产过程一样。生产相同的产品,其过程不一定是相同的。认识这一点很重要,它说明,中国要同西方一样实现现代化,不必走西方走过的路,而应走中国特色社会主义道路。在历史上我们可以看到很多文化活动和活动的结果相矛盾和不一致的地方。例如孔子周游列国活动的文化价值无疑是非常积极和多方面的,但他的这一活动并没有达到他的主要目的,即劝说各国"克己复礼",实践他以仁爱和礼乐治国的政治目的。我们评价孔子周游列国的活动时,就不能仅仅根据它的结果来评价它,必须具体分析孔子这一行为过程,从而去发现这种过程本身的文化价值。

●**社会活动结果的文化** 它是物化了的人的物质的或精神的成果。物质成果,包括各种物质产品;精神成果,包括各种以语言文字或其他符号记录下来的人的精神产品。精神产品又可以分为三类:一是规约、法律以及其他制度,虽然它们体现了人的行为规范,但本质上它们仍然是思想成果,是精神产品;二是约定俗成的风俗、习惯等,虽然它们表现为人的各种行为,但它们主要是一个地区、一个民族在长期活动过程中逐步养成的品格,而这种品格是非物质性的产品;三是科学技术、文学艺术、历史哲学、宗教信仰等纯属思想领域的成果。必须说明的是,物质成果、精神成果的划分只是相对的,精神成果离不开一定的物质表现形式;而物质成果更离不开它所包含的精神意义,离开这种意义,它就不是文化了。

●**文化的双螺旋结构** 根据以上认识我们可以把文化描述为如下双螺旋结构(图 0.1)。

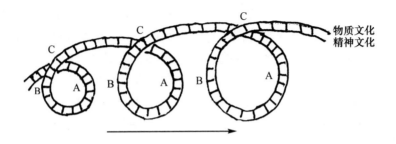

图0.1 文化的双螺旋结构
A. 人本身的文化　B. 社会活动的文化　C. 社会活动结果的文化

图0.1说明,**第一,物质文化和精神文化是文化发展过程的两条主线。**它们之间由各种中介因素紧密相连,其中物质文化是基础,精神文化是主导、是核心。一般所说的文化,或称狭义文化,就是指精神文化。因为单纯的物质文化是不存在的,物质之所以成为文化,正是因为它已经"人化"了,它已经是人的有目的创造物,即人的精神的产物;同样纯粹的精神文化也是不存在的,任何精神的东西都存在于一定的物质载体之上。从这个意义上说,我们是很难将物质文化和精神文化分开的。**第二,人及其社会活动与社会活动结果等三类文化都是由简单到复杂、由低级到高级的进化过程。**这是一种不断如螺旋式的上升或前进过程,是一个没有止境的过程。**第三,文化的形成和发展是人、人的活动、活动结果这三种文化相互作用的过程,其中人本身的文化是最核心的文化。**因此这三类文化中人自身的修养是最重要的文化。张岱年等认为:"从过程的意义看,文化不仅仅是一种在人本身的自然和身外的自然的基础上不断创造的过程,而且是一种对人本身的自然和身外的自然不断加以改造、使人不断从动物状态提升出来的过程。在这个无限的过程中,作为基础的人本身的自然和身外的自然也在不断地得到改造。从人类社会活动所创造的成果的意义上,文化是文,还不是文化。只有考虑到这些成果同时还意味着对人自身的改造,才是文化。"①这段话的本意是强调人自身文化的重要性。从这一点看,这段话是正确的、深刻的。长期以来,无论在实践中或理论研究中,都不同程度地存在着片面强调社会活动结果,特别是物质性结果的文化意义,而不重视人的活动本身的文化意义,更不重视人本身的文化意义。这正是近代以来西方文化的缺点,我们应该引以为戒。**第四,人本身的文化、社会活动的文化、社会活动结果的文化是不能截然分开的。**人本身的文化是在活动过程中提高的,它又是活动结果的表现。

---

① 张岱年,程宜山.中国文化与文化论争[M].北京:中国人民大学出版社,1990:3.

三、中国文化的特性及其成因

要认识中国文化的特性,首先要看到这样一个事实,即中国文化是世界上唯一历经了七千年,一直绵延不断的文化,它无论遭遇怎样残酷的斗争和磨难,始终沿着自己的方向向前发展着。它之所以有如此巨大的凝聚力和生命力,原因就在于它有其他文明古国的文化所不具备或不突出具备的基本特性。人们已从不同侧面对中国文化的特性做过各种各样的概括,我们认为其中最基本的特性有以下五点。

● **"协和万邦""和而不同"的整体和谐观**　姜广辉先生认为:"中国文化'协和万邦'的整体和谐观不仅体现在先贤的哲学理念中,更主要的是体现在上古以来的历史发展过程中。它作为一种民族精神和文化传统存续着,而不仅是某家某派的哲学观点而已。""我们有理由把'协和万邦'的整体和谐观看作中国文化对于人类的永久性价值。"美国学者斯蒂芬·P.马克斯在20世纪80年代写的《正在出现的人权》一文中提出"三代人权"观,他认为,当代新的第三代人权观的人权法则是"团结权",是促进所有民族和国家之间建立国际合作与团结的政治责任。"协和万邦""和而不同"的精神,正是这种新的人权观的体现。[①]

● **"天人合一",人与自然和谐相处的发展观**　这一思想是"协和万邦""和而不同"的社会观的扩大,它体现了中国人博大、高远的宇宙精神。它同样不仅是一种哲学思想,而且是中国人在长期社会实践中遵循的基本信念,它已成为中华民族的精神和性格。今天,当重温老子说的"天之道,利而不害"这句话时,我们会感到它的意义格外重大。因为"人类和自然界正走着一条相互抵触的道路",[②]这句话是有99位诺贝尔奖获得者参加的全世界1571名科学家联合发表的《世界科学家对人类的警告》一文开头的第一句话,它说明现代工业文明所带来的负面影响正危及人类的生存。如果我们再不将人和自然视为一个整体,不真正实现老子所说的向自然的获取必须做到"利而不害",人类将面临灭顶之灾。

● **强调人自身修养的人本观**　无论是儒家的"修、齐、治、平",还是道家的修道积德,或是佛家的去恶从善,中国文化从理论到实践,从来都是把人自身的修养放在首位。简单地把这种现象用"内向型文化""伦理道德型文化"来概括,恐怕不妥。因为它不仅体现了传统文化对伦理道德的重视,更主要的是体现了对人文精神的重视,对人的主体地位的重视。儒家所说的"修身",主要是指通过知识的学习和实践,提高自己明辨是非的能力。孟子的"养气"说,是一种很深刻的自我修养论,它包括人的身体和精神两方面的修养。在他看来,这种修养,即"养气"是一种已内化

[①]　见本书第三章专题讨论之"儒学及中国文化对人类的永久性价值"。
[②]　冯天瑜.中国文化的昨天、今天和明天[M].武汉:武汉大学出版社,2001:5.

为自己习惯、性格的品性和素质。我们能说这仅仅是一种伦理道德的修养吗？与重视人自身的修养相关联的是中国文化重教化的思想。重教化，即重视对人的教育和感化，也不仅指用伦理道德来教育感化人。理学大师朱熹亲自为学生制定的《白鹿洞学规》就是很好的说明。他一共规定了五条：*第一条是"五教之目"*，即"父子有亲，君臣有义，夫妇有别，长幼有序，朋友有信"，这可以说是伦理道德；*第二条是"为学之序"*，即"博学之，审问之，慎思之，明辨之，笃行之"；*第三条是"修身之要"*，即"言忠信，行笃敬，惩忿窒欲，迁善改过"；*第四条是"处事之要"*，即"正其谊，不谋其利；明其道，不计其功"；*第五条是"接物之要"*，即"己所不欲，勿施于人；行有不得，反求诸己"。后四条都不仅仅是伦理道德的教化，它们涉及人的思想和行为的各个方面。虽然这些教化中不可避免地带有封建性的糟粕，但其对人的修养的重视，对全面提高人的素质的重视都是值得继承和发扬的。

● **系统的整体思维方法及实践理性精神**　第一，*系统的整体思维方法*。刘长林在《中国系统思维》一书中用大量事实证明："系统思维方式确实是整个中国传统思维的一个特点，是使中国古代文明步入世界前列的一个重要因素。"[①]同西方文化重分析、把现实存在的事物分解为细小部分的原子主义的思维方法不同，中国文化表现于思维的主要特点是从事物的整体去把握事物，强调事物的结构和功能，强调事物相互之间的关系和相互之间的作用。现代系统论的开拓者，比利时著名科学家普里高津曾高度评价中国文化的这一重要特点，他引用英国科学家李约瑟的观点说："西方科学向来是强调实体（如原子、分子、基本粒子、生物分子等），而中国的自然观则以'关系'为基础，因而是以关于物理世界的更为'有组织的'的观点为基础。"他还指出，"中国传统的学术思想是着重于研究整体性和自然性，研究协调和协和。现代新科学的发展，近10年物理和数学的研究，如托姆的突变理论、重整化群、分支点理论等，都更符合中国的哲学思想"。他由此得出结论："中国思想对于西方科学家来说始终是个启迪的源泉。"[②]第二，*实践理性精神*。与重整体的系统思维方法密切相关的是中国文化的实践理性精神。实践理性最大的特点是把认识放在更大范围，即将认识的主体和客体综合在一起，强调"知以致用"，强调实践对认识的决定作用，并由此引出知、情、意的统一，以及重视价值选择在认知和实践中的重要作用。这与西方文化中的理性主义不同，西方理性主义主要表现为以概念和逻辑为工具，中国的理性思维则主要表现为以意象和隐喻为工具。因此，这种思维方法的优点，不仅在于它能统观全局，使知行统一，而且具体生动和接近事物本来面貌。当然它的缺点也是明显的，由于不重视对事物的分析，不重视对事物的真假判断，过于强调价值选择，以及忽视

---

①② 刘长林.中国系统思维[M].北京：中国社会科学出版社，1990：7，11.

逻辑工具的作用,使中国古代科学理论的发展受到一定限制。这就是中国古代虽然技术发达,却没有如西方那样发达的科学理论体系的一个原因。

●**中国文化的多元一体格局与多民族文化的交融互惠** 第一,*多元一体格局和交融互惠的基本特点。*由于不同的历史条件及生存环境的差异,中国各民族的发展虽然呈现出文化多样性与整体上的不平衡性,但却没有阻碍各民族之间的沟通及各民族文化的交融互惠。事实上,正是由于中国文化有一种多元的、包容的态度,因而既形成了各民族文化的多样性,又体现了中华民族文化的一体格局。尽管中国也曾经有过民族冲突与战争,但多民族整合与统一这一共同目标却没有改变过,中国文化的多元一体格局与多民族文化的交融互惠发展就是在各民族长期交往的过程中逐渐衍生出来的。*第二,多元一体格局和交融互惠的历史意义。*这种文化格局在历史上,对加强民族团结、维护国家和平统一以及推动历史进步都发挥了积极的作用。它有利于引导和促进中国各民族间的文化交往,它对民族文化的繁荣发展、改善社会主义民族关系、构建社会主义和谐社会有着重要的现实意义;坚持中国多元民族在复杂的竞争中增强自身凝聚力和向心力,有利于为物质实力的创造与发展提供精神条件。

●**中国文化特性的成因** 上述特性远远不是中国文化特性的全部,但确实是最重要的几点。探讨这些特性的成因是一个非常复杂的问题。有几点是重要的:第一,*从自然和地理环境看,*今天的西方文化,主要诞生地是地中海沿岸,地中海为西方经济文化的发展提供了航运之便,为沿海民族从事商业提供了比中国更为便利的条件,所以马克思称定居在这一带的人是"卓越的商业民族"。中国文化诞生于黄河、长江等大河流域,辽阔的土地、完备的气候类型,为生长在这里的中华民族提供了得天独厚的发展农牧业的自然条件和地理条件。*第二,从经济基础看,*中华文化植根的土壤是农耕与游牧业的结合,以及在这个基础上生长和发展起来的农业自然经济。正如有的专家所说:"中华文化的灿烂辉煌,建立在农耕经济充分发育的基础之上。而中华文化在近代的落伍,又恰恰是小农业与家庭手工业相结合的自然经济向工业文明—商品经济转型迟缓造成的。"[①] *第三,从社会政治制度看,*建立在宗法制度基础上的专制政体,对中国文化的影响也是巨大的。自然和地理环境、小农业与家庭手工业相结合的自然经济、宗法—专制的社会政体,这三者的高度协调和统一,正是中国文化很多特点产生的重要原因。*第四,大杂居、小聚居的中华民族的居住格局也是形成中华文化特性的重要原因。*但是一种文化的形成与发展,其条件绝非上面说得那样简单,例如:人的主观能动作用、文化本身的反作用等都是重要条件。此外,一种文化体

---

① 冯天瑜,等.中华文化史[M].上海:上海人民出版社,1990:165.

系的形成不仅有必然因素,还有偶然因素。上述的观点只是简单地从必然性方面对中国文化产生条件的分析。或许我们永远不可能对这样伟大的文化产生的复杂条件及其机制做出完备的分析,但这并不妨碍中国文化沿着它的发展方向继续前进。

四、中国文化的发展趋势

●**不断创新和不断发展是中国文化的生命** 任何一种民族文化的生命都在于它能不断创新、不断发展,中国文化也不例外。中国传统文化的某些时期和某些方面确实存在保守的一面,但是把中国传统文化称为"保守型"文化、"封闭型"文化是不符合事实的。不要说盛唐曾经是世界上最开放的国家,即使是被称为"闭关锁国"的清朝后期,也有"中学为体,西学为用"的洋务运动和维新变法。从本质上看,崇尚"和而不同"的中国文化,不仅曾经是,而且将来也必然是世界上最开放的文化之一。

●**批判地继承** 中国文化要创新、要发展,一方面要找到并发扬那些代表中国文化基本精神和发展方向的中国文化的主流;另一方面还必须充分认识到中国文化是在小农经济和几千年的封建制度的基础上建立和发展起来的,它有某些局限性和某些根本性的弱点是不可避免的。即使是那些从主流看应该发扬的优点,其中也包含着一些不足的因素,这些因素的不良影响也不可忽视。如上述中国文化的基本精神无疑是好的,但也不是完美无缺的。"协和万邦""和而不同"的思想,还需用"平等竞争"的精神补充;强调"天人合一",但不应排斥"人定胜天"的思想;提倡人文精神和以人为本,必须弘扬现代的科学精神;继承系统的整体思维方法,也要学习和借鉴西方近代以来重逻辑的分析方法。我们尤其应该看到传统文化中某些糟粕对中华民族广泛的不良影响,其中最突出的,如在长期专制主义影响下已植根于中国社会的"权力至上""官本位""人情风"等落后思想和社会风气,仍然是今天我们建设社会主义民主政治的沉重包袱和极大阻力。传统文化中的很多内容,糟粕与精华混合在一起,需要对它们进行具体的分析,做艰巨细致的剥离工作,一概否定和一概肯定都是不正确的。

●**在优秀传统文化的基础上广泛吸取优秀的外来文化** 任何类型的文化要创新和发展都不应该也不可能脱离它的母体,脱离生养它的本民族的传统文化。20世纪20年代胡适等人提出"全盘西化"的主张,声称"全盘西化"是中国救亡的必由之路,历史证明这条路是根本走不通的;与此相反,另一些人把东西方文化对立起来,打着建设"中国本位文化"的旗号,实质是排斥借鉴和学习西方文化中的精华,他们忘记了中华民族传统文化本身就是在不断地与外来民族文化的互动、互补中发展起来的。中国文化过去、现在或今后仍将沿着中华传统文化与外来各民族文化互动、互补的道路向前发展,体现了这一方向的杰出代表就是毛泽东。精通中国传统文化的毛泽东,把马克思主义与中国革命的具体实践相结合,在中国文化的根基上,同他的战友们一起,创立了毛泽东思想,并运用这一思想取得了中国革命的胜利。事实一再证明,文化的创新和发展,既不能割断历史,又不能排斥优秀的外来文化。马克思主义也是一种外来的西方文化,在中国革命过程中脱离民族特点,一次又一次机械地照搬马克思主义的那些人,曾给中国革命和建设带来过多么大的损失!那些教条主义者就曾以反传统为由反对过毛泽东。但中国革命的胜利证明,毛泽东和毛泽东思想是正确的。毛泽东思想就是马克思主义的中国化,"就是马克思主义民族化的优秀典型"。[①] 毛泽东说过:"中国共产党人是我们民族一切文化、思想、道德的最优秀传统的继承者,把这一切优秀的传统看成是和自己血肉相连的东西,而且将继续加以发扬光大。"[②]他又说过:"中国应该大量吸收外国的进步文化,作为自己文化食粮的原料。"[③]

由马克思主义中国化、民族化而形成的毛泽东思想、邓小平理论、"三个代表"重要思想、科学发展观,及习近平新时代中国特色社会主义思想,指明了当代中国社会主义新文化的发展方向。我们必须看到,同有数千年历史的中国传统文化和西方文化相比,中国特色的社会主义的新文化从产生至今只有几十年,它要真正成为全民族的精神纽带,深深渗入中国人的性格、心理和生活方式之中,还有漫长的路要走。可以肯定的是,它必将在优秀的中国传统文化与优秀的外来文化,特别是与欧美近现代优秀文化的良性互动中稳步地向前发展。

---

① 刘少奇.论党[M].北京:人民出版社,1980:21.
② 中共中央文献研究室.中共中央文件选集:第14册[M].北京:中共中央党校出版社,1992:41.
③ 毛泽东.毛泽东选集:新民主主义论[M].北京:人民出版社,1991:706.

第一章 远古文化

> 本章对中国远古人类和中华民族的形成过程,以及远古社会的经济社会制度和文化成就作了简要评介。着重探寻了原始宗教和原始艺术的起源及其表现形式,比较分析了古代神话的特点及价值。要求通过学习,理解中华文化多元发生的观点;把握原始宗教、原始艺术、古代神话的发展脉络,并弄清它们的表现形式、意义及其与原始思维的内在关系。

第一节 远古文化概述

远古时期,又称史前时期或原始社会。同世界各文明古国一样,中国的原始社会经历了漫长岁月。考古发现,目前在地球上存在的最早的"阿喀琉斯基猴"("松滋古猴")距今5500万年,属灵长类动物。在800万年前,中国云南禄丰地区就生活着最早的原始人群——腊玛古猿。湖南道县现代人的考古证明,在8万至12万年前中华大地已生活着现代人,而此前所发现的最早的现代类型人类在西亚和欧洲出现的时间在4.5万至5万年前。在经历了漫长的旧石器时代后,距今1万年至7000年前,中国进入新石器时代,出现了母系氏族公社的繁荣时期。在距今5000年前,中国进入父系氏族公社时期。传说中的黄帝、尧帝、舜帝都是生活在这个时期的氏族公社领袖。原始人类创造了灿烂的远古文化,对后世影响深远。

一、中国原始人类的形成

●**人类神创论** 人从何而来?中国有盘古开天辟地、女娲抟土造人的神话传说,世界其他民族也有类似的神话故事。古埃及神话说,有一个人身羊头的哈奴姆神用水和土在陶器场里塑成了泥人。古希腊也流传过火神普罗米修斯用泥土塑人的神话。在西方世界影响最大的神创论,是由巴比伦、希腊某些神话演化而成的基督教《圣经》上《创世记》的说法。《圣经》上说,宇宙间存在着一个有意志、主宰一切的上帝,它创造了天地万物。上帝仿照自己的形体,用泥土造出了第一个人,取名"亚当",并把他安置在果树飘香的伊甸园里,让他在那里耕耘,还把各种飞禽走兽引进园中。然而,亚当仍然感到孤独。于是,上帝就叫亚当沉睡,从他身上取出一根肋骨,用它造了一个女人,与亚当结为夫妻,生育后代。亚当给妻子起名叫夏娃。这样,亚当便成为人类的始祖,亚当和夏娃的子孙都是上帝在人间的后裔。这些神话无疑是虚构的,但它们却真实地反映了原始人类追究宇宙万物来龙去脉的探索精神和企图征服自然的想象力。当人类步入阶级社会以后,神话和传说被统治阶级所利用,掺入了宗教迷信的内容,并产生过一定的消极影响。

●**科学进化说** 第一,**达尔文的人类起源说,即"进化论"**。英国著名学者达尔文于1859年出版了《物种起源》一书,提出了动植物不断发展,由简单到复杂,由低级到高级的进化学说。1871年,达尔文出版了另一本名著《人类起源与性的选择》,论述了人类与高等动物的亲缘关系。他指出,人类起源于动物,人类和现在的类人猿有着共同的祖先,人类是由已灭绝的古猿进化而来的。他的理论为考古发现所证实,达尔文奠定了人类起源研究中的唯物主义基础,因而在人类起源的研究史上具有划时代意义。然而达尔文并没有彻底解决人类是怎样从动物界中进化出来的问题。第二,**恩格斯"劳动创造了人本身"的论断**。恩格斯在《劳动在从猿到人转变过程中的作用》一文中,运用辩证唯物主义和历史唯物主义的观点,提出了劳动创造人的伟大理论。科学研究表明,人和人类社会是从人类祖先的古老人科生物古猿发展进化而来的(图1.1)。而至今所知的最古老人科生物,主要是分布在亚洲、非洲的南方古猿。他们生活在距今约500万至150万年前的上新世晚期和更新世初期。这些古老人科生物,从手足分工和两足直立行走到能制造工具,经历了不下200万年。在这漫长的时期中,劳动促进了手和足的完善、语言的产生、脑部的发展,从而规定了向人类转变的方向和途径。因此,恩格斯指出:"我们在某种意义上不得不说:劳动

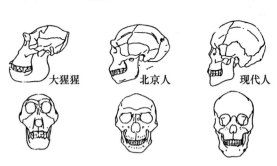

图1.1 由猿到人的头骨进化示意图

创造了人本身。"①如果说达尔文把人类从上帝手里解放出来,归还于动物界,那么,恩格斯又把人类从动物界区别出来,使人看清了人作为劳动者,作为自然界的改造者、征服者的特殊的生命本质。

●**独立起源的中国原始先民** 过去不少学者认为中国原始人类是"外来的"。但是20世纪80年代,中国学者从云南禄丰发掘出土三个腊玛猿头骨、两个西瓦猿头骨,以及九个下颌骨、一千多颗牙齿和少量肢骨化石。如此丰富完整的发现,被西方学者誉为"人类起源的新光芒",他们甚至由此认为,"人类起源的钥匙"掌握在中国人手中。

图1.2 北京人头部复原像

中国旧石器时代是中国历史的最早阶段,它的早、中、晚期生活着直立人(猿人)、早期智人(古人)和晚期智人(新人)。中国古人类化石从直立人经早期智人到晚期智人,具有成序列的实物材料。**第一,直立人。**这一阶段大约从人类诞生一直到距今10万年以前。重要的发现有:腊玛古猿(距今800万年)、建始人(距今200万至250万年)、巫山人(距今约201万至204万年)、元谋人(距今约170万年)、蓝田人(距今约65万至80万年)、北京人(距今约50万年)(图1.2)、和县人(距今约30万至40万年)。**第二,早期智人。**这一阶段人类生活在距今20万年至40万年以前。重要的发现有:马坝人(距今约20万年)、大荔人(距今约10万年)、长阳人(晚于马坝人,早于丁村人)、丁村人(距今约5万年)。**第三,晚期智人。**这是生活在距今约4万至7000年前的人类。重要的发现有:柳江人(晚于西村人,早于山顶洞人)、山顶洞人(距今2.8万年)、资阳人(距今约7000年)。上述中国人类化石连续进化的直接证据表明,中国是古猿完成向人类演进的原始地区之一,是人类产生和发展的重要摇篮。从体质人类学考察,世界上的人类分为黄种人(蒙古人种)、白种人(欧罗巴人种)、黑种人(尼格罗人种)三大类别。从元谋人、蓝田人、北京人直至柳江人、山顶洞人,存在着一些共同的体质特征,主要集中在头骨上,如颧骨高、上门齿呈铲形、鼻子较宽。这些综合性特征在现代黄种人的绝大多数头骨上同样具备,明显区别于白种人和黑种人。到后来的新石器时代,各地区黄种人的体质虽有明显的差异,但是只是形态发展过程体质多样性的表现。人类学的研究表明,从旧石器时代到新石器时代的中国人,其体质形态上渐进式发展演化的脉络比较清楚,存在明显的承续、发展序列,基本上是在一个大

---

① 恩格斯.自然辩证法·劳动在从猿到人转变过程中的作用[M]//马克思恩格斯选集:第四卷.北京:人民出版社,1995:373-374.

的人种——蒙古人种的主干水平上发生和发展的。构成中国原始先民的人种特征中没有发现西方人种成分。中国人种不是外来的,而是独立起源的,形形色色的"外来说"被推翻。

二、原始社会的经济与社会制度

● **原始社会的经济结构** 第一,*攫取性经济*。在漫长的旧石器时代,主要是采集、狩猎经济,人们兼从事渔猎劳动。采集处于较重要的地位,主要采集对象是植物果实和根块。狩猎获取肉食,是经济的重要组成部分,主要的狩猎对象是食草类和杂食类动物,人们通过采集、狩猎,过着攫取性经济生活(图1.3)。第二,*生产性经济*。进入新石器时代,经济生活有了重大变化。人们从狩猎、采集进入农业和畜牧业社会。这标志着先民们开始依靠自己的劳动增加天然物产,进

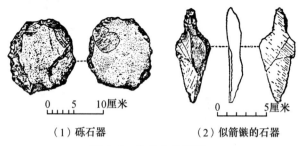

（1）砾石器　　　　（2）似箭镞的石器

图1.3 北京人的石器

入生产性经济生活。农业经济是中国新石器时代生产性经济的主体,这一点对中国农业社会和文化的发展有着重大影响。随着农业生产的发展,磨制石器广泛使用,陶器被发明,手工业也逐渐分化出来。作为中国史前农业附属生产部门的家畜饲养业,到了新石器时代的末期,有了很大发展,家畜已经有了猪、狗、鸡、牛、羊。其中猪、狗是中国史前驯养的主要家畜,猪的驯养很普遍,这是中国史前家畜业的特点。根据考古发现,从南到北,从东到西,新石器文化的遗址和遗物遍及全国。大量文物说明那时的社会生产力已达到一定的水平,生产规模有所扩大,产业开始分化,不仅有农业、畜牧业、手工业、商业也随之产生。总之,在许多方面,新石器时代是迄今世界史上最有革命意义的时代之一。"在此之前的所有人都只是食物采集者,而新石器时代的人则是食物生产者,耕种土地和饲养家畜为他们提供了可靠得多的食物来源,间或有剩余。这种环境使人口可以较快增加,生活较为固定,多种制度得以形成,这些便是一次巨大的社会和经济革命的因素。这次革命的重要性也许是难以充分估计的。"[①]

● **原始的"大同"世界** 第一,*母系氏族社会的繁盛*。刚与猿类分途的中华先民,"聚生群处,知母不知父,无亲戚、兄弟、夫妻、男女之别,无上下长幼之道,无

---

① 伯恩斯,拉尔夫.世界文明史:第1卷[M].罗经国,等译.北京:商务印书馆,1995:125.

进退、揖让之礼"。① 与极端艰苦的物质生活相适应的,是人际关系,特别是男女关系的混沌无序。"长幼侪居,不君不臣。男女杂游,不媒不聘。"②性满足方式是与一般动物无异的原始杂交。经过数十万年的漫长岁月,原始杂交才被血缘群婚所取代,但同辈人中同胞男女的性关系却不在禁忌之列。又经过数万年的进化,同辈人中同胞和旁系男女的性关系被禁止,形成婚外制,这是氏族的起点。氏族是建立在血缘关系上的一种比较稳固、持久的社会组织,是当时社会的基本细胞。氏族内部禁止婚姻,实行原始共产主义经济,生产资料公有,集体劳动,平均分配。人与人之间是平等的关系,因而无"伦常"和"礼教"。一夫一妻制尚未出现,世系以母系血缘计算。氏族公社担负着社会和经济上的各种基本职能。**第二,父权制的确立和加强。**母系氏族社会晚期,农业、畜牧业和手工业充分发展,男子在这些生产部门逐渐居于主导地位。母系氏族制度日益成为生产发展的阻碍。在婚姻制度方面,不固定的男女对偶婚逐渐过渡到一男一女结为牢固夫妻关系的单偶婚。单偶婚改变了"知母不知父"的状况,氏族按男系确定血统,最终导致了原始社会的组织结构和社会关系发生变化:母系氏族社会逐渐转变为父系氏族社会。父系氏族社会产生,开始出现私有财产、阶级分化。随着掠夺战争的频繁发生,一些氏族结成部落,部落结成联盟。传说中的尧、舜、禹即是父系氏族社会后期部落联盟的领袖。部落联盟实行军事民主制,"禅让"与"公议"构成了中国原始民主的基本内容,是以后被奉为"天下为公"的"大同"时代的标志。**第三,私有制导致社会分化。**随着部落内部贫富分化程度的加深,家族间和成员间的不平等日益严重,加上频繁的对外掠夺战争的催化作用,最终促使社会阶级的产生和统治权力的强化。文明社会初露曙光。

三、原始社会的文化成就

早期原始人类制造的工具只是对现有自然物的加工,这些自然物有木、骨、牙、石等,其中最重要的是石器的加工。因此,考古学上称这一时期为旧石器时代。这时的石器制作技术简单,器形不规则,大多未经二次加工。到晚期,石器比较细小,可用来加工精美装饰品、钻孔等。在使用木石工具的同时,人类早就学会和掌握了火的使用方法,火的使用和保存既是一种技能,又可作为一种武器,从而提高了人的生存能力和生活质量。新石器时代,西方学者称之为"农业革命"时期,取得了三项突出成就。

---

① 《吕氏春秋·恃君览》。
② 《列子·汤问》。

●**"绿色革命"** 距今约1万年前,人们在长期的实践中发现了某些植物的生长规律,开始引种植物,发明了农业,逐渐改变了旧石器时代只能靠采集和渔猎获取生活资料的攫取性经济,而代之以生产性经济。农业的诞生被研究者喻为人类最早的"绿色革命",其伟大的成果是粟、黍、稻三大谷物栽培的成功,它们是人类征服自然的新的里程碑。在中国,仅种水稻的年代已经测定在万年以上的即有三处:湖南道县玉蟾岩遗址、江西万年仙人洞和吊桶环遗址。这些考古发现证明中国是世界上最早栽培水稻的国家之一。

●**磨石作器** 石器的磨制和钻孔是生产力水平提高的标志。磨光的石器是这一时期普遍使用的工具。起初,人们只是把工具的刃部磨光,后来进一步把通体磨光,形成完美的石器。比较常见的有石斧、石锛、石刀、石镰等(图1.4)。不仅类型分明,锋利适用,而且大多数都钻了孔,以便加柄和携带使用。磨光钻孔的加工技术在其他质地的工具、装饰品的制作中得到广泛运用。如骨角器制作的角叉、鱼钩、镞、锥、针、刀、锯等,十分精细。磨制石器是适应农耕的需要逐步发展起来的,与农业有着直接关系,凡是农业经济发达的新石器文化,其磨制石器都比较发达(图1.5)。

图1.4 锯齿刃石镰(裴李岗出土)

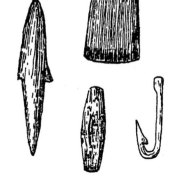

图1.5 仰韶文化石器和骨器

●**制陶工艺** 陶器的制作是新石器时代的又一项重要发明,也是最具特色的手工艺。它是适应农业定居生活需要而出现的(图1.6,图1.7)。所谓神农氏"耕而作陶"正反映了这一事实。为适应人们的需要,陶器形式多样。炊具有鼎、鬲、釜等,饮食器有钵、碗、盘、杯等,盛储器有瓮、罐等。此外,还有陶纺轮、陶网坠、陶刀等生产用具。随着生活的不断改进,对陶器的需要日益增多,制陶业也就不断兴盛发展起来。在陶器的制作上,还体现了艺术创造力。有的器物造型美观大方,有的还配上合适的器盖和座。仰韶文化的彩陶,更显示了它的工艺特点,堪称原始艺术的瑰宝。

图 1.6　西安半坡氏族社会遗址房屋复原图

图 1.7　尖底瓶
（陇西吕家坪出土）

第二节　远古文化思想述评

一、原始思维

1. 原始思维的基本特征

从 19 世纪末开始,许多著名的人类学家和文化学家对原始初民的心理世界和观念世界作了探讨。如英国著名人类学家弗雷泽在其名著《金枝》一书中,对原始交感巫术和原始宗教做了深入的实证性研究,列维·布留尔和列维-斯特劳斯从不同侧面向我们展示了原始思维或"野性思维"。弗洛伊德的精神分析学说,荣格的集体无意识思想,都从不同侧面揭示了原始思维的机制和基本特征。

●**集体无意识**　原始思维本质上是无个性的集体无意识或集体表象。原始初民尚未经历个体化进程,人们生活于未分化的和自在的整体之中,自觉的独特个体尚未生成。因而,原始思维不可能表现为个体的自觉的意识。它表现为一种无意识的、未分化的、朦胧的集体表象或意象。

●**非理性思维**　原始思维是服从于"原逻辑"或"前逻辑"活动图式的非理性思维。这里所说的非理性特征主要强调原始思维活动尚不存在我们今日所熟知的理性逻辑或抽象逻辑。不同的文化学家用不同的术语揭示了原始思维的这一"非理性"活动图式。列维·布留尔将原始思维概括为不同于理性推理逻辑的"原逻辑"的集体表象,列维-斯特劳斯认为,原始思维服从于一种不同于现代理性思维和抽象思维的"具体的逻辑",而荣格则把原始思维称为"前逻辑"的思维。

●**自在性和自发性**　原始思维具有鲜明的自在性和自发性。荣格认为,集体无意识构成原始思维的本质。巫术、宗教仪式、习俗等自发地支配着原始人的行为,但是这些原始人"只知在干什么,却不知为何要这么做。他们对自己的行动看不出其意义来"。① 列维·布留尔同样清楚地认识到原始思维的自在性。他指出,神秘的和原逻辑的集体表象是一种自在的、自发的思维。"作为集体的东西,这些表象是硬把自己强加在个人身上,亦即它们对个人来说不是推理的产物,而是信仰的产物。由于一个民族愈是落后,集体表象的优势一般地也愈强。所以,在原始人的意识中几乎不存在'怎样'或'为什么'的问题。"②

2. 原始思维发展过程的基本类型

原始思维的漫长历史进程是人类的思维由理性与非理性、主体与非主体、逻辑思维与非逻辑思维混沌不分到逐渐分离的过程。在这个过程中,人类的原始思维经历了行为思维、形象思维、逻辑思维的发展过程。

●**行为思维**　行为思维是一种不是思维的"思维"。行为思维是把某种行为和操作固定下来的思维。它说明人类最初的思维是从外部开始的。人们通过一些行为、形状、姿势、简单的劳动工具及具体的情景来表达他们的情感和目的。严格地说,行为的操作性实际上是没有"思维"本身的含义的,但它却包含着尔后一切思维的萌芽。

●**形象思维**　形象思维是思维的非理性表现形式。在原始社会的中晚期,随着人类原始生产劳动的发展,在生产劳动中产生了原始文化,即原始的巫术、图腾、神话、艺术等,从而形成了人类思维的第二种形式——形象思维。原始思维中的形象思维包括巫术思维、图腾思维和神话思维。**第一,巫术思维。**弗雷泽在《金枝》一书中,分析了原始巫术赖以产生和形成的思维规律和思想原则。他认为主要有两条,即所谓的"相似律"(Law of Similarity)和"接触律或感染力"(Law of Contact or Contagion)。所谓"相似律",就是原始人所遵循的"同类相生,或结果相似于原因"的思维规律和原则;所谓"接触律",则是"凡接触过的事物在脱离接触后仍继续发生相互作用"的思维规律。基于此,弗雷泽认为,原始巫术产生的根本原因在于,原始人以"一种错误的联想"来感知和把握对象与自我。**第二,图腾思维。**在先民心目中,某种图腾是本部落祖先的直接化身,每个个体的心灵也都受到图腾灵魂的佑护和导引,每一图腾也都与特定的空间地域神秘地联系着,并由此与其他图腾氏族区别开来。举凡植物崇拜、动物崇拜、祖先崇拜等意象,都会唤起原始人的心理、情感大致相同的反应。它标志着原始人思维的概括

---

① 荣格.现代灵魂的自我拯救[M].黄奇铭,译.北京:工人出版社,1987:221.
② 应锡昌,等.多维视野中的文化理论[M].杭州:浙江人民出版社,1987:219.

抽象能力的日趋增强和伦理意识的逐渐形成。

第三,神话思维。神话思维是人类对社会和自身发展的无意识的幻想的总结,是人类表达心智和向往的一种思维方式。古埃及人认为天像一块穹隆形的天花板,地像一个方盒。印度人传说,驮着大地的是站在海龟背上的三头大象,大象动一动,便引起了地震。中国古籍中也不乏这种想象(图 1.8)。可见,原始人总是要借助具体形象来描述周围的世界。

图 1.8　盘古开天辟地的神话

●**逻辑思维**　逻辑思维是认识和思维的本质飞跃。原始社会后期及文明社会初期,伴随着语言能力发展和工具的使用,原始思维中的逻辑思维逐渐产生并从混沌中分化出来,使人类的认识和思维的发展有了本质的飞跃。原始的逻辑思维是以抽象的规定为中介的思维形式。在原始逻辑思维中一般是以理性的形式来把握事物的。这反映了人类认识的理性化进程,体现了人类理性和非理性的分化。

二、原始宗教

1. 原始宗教起源

●**原始宗教产生的基础**　人类学、考古学和民族学等有关的资料表明,原始宗教并非人类与生俱来的,它起源于旧石器时代中期。它是在生产力发展到一定程度,人类的形象思维和抽象思维能力达到一定水准的条件下产生的。在旧石器时代中、晚期氏族形成过程中,生产力有了较大的提高,出现了许多新型的适用于新的生产和生活方式的工具,人类征服自然的能力大大提高。生产力的发展、经济活动范围的扩大,刺激了原始先民向大自然索取的更大的欲望。但是,生产力的提高是相对的,此时毕竟还很低下,攫取性经济的得失无常反而使他们愈加不满、困惑和压抑,对于人与自然的关系、人际关系、生死现象、自己肉体组织的奥秘,既穷于理解,又急于理解。为满足要求,解除压抑,消除困惑,驾驭自然,在偏又"力不从心"的情况下,便产生了各种"想入非非"的虚幻的观念,这就是原始宗教产生的基础。

●**原始宗教的形成**　早期智人体质形态比直立人时期有了明显进步,晚期智人的体质结构基本上和现代人相同,脑的容量增大,思维能力提高了。这时人类社会组织有了新的发展,氏族公社萌芽并逐渐形成,与此相应的是宗教的萌芽。按照泰勒的观点,原始人相信梦中幻象的客观实在性,不能把心理幻觉同客观现实相区别,因而,自己的存在是双重性的,他们在同一时刻既认为自己是作为一个有生命意义的个人而实际存在着,又认为自己是作为一个可以离开身体而以"幻象"的"灵魂"而存在着。遵循心理联想和类比的思维规律外推,他们在自然界万物身上,全都看到了"精灵"和"灵魂"。于是,人类产生了"万物有灵"观念,并进而相信精灵有善恶之分,好的精灵会造福于人,而恶的精灵则降灾于人。为了免除灾害而获得幸福,就要祈祷万物之灵,由此产生了各种神灵崇拜仪式,原始宗教因此形成。

2. 原始宗教形式

●**自然崇拜** 原始人依赖大自然,对强大的自然力量感到无法驾驭,于是就产生了对自然界和自然力量的崇拜。自然崇拜的对象主要有日、月、星辰、天、山、石、水、火、土地以及风、雨、雷、电等(图1.9)。对于已进入农耕时期的新石器时代的中华先民来说,太阳普照大地,土地滋养万物,太阳和土地是他们赖以生存的依靠,也是他们虔诚供奉的神祇。在仰韶、屈家岭、马厂塬等文化遗址出土的陶器上,人们发现了表现太阳图形的纹饰,可能是初民对太阳崇拜的遗迹。自然崇拜的对象因环境而异,同时又与生活方式相联系。

●**图腾崇拜** 对具体自然物的崇拜又抽象为图腾崇拜。图腾崇拜被认为是母系氏族社会的一大特征,人们相信氏族起源于某种动物、植物或无生物,并将其视为族徽。中国的考古发掘和神话传说里,有丰富的图腾崇拜的资料。相传黄帝曾率熊、罴、貔、貅、貙、虎六兽同炎帝进行殊死搏斗。这六兽其实就是六个氏族的图腾。在河姆渡遗址出土的象牙雕刻常有鸟形图案(见图1.13),半坡出土的彩陶盆上有人面鱼纹(见图1.19),都有可能是某些氏族崇奉的图腾。1987年在河南濮阳发掘出"中华第一龙"(图1.10),墓中一男性主人的身边有一条保存完好的用蚌壳堆塑的龙,经测定距今已6000多年。此外红山文化出土的玉龙(图1.10),其头为猪形,距今也有5000多年的历史。龙的图腾,后来成为中华民族的象征。

●**生殖-祖先崇拜** 两性关系的原始本能和对生殖繁衍的渴望,又造成原始时代生殖崇拜盛行。为了人口的繁殖,氏族的兴旺,先民虔诚地奉行女阴崇拜。辽宁红山文化牛河梁神殿、东山嘴祭坛遗址发掘出的精美女神像和泥塑妇女群

图1.9 伏羲举日
(汉画像石拓本)

用蚌壳堆塑的龙（河南濮阳出土,距今6000多年）　　C形玉龙（辽宁出土,距今5000多年）

图1.10　仰韶文化和红山文化发掘的两条最早的龙

像,臀部、乳房硕大,其中还有孕妇神像,形态优美逼真,是女性生殖崇拜的确凿实证(图1.11)。原始人相信万物有灵,由此产生灵魂和鬼神观念。在鬼神崇拜的基础上又产生了祖先崇拜。母系氏族社会盛行女性祖先崇拜,传说中抟土造

图1.11　陶塑女神
（辽西东山嘴出土）

人的女娲就是女权时代的崇拜对象。父权制确立后,男性祖先备受尊崇,传说中创造华夏文明的炎黄大帝,便是父权时代的崇拜对象。远祖崇拜是后世圣贤崇拜的源头；近祖崇拜则是后世宗教文化的先导。中国少数民族文化中,这方面的神话传说也极为丰富。

与原始宗教相伴随的是宗教行为。这种行为以谋求控制自然力、沟通鬼神为目的,形成一定的仪式,这就是巫术。巫术的基本目的,无非是保障安全、免灾祛病、丰衣足食、多子多孙等。其方式多样,有祈求式、诅咒式、占卜式等。从事巫术和主持祭祀,起初并无专门人员,往往由部落长老临时担任。以后渐渐出现职业祭司和巫师,这种宗教职业者,是知识分子的前驱。

三、原始艺术

1. 艺术起源

●**艺术起源于劳动**　这是中国目前最权威、影响最大的艺术起源理论。这种理论把艺术起源归结为原始人的物质生产劳动,认为劳动是人类社会赖以产生、存在和发展的基础,是人类最基本的实践活动,劳动是艺术产生的根本原因。如"断竹续竹,飞土逐肉",这首从黄帝时代流传下来的古老《弹歌》,就生动地再现了狩猎生活从弓箭的选材、制作到逐杀野猪的全过程。远古人类的劳动是十分沉重的,这便需要协调动作的节奏,劳动号子由此产生。节奏一致使劳动效能提

高,劳动中手的拍打和脚的跺跳也为舞蹈的节奏准备了基础,最初的舞蹈是模仿飞禽走兽的不同姿态与原始人类劳动动作的美化形式。可见原始的生产劳动是原始艺术的土壤和源泉。随着社会的发展,人类从生产实践中所获得的认识、思想和感情日益复杂起来,因而艺术的内容和表现形式也越来越丰富和多样化。

●**劳动并非艺术起源的唯一因素** 肯定艺术起源于劳动,并不等于把劳动看成是艺术起源的唯一因素。艺术毕竟是一种独特的意识形态,是人的一种审美创造。它之所以能够出现,除了和其他意识形态一样有其物质基础之外,还有仅属于自己的复杂而具体的多种促成因素。因此,恩格斯认为,艺术的起源是十分复杂的问题,它是由经济、哲学、宗教、心理学等多种因素在相互发生作用的过程中产生的。随着生物学、人类学、人种学、民族学、考古学以及对原始社会研究的进一步发展,人们还提出了"游戏说""模仿说""巫术说""表现说""宗教说"等十几种艺术起源理论。应该说,这些理论都从某一个角度或在某一个层次上揭示了艺术的本质,具有一定的合理性。

2. 原始艺术的表现形式

●**绘画** 考古发现,原始绘画有装饰性图案画和写实性绘画两种,都见于彩陶上。彩陶不仅是实用的生活用具,也是一种原始的工艺美术品。不同的彩陶纹饰及其风格,是区别不同原始集团的重要标志之一。如半坡彩陶,以鱼的抽象化图案为主(图1.12),庙底沟彩陶以鸟和花的抽象图案为主。而且,色彩的施用,图案的部位,各具特色,显示了不同的文化面貌。反映生活习俗的人物图案画也有出土。半坡、姜寨遗址一些彩陶盆的内壁上画有寓意颇深的人面鱼纹(图1.19)。画面简洁,图案对称,有较强的艺术性。原始绘画艺术,还可散见于遍布全国的崖刻、岩画中。一般北方岩画重于写实,多与农、牧民的生产生活有关;南方岩画重于宗教意义,多与祭祀、巫术有关。

图1.12 鹳鱼石斧图陶缸彩绘(局部)

●**雕塑** 雕刻艺术在原始社会有一定发展。从出土的遗物看,有骨雕、牙雕、陶雕和石雕,以平面线刻为主,浮雕、圆雕和透雕比较少,这与当时缺乏坚硬度大的金属雕凿工具有关。早期的线刻艺术品,以河姆渡双鸟纹骨匕柄(图1.13)为代表。匕两端刻有弦纹、点线纹,中心部位刻两组双鸟纹图案。两组样式基本相同,都是两只头上有冠、大眼、蹼足、勾嘴、修尾的水禽。线条流畅,准确地刻画出了鸟的特点,姿态生动,是一件比较精细的骨雕艺术品。最早的象牙雕刻见于河

图1.13 双鸟纹骨匕柄（河姆渡出土）

姆渡遗址。进入父系氏族社会后，牙雕艺术有了新的发展。各地出土的牙雕制品中，以大汶口墓地出土的象牙梳、象牙筒最具代表性。这些艺术品，透雕技术成熟，图案新颖别致，代表了当时最高的雕刻工艺水平，是稀有的原始工艺品。

随着制陶术的普及，陶塑艺术也得到发展。陶塑题材广泛，有家畜家禽、飞禽走兽、房屋、人像。值得一提的是，20世纪50年代在辽宁牛河梁村发现一座"女神庙"和几十处积石冢群。在陶塑残块中有一尊基本完整的女性图像，大小与真人相当。头像面部的艺术刻画既强调外形轮廓的美观柔和，又追求内在神态的流露，眼珠用晶莹碧透的玉球镶嵌而成，堪称5000年前中国的"维纳斯"。

●**装饰** 原始人都喜欢装饰。旧石器时代晚期的装饰品各地都有发现。山顶洞人的遗物中就有丰富的装饰品，如穿孔兽牙、海蚶子壳、钻孔石珠、鲩鱼眼上骨等（图1.14）。到了新石器时代，人们用更加精细美观的装饰品来打扮自己。中国仰韶时期有大量的珠饰、坠饰和发笄等，质地有石、陶、骨、牙、蚌、玉等种类。

图1.14 山顶洞人的装饰品

●**音乐** 音乐分为声乐和器乐。声乐出现的时期很早，原始人在集体劳动过程中产生的有节奏的呼喊声，是声乐的基本因素。原始歌唱中的歌词常常仅是同一呼声或同一词句的重复，节奏和最简单的歌词结合起来，形成最原始的声乐。"原始人在劳动时总是伴着歌唱。音调和歌词完全是次要的，主要的是节奏。歌唱的节奏恰恰再现了音乐的节奏——音乐起源于劳动。视工作之为一人所做或为一群人所做，歌也分为独唱的或合唱的。"①

图1.15 陶号角（大汶口出土）

器乐的出现比歌舞晚。《路史》称"庖牺灼土为埙""伏羲削桐为琴""伶伦造磬"，《世本》称"夷作鼓"，都是讲的原始乐器的创制。考古发掘出土石器时代的乐器甚多，气鸣乐器有骨笛、骨哨、陶埙、陶号（图1.15）等，打击乐器有陶钟、陶铃、陶鼓、石磬等。当然原始乐器并非个别人所发明，乃是初民的集体创造。

●**舞蹈** 原始舞蹈往往以艺术形式再现那个时代的生产和生活，与音乐相伴

---

① 普列汉诺夫. 普列汉诺夫哲学著作选集：第二卷[M]. 北京：三联书店，1961：755.

相依。氏族制社会人们聚族而生,集体劳动,集体娱乐,故舞蹈尤盛。许多出土文物和远古壁画上,都有描绘舞蹈的图画,马家窑出土的彩陶盆上,便有15个跳舞人的形象。最初的原始舞蹈,只是一种模拟式的艺术,舞蹈动作是模仿一些飞禽走兽的不同姿态,人们劳作的不同动作;后来的体操式舞蹈,是在模拟舞蹈的基础上发展而来的。青海大通舞蹈纹彩陶盆(图1.16)上的舞蹈形象,已经不是狩猎对象的模仿或翻版,也不是罗列农业生产的过程,而是经过精细加工和组合的一种步伐规范的体操式舞蹈了。它既充满了浓厚的生活气息,又有抒情的风味。舞者随风飘动的尾饰,缓慢而有节奏的步伐,双手轻盈而和谐的动作,充分体现了它自然、亲切和优美的特点,说明当时的舞蹈已经达到了比较高的艺术水平。歌舞在原始时代是混融的。

图1.16 舞蹈纹彩陶盆(青海大通出土)

在古代的巫术活动中,身体的跳动(舞),口中念念有词或狂呼高喊(歌、诗、咒语),各种乐器齐鸣共奏(乐),糅为一体。这些巫术仪式中的歌舞,成了中国戏曲的源头。

四、古代神话故事

1. 古代神话的产生

●**神话与人同自然的斗争** 神话的产生是与原始人类为了生存而进行的同大自然的斗争密不可分的。当时的生产工具十分简陋,变幻莫测的自然力对人类形成严重的威胁,严寒酷暑、风雨雷电、毒蛇猛兽都给他们的生活带来极大的困难。与此同时,原始人对客观世界的认识,也处于极为幼稚的阶段。例如日月的运行、昼夜更替、水旱灾害、生老病死等,都使他们迷惑、惊奇以及恐惧。自然力对原始人来说,是某种异己的、神秘的、超越一切的东西。但是诸如此类的自然现象,都和原始人的生产、生活密切相关;他们迫切地希望认识自然,于是便以自身为依据,想象天地万物都和人一样,有生命,有意志,以为自然界的一切都受有灵感的神的主宰。于是,在"万物有灵"观念的支配下,所有的自然物和自然力都被人格化、神化了。他们把自己的意志和愿望通过不自觉的想象化的具体形象和生动的情节表现出来,这就是神话(图1.17)。正如马克思所说:"任何神话都是用想象和借助想象以征服自然力,支配自然力,把自然力加以形象化。"①

●**神话与原始社会性质**　神话的产生还取决于当时的社会性质。当时人们必须依靠集体,共同获取生活资料,抵御野兽和敌人;劳动所得有限,必须平均分配。在原始公社制度下,人与自然的斗争构成了主要矛盾,成为人们注意的中心。因此,解释自然和征服自然,就成为神话的主要内容。同时,由于人们的利益一致,在集体生产中涌现出来的技艺超群、勇敢刚强的人物,受到全体成员的崇敬,被赋予神奇的能力而成为神或半神。在他们身上寄托了原始人征服自然的愿望。由此可见,神话所反映的是原始人对客观世界的认识,这一认识是由劳动过程和社会生活的全部现象所激发和决定的。

图1.17　伏羲女娲帛画
(唐代,新疆吐鲁番出土)

2. 神话的内容、特点和价值

●**神话的内容**　一是对*自然现象的解释*。大自然是人类生存的环境和汲取生活资料的来源。人类为了生存,必然力图认识大自然,掌握自然规律,从而达到控制自然、减轻劳动、提高生产、改善生活的目的。天地是怎么形成的,人类是怎样产生的,日月为什么总在西方沉落,百川为什么总向东方奔流,河水为什么泛滥成灾,人类的疾病因何而起,人们的生死由谁掌管,等等,都在神话中被提出来,并照原始人的理解作了解答。二是*反映了生产斗争、征服或和谐自然的愿望*。由于当时的人们在自然力面前处于被动的地位,因此,这类神话虽然也反映了他们的生产实践和取得的成就,但更多的是在此基础上表现了原始人企图征服自然,获得更多生活资料的愿望和坚强不屈的气概,从而使这部分神话充满了幻想和豪情。这在《羿射九日》《夸父逐日》和《精卫填海》等神话中得到生动的体现(图1.18)。三是*对社会生活的反映*。这类神话主要表现了原始社会中人与人的矛盾。原始社会晚期,部落之间为夺取生活资料,也会发生争端。如《黄帝与蚩尤之战》反映了黄帝与蚩尤率各自的部族在涿鹿之

图1.18　羿射九日的神话

---

① 马克思.《政治经济学批判》导言[M]//马克思恩格斯选集:第二卷.北京:人民出版社,1995:29.

野所展开的一场激烈争斗。

●**神话的特点** 第一，神话是原始初民对自然和社会的一种不自觉的艺术加工。马克思《〈在政治经济学批判〉导言》中说，神话是"通过人民的幻想用一种不自觉的艺术方式加工过的自然和社会形式本身"。[①] 神话充满神奇幻想的故事，这些丰富而幼稚的想象，归根结底是对当时社会生活的一种概括性反映，一种艺术加工。但这种加工是以不自觉的艺术方法实现的，其表现就是当时人们对这些神奇幻想均信以为真。这种不自觉的艺术方式与人们在社会发展初期形成的原始思维有关。第二，神话是民间文学中最富幻想的形式。在民间文学的各种形式中，以神话表现幻想最为充分，最为活泼。例如原始人看到旭日初升时光辉灿烂的情景，便想象太阳每天在咸池中洗澡后才登程。神话的产生有其特定的现实基础和思想基础，这决定了它的兴旺时期只能是人类的童年。第三，神话中的人物形象都是神或半人半神。神话以这些群像为焦点，反映了原始人类的生活情景和思想感情。这类形象一般具有两个特征：一是从思想上看，这些人物往往具有献身精神、超人的本领和坚强的意志；二是从外形上看，这些人物一般形体高大、力大无穷。例如逐日的夸父，他不仅可以身挂两条黄蛇，手握两条黄蛇，而且一口气能喝干黄河、渭水两条大河的水。

●**神话的价值** 神话产生的当时，就对原始氏族公社时期的社会生活发挥过积极的组织作用和鼓舞作用。在文化史上它主要有两方面的价值：**第一，历史价值。** 上古神话产生于人类的生活实践，它反映了生活，表现了生活，从中可以看到初民在史前时期走过的足迹，可以看出历史的流变。如从女娲造人补天，可以看出我们的祖先经历了母系氏族制的社会。鲧、禹治水的神话反映了远古人民和洪水斗争的历程。神话这条线和历史这条线互相平行而又往往联系在一起。因此，不少中外学者都曾利用神话研究古史，取得重要成果。恩格斯在《家庭、私有制和国家的起源》中就引用了大量的神话材料，他非常重视神话的历史价值。**第二，美学价值。** 首先，神话反映了远古时代的先民开创世界的博大胸怀、高尚情致和不屈意志，展现出古朴社会中人类所具有的美好精神品格，给人以崇高的美的享受。其次，神话是繁荣民族文艺的"土壤和母胎"，不论在希腊、印度和中国均是如此。人们从神话艺术的宝库中，不断汲取题材和形象，进行新的文学创作，从而丰富了后世文学的内容和形式。神话中积极昂扬的精神、强烈奔放的感情和神奇瑰丽的想象，更成为浪漫主义文学的源头。中国第一个著名的伟大诗人屈原就深受神话的熏陶，他的代表作《离骚》通过宏伟的想象，抒发了他对楚国的热爱和不向反动势力屈服的意志。其后如陶渊明、李白、李贺、李商隐等杰出

[①] 马克思.《政治经济学批判》导言[M]//马克思恩格斯选集：第二卷.北京：人民出版社，1995：113.

的诗人,也都从神话中汲取过文学题材和艺术形象,不同程度地运用了浪漫主义手法。神话随着人类童年的消逝而不再产生,但历史业已证明,神话具有不朽的魅力和无穷的生命力。

第三节 专题讨论

一、"美"的原始形成过程[①]

●**抽象几何纹的形成与"美"的关系** 中国原始初民的陶器造型和纹样是随着社会的发展不断变化的,这与全世界各民族完全一致。占据新石器时代陶器纹饰主要位置的,并非动物纹样,而是抽象的几何纹,即各式各样的曲线、直线、水纹、漩涡纹、三角形、锯齿纹等等(图1.19)。有人把这些几何纹饰称为"有意味的形式",它们的形成过程也就是人类的审美意识和艺术的形成过程。因此弄清它们的起源十分重要。这些几何纹的起因和来源,至今仍是世界艺术史之谜,意见和争论很多。

图1.19 人面鱼纹彩陶盆
（陕西西安半坡村遗址出土）

●**抽象几何纹来自写实的生动的动物形象** 李泽厚认为,仰韶、马家窑的某些几何纹样已比较清晰地表明,它们是由动物形象的写实逐渐转为抽象图形的。由再现(模拟)到表现(抽象化),由写实到符号化,这是一个由内容到形式的积淀过程,也是美作为"有意味的形式"的原始形成过程。也就是说,在后世看来似乎只是"美观""装饰"而并无具体含义和内容的抽象几何纹样,其实在当年却有着非常重要的内容和含义,即具有严肃的原始巫术礼仪的图腾含义。巫术礼仪的图腾形象逐渐简化和抽象化为纯形式的几何图案(符号),它的原始图腾含义不但没有消失,并且由于几何纹饰经常比动物形象更多地布满器身,这种含义反而更加强了。可见,抽象几何纹饰并非纯形式美,而是在抽象形式中有内容,感官感受中有观念。由动物形象而符号化,最终演变为抽象几何纹的积淀过程,对艺术和审美意识史是一个非常关键的问题。下面略举一些考古学家对这个过程的描述。

"有很多线索可以说明这种几何图案花纹是由鱼形的图案演变来的,……一个简单的规律,即头部形状越简单,鱼体越趋向图案化。相反方向的鱼纹融合而

[①] 本专题根据李泽厚的《美的历程》有关章节摘编。
李泽厚.美的历程[M].北京:中国社会科学出版社,1984.

成的图案花纹,体部变化比较复杂,相同方向压叠融合的鱼纹,则较简单。"①(图1.20)

"主要的几何形图案花纹可能是由动物图案演化而来的。有代表性的几何纹饰可分成两类:螺旋形纹饰是由鸟纹变化而来的,波浪形的曲线纹和垂幛纹是由蛙纹演变而来的。……这两类几何纹饰划分得这样清楚,大概是当时不同民族部落的图腾标志。"②

"把半坡期到庙底沟期再到马家窑期的蛙纹和鸟纹联系起来看,很清楚地存着因袭相承、依次演化的脉络。开始是写实的、生动的、形象多样化的;后来都逐步走向图案化、格律化、规范化,而蛙、鸟两种母题并出这一点则是始终如一的。"③

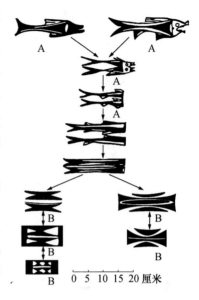

图1.20 鱼形图案演变成几何图案的过程

李泽厚认为,尽管上述具体演变过程、顺序、意义不一定都准确可靠,尽管仍带有很大的推测猜想的成分和甚至错误的具体结论,但是,由写实的、生动的、多样化的动物形象演化成抽象的、符号的、规范化的几何纹饰这一总的趋向和规律,作为科学假说,已有成立的足够根据。同时,这些从动物形象到几何图案的陶器纹饰并不是纯形式的"装饰""审美",而具有氏族图腾的神圣含义,似也可成立。

● **"美"在有意味的形式**　人的审美感受之所以不同于动物性的感官愉快,正在于其中包含有观念、想象的成分在内。美之所以不是一般的形式,而是所谓"有意味的形式",正在于它是积淀了社会内容的自然形式。所以,美在形式而不仅是形式。离开形式(自然形体)固然没有美,只有形式也不成其为美。

二、中西神话比较④

● **相同点**　上古神话,不论中国或西方,对宇宙、自然、社会都有着自己美丽的传说,因为未开化时代的混沌众生思想信仰大体一致,所以其神话有着惊人的

---

① 中国科学院考古研究所.西安半坡[M].北京:文物出版社,1963:185.
② 石兴邦.有关马家窑文化的一些问题[J].考古,1962(6):318-329.
③ 严文明.甘肃彩陶的源流[J].文物,1978(10):62-76.
④ 参阅了以下三篇文章:
曹海青.比较中西方神话 透视其所蕴涵的文化精神[J].忻州师范学院学报,2002,18(1):24-26.
董庆生.古代中西方神话比较[J].合肥师范学院学报,1994(3):6-7.
董辉,等.中国和希腊上古神话比较[J].黑龙江教育学院学报,2002,21(5):88-90.

相似。**首先，中西方神话都表现了原始先民对大自然积极探索的精神**。原始人在蒙昧时代都经历过同一心理发展阶段。他们头脑简单，却喜欢去推测宇宙的奥秘，然而又总是无力正确解答，于是世界成了神国。**其次，原始先民们并不仅仅满足于对自然的探索和解释，他们还希望征服自然、支配自然以拯救生民**。因此，他们对那些在与自然的斗争中表现勇敢、充满智慧、能为民除害的英雄大加赞赏。于是，中国神话就塑造出了为征服泛滥的洪水，不惜盗取天上的息壤而被杀的鲧，上射九日下杀毒蛇猛兽的羿；希腊神话中就有了因盗取天火给人类而受罚的普罗米修斯，为民除害、立了十二件大功的赫拉克勒斯。

●**不同点** 中国和以希腊为代表的西方神话虽有众多相似之处，但它们不论就内容、形式，还是就深层含义而言，其差异也是显而易见的。**第一，从神话系统性看，中国汉族神话零碎不全，西方神话系统严密**。希腊神话是系统的，有神的谱系。《荷马史诗》就保存了大量系统的神话传说；古希腊人赫西奥德的《神谱》把民间关于神的诞生、神的司职及神所从事的系列活动进行排列，形成了"俄林波斯神系"。而中国现存的汉族神话除《山海经》等书中记载比较集中外，其余则是一些零星片段，分散在文献古籍中，不成系统，虽有神农、伏羲、女娲、黄帝等传说人物，但无主神，也无神圣家族，彼此之间没有亲缘联系，其故事既不完整，也没有丰富生动的细节描写。这种情况可能同后世人们的重视程度有关。不过，在中国少数民族中，特别是西南地区少数民族中，神话丰富多样，神谱说明系统。中世纪欧洲的文艺复兴运动，使古希腊罗马文艺受到推崇和重视，同时西方国家长期处于宗教的权威之下，宗教与神话本是互相交织的，因而神话受到人们特殊的恩宠，也由此得到很好的保存和传播。中国自汉代以来儒家思想成为正统思想，"诗教"的戒律过严，使得我们先民最早萌发的奇思异想大多随着时间的流逝而消亡，从而造成这种中国汉族文学的极大遗憾。**第二，从神性的塑造来看，中国神话神性十足，西方神话神人一体**。希腊神话中的诸神，既有神性，又有人性。他们既与人类分属两个世界，又凭其神圣的力量左右着人间的事务，他们虽同人类有别，但却与人类有着同样的性情和爱好，有着同样的喜怒哀乐。那个万神之主宙斯俨然一个风流天子，他经常为人间少女的美丽而不能自持，变化之后，去同她们谈情说爱，生下许多儿女。他们作为神的形象是丰满的，是被高度人格化和艺术化了的，是神人一体的。相比之下，中国神话中的大神们则庄严、伟大、完善，充满创造力而又至高无上。他们独往独来，凌驾于万物之上，令人敬畏，无法亲近。他们作为神的形象是肃穆的，因庄严而失去灵气，是被神圣化和偶像化了的，是神性十足的。这在中国少数民族神话中也有反映。**第三，从审美表现看，中国神话注重精神美，西方神话则强调形象美**。希腊诸神是人们膜拜的偶像，是理想的化身，个个体魄健壮，相貌俊美，超出凡人一筹。众神之王宙斯魁梧威严,太阳神阿波罗健美,战神阿瑞斯剽悍,神后赫拉美丽,智慧女神雅典娜端庄,美神阿芙洛狄忒妩媚。他们崇尚的是力量,追求个人物质、肉体和精神上的享受,很少考虑道德。他们常常率性而为,野蛮而又粗暴,动辄就是迫害、报复和流血。以宙斯为首的诸神在奥林匹斯山上宴饮作乐,谈笑欢娱,而不关心百姓民众的生存和幸福,宙斯甚至想毁灭人类,潘多拉的匣子就给人间带来祸害、仇恨和疾病等种种灾难。中国神话却不刻意美化众神,几乎每个都是怪模怪样,如伏羲、女娲为蛇身人面,神农为人身牛首,盘古为狗首人身。但他们大多是道德的化身,他们爱人类,为人类做出了贡献和牺牲。他们大多善于控制情感,遇事冷静,能以理节情,决不冲动放纵。尧、舜、禹不必说,就是黄帝、神农氏、伏羲氏也为道德高人。

三、中华民族的形成

●**"华夏"是多民族的共称**　人类的进化大约是从原始群居渐进而有氏族组织的,以后才有部落及部落联盟的组织。随着交通的发达,共同的经济生活逐渐形成,才有了近代所称的"民族"。中华先民的一部分,很早就自称"诸夏",又称"华夏",又或单称"华"或"夏",到春秋战国以后,"华夏"就成了中国多民族的共称。"华夏民族,非一族所成。太古以来,诸族错居,接触交通,各去小异而大同,渐化合以成一族之形,后世所谓诸夏是也。"①从民族的形成看,中华民族的血缘成分也很复杂。"世界上没有血统纯粹的民族。民族既非单元,文化也就不会单元。反过来,文化越灿烂,民族的血统似乎越复杂。"②在中华文化的传说时代,先民的血统并不一致。生活在渭河流域到黄河中游地区的是古羌人,相传炎帝是其首领。生活在黄河下游和江淮流域的是古夷人,共有九部,称"九夷",相传太皞、少皞是其祖先。生活在北方的,有戎人和狄人,他们奉黄帝为始祖。在江、汉之间则居住着古苗人,古籍上称他们为"三苗"。在更南边,则有所谓"南蛮"人,生息于五岭山脉的崇山峻岭之中。羌人、夷人、戎人、狄人、苗人和蛮人都由众多的氏族、部落组成。

●**中国远古部落的三大集团**　按照已故文化史家徐旭生先生在《中国古史的传说时代》中的划分,中国远古部落大体是三大集团,即西北的华夏集团、东方的东夷集团、南方的苗蛮集团(图1.21)。华夏集团包括黄帝、炎帝、颛顼、舜、祝融等族。华夏集团发祥于黄土高原,集团内又分为两个亚族:一个称黄帝,因姬水而得姬姓;一个称炎帝,因姜水而得姜姓。两族各有一部分东移。炎帝族顺渭

---

① 梁启超.饮冰室合集:第十一册[M].北京:中华书局,2010.
② 岑仲勉.西周社会制度问题[M].上海:上海人民出版社,1957:11.

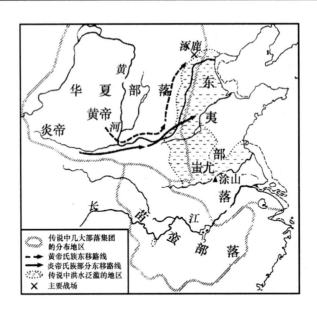

图1.21 黄帝炎帝时代地域示意图

水、黄河一直发展到今豫南及豫、冀、鲁三省交界地区,黄帝族顺北洛水、渭水及黄河北岸,沿中条山、太行山脉,直到今北京附近。太皞、少皞、女娲、骦兜属苗蛮集团,其分布以湘、鄂、赣为中心,北达豫南熊耳、外方、伏牛诸山脉间。东夷集团则分布在现今山东、江苏一带。现在考古发现与古史研究证明上述有些划分不尽合理,但徐旭生断言华夏是由许多不同的氏族部落融合而成,是正确的。

按先秦文献记载,在距今约5000年,炎黄两个部落进入中原后,与晋、冀、豫交界地区的九黎部落相遇,发生军事冲突,先是炎帝被九黎部落打败,接着黄帝、炎帝联合起来与九黎大战于涿鹿,打败九黎,杀其首领蚩尤。随后,炎黄又发生军事冲突,大战于阪泉,炎帝败,离开中原,分散迁向各地,大部分向南迁往江汉一带以至长江以南,也有一部分迁到东海滨。黄帝成为黄河中下游大部落联盟的首领。

●**东西两大部落集团的斗争与融合** 在黄帝之后,尧、舜、禹相继以禅让方式成为首领,他们实际上是以推举方式确立的大部落联盟的最高首领。在这个部落联盟中,姜、姬各部落居于优势,东夷各部落也拥有很大势力,几乎每次禅让都经历了东西两大部落集团的剧烈斗争。每次斗争的结果都加强了双方的交流与融合。其他远离中原的氏族部落,因山河阻隔,在先秦时其名已少闻于中原,其事已鲜见于载籍。不过现发掘的新石器时代遗址证明,那些地区确有不少氏族部落在与中原文化的交流过程中创造过自己的文化,他们同样为中华民族的发展做出过重大贡献。

附：远古文化大事年表
旧石器时代

约 170 万年前

人群杂处、血缘群婚，有巢氏就是这个时代的传说人物。●目前在地球上发现的最早的***"阿喀琉斯基猴"***（"松滋古猴"），距今 5500 万年，属灵长类动物。●***腊玛古猿***（图 1.22），1980 年在云南禄丰发现。是迄今发现的世界上最早最完整的人类在 800 万年前的古猿化石，它说明中国是人类起源的摇篮。●***建始人***（距今 200 万至 250 万年）、巫山人（距今约 201 万至 204 万年）。●***西侯度文化***。20 世纪 60 年代首先发现于山西黄城西侯度，距今约 180 万年。出土旧石器 30 多件。●***"元谋人"及其文化***。20 世纪 60 年代至 70 年代，在云南元谋发现距今约 170 万年古人类化石，出土了古人类化石、打制石器、炭屑、烧骨等，被称为"元谋直立人"和"元谋人文化"。

图 1.22　腊玛古猿生活想象图

约 100 万年至 75 万年前

处于更新世中期，旧石器时代早期和直立人阶段。●***"蓝田人及其文化"***。20 世纪 60 年代在陕西蓝田发现，出土有古人类化石、打制石器，被命名为"蓝田直立人"和"蓝田文化"。"蓝田人"是目前已知的亚洲北部最早的直立人。●***"匼河文化"***。20 世纪 50 年代发现于山西芮城风陵渡匼河村。出土的石器种类多，加工方法先进。

约 70 万年至 20 万年前

处于更新世中期，旧石器时代早期和直立人阶段。●***"北京人"及其文化***。20 世纪 20 年代在北京周口店发现。出土了丰富的人类化石、旧石器、骨器、用火证据和动物化石等。被称为"北京直立人"和"北京人文化"。●***"南京猿人"及其文化***。南京猿人化石距今约 60 万年至 35 万年，对于研究中国古人类分布演化，以及更新世人类生存环境，特别是长江中下游的环境，具有极高的历史价值和科学价值。南京汤山葫芦洞古人类头骨化石的出土，是中国古人类研究及旧石器时代考古领域具有世界意义的重大发现。●***"和县人"及其文化***。20 世纪 80 年代在安徽和县发现。出土的有古人类化石、骨器、角器、烧骨、动物化石等，其中有一具国内现存最完整的猿人头盖骨。●***观音洞文化***。20 世纪 60 年代发现于贵州观音洞，是当时长江以南发现的最大的旧石器时代文化遗址。出土打制石器 3000 件以上，其中一半经过二次加工。●***"金牛山人"及其文化***。20 世纪 70 年代至 80 年代发现于辽宁营口金牛山。出土了一批举世罕见的珍贵化石，其中猿人头骨化石的完整程度在国内外均无先例。

约 10 万年前

处于更新世晚期，旧石器时代中期，早期智人阶段，已进入母系氏族，属于族外群婚时代。●***"湖南道县现代人"及其文化***。湖南道县现代人的考古证明，在 8 万至 12 万年前中华大地已生活着现代人，而此前所发现的最早的现代类型人类在西亚和欧洲出现的时间在 4.5 万至 5 万年前。●***"大荔人"及其文化***。20 世纪 70 年代发现于陕西大荔。出土一具较完好的古人类头骨，以及少量打制石器。●***"桐梓人"及其文化***。20 世纪 70 年代发现于贵州桐梓，出土两枚人齿化石和多种石器制品。●***"马坝人"***。20 世纪 50 年代发现于广东曲江马坝。出土男性部分头骨。●***"许家窑人"及其文化***。20 世纪 70 年代发现于山西阳高许家窑村。是中国旧石器时代中期规模最大的遗址。●***"丁村人"及其文化***。20 世纪 50 年代至 70 年代发现于山西汾河流域丁村、史村等地。出土有旧石器时代中期人类化石，石器制作以碰砧法为主，技术先进。

续表

新石器时代

约 5 万年至 3 万年前

处于更新世晚期,旧石器时代晚期,晚期智人阶段。●**"水洞沟文化"和"萨拉乌苏文化"**。于 20 世纪 20 年代至 80 年代分别发现于宁夏灵武水洞沟和内蒙古萨拉乌苏河。以前称"河套人"和"河套文化"。●**"柳江人"**。20 世纪 50 年代发现于广西柳江。

约 3 万年至 1 万年前

处于更新世晚期,旧石器时代晚期,晚期智人阶段,母系氏族社会,是传说中的伏羲氏时代。●**"下川文化"**。旧石器时代晚期十分重要的文化遗址。于 20 世纪 70 年代发现于山西下川。发掘粗细石器一万余件。●**"山顶洞人"及其文化**。20 世纪 30 年代于北京龙骨山山顶洞发现。距今 2.8 万年。脑容量已与现代人相似。"山顶洞人"以狩猎为主,渔捞为辅,已掌握磨、钻、缝纫技术,图腾崇拜和巫术产生。

约 1 万年至 7000 年前

处于全新世,新石器时代早期,母系氏族社会,对偶婚,传说中的神农氏时代。●**"裴李岗文化"**。以河南新郑裴李岗出土文物为代表。遗址中有房基、墓地、石器、陶器。磨制石器多于打制石器。农业已占主要地位,饲养业已出现。●**"磁山文化"**。发现于河北武安磁山。"磁山文化"的主人是世界上最早培植粟和饲养鸡的人。

约 7000 年至 5000 年前

图 1.23 半坡陶器上的刻画符号

处于全新世,新石器时代中期,由母系氏族向父系氏族过渡,进入一夫一妻社会。●**"仰韶文化"**。因首先发现于河南仰韶村而得名,分布很广。主要生产工具为磨制石器,发现少量黄铜片,这是目前所知中国最早的铜质用具。"仰韶文化"以陶器闻名中外。半坡、姜寨等地出土的陶器上有刻画符号,有人认为是原始文字(图 1.23)。●**"河姆渡文化"**。于 20 世纪 70 年代发现于浙江余姚河姆渡。发掘出的工具以骨器为多。还发现了中国最早的木桨、最早的栽培稻、最早的漆器——木质漆碗,以及猪、狗、水牛等家畜和大量陶塑艺术品。●**"马家浜文化"**。以浙江嘉兴马家浜为代表。这时已普遍种植水稻。其遗址还发现中国最早的纺织品实物、最早的水井,以及开凿的引水沟渠。●**"大汶口文化"**。以山东泰安大汶口为典型。出现男女合葬,反映父系氏族和私有制的兴起。

约 5000 年至 4000 年前

处于全新世,新石器时代晚期,父系氏族,一夫一妻制,黄帝、尧帝、舜帝是这一时期的传说人物。●**"红山文化"**。发现于内蒙古赤峰红山。●**"屈家岭文化"**。20 世纪 50 年代发现于湖北京山屈家岭。彩陶纺轮是其最具特色的器物,数量极多,反映了纺织业的发达。●**"良渚文化"**。首先发现于浙江余杭良渚。其玉器数量之多、质量之高也十分罕见。富有者墓葬中玉器多达几十件,是私有制发展、贫富分化的反映,说明这时已处于原始社会末期。●**"山东龙山文化"**。20 世纪 20 年代首先发现于山东章丘龙山镇。这时磨制石器非常精致,发现穿孔的小铜铲。陶器已普遍采用轮制。●**"齐家文化"**。20 世纪 20 年代首先发现于甘肃广河齐家坪。是中国史前时期发现铜器最多的遗址,有铜斧、铜刀、铜镜等,这说明"齐家文化"已进入铜器时代。

【思考与讨论】
1. 如何理解中华文化多元发生的观点?
2. 以"把黄帝看作神话中的人物,中国人是否就没有面子或变成了断线的风筝"为议题,组织一场讨论会。
3. 试述新石器时代三大文化成就的影响和意义。
4. 原始宗教产生的原因及其形式有哪些?
5. 组织一次参观活动,到所在城市的历史博物馆亲自感受中国原始文化成就。

第二章 夏、商、西周文化

> 夏、商、西周经历了中国奴隶制社会由产生到兴盛的全过程,是中华民族统一国家初步形成的重要历史阶段。本章对这一时期的经济、政治制度,以及主要文化成就及其影响作了概括和说明,重点阐述了这一时期文化思想的性质和特点。学习本章应充分理解这一时代由神本走向人本,由尊命尊神走向尊礼尚德的发展过程,及其在中国文化史上的里程碑意义。

第一节 夏、商、西周文化概述

夏、商、西周历史上称"三代",是中国原始公社解体,奴隶制由产生到鼎盛的时代,也是中国社会由部落联盟到统一国家体制形成并逐步走向完备的时代。据推算,夏朝自帝禹(图2.1)至桀,历17代,432年;商朝自成汤至帝辛,历28代,644余年;西周自武王发至幽王宫湦,历13代,353年。中国奴隶制在西周达到鼎盛时期,经历了漫长的1400多年,足见一种制度的变革是多么不易。同以后的封建主义、资本主义制度一样,历史上这三种私有制的发展过程,都经历过辉煌的时期,都创造过璀璨瑰丽的文化,当它们处于上升时期都曾经是革命的。尽管奴隶制是那样的残忍,但比起愚昧落后的原始氏族社会来,它无疑是大大前进了一步。恩格斯说:"在当时的条件下,采用奴隶制是一个巨大

图2.1 夏禹

的进步……最初的经济进步就在于利用奴隶劳动来提高和进一步发展生产。"①

一、奴隶制及国家的产生和发展

1. 奴隶制的确立与兴盛

●**由原始公有制向奴隶制的过渡**　《礼记·礼运篇》说,禹以前是没有阶级的财产公有的大同社会;禹以后是有阶级的私有社会。其实,早在原始公社后期,由于生产力的发展,一些部落首领富裕起来,渐渐把部落集体的财产占为己有,私有化便已经开始。财产的私有,使劳动的分工更加明确,劳动的管理更加有效,又反过来促进了生产力和私有化的发展。从还处于原始社会后期的龙山文化遗址看,有的墓中已有陪葬的"俯身者",他们就是奴隶。此后,又经历了几百年,到了夏代,财产的私有已成普遍现象。但作为一种制度,夏代还只是由原始公有制向奴隶制的过渡阶段。奴隶制度、封建制度、资本主义制度同属私有制,不同的是奴隶制把土地和奴隶作为极少数人的私有财产,这极少数人就是指那些部落联盟的酋长。目前,关于夏代的情况虽然缺乏文字资料,但从中华人民共和国成立后在河南发现的代表夏代文化的二里头遗址看,它确实反映了夏代已进入奴隶社会。二里头遗址有广达一万多平方米的房屋宫室,其墓葬清楚地显示了阶级的分化和对立。有的墓穴随葬品很丰富,有各种陶器和贝玉器;而有的墓穴仅有叠压堆积的骨架,不仅没有随葬品,而且躯体不全,大多是青年男女,是被奴隶主贵族杀害的俘虏和奴隶。可见奴隶制已在血腥中降生。

●**奴隶制的确立**　商代由于社会分工日益发展,生产剩余逐渐增加,部落内部阶级分化更加迅速,奴隶主的统治得到加强,奴隶制得以确立。甲骨文的发现,使我们可以从文献中看到,商代最大的奴隶主贵族有20余支,这些贵族被称为"百姓"。当时只有奴隶主贵族才有姓。商代规定全部土地属于商王所有,商王把奴隶和土地分配给各奴隶主贵族,奴隶主贵族服从商王的统治。商代奴隶大都来自战争。奴隶名目繁多,数量很大,有些被消灭部落的全体人员都沦为奴隶。他们分布在各生产部门,是奴隶社会财富和文化的主要创造者。他们没有人身自由,与牛马一样,可以任意被买卖和杀害。除奴隶外,还有一些所谓的"小人"。他们可以从"井田"分得一小块土地从事生产,养活自己。他们只比奴隶自由一些,但同样受奴隶主的剥削和压迫。奴隶不仅要耕种土地,制作陶器,从事一切劳动,奴隶主还要用他们的生命祭奠祖先和神灵。商代的墓穴遗址(图2.2)中,被杀害用于祭祀的奴隶有时一处多达数十到

---

① 马克思,恩格斯.马克思恩格斯选集:第三卷[M].北京:人民出版社,1995:524-525.

图2.2 商王大墓
（在河南安阳，其中殉葬奴隶79人）

数百人，奴隶主的残酷可见一斑。奴隶制的发展一方面带来经济和文化的繁荣，同时又加剧了阶级矛盾。甲骨文中载有大量奴隶逃亡的事件，在商朝末年发生过大规模的奴隶暴动，频繁的奴隶暴动是导致商朝灭亡的重要原因。

●**奴隶制的兴盛** 西周时期奴隶制发展成熟，是中国奴隶制的全盛时期。西周接受商朝灭亡的教训，采取了一些"重民、尚德"的措施，对发展奴隶制起了重要作用。**第一，"井田制"更加完善。** 井田制原是原始公社就有的一项土地公有制。那时生产力水平低下，为了公平地分配劳动所得，公社把土地划分为"井"字形（图2.3），即一块块方田，分给众人耕种，这时，土地是真正意义上的公共所有。进入阶级社会后，这种井田制在形式上没有变化，但性质变了。土地名义上是国有，实质上却是国君和奴隶主贵族所有。国君将土地和奴隶分给奴隶主贵族，奴隶成了奴隶主可以买卖的财产。到了西周，"井田"被分为"公田""私田"两个部分。"公田"是奴隶主贵族直接掌握的土地，"私田"是分配给生产者的自耕地。生产者必须首先为奴隶

图2.3 甲骨文中田字的两种写法
（其中可见"井田"形式）

主贵族种好"公田"，然后才能种私田，生产者被称为"庶人"，奴隶主不得任意买卖和屠杀他们，但他们同奴隶一样，是君王封赏给奴隶主的，没有人身自由。此外，奴隶主还控制着大量奴隶为其劳动。总之，为了更好地组织生产，西周统治者一方面更规范地划分出严密的等级，使每个人都按自己所处的角色地位照章办事；另一方面又使井田有了更灵活的管理方式。这对发展奴隶制经济起了重要的促进作用。**第二，西周统治者还采取了一些鼓励农夫生产的措施。** 如在井田以外由天子指定三十里荒地，让农夫开垦；公田收割时，给奴隶或"庶人"寡妇留些谷物；天子每年举行两次慰劳农夫的饎礼，给农夫饭吃。这些措施，在一定程度上起到缓和阶级矛盾的作用，有利于生产的发展，因而出现西周前期的太平盛世。

2. 国家体制的形成与完备

生产力的发展导致三代社会由原始公有制向奴隶主私有制的转变，而这种

转变是与奴隶制国家体制的形成和发展分不开的。国家是一个历史范畴,是经济发展到一定阶段,社会分裂为剥削阶级与被剥削阶级的产物。因此列宁说:"国家是阶级统治的机关,是一个阶级压迫另一个阶级的机关。"①原始社会没有国家,到了奴隶社会才出现了国家。

●**由部落联盟向国家的过渡** 在远古的"五帝"时代,作为部落联盟首领的黄帝、炎帝、颛顼、唐尧、虞舜要决定大事就要召集各部落酋长一起商议,就连他们的即位也是由大家根据他们贤能的程度集体推选的,这叫"禅让"。那时物质财富很少剩余,当首领是件很辛苦的事。大禹一生治水,有三过家门而不入的传说(图2.4)。据说他为了治水,足迹遍及九州。禹在晚年,仍然想将位置让给一位叫皋陶的贤能的人,不料皋陶先他而死,于是他又选择了曾发明凿井技术的伯益作为他的继承人。但这时社会形势同尧舜时代已经大大不同了。财产的私有越来越普遍。占据私有财产最多的就是那些部落的首领,包括禹的儿子启。那时很多部落领袖死后,由儿子继承其父的地位和财产。禹死后,启及他的家族没有依照禹的决定办,启用武力夺取了最高权位,建立了中国历史上第一个非"禅让"而来的"国家",这就是建立在"世袭制"基础上的"夏"。恩格斯说:"掠夺战争加强了

图2.4 大禹治水
(画像石摹本)

最高军事首长以及下级军事首长的权力;习惯地由同一家庭选出他们的后继者的办法,特别是从父权制确立以来,就逐渐转变为世袭制,人们最初是容忍,后来是要求,最后便僭取这种世袭制了;世袭王权和世袭贵族的基础奠定下来了。"②世袭王权是国家产生的重要条件。要维护这种世袭,必须建立国家机器。历史证明由"禅让"制到建立巩固的世袭制国家政权并不容易,启的政权在他死后不久就被曾射落九日的后羿的后代篡夺。这种反复的争夺持续了一百多年后,第一个奴隶制的国家政权才基本稳定下来。

●**国家体制的初步形成** 中国奴隶制国家体制的确立是在商代后期。其标志是以区别嫡庶为核心的宗法制度产生。宗法制度的主要特点,就是财产和地位由嫡长子继承。这是保证奴隶制国家的君主和奴隶主贵族有巩固权力的基础。这一制度是进入商代以后逐步形成的。商是契的后代,契曾跟随禹治水,做过夏的水官。商的部落原来在奄(今山东曲阜附近)。夏朝末年,其领袖汤

---

① 列宁.列宁选集:第三卷[M].北京:人民出版社,1995:114.
② 马克思,恩格斯.马克思恩格斯全集:第二十一卷[M].北京:人民出版社,1976:188.

图2.5 商汤王

(图2.5)打败夏桀建立了商朝。商一直实行"兄终弟及"制度,即由弟弟继承王位。这样引发出的激烈的内部斗争,使商朝长期陷于动乱之中。商代31位国君,王位更换30次,其中"兄终弟及"14次,父死子继16次。这一方面说明宗法制在逐渐形成,同时又说明宗法制还很不稳定。所以到第二十位国君盘庚时,为避免王位继承上的纷争所引起的种种矛盾,他将都城迁到了殷(今河南安阳)。到武丁时将宗法关系作为制度确定下来,使王权得到巩固,商朝逐渐走向极盛。从甲骨文看到,武丁时祭祀已经以自身所出的直系先王为"大示",以旁系先王为"小示";合祭大示的宗庙称为"大宗",合祭小示的宗庙称为"小宗",这就是宗法制度中"大宗"和"小宗"的起源。武丁以后逐步发展出一套系统的祭祀制度,其特点是对直系先王的重视和先妣正、庶有了明确的区分。奴隶制国家的王权由嫡长子继承这一重大问题到商代后期才基本上得到解决。

● **国家体制的完备** 奴隶制国家体制的完善是建立在宗法制度进一步发展的基础上的。这一任务到西周时才完成。周族先祖弃是尧的农官,因善种五谷而称"后稷"。其先民定居在邠,后迁居周原(陕西北部),故称"周"。周族不断壮大起来,商王文丁怕周发展起来后与商抗衡,借机杀了周的首领季历。季历之子姬昌即位,这就是历史上有名的周文王。姬昌表面上对商纣王毕恭毕敬,商纣王因而封他为西方各族的首领,称"西伯"。不久纣王看到西伯的地位日益提高,又把他囚禁于羑里(今河南汤阴北)。传说周文王关在羑里而演《周易》。最后周文王找到姜尚、周公两位助手,为周武王(图2.6)打败商纣王奠定了基础。武王灭纣后,采取了很多缓和统治阶级内外矛盾的措施,又经过几代人的努力,才实现了对各地区的控制。其中最重要的措施就是从巩固完善宗法制度入手,建立完备的国家制度。**第一,进一步发展宗法制度**(图2.7)。周朝明确规定,周王称"天子",是天下"大宗",王位由嫡长子继承,世代保持大宗的地位;嫡长子的兄弟们受封为诸侯或卿大夫,称为"小宗"。国王以下的诸侯国,其王位同样由嫡长子继承,也称"大宗";嫡长子的兄弟封为卿大夫,称"小宗";卿大夫在本宗族的各个分支中也处于大宗的地位。这种严密的宗法体制不仅适用于

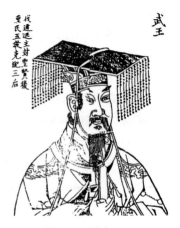

图2.6 周武王

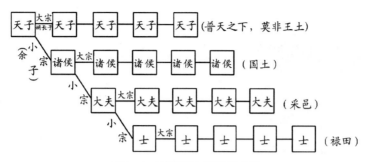

图 2.7　西周宗法制度示意图

周王朝同姓贵族,也适用于异姓贵族。它确保了君王和奴隶主贵族在政治上的垄断地位,实现了国家制度与宗法制度的二位一体,影响中国社会几千年。**第二,建立了完备的官僚体制**。周朝规定在周王下设三公:太师、太傅、太保。师保之下最高官职是卿士,即太宰、太宗、太史、太祝、太士、太卜,合称"六卿"。六卿外,还设了五官:司徒、司马、司空、司士、司寇。五官下有很多僚属。这时作为国家的官僚管理体系,已很完备。这套官僚体系对后世影响深远。**第三,建立分封制**。由周王分封诸侯,各地诸侯就是周朝的地方政权。西周时周王对诸侯拥有很大权力。此外周朝还建立了庞大的军事机器、刑律制度。为了强化奴隶制国家机器,还制定了完整的礼乐制度,以及有利于巩固奴隶制国家政权的思想体系。

二、夏、商、西周的文化成就及其影响

三代是中国文化史上的重要发展阶段,是中国文明和阶级社会的发端。它创造了特有的令后世瞩目的奴隶制文化,是中国文化史上承前启后的里程碑。在西周奴隶制经济的兴盛时期,无论是物质文化还是精神文化,都达到了当时世界的先进水平。三代文化对后世的影响是全面而深刻的,春秋战国时代的诸子百家,极少不受三代影响,儒家与周礼、道家与《周易》更有一脉相承、难以分割的联系。三代的文化成就主要体现在以下几个方面:

● **青铜文化**　青铜的生产和广泛使用是三代文化显著的特点之一,因此有人把三代称为青铜时代。青铜在夏代后期已经出现,二里头遗址出土的青铜器有锛、镞、凿、刀、锥、鱼钩、戈、爵、铃等。当时青铜已广泛用于生产工具、兵器、礼器以及日常生活用品,说明青铜的生产在夏代后期已有相当大的规模。青铜是铜锡合金。经分析,夏代的青铜爵含铜92%、锡7%,这说明当时已采用了复杂的合范法铸造工艺。商代青铜规模进一步扩大,首都殷是商代后期青铜铸造业的中心。西周中后期,发明了一模翻制数范和焊接技术,使生产速度提高了好几倍。

图 2.8　后母戊鼎

商代铸造的后母戊鼎(图 2.8)，重达 875 千克，是目前发现的最大的青铜器。青铜器不仅实用，同时也是精美的艺术品，它浑厚、沉实、雍容华贵，正是奴隶社会繁荣时期恢宏气度、雄劲风格、神圣精神的体现。不同时代的青铜还表现了不同的发展水平和风格，夏代青铜器没有花纹；早期商代青铜器花纹简单，显得粗笨，晚期花纹则显得结构复杂，线条流畅秀美；西周青铜器盛行几何图形的花纹，没有商代那种神秘、恐怖的纹饰，这正是商人以神为本，周人以人为本的不同精神世界的反映。

● **文字系统的形成**　这是三代对后世影响最为巨大的成就。早在新石器时代，即传说中的"五帝"时代，文字就已经萌芽，半坡遗址出土的陶钵上沿有刻画符号近三十种，龙山文化、良渚文化都发现类似后来甲骨文的文字(图 2.9)。殷商时代特别崇拜天帝鬼神，凡大事小事都要求神问卜，还专门设立卜筮之官来主持和从事这方面的工作，他们称"巫史"或"巫士"。巫史把卜筮的事刻在龟甲、骨片上，这就是甲骨文(图 2.10)。

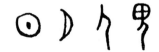

图 2.9　二里冈遗址陶器上类似甲骨文的符号

图 2.10　甲骨文(商代)

甲骨文于 1899 年发现于殷墟以来，已出土有字甲骨 15 万片以上，总字数至少有 150 余万个，不相同的文字约 4500 字。这说明甲骨文已是相当成熟的文字系统，象形、指事、会意、假借、形声、转注字都已具备。其伟大之处还在于，它不仅是表达思想的工具，对推动社会交流具有划时代的意义，而且开创了中华民族特有的书法艺术的先河。

● **巫史及其礼乐的创制**　夏、商、西周三代是中国由蒙昧的原始状态走向文明社会的过渡时期。原始宗教对自然和先祖的崇拜，对神灵的敬畏，不仅仍然广泛存在于社会生活的各个方面，而且其祭祀、占卜活动越来越礼仪化、复杂化、规范化。掌管和主持这些活动的巫史成为社会的一个重要阶层，受到人们普遍的敬重。他们被视为最有知识的人，是能帮助人与天地神鬼直接沟通的人。君主们都相信自己的权力是神授的，必须通过巫史的乐舞与上天联系。巫士通过制礼作乐等活动对三代文化发展做出过重大贡献。这主要表现在以下三个方面：*第一，文献的记录整理和保管。*君王的大小活动都要占卜,占卜的结果必须记录、整理、保管下来;还有君王发布的各种指令,也是神的意志的表现,也是要记录、整理、保管下来的。巫史就是记录、整理、保管这些文献的专职人员。正是他们创造和保管的这些文献,为后人留下了珍贵的历史资料。司马迁写《史记》就利用过这些原始资料。中国最早的历史文献汇编《尚书》(《书经》)也是根据这些文献整理而成的。**第二,礼制的规范与发展**。《山海经》记载,黄帝曾作礼祭神驱鬼,《吕氏春秋》有颛顼作礼乐祭上帝的记载,可见"五帝"时代已有了"礼"。早期的礼就是一种求神赐福的仪式。后来"礼"大大发展了,包括了各种交往的仪式、各种典章制度,以及各种社会行为和道德规范。所谓"礼"就是法定或约定俗成的各种规范的奴隶社会生活模式。三代时期巫史就是礼的主要制作者。著名的巫史有巫咸、史佚、苌弘等等。巫咸,被称为"大圣""神巫",他还是周公赞赏的殷代名医;史佚是西周初期人,他与周公、太公、召公并称"四圣";苌弘,是周室大夫,他既是占星家,又是天数学者,传说他含冤屈死,其血化为碧玉。**第三,对音乐舞蹈的贡献**。三代时,音乐、舞蹈这些艺术活动是同占卜、祭祀紧密相关的,或者说它们就是这些活动的组成部分。由于它们具有赏心悦目的功能,统治者便要巫史将它们加以收集、整理,专供各级统治者享乐。据记载,夏桀"淫佚康乐""万舞翼翼",他蓄养的女乐多达三万人。周朝则把礼乐与政刑相并列,将乐作为教化的重要工具。不同等级所用音乐有严格规定。据《礼记》载,周代规定士大夫自少年时起便要学习乐舞,国家设有专门的音乐机构,由大司马管理,乐师至少有1400多人。著名乐舞有云门、大咸、大磬、大夏、大濩和大武,称"六乐";乐种有金、石、土、革、丝、木、匏、竹八类,称"八音";乐器有钟、镛、铙、编钟、编磬、琴、瑟、箫、笙、竽、埙、鼓、镈、柎、柷、敔等等。当时已有十二律七声音阶,宫廷雅乐体系已很完整。

● **科技成就** 三代的科学技术成就,同巫士也有关系。如殷代巫咸发明了"筮",筮是占卜工具,又是与天文、历法、数学相联系的运算筹码。有专家认为:"在《周易》的产生及其通过数理而形成卦象、滋生哲理诸方面,巫咸发明的'筮法'都起到奠基的作用。"[①]夏代,人们对天文历法已经有了一定了解,流传后世的《夏小正》,包含了部分夏代历法的内容。商代对天文很重视,由专门官员掌管,甲骨文中已有日食、月食的记录,还有观察到新星的记录。商朝已用闰月使阴历和阳历结合起来,这是当时世界上最先进的历法。数学在商代已发展起来,商代已能进行一般算术的运算,能制作比较复杂的几何图形。周朝设立学校,"数"是一门重要课程,已有六十甲子序列和九九乘法表。三代的农业和手工业有了极

---

① 冯天瑜,何晓明,周积明.中华文化史[M].上海:上海人民出版社,1990:307.

图 2.11　商铜削和铜矛

大的发展。农业生产中已经使用了不少用青铜制造的工具(图 2.11)。陶器的制作不仅种类更多,而且生产出了釉陶器,接近于瓷器水平,是中国陶瓷的重大发展。1972 年在商代遗址中发现了铁的使用,铁嵌铸在铜钺兵器刃部,并经过锻打。但从目前出土的文物看,三代时期铁的使用是很有限的。三代纺织业发达,商代所织提花绮,是世界上迄今发现最早的提花丝织物。三代的医学、建筑等各个领域的科学技术都达到很高水平。

第二节　夏、商、西周文化思想述评

三代文化思想的基本特点是从以神为本走向以人为本,从尊命尊神走向尊礼尚德。这是中国文化思想史上的重大转折。《周礼》《周易》等文献说明,三代所提出的一些范畴和观念已大体决定了日后中国文化发展的方向。

一、由尊命尊神到尊礼尚德

《礼记·表记》载:"夏道尊命,事鬼敬神而远之……其民之敝,蠢而愚,乔而野,朴而不文。殷人尊神,率民以事神……其民之敝,荡而不静,胜而无耻。周人尊礼尚施,事鬼敬神而远之……其民之敝,利而巧,文而不惭,贼而蔽。"这些话揭示了三代文化的主要特点。

●**夏道尊命**　"命"即天命。夏代尊命思想对后来儒、道两家都有重大影响,但它们之间的区别是不容忽视的。**第一,性质不同**。《论语·颜渊》说:"死生有命,富贵在天。"讲的是尊命思想。《庄子·人间世》说:"知其不可奈何而安之若命,德之至也。"讲的也是尊命思想。但后世儒家和道家的尊命思想,与夏道的尊命思想性质有别。夏代"尊命"表现了没有完全走出蒙昧时代的特点,是在生产和认识水平还相当低下、物质生活匮乏的条件下,人们面对自然和社会的种种吉凶祸福、寿夭贵贱所表现出的无可奈何的态度。所以《礼记》说夏民是"蠢而愚",即无知无识。而后来儒家和道家的"尊命"思想不是无知无识和无可奈何的表现,而是他们所创立的治理国家理论的组成部分,是一种自觉的信仰。**第二,表现内容不同**。夏代"尊命"思想的重要表现之一是"朴而不文",用《史记》的说法,就是"夏人政尚忠朴"。儒家强调"忠",突出其"礼"。夏代礼乐、法令尚简,但并非没有礼乐、法令。不仅有,而且夏代"忠朴"的政令、礼仪、文化深受儒家的重视,孔子就曾以自己懂得夏代礼俗为荣耀,他对夏代流传下来的"韶乐"十分赞赏,他甚至主张用夏代的历法。儒家把夏礼看成周礼的源头并加以推崇。道家则不同,他们看重的是"不文",也就是夏代政令的"简约",礼俗的古朴;他们希望人们回归"乔而野"的原始状态,实现"无为而治"的理想。总之,夏道的尊命,还是一种无可奈何的顺应自然、相信命运的表现,他们还没有如商代人那样对鬼神的自觉的崇拜,因此对鬼神"敬而远之"。儒家和道家对这种"夏道"各取所需,精心设计和创立了他们自己的尊命哲学。

●**殷人尊神**　商代人自觉地崇尚鬼神,同夏民盲目地崇拜鬼神相比,是一种进步。商代把鬼神文化发展到了极致,其意义不能低估。殷人尊神,是他们经过思考所找到的一种人生和社会道路。为此,他们建立了一整套"事鬼敬神"的文化。他们把"五帝"以来就有的一些占卜、祭祀活动制度化、规范化,将"事鬼敬神"与政治结合,使它成为巩固奴隶主统治的工具。而对于广大平民和奴隶来说,在极端残暴的奴隶主统治之下,也只有用"事鬼敬神"来寻求暂时的安慰。所以无论从哪一方面看,殷商时代的"事鬼敬神"所体现的是人的聪明,是人不甘被动地受命于天的有为行为,这种行为有时甚至达到了疯狂和想入非非的程度。这就是《礼记》说的"荡而不静,胜而无耻"。殷商的巫史文化,或称鬼神文化的影响是:**第一,培养出了中华民族第一代文化人**。这些文化人称"巫史"。对他们的情况,我们在第一节已作简单说明。**第二,是周礼和后世礼乐文化的先导**。从文献看,商代祭祀之礼极其繁复,如祭祖,就分为五种方式,每种方式对所祭对象、供品、舞乐、时间、人员等都有规定。这些规定也是"礼",到西周时虽然"礼"的范围大大扩充了,但占卜祭祀之礼仍然是周礼的组成部分。直到后来,它的影响一直存在。**第三,对文学艺术的影响**。殷商时代狂热的鬼神文化,虽然到西周后衰败,并为尊礼尚德精神所替代,但"事鬼敬神"文化在一些受周文化影响较小的地区,仍然十分盛行。如春秋战国时楚国,就仍然盛行"事鬼敬神"。这种风俗及精神直接影响了诗人屈原以及富有浪漫主义精神的楚文化。殷人迷信鬼神的消极影响也很大。他们以六十甲子纪日,甲日祭上甲,乙日祭报乙,依次天天有祭。而且一天之内还有各种祭祀活动。据郭沫若考证,殷人早、晚均有迎日、送日的仪式。这样繁多的祭祀活动必然耗费大量人力、物力、财力。商代的灭亡,从一定意义上说也是统治阶级日日借祭祀享乐的结果。

●**周人尊礼**　周武王灭纣后,西周统治者不得不思考一个问题,殷人那样虔诚地信奉鬼神,为什么鬼神不保佑他们的国家免遭灭亡?周人因此感到"天命靡常"。他们仍然相信天命,但他们认为这种天命是无常的。周人通过商的灭亡看到了影响天命的人的力量。他们认为,"受禄于天"的必要前提条件并不是祭物的丰厚,祭次的多寡,而在于"宜民宜人"。这标志着周人的观念由神本开始向人本转向,虽然还是初步的,但这一步决定了日后中国文化发展的方向和主流。在怎样才能"宜民宜人"上,西周人进一步提出了"尊礼尚德"的主张。**第一,尊礼。**西周的"礼",主要已不是占卜、祭祀之礼,也不只是人际交往之礼,它包括了政治、经济、文化以及人们日常生活各个方面的制度和规范。这种"礼"其实就是已成体系的奴隶制度。在奴隶制还处于上升时期,这种"礼"在本质上是进步的。它总结了夏以来数百年的奴隶制社会发展过程的经验和教训,是奴隶主阶级实现和巩固自身统治,并推动社会前进的有力武器。它的历史功绩是巨大的。直到地主阶级兴起后,这种礼制才成为历史发展的阻力。**第二,尚德。**"礼"主要体现制度文化,"德"则主要体现思想文化。德是为了保证"礼"的贯彻执行而提出的人们的思想规范。"德"在商代卜辞中从未出现过,可见它是周人独创的思想。"德"即古"直"字,其本义是把心思放端正,就是《大学》所说的"欲修其身,先正其心"。敬德的内容是多方面的,其中也包括宗教方面的"顺帝之则",即对天帝的敬重。但它主要是指政治上"保民"以及伦理方面的加强自我修养和自我约束。"保民"是周人对殷人"尚鬼"文化的反拨。这一思想成为几千年来中国文化心理、文化形象的基础和骨架,是西周文化对中国文化最伟大的贡献。按《礼记》的说法,"尊礼尚德"的结果,是周民变得既不像夏人愚朴,也不像殷人放荡:他们获得利益的私欲总是巧妙地表达出来的;他们想方设法修饰和掩盖自己行为,却不感到惭愧;他们要伤害别人也要尽量做得隐蔽。这就是《礼记》说的周人"利而巧,文而不惭,贼而蔽"的意思。这是从不好的方面对周人的评价,从好的方面看,这正说明周人既不像夏人那样愚蠢,也不像殷人那样放荡,他们是更具理性和更文明的一代新人。

二、《周易》及其思想

图 2.12　周文王

一般认为《周易》写于殷商西周之交。传统说法是,伏羲画八卦,周文王(图 2.12)把八卦演化为六十四卦,并写出卦辞和爻辞,即《易经》;孔子作《翼》或称《易传》,《易经》和《易传》共同构成《周易》。近年来有人认为《周易》成书于西周末年。不论怎么说,《周易》的基本思想形成于西周是无疑问的。

●**《周易》的核心思想**　《周易》或《易经》,是六经之首,三玄之一。它用八卦重叠而成的六十四卦为结构框架,通过卦、爻两类符号的组合变化,对中华民族自远古以来的生产和生活经验进行了理论上的总结。

它用阳(一)和阴(--)的对立统一学说分析宇宙一切现象,表面上看它是对卜筮的解释,是一部占卜书,其实它是对天道、地道、人道变化规律的探索。它的核心思想是,自然界一切事物都处于矛盾运动之中,并在阴、阳的相互作用中向前发展。"易"是一个富含辩证思想的概念。"易"本是一个象形字,上日下月,即一阳一阴。它有三种互为一体的含义,称"三易":变易、简易、不易。**第一,变易。**指一切事物如同日月之行,总在不停地运动着,变化着,永无止境。这种变化表现为对立双方的相互转化,由阳到阴,又由阴到阳。从白昼、四季、生死等自然现象的变化,到朝代更替、世事变迁等社会现象的变化,都是阴阳,即矛盾相互转化的结果。**第二,简易。**就是求简求易,《易传·系辞》说:"易则易知,简则易从,易知则有亲,易从则有功。"它深刻地说明,虽然万事万物不停地变化,但我们仍然可以认识它们,关键在于我们必须本着科学的精神去认识其规律,掌握了规律,办事就简单易行了,就容易获得成功。**第三,不易。**是指万事万物的统一性。矛盾的对立和统一性是永恒的。没有对立无所谓统一,没有统一无所谓对立。这正如太阳、月亮既是对立又是统一的一样。对于地球而言,没有白天没有太阳是不行的,同样没有夜晚没有月亮也不行,人们既要工作又要休息,两者结合,才是一个整体。《周易》是秦始皇唯一没有焚烧的人文经典,他看到的只是《周易》占卜的形式,他认为《周易》是占卜之书,所以没有烧毁,他不能理解《周易》充满唯物精神和辩证法的本质。这正如今天某些人把《周易》看作测字算命的书一样可笑。

●**正确理解爻和卦** "爻"是阳(一)和阴(--)两种符号的总称,爻的本意是交错,这里指阴阳的交错。之所以用"一"和"--"作为爻的符号,是因为它们同卜筮用的蓍草形象一致。"一"表示一根蓍草,为奇数,是阳的特征;"--"表示断开的两根蓍草,为偶数,是阴的特征。将三个爻有规律地组合起来,就是卦,最基本的卦有八种,称八卦,它们两两相对,分别代表自然界八种相生相克的自然现象,乾与坤(即天与地)相对,符号为☰、☷,分别由三个阳爻和三个阴爻组成;震与巽相对(即雷与风)相对,符号为☳、☴,分别由上两阴爻下一阳爻和上两阳爻下一阴爻组成;坎与离(即水与火)相对,符号为 ☵、☲,分别由上下两阴爻、中夹一阳爻和上下两阳爻、中夹一阴爻组成;艮与兑(即山与泽)相对,符号为☶、☱,分别由上一阳爻、下两阴爻和上一阴爻、下两阳爻组成。八卦表示了万物变化发展的一些基本意义,如乾卦表示刚健,坤卦表示柔弱;震卦表示危殆,巽卦表示生机等。将八卦两两相叠便构成六十四卦。它们的组合显示了客观事物的意义不是单一的,而是非常复杂的。《周易》的《易》部分就是对六十四卦逐卦进行的解释,如何解释,请参看本章所附《周易》第一章"乾"卦的分析说明。对爻卦的意义的解释,说明古人的智慧是无与伦比的。18世纪初,德国数学家、哲学家莱布尼茨受到由西方传教士带给他的两张"易图"的启示,发明了二进制,二进制是今天数字革命

图 2.13 八卦太极图
（见《钦定四库全书》）

的基石,没有二进制就没有计算机。至今,《周易》仍是对古代朴素的唯物思想和辩证法最形象、最生动、最深刻的解释。如果把八卦与阴阳图配合,就是八卦太极图(图 2.13),用它可以更形象地说明八卦的意义。下面对八卦太极图略做分析。

这个图形的重要价值不在于它是卜卦算命的工具,而在于它所深藏的生命玄机,一种充满朴素辩证法的哲学思想。它至少说明了以下几点:**第一,矛盾观**。它说明自然界的万事万物,即天、地、雷、风、水、火、山、泽等都是对立的统一,有正就有反,有阴就有阳,有天就有地,有山就有泽,有火就有水,如此等等。**第二,发展观**。太极图是一个不停旋转运动着的动态图形。它说明万事万物都在不停地变化着,曲折地向前推进,由小到大,由弱到强,或由大到小,由强到弱,没有停止的时候。**第三,内外因结合的动力观**。它深刻地说明了内因和外因结合是推动事物发展的动力。我们从乾卦到坤卦的演变来看:乾是由三个阳爻组成,是阳的极盛期。但我们要注意,在这个旋转着运动着的太极图中,黑白两个类似鱼形的图案中分别有白黑两个小圆点,它们体现了一种重要思想,即任何事物都包含着它的对立面,包含着走向它的反面的因素。如当乾卦发展到巽卦时,我们可以看到它的对立面阴卦即黑色部分,已显现出一点,说明阴还弱小,还处在阳的包围之中。发展到坎卦时,它的对立面,即黑色部分已占一半,说明这时乾与坤、阳与阴已是平分秋色。再发展到艮卦时,阳已渐渐退去,只剩下一点地盘,而阴即黑色部分已占据主导地位。到坤卦,则是阴的极盛期,坤卦用三阴爻表示,但不要忘记,那个存在于整个阴极中的小白点,它预示着,盛极的阴不是纯粹的,它同样包含着走向反面的内在因素。我们可以用同样的方式解释由坤卦到乾卦的运动变化过程。这种将内外因结合起来解释事物运动机制的思想,其意义无论给予怎样高的评价也不过分。**第四,无终极论和循环论**。这个图还说明万事万物的变化是周而复始、无穷无尽的。由阳至阴,又由阴至阳,事物不停地运行着,这一点是永恒不变的。**第五,形象思维与逻辑思维的统一**。这个图显示了中国人思维的基本特点,这就是从整体上把握事物,并将形象思维与逻辑思维有机地统一起来,使思维的结果尽量与所反映的客观事物一致。尽管完全做到这一点是十分困难的,但从这个图已显现出来的意义看,它比单用逻辑分析对事物进行抽象概括的方法相比,其优越性是不言而喻的。

●**《周易》的影响** 《周易》是中国最古老的哲学著作,它是中国文化思想的重要源头之一。春秋战国时期儒、墨、道、法各家都从《周易》中汲取过营养,他们的理论无不包含《周易》思想的因素。孔子"读《易》,韦编三绝",并认为"洁静精微,《易》教也"。《周易》的思想内容博大精深,玄奥神妙,它对现代人的影响也很深刻。毛泽东早年曾和蔡和森学习过《周易》,并在革命斗争中成功地运用过《周易》的理论。今天《周易》风靡世界,其热度经久不衰,不论原因是什么,都值得我们重视和研究。为此,本章第三节专门编辑了一个专题,供参阅。

第三节 专题讨论

一、青铜艺术和汉字艺术[①]

●**狞厉的美** 黄帝以来,经过尧舜禹的军事民主到夏代"传子不传贤",中国古代进入了一个新阶段:虽然仍在氏族共同体的社会结构基础之上,但早期奴隶制统治秩序(等级制度)在逐渐形成和确立。公社成员逐渐成为各级氏族贵族的变相奴隶,贵族与平民(国人)开始有阶级分野。在上层建筑和意识形态领域,以"礼"为旗号,以祖先祭祀为核心,具有浓厚宗教性质的巫史文化开始了。它的特征是,原始的全民性的巫术礼仪变为部分统治者所垄断的社会统治的等级法规,原始社会末期的专职巫师变为统治阶级的宗教政治宰辅。青铜器纹饰的制定规范者,应该已是那批宗教性政治性的大人物——那些"能真实地想象某种东西"的巫、尹、史。尽管青铜器的铸造者是体力劳动者甚至奴隶,尽管某些青铜器纹饰也可溯源于原始图腾和陶器图案,但它们毕竟主要体现了早期宗法制社会统治者的威严、力量和意志。它们与陶器上神秘怪异的几何纹样在性质上已有了区别。以饕餮为突出代表的青铜器纹饰,已不同于神异的几何抽象纹饰,它们是远为具体的动物形象,但又确乎已不是真实的东西,在现实世界并没有对应的这种动物;它们属于"真实地想象"出来的"某种东西",这种东西是为其统治的利益、需要而想象编造出来的"祯祥"或标记。它们以超世间的神秘威吓的动物形象,表示这个初生阶级对自身统治地位的肯定和幻想。各式各样的饕餮纹样及以它为主体的整个青铜器其他纹饰和造型、特征都在突出这种指向一种无限深

[①] 本专题根据李泽厚的《美的历程》有关章节摘编。李泽厚.美的历程[M].北京:中国社会科学出版社,1984.

图 2.14　虎食人卣
（商代青铜器，河南安阳殷墟出土）

渊的原始力量，突出在这神秘威吓的动物形象面前的畏怖、恐惧、残酷和凶狠。它们远不再是仰韶陶纹饰中的那些生动活泼愉快写实的形象了，也不同于尽管神秘毕竟抽象的陶器的几何纹样。它们完全是变形了的、风格化了的、幻想的、可怖的动物形象（图 2.14，图 2.15）。它们呈现给你的感受是一种神秘的威力和狞厉的美。它们之所以具有威吓神秘的力量，不在于这些怪异动物形象本身有如何的威力，而在于以这些怪异形象为象征符号指向了某种似乎是超世间的权威神力的观念；它们之所以美，不在于这些形象如何具有装饰风味，而在于以这些怪异形象的雄健线条，深沉凸出的铸造刻饰，恰到好处地体现了一种无限的、原始的、还不能用概念语言来表达的原始宗教的情感、观念和理想，配上那沉着、坚实、稳定的器物造型，极为成功地反映了"有虔秉钺，如火烈烈"（《诗·商颂》）进入文明时代所必经的那个血与火的野蛮年代。

●**线的艺术**　与青铜时代同时发展成熟的，是汉字。汉字作为书法，终于在后世成为中国独有的艺术部类和审美对象。追根溯源，也应回顾到它的这个定型确定时期。甲骨文已是相当成熟的汉字了。它的形体结构和造字方式，为后世汉字和书法的发展奠定了原则和基础。汉字以"象形""指事"为本源。"象形"有如绘画，来自对对象概括性极大的模拟写实。然而如同传闻中的结绳记事一样，从一开始，象形字就已包含有超越被模拟

图 2.15　青铜面具
（商代，四川三星堆出土）

对象的符号意义。一个字表现的不只是一个或一种对象，而且也经常是一类事实或过程，也包括主观的意味、要求和期望。这即是说，"象形"中也已蕴涵"指事""会意"的内容。正是这个方面使汉字的象形在本质上有别于绘画，具有符号所特有的抽象意义、价值和功能。但由于它既源于"象形"，并且在其发展过程中没有完全抛弃这一原则，从而就使这种符号作用所寄居的字形本身，以形体模拟的多种可能性，取得相对独立的性质和自己的发展道路，即是说，汉字形体获得

了独立于符号意义(字义)的发展途径。以后,它更以其净化了的线条美——比彩陶纹饰的抽象几何纹还要更为自由和更为多样的线的曲直运动和空间构造,表现和表达出种种形体姿态、情感意兴和气势力量,终于形成中国特有的线的艺术:书法。从篆书开始,书家和书法必须注意对客观世界各种对象、形体、姿态的模拟、吸取,即使这种模拟吸取具有极大的灵活性、概括性和抽象化的自由,这是一方面。另一方面,"象形"作为"文"本意,是汉字的源头。后世"文"的概念便扩而充之相当于"美"。汉字书法的美也确乎建立在从象形基础上演化而来的线条章法和形体结构之上,即它们的曲直适宜,纵横合度,结体自如,布局完满。甲骨文开始了这个美的历程。应该说,这种净化了的线条美——书法艺术在当时远远不是自觉的。就是到钟鼎金文的数百年过程中,由开始的图画形体发展到后来的线的着意舒展,由开始的单个图腾符号发展到后来长篇的铭功记事,也一直要到东周春秋之际,才比较明显地表现出对这种书法美的有意识的追求。

如果拿殷代的金文和周代比,前者更近于甲骨文,直线多而圆角少,首尾常露尖锐锋芒。布局、结构的美虽不自觉,却已有显露。到周代中期的大篇铭文(图 2.16),则章法讲究,笔法圆润,风格分化,各派齐出,字体或长或圆,刻画或轻或重,著名的《毛公鼎》《散氏盘》等达到了金文艺术的顶峰。它们或方或圆,或结体严正、章法严谨,一派崇高肃穆之气;或结体沉圆,似疏而密,外柔而内刚,一派开阔宽厚之容。它们又都以圆浑沉雄的共同风格区别于殷商的尖利直拙。

图 2.16　周王斞的簋及铭文

(西周,周厉王祭祀祖先所用铭文,刻在器内)

甲骨文、金文之所以能开创中国书法艺术独立发展的道路,其秘密正在于它们把象形的图画模拟,逐渐变为纯粹化(即净化)了的抽象的线条和结构。这种净化了的线条——书法美,就不是一般的图案花纹的形式美、装饰美,而是真正意义上的"有意味的形式"。一般形式美经常是静止的、程式化、规格化和失去现实生命感、力量感的东西(如美术字),"有意味的形式"则恰恰相反,它是活生生的、流动的、富有生命暗示和表现力量的美。中国书法——线的艺术属于后者,所以,它不是线条的整齐一律均衡对称的形式美,而是远为多样流动的自由美。行云流水,骨力追风,有柔有刚,方圆适度。它的每一个字、每一篇、每一幅都可以有创造、有变革甚至有个性,并不作机械地重复和僵硬的规范。它既状物又抒情,兼备造型(概括性的模拟)和表现(抒发情感)两种因素和成分,并在其长久的发展行程中,终以后者占有了主导和优势。书法由接近于绘画雕刻变为可等同于音乐和舞蹈。并且,不是书法从绘画而是绘画要从书法中吸取经验、技巧和力量。运笔的轻重、疾涩、虚实、强弱、转折顿挫、节奏韵律,净化了的线条如同音乐旋律一般,它们竟成了中国各类造型艺术和表现艺术的魂灵。

　　●**解体和解放**　　金文、书法到春秋战国已开始了对美的有意识的追求,整个青铜艺术亦然。审美艺术日益从巫术与宗教的笼罩下解放出来,正如整个社会生活日益从早期宗法制保留的原始公社结构体制下解放出来一样。但是这样一来,作为时代镜子的青铜艺术也就走上了它的没落之途。"如火烈烈"的野蛮恐怖已成过去,理性的、分析的、细纤的、人间的意兴趣味和时代风貌日渐蔓延。作为祭祀的青铜礼器也日益失去其神圣光彩和威吓力量。无论造型或纹饰,青铜器都在变化。像出土的战国中山王墓的大量青铜器就很标准。除了那不易变动的"中"形礼器还保留着古老图腾的狞厉威吓的特色外,其他都已经理性化、世间化了。战国青铜壶上许多著名的宴饮、水陆攻战纹饰是那么肤浅,简直像浮在器物表层上的绘画,更表明了一种全新的审美趣味、理想和要求在传播。其基本特点是对世间现实生活的肯定,对传统宗教束缚的挣脱,是观念、情感、想象的解放。然而,当青铜艺术只能作为表现高度工艺技巧水平的艺术作品时,实际便已到它的终结之处,战国青铜器巧则巧矣,确乎可以炫人心目,但如果与前述那种狞厉之美的殷周器物相比较,则力量之厚薄,气魄之大小,内容之深浅,审美价值之高下,就一目了然。显而易见,人们更愿欣赏那狞厉神秘的青铜饕餮的崇高美,它们毕竟是那个"如火烈烈"的社会时代精神的美的体现。它们才是青铜艺术的真正典范。

二、《周易》的文化价值及其在传统文化中的地位[①]

《周易》是中国最古老的文化典籍之一,向来被列为"五经"之首。三千多年来,它在中国文化史上一直放射着智慧的光芒;不仅在东方各国产生广泛影响,在西方世界也日益受到重视。近年来,无论国内国外,都掀起学习《周易》的热潮。一部古代文化典籍有如此持久的魅力,在世界文化史上可谓绝无仅有。但是社会上对《周易》的价值,认识很不一致,有加以澄清的必要。

●**《周易》是古代经邦济世的宝贵经典** 《周易》分为《易经》和《易传》两部分。《易经》只有几千字,为传说中的周文王所作;《易传》有两万多字,传说是孔子写成。实际上经与传不一定是文王和孔子亲自写的,它代表了上古贤哲的社会政治思想,其中包含着民主性的精华,对后代的政治思想、管理思想多有启发。**第一,《周易》十分强调国家的统一,反对分散割据**。《周易》提倡"万国咸宁",中国从来主张天下一家,同邻邦友好相处。**第二,《周易》主张发展农业,同时也要发展手工业和商业**。为此,就必须使人民生活安定,国家要节约开支,"节以制度,不伤财,不害民";发展手工业,使物产丰富;还要发展商业,促进物资交流,满足人民的生产生活需要,"日中为市,致天下之民,聚天下之货,交易而退,各得其所"。**第三,《周易》有浓厚的民本思想**。它要求君主时时注意"聚人""安民",如果人民离散,无安土之心,社会就不会稳定。**第四,《周易》也注重法治**。它主张"明罚敕法",即法令要公开,使人人明白;执法要公平,赏罚要分明,"刑罚清而民服";不纵容违法者,不枉罚无辜,一切法令制度要贯彻"遏恶扬善"的原则。**第五,《周易》最早提出"革命"主张**。"天地革而四时成。汤、武革命,顺乎天而应乎人"。这"革命"二字固然同马克思主义的革命概念有本质区别,但它主张"革命"事业,必须"顺乎天而应乎人",即符合历史发展的客观规律,符合人民的利益和愿望,是可取的。**第六,《周易》告诫人们:"穷则变,变则通,通则久。"第七,《周易》教育后代人要有忧患意识**。不可满足于现状,存和平麻痹思想:"君子安而不忘危,存而不忘亡,治而不忘乱,是以身安而国家可保也。"

●**《周易》是充满辩证智慧的哲学著作** 在大学的哲学课堂上,自中华人民共和国成立以来,年年在讲《周易》。北京大学教授冯友兰先生说,《周易》是辩证的"宇宙代数学"。德国哲学家黑格尔称赞道:"《易经》代表了中国人的智慧。"《周易》的确包含着相当丰富而深刻的朴素辩证法思想。《周易》最有名的哲学命题是"一阴一阳之谓道"。毛泽东称许说:"中国古人讲,'一阴一阳之谓道'。不能

[①] 根据唐明邦同名文章摘编。原文见冯天瑜主编《中国文化的昨天、今天和明天》。冯天瑜. 中国文化的昨天、今天和明天[M]. 武汉:武汉大学出版社,2001.

只有阴没有阳,或只有阳没有阴。这是古代的两点论。"第一,《周易》的"易"字,**主要是变化的意思**。《周易》是一部讲宇宙万物与人类社会的变易法则的书,它是古代辩证法思想最重要的源泉,它把阴阳这一对范畴作为它的哲学体系的中心范畴,"立天之道,曰阴与阳;立地之道,曰柔与刚;立人之道,曰仁与义"。**第二,更重要的是,《周易》指出:宇宙万物的无穷变化,有其内部的原因**。其根源不是来自世界的外部,不是靠超自然的神灵主宰,而是在事物的内部,在其固有的一阴一阳的矛盾性,这就是事物变化的内在动因。**第三,《周易》反对所谓"天不变,道亦不变"的形而上学世界观**。它对世界万物的变化,从来持积极肯定的态度,指出:"天地之大德曰生""盛德大业至矣哉!富有之谓大业,日新之谓盛德,生生之谓易。"**第四,与这种生生不息的宇宙观相适应,《周易》教导人们树立"自强不息"的人生哲学**。**第五,《周易》强调"见几而作"**。即要求人们处事接物要善于观察动向,看准兆头,把握最有利的时机,采取果敢行动,"君子见几而作,不俟终日"。**第六,《周易》告诫人们凡事不可过分**。"损而不已必益""益而不已必决",要时刻想到"物极必反"的道理,防止出现"亢龙有悔"的局势。

● **《周易》是打开宇宙迷宫之门的一把金钥匙** 《周易》思想同中国古代科学技术的发展有着千丝万缕的联系。《周易》本身并不是专讲自然科学的著作,可是它的确为古代科学家们提供了研究自然、认识自然的有力的思想武器。16世纪以前,中国古代科学技术的发展水平远远领先于西方,这曾经引起著名科学家爱因斯坦的"惊奇"。原因之一是中国古代科学家自幼学习《周易》,掌握了一把古代西方科学家们不曾掌握的打开宇宙迷宫之门的金钥匙。所以中国古代科学家能够更早更快地破译许多宇宙之谜。

● **《周易》为科学研究提供了一套别开生面的象数思维模式** 这套思维模式是西方文化中根本不具备的。易学象数思维模式,突出地反映了东方思维的特征,至今令人向往。象数思维方法,简单地说,有以下一些特性:**第一,取象比类是象数思维的基本特征**。从思维借助于"卦象"这一点来看,它富有形象思维的特点;从取象的目的在于"比类"而言,它有着逻辑思维的特征。因此,取象比类是形象思维和逻辑思维相互诱导的特殊思维方法。**第二,阴阳对称、刚柔调和是象数思维的致思准则**。一阴一阳,一刚一柔,相反相成,对称互补,构成统一和谐的宇宙万物,这一对称协调原理在传统医学、药学、方剂学中得到广泛运用,气功、武术乃至书法、美术中都有巧妙的表现,在传统建筑结构、园林布局中,更是被运用得淋漓尽致。**第三,整体思维体现了象数思维的合理内核**。易学将人体小宇宙和自然大宇宙都看作有机统一的整体,对待每一件具体事物,首先从各个不同角度、不同方面去考虑它与其相关事物的相互制约的整体关系。这种思维方法,实际上包含着原始的系统论思想,传统医学可以说是整体医学,它采用整体诊断与整体治疗方法,从开放中求得整体机制的平衡发展,是其精髓。**第四,强调序列、注重节律是象数思维的突出优点。**易学向来注意自然界大至天体小到草木的运动发展的周期性,主张"先天而天不违,后天而奉天时",违反天时,人必受到自然的惩罚。宋代哲学家朱熹在《周易》卷首附入河图、洛书、伏羲八卦、文王八卦、六十四卦方图和圆图等,这些易学图式反映了神妙的象数思维方法的特征,至今仍引起海内外科学家的关注。学者杨振宁、李政道对其大加称赞自不待言,现代电脑的鼻祖莱布尼茨,早已声称他所创立的二进制原理与《易图》(指六十四卦圆图)"完全一致",著名量子物理学家玻尔更把易学中的"太极图"设计在丹麦国王授予他的勋章中。这表明太极图所反映的思维方法受到西方科学家的极大推崇。

●**《易经》是上古文化知识汇编**　《易经》包含的卦爻辞,有着丰富的文化内涵。如果将它从卦爻象中独立出来,从研究上古文化知识的角度加以考察,其所包含的自然、社会知识内容,大体可分为如下一些方面:关于自然现象、自然规律的知识;关于阶级矛盾、政治斗争的知识;关于古代战争的记载;关于古代农业、畜牧业的知识;关于商业、交通的知识;关于历史事件;关于婚姻习俗;关于祭祀、占卜;关于伦理思想;关于古代的民歌;关于哲理格言;等等。总之,《易经》中包含的古代思想文化资料相当丰富,剥去其占筮体系的外壳,不难发现在其古奥文句中保存着许多宝贵的上古文化知识。

●**《周易》的价值为何受到人为扭曲**　《易经》虽是一部哲学著作,毕竟又对筮法做了解释,所以有人认为《易传》有两套语言:一是解释宇宙衍化法则和人类社会的起源及发展规律的;一是解释卦象、爻象及占筮方法的。《周易》这种"一身二任"的状况,使某些人歪曲《周易》找到了借口。首先,《周易》的天人统一思想,被歪曲地利用去说明数术中神秘的天人感应思想;其次,易学中的河图、洛书、太极图、先天八卦、后天八卦等象数图式,被借用去作为诱导非理性的直觉思维的形式;再次,《周易》中的天道、阴阳、八卦、六十四卦、卦气等术语,也被借用去作为建立数术思想体系的术语。有些人打着《周易》的旗号,美其名曰为《周易》应用,实际上只不过是为了包装自己。在他们的心目中,《周易》仅仅是一本占卜书。这些人对《周易》的政治思想、哲学思想、象数思维方法的基本内容并不了解。《周易》多方面的文化价值,它在传统文化中的重要地位,受到了极大的人为扭曲,应当予以澄清。

附1：夏、商、西周文化大事年表

夏（约前21世纪—约前17世纪）

约前21世纪
　　帝禹　●禹建夏朝，国号后夏，初都阳城，后迁翟(今河南禹县)。●禹卒。相传禹东巡至会稽山(今浙江绍兴)，大会诸侯，卒，葬于会稽山，史称帝禹(夏代君主，死后称帝。)

约前20世纪
　　帝启　●夏启袭位。传说禹死后，启杀禹指定的王位继承人伯益，即天子位。●启死后，其子太康立，不久权又为后羿所夺。

约前19世纪
　　帝少康　●少康中兴，作箕帚、秫酒(高粱制的酒)。少康即杜康，故后世亦称酒为杜康。

约前17世纪
　　帝发　●据《竹书纪年》载，"帝发七年，泰山震"，**这是世界上最早的地震记录。**

约前17世纪
　　帝桀　●夏桀无道。制《禹刑》，设夏台(即监狱)。又"筑倾宫，饰瑶台"，宫中歌舞者达3万人之多。●二里头文化反映了夏代后期的生活状况。遗址在河南偃师二里头村。发现的宫殿墓址，有廊庑环绕，**是中国已知最早的宫殿遗址。**还发现制陶、铸铜、制骨、制石等作坊遗址。

商（约前17世纪—约前11世纪）

约前17世纪至前16世纪
　　汤　●汤建商朝，汤以伊尹为相，伐桀，出征前作《汤誓》，一举灭夏。始都亳(有学者认为即今发现的郑州商城遗址)(图2.17)。●郑州商城遗址是**中国现在发现的较早的都城遗址。**遗址中发现了**青釉原始瓷器，这是中国制陶技术划时代的进步。**

图2.17　商都城和商代考古遗址

约前15世纪
　　帝太戊　●商以巫咸父子为相，以巫咸"治王家"，诸侯归之，殷复兴。●巫咸，古代著名的"巫史"。相传**巫咸发明鼓，始用"筮法"占卜**，并长于占星术。

约前14世纪至前13世纪
　　帝祖丁至帝盘庚　●据卜辞，"三旨食日"(指日食出现的"日珥"现象)，**这是世界上关于日珥的最早记录。**●二里冈期商文化。二里冈遗址位于郑州城东南郊，是商代前期的重要文化遗址。●盘庚迁殷，殷道复兴，诸侯来朝，殷成为全国政治经济文化中心，故商又称殷。

约前13世纪
　　帝武丁　●武丁兴殷。武丁梦圣人傅说，武丁举以为相，殷大治。●妇好(武丁诸妻之一)墓遗址发现随葬品多达1900余件。有铜镜出土。出土五件青铜编铙，**是今发现最早的编铙。**

约前12世纪
　　帝文丁　●作"后母戊鼎"。1939年出土于河南安阳武官村，**是现存最大青铜器。**

约前11世纪
　　帝辛　●即商纣王，以酒为池，悬肉为林，暴虐残忍，淫乐无度。●周文王以吕尚(姜子牙的祖先帮助大禹治水有功，被封在"吕"这个地方，所以又称吕尚或吕望)为军师伐纣。●周武王与商战于牧野，纣败走鹿台，自焚而死。

续表

西周(约前11世纪—前771年)(图2.18)

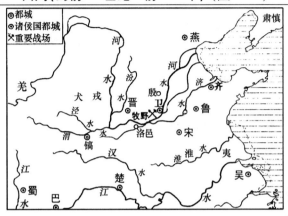

图2.18　西周地域图

约前11世纪

周武王至周康王　●武王克殷,定都镐京(今陕西西安西北),号称宗周。●武王访问箕子,箕子陈《洪范》(《尚书》篇名,讲治天下之法)。●**周公制礼作乐。** 周公参酌殷礼,建立各种典章制度:一曰吉礼,祭祀和敬神之礼仪;二曰凶礼,讲丧亡的礼仪;三曰宾礼,讲朝聘盟会的礼仪;四曰军礼,讲兴师动众的礼仪;五曰嘉礼,讲婚冠宴饮的礼仪。不同礼仪配以不同乐章。●后世儒家经典之一《周礼》《仪礼》传为周公旦作。今人一般认为是后人所作。但其中有反映周代礼仪习俗、伦理关系的重要内容。●周初制定刑法《九刑》。●成康之治。周成王至周康王"天下安宁,刑措四十余年不用"。

约前10世纪

周昭王至周穆王　●昭王南征荆楚,渡于汉水,溺水而死。其子立,是为穆王。●穆王西征,至于青鸟之所居(大约今甘肃敦煌东南)。传说周穆王周游天下,与西王母相见,战国时有人根据这些传说写了《穆天子传》,有较高的文学价值。●王命吕侯作《吕刑》,共分五刑,三千条,**是中国司法制度的滥觞。**

约前9世纪

周夷王至周厉王　●虢季子白奉命征伐严狁,铸青铜巨盘以为纪念。这是传世最大的西周青铜器。其上铭文有很高文学价值,笔画遒劲流畅,又是书法艺术珍品。●周夷王死,厉王立。政治暴虐,周人谤之。●周初封吕尚于营丘,后迁临淄,齐国都城。已发掘齐都遗址15平方千米,发现铸造钱币遗址,以及冶铁、制陶和其他手工作坊。**可见周代后期已使用铁器。**

前841年

共和元年●国人暴动。周"国人"起义,攻王宫。厉王逃到今山西霍县(图2.19)。由周公和召公共同执掌政权,历史上称"周召共和"。此年史称"共和"元年,**系中国历史确切纪年之始。**

图2.19　周厉王逃窜图(画像石摹本)

前828年

共和十四年　●周厉王死于彘(山西霍县),太子静即位,是为周宣王,"共和"行政结束。

续表

西周(约前 11 世纪—前 771 年)

前 789 年

　　周宣王三十九年　●宣王攻姜氏之戎,败于千亩(今山西介休市南)。对东南的淮夷、徐戎用兵,也告失利。为补充军队,对太原地区进行人口普查,**此为人口统计之始。**

前 782 年

　　周宣王四十六年　●宣王时所铸毛公鼎铭文(图 2.20)497 字,为**现存铭文最长的青铜器。**《诗·小雅·无羊》为宣王时诗,内有"何蓑何笠"句,说明中国**蓑衣、斗笠**等雨具已出现。

图 2.20　小臣艅犀尊铭文(拓本)

前 779 年

　　周幽王三年　●烽火戏诸侯。幽王为博宠妃褒姒一笑,以烽火招诸侯入援,几次三番戏弄诸侯。

前 776 年

　　周幽王六年　●《诗·小雅·十月之交》云:"十月之交,朔月辛卯,日有食之。"这是中国古书中**"朔月"**两字最早出现,**也是明确记载日期的最早一次日食。**又"彼月而食,则维其常",**系世界上最早的月食记录。**

前 771 年

　　周幽王十一年　●申侯与缯、西夷犬戎联兵攻周,幽王举烽火召救兵,诸侯不动。西周亡。"周平王"宜臼只得将都城迁到洛邑,史称**"平王东迁"**,东周开始。

附 2:《周易》选读

[原文]

乾

☰　　乾下乾上。

乾　　元亨,利贞。

初九　潜龙,勿用。

九二　见龙在田,利见大人。

九三　君子终日乾乾,夕惕若,厉,无咎。

九四　或跃在渊,无咎。

九五　飞龙在天,利见大人。

上九　亢龙,有悔。

用九　见群龙无首,吉。

第二章 夏、商、西周文化

[译文]

乾卦

☰ 由下上两个乾卦组成。

乾卦,是大吉大利的卦象。

开始一个阳爻,像一条潜伏的龙,还没有活动起来。("九"表示阳爻,"初、二、三、四、五、上"由下而上表示六个爻的顺序。)

第二个阳爻,如龙初现于田野,大人的事业顺利地开始了。

第三个阳爻,显现君子整天不停地努力奋斗,到晚上也保持着警惕,毫不松懈。这时还没有摆脱失败的危险,这种努力是没有坏处的。

第四个阳爻,像一条龙正在深渊中翻腾不息(象征事业踏踏实实地向前发展),虽然人们还不理解,但没有坏处。

第五个阳爻,像一条龙已在天空腾飞,人们给予很高评价,显现事业获得成功。

最上面的阳爻,说明龙飞得过高,千万要小心,否则会后悔。

最后把本卦六个阳爻总起来看,像一群来无始去无终的生气勃勃的龙(无首,象征天道循环,由衰而盛,永无止境),这是很吉利的卦象。

[阅读提示] 文本节选自《周易》一书首篇,是对六十四卦之首的乾卦的解释。这一卦是对人们事业能获得成功的经验所做的形象而深刻的总结。开头是对"乾"的解释,总说乾卦是事业成功的表现。中间是由下而上对六个爻的解释,是对事业成功过程的分析。其一,要完成任何事业,首先要潜伏或积蓄力量,创造条件;其二,在有些积蓄后,可以初试锋芒,如战斗前的准备,虽有小胜,但还不是真正对中心目标的冲击;其三,要进入刻苦奋斗的阶段,这一阶段很痛苦,却是获取成功的保证;其四,经过刻苦努力,自然会进入事业扎扎实实向前发展的阶段,这一阶段可能并不为人们注意,但这没有坏处;其五,经过刻苦努力,就会获得事业上的成功,这种成功像飞龙在天,会赢得社会各方面的认可、重视和高度评价;其六,但是在事业成就最辉煌时,也是最容易骄傲自满、出现错误的时候,如果不警惕,就会后悔终生。全文最后总结说:从天道循环的观点看,事业成功是一个不断由衰而盛,无始无终,反反复复地向前发展的过程,因此永远不能满足,只有保持这种认识才会不断获得成功。

【思考与讨论】

1. 怎样理解"夏道尊命""殷人尊神""周人尊礼"?
2. 试析殷代青铜文化的意义。
3. 分组就汉字与中国文化的关系搜集材料,撰写一篇短文,组织一次讨论。
4. 怎样理解"八卦太极图"?
5. 试析《周易》热的成因和意义。

第三章　春秋战国文化

> 春秋战国是中国历史上最辉煌的时代之一。它被历史学家称为"革新时代""轴心时代"。它是一个众星璀璨，需要巨人而且产生了巨人的时代。正是在春秋战国时代，中国社会经历了由奴隶制社会向封建制社会的转变，生产力获得空前发展。这个时代所规定的精神发展方向，仍然延续着。不同时期，人们不断回复这个时代，在其文化源头，寻找自身发展的精神源泉和动力。学习本章的重要性由此可知。

第一节　春秋战国文化概述

德国历史学家雅斯贝尔斯，以公元前 500 年为中心，把从公元前 800 年到公元前 200 年这段时间称为人类的"轴心时代"。他说，这个时代"人类的精神基础同时地或独立地在中国、印度、波斯、巴勒斯坦和希腊开始奠定。而且直到今天人类仍然附着在这种基础上"。[①] 古希腊的三大哲人：苏格拉底(前 469—前 399 年)、柏拉图(前 427—前 347 年)、亚里士多德(前 384—前 322 年)，同老子、孔子、墨子、孟子、庄子、荀子一样都是这个时代的伟人。当柏拉图和亚里士多德在雅典创办和发展他们的"学院"时，正是齐国稷下学宫这一中国的高等学府和学术研究中心最兴旺发达的时候。这说明，历史发展至此，人类已具备了条件，要求这些代表着人类最高智慧的思想家们去自觉地反思人类和人类社会，使人类的生存和发展走上理性化的道路。这种理性化的反省，决定了中西方两种文化精神的发展趋势。直到现在，这个轴心时代理性化所规定的精神发展方向，仍然延

[①] 卡尔·雅斯贝尔斯.人的历史[M]//冯天瑜,何晓明,周积明.中华文化史.上海：上海人民出版社,1990:339.

续着。不同系统的文化,不论有怎样的不同,都遵循这样一个规律:"不断地回复这个阶段,在其历史发展的源头里,寻找自身发展的精神源泉和动力。"① 这就是"轴心时代"的意义。

一、春秋战国的来历及社会性质

●何谓"春秋""战国"　第一,"春秋"和"五霸"。"春秋"一词来源于鲁国史官所编的《春秋》。《春秋》所记的史实,起于公元前722年(鲁隐公元年),止于公元前481年(鲁哀公十四年),史家把这一时期称为"春秋时期"(图3.1)。不过,一般把春秋时期的起讫时间分别定为公元前770年和公元前476年。公元前770年,平王东迁,东周始建。公元前476年是《史记·六国年表》开始的前一年。春秋时期周王朝衰微,一些实力强大的诸侯打着"尊周攘夷"的旗号,挟天子以令诸侯,相继出现五霸。五霸之说不一,一说指齐桓公、宋襄公、晋文公、秦穆公、楚庄王;一说指齐桓公、晋文公、楚庄王、吴王阖闾、越王勾践。争霸战争在客观上推动了中国统一大业的发展。**第二,"战国"和"七雄"**。春秋后期,经过兼并战争,到公元前403年,只剩下七个强国,史称"七雄":秦、齐、楚、燕、韩、赵、魏

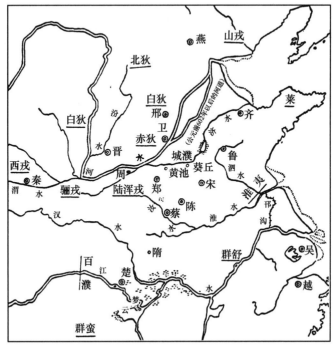

图3.1　春秋形势图

---

① 文池.在北大听讲座.第九辑.思想的精髓[M].北京:新世界出版社,2002:75.

(图3.2)。其中韩、赵、魏是由晋分裂产生的三个新国家。到秦统一六国前,兼并战争比以前更加激烈和频繁,所以人们把这一时期称为"战国"。它起于《史记·六国年表》始年,即公元前475年,讫于秦统一六国时,即公元前221年。

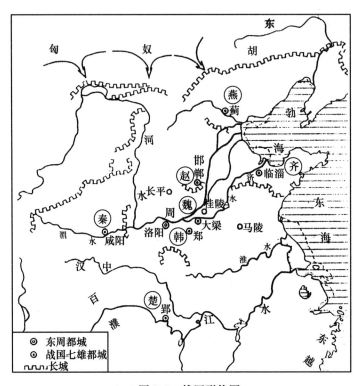

图3.2 战国形势图

●**春秋战国时期的社会性质** 关于春秋战国时期的社会性质,有不同说法,有的历史学家认为是封建社会,有的认为是奴隶社会,有的认为是由奴隶社会向封建社会的转变时期。本书采用最后一种说法,即认为春秋前期,奴隶制还比较明显地存在,到春秋末年已进入封建社会。这主要表现在,自春秋开始,一些贵族把公田化为私田,逐渐使私田合法化,奴隶主贵族变成封建地主,原来耕种井田的奴隶变为农民,井田制逐渐瓦解,到春秋末年封建制度已经确立。"封建社会"的概念同中国古代表示分封制的"封建制"是不同的,封建社会的性质是由生产关系的性质决定的。

二、春秋战国时期的政治和经济

●**社会生产力的发展** 春秋战国时期的社会生产力有了大幅度的提高。第

一,农业生产力的巨大进步。 这首先表现在铁的推广和使用上。春秋时人们已发明了冶炼铸铁的方法,春秋中期,齐国已有大批铁官从事采铁和冶炼工作了,铁器的使用已相当普遍(图3.3)。其次,耕牛的推广也极大地促进了农业生产的发展。据记载,春秋时私家养牛发展起来,贩卖牛已成为一项重要的商业活动。铁和牛的使用,使大量荒地被开垦,直接导致了奴隶制、井田制的崩溃。此外,大规模兴修水利也是春秋战国时期农业生产力发展的重要标志。**第二,手工业和商业的巨大发展。** 春秋时期已出现了私营手工业主,还出现个体手工业者,打破了奴隶主及官府长期以来对手工业和商业的垄断。最著名的手工业者如鲁班,被尊称为工匠之祖;最著名的商人如弦高,曾以智慧使秦军撤退。这说明那时的手工业者和商人已成为政治和经济上重要的社会力量。

图3.3 战国时代的铁制农业生产工具

1—五齿耙 2—耷 3—耷 4—斧 5—犁铧
6—锄 7—锄 8—馒 9—馒 10—镰

● **封建生产关系的产生与确立** 由于生产力低下,大规模的集体劳动是奴隶社会的主要劳动形式。随着农业生产的发展,出现以个体经营为特点的佃农、自耕农。又由于荒地的大量开垦,"私田"的数量不断增加。"私田"的大量拥有者即那些有权有势的诸侯和卿大夫,渐渐靠"私田"成为巨富,开始了确保"私有权"的斗争。原有的奴隶主土地所有制和井田制逐渐遭到破坏。在土地制度发生变化的同时,劳动者身份也发生了变化。一些新兴贵族,改变剥削方式,把土地分块佃给劳动者耕种,收获后劳动者向他们交纳一定的实物地租,这叫"与民分货"。① 这就是封建生产关系。奴隶主变为封建地主,奴隶变为佃农。这是巨大的历史性的进步,极大地解放了生产力。

● **变法革新** 一种制度推翻另一种制度从来都不是一帆风顺的。春秋战国时代封建制度的产生和发展经历了数百年血与火的斗争。除了连年的战争,还有变法革新。变法革新成为贯穿整个春秋战国时代的一条政治主线,在众多诸侯国家都进行过。它大大加速了新的社会阶级,即地主阶级和农民阶级的形成,新的封建生产关系不断得到巩固。秦国在六国中原来是最落后的,但由于它变法最彻底,改革最成功,最终它成为战国时代政治、经济、军事最强大的国家,为统一中国打下坚实的基础。关于变法革新的情况请参看本章第二节有关法家的

---

① 《管子·乘马》。

论述。

●**在激烈的兼并战争中走向融合与统一** 春秋战国时代连年争战,争城以战,杀人盈城;争地以战,杀人盈野。残酷的兼并战争一方面给社会和人民带来深重的灾难,但另一方面,它使得诸侯国家的数目越来越少,使各国在战争中不得不通过改革以求得生存,通过学习和借鉴别国的经验以求发展。战争在客观上又加速了中华民族的融合与统一。春秋初年,名义上存在着东周王朝,但实际上中国被分割为几百个小国。经过了长达三百余年的战争,到春秋末战国初,才逐渐形成区域性的统一,有了战国"七雄"。又经过两个多世纪的争战,统一的秦帝国才得以建立。

三、春秋战国时期文化成就及其影响

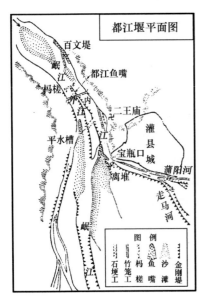

图 3.4 都江堰平面图

●**科学技术成就** 春秋战国时代是中国科学技术高速发展的时期,很多领域的科学技术达到了当时世界上最先进的水平。**在天文学方面**,春秋时鲁国史官早于欧洲六百多年发现并记录了哈雷彗星。战国时天文学家甘德和石申通过测定写成《甘石星经》,记明120颗恒星的坐标,是世界上最古老的恒星表。**在数学方面**,《周髀算经》提出了直角三角形的"商高定理",即"勾股定理",显示了当时世界上最高的数学水平。**在冶炼和工程技术方面**,春秋战国之交已出现高超的炼钢技术,都江堰等一系列水利工程的修建(图 3.4),说明中国的工程技术已处于当时世界领先水平。**在医学方面**,战国时已有内科、外科、妇科、儿科之分,名医扁鹊创造了汤药、针灸等疗法。《黄帝内经》《扁鹊内经》大约成书于这一时期,它们全面总结了当时的医学成就,是中国和世界医学的宝典。此外,**在手工业技术方面**,有鲁班的杰出创造,据说他能造出赶车的木人。**在物理学等方面**,《墨经》等一些古代典籍记载的很多发现均居当时世界之首。

●**文学艺术成就** **在诗歌创作方面**,春秋时产生了中国古代最早的诗歌总集《诗经》。它由"风""雅""颂"三部分组成,共305篇,它真实且艺术地反映了西周至春秋时代社会生活的各个方面,是中国现实主义文学的源头。战国时代产生的伟大的爱国诗人屈原和他的一系列诗作,则是中国浪漫主义文学的源头。诗人屈原(图 3.5)(约前 340—约前 278 年),名平,楚国人,做过"左徒",曾帮助楚怀王制定法律。因遭到保守贵族集团的迫害,多次被流放。在二十多年的流放生活中他广泛接触下层人民,亲身感受到楚国的日益衰败,创作了以《离骚》为代表的大量的充满爱国激情的诗篇,创造了一种不同于《诗经》的新的诗歌体裁,即"楚辞"。约公元前 278 年,在得知秦军攻破楚国国都时,他悲愤地投汨罗江而死。此外,**在散文创作方面**,诸子的创作,特别是《庄子》《韩非子》等都具有很高的文学成就,对后世影响深远。**在艺术方面**,绘画、雕塑、音乐、舞蹈等各方面都达到前所未有的水平。如湖南陈家山出土的"龙凤引魂升天图"(图

图 3.5 屈原行吟图(明代版画)

图 3.6 龙凤引魂升天图(帛画)

3.6),就是一幅绝妙的佳作,它主要采用线描勾画,简洁生动,这说明早在战国时代,以线条为主要造型手段的中国画的特色已有鲜明的表现。

●**思想文化成就** 春秋战国时代是伟大的变革时代,也是思想大解放的时代。各国在经济、政治、军事上的激烈竞争,极大地推动了思想文化领域的"百家争鸣",各种学术思想竞相发展,争奇斗艳。其成就对后世的影响,至今没有任何一个时代能与之相比。齐国的"稷下学宫",是当时各国学者交流思想、聚众讲学、招徒授业的高等学府和学术研究中心,存在长达一百五十余年。规模大时,人数多达"千有余人"。孟子、荀子以及他们的学生都到过稷下学宫讲学或学习。著名法家人物慎到、田骈,阴阳家邹衍,辩说家淳于髡,都到过稷下学宫,韩非、庄子、惠施、公孙龙等,都直接间接地受到过稷下学宫的影响。春秋战国时代诸子百家中最有名的有:儒家、道家、墨家、法家、名家、阴阳家、兵家、纵横家、杂家、农家等。对前七家本章将逐一进行评述。

第二节 春秋战国时期各家代表人物及其思想述评

一、儒家代表人物及其思想

（一）儒家创始人孔子及其思想

1. 孔子生平简介

孔子(前551—前479年)，名丘，字仲尼，春秋末期鲁国陬邑(今山东曲阜市东南)人。他是中国古代著名的思想家、教育家，儒家学派创始人(图3.7)。相传先后有弟子三千人，贤徒七十二人。孔子还是一位古文献整理家，曾修《诗》《书》，订《礼》《乐》，序《周易》，作《春秋》。

孔子的父亲叫叔梁纥，母亲叫颜征在。叔梁纥是当时鲁国有名的武士，立过两次战功，曾任陬邑大夫。叔梁纥娶妻施氏，生九女，无子。后娶颜征在，生孔子。孔子三岁时，叔梁纥卒，孔家成为施氏的天下，孔子母子为施氏所不容，孔母只好携孔子移居曲阜阙里，生活艰难。孔子十七岁时，母卒。他曾说："吾少也贱，故多能鄙事。"

孔子二十多岁时，做过"乘田"，管理牛羊，又做过"委吏"，即管理仓库的会计。他还在家里办了私塾，招生授徒，无论贵族学生还是平民学生他都一视同

图3.7 孔子

仁。三十岁那年他到洛阳考察周朝礼乐，见到了大思想家老子，还送了一只雁作为见面礼(图3.13)。三十五岁那年，他到齐国，但因政治见解与齐相晏平仲不合，未被重用，三十七岁回到鲁国。此后他把主要精力放在教育事业上。到五十一岁时做了鲁国中都宰，第二年做了司寇。由于他对鲁定公沉湎于女色、不问国事十分失望，五十五岁时离开鲁国，开始了他周游列国的生活，直到六十八岁回到鲁国。从此他全心倾注于教学和编书。公元前480年，他最心爱的学生子路在卫国被杀，他很伤心，第二年病逝，享年七十三岁。

2. 孔子的思想

●**孔子的政治思想**　第一，由"复礼"到对"礼"的反思。孔子生在鲁国，鲁是西周典籍和礼乐制度保存最多的国家，所谓"周礼尽在鲁矣"。孔子受其影响，在

政治思想上提出了恢复周礼的保守主张。在礼崩乐坏的社会大变革时代,他坚持"为国以礼"①,显然是不合历史潮流的。这也是他的政治主张不被诸侯国家采纳的原因。但我们也应看到,"少也贱"的孔子,对人民的疾苦是比较了解的。他在一定程度上也主张对"礼乐"加以改良。例如他提出的"举贤才"的思想,就是对严格的"君君、臣臣、父父、子子"的礼制的突破。他甚至认为"礼"应该顺时革新。他说:"殷因于夏,礼所损益可知也;周因于殷,礼所损益可知也;其或继周者,虽百世可知也。"②"损益"就是变革。孔子从理论上认识到"礼"是在不断地变革中发展的,周礼也不可能是永远不变的。我们不能简单地把孔子说的"礼"完全看成阻碍历史进步的保守或反动思想。从更广泛的意义上说,"礼"所具有的调节人们社会关系的功能,在任何时代都是存在的。只是不同时代的内容和形式不尽相同,因此不应一般地反对"礼",而要对不同时期的"礼"进行具体分析。**第二,从"礼"至"道"**。孔子进一步将"礼"提升到"道"的高度。"道"是更普遍的哲学概念。不过孔子的"道"不同于老子的"道",它是指人伦之"道"。他说的"道"是一种最合"礼"的规律性的东西。他说:"天下有道,则礼乐征伐自天子出;天下无道,则礼乐征伐自诸侯出。"③孔子看到西周以来客观存在的事实,但他未能认识"有道""无道"的辩证关系。

●**孔子的伦理道德思想** **第一,"仁"**。"仁"是孔子整个思想体系的核心。而"仁"本质上是人的德行。因此,我们说孔子的儒家思想是一种"伦理型"的哲学。孔子对仁有各种解释,其中最基本的解释就是他回答樊迟关于"仁"的提问时所说的"爱人"。"仁"的本义就是对人亲善、友爱。"仁"是"礼"的升华、"礼"的本质。"礼"体现了"仁"的精神,所以孔子才那样坚决主张"克己复礼",并说"一日克己复礼,天下归仁焉"。④ 至于"义""忠""恕",以及"恭、宽、信、敏、惠"等都是"仁"的引申和表现。孔子的"仁"具有民主性。他解释"爱人",是"泛爱众"⑤,"众"指劳动者。虽然他对贵族的"爱"与对劳动者的"爱"是有区别的,与墨家"爱无差等"不同,但孔子的"仁爱"的进步意义仍然应该肯定。**第二,"义""忠""恕"**。"义"的意思是"应该",即"宜",也就是指人应该做那些该做的事。什么是该做的事,孔子将"义"与"利"对立起来解释道:"君子喻于义,小人喻于利"。⑥ 原来他说的"义",就是牺牲个人利益,为他人着想,也就是"爱人"。"义"的本质还是"仁"。

---

① 《论语·先进》。
② 《论语·为政》。
③ 《论语·季氏》。
④ 《论语·颜渊》。
⑤ 《论语·学而》。
⑥ 《论语·里仁》。

"忠""恕"则是从个人行为的体验对"仁"的另一种解释。孔子说:"己所不欲,勿施于人。"①又说:"夫仁者,己欲立而立人,己欲达而达人。"②从肯定的方面推己及人,"己欲立而立人",就是"忠";从否定的方面推己及人,"己所不欲,勿施于人"就是"恕"。"忠""恕"都是"仁"的表现。孔子还说过,恭、宽、信、敏、惠等五者即仁,"刚、毅、木、讷,近仁"③,"巧言令色,鲜矣仁"④。

●**孔子的天命观** 第一,**相信"天命"**。孔子是一个有学识有洞察力的人,对他自己的"复礼"主张之不合潮流有着清醒的认识,他完全知道那是"不可为"的。那么为什么他还要那样执著地推行根本不能实现的主张呢?他说:"道之将行也与?命也。道之将废也与?命也。"所谓"命",就是"天命",即天意。孔子是承认"天命"存在的,他认为他的事业是正义的,是天命所归,不能以成败计,不能因为不合时宜,或注定要失败,就不去做。这正是孔子在失败面前永远乐观的原因。这种思想对后来的知识分子影响很大。第二,**"敬鬼神而远之"**。"子不语怪、力、乱、神"⑤,他又说:"务民之义,敬鬼神而远之,可谓知矣。"⑥孔子主张继承周礼,同样也主张继承周代"敬鬼神而远之"的思想。从神本走向人本,是西周思想的巨大进步。孔子重视人,重视生,正是这种人本思想的体现,所以他说:"未能事人,焉能事鬼?""未知生,焉知死?"⑦

●**孔子的认识论和教育思想** 第一,**强调德育第一**。他说:"弟子入则孝,出则弟,谨而信,泛爱众,而亲仁。行有余力,则以学文。"⑧第二,**强调学习书本知识外,要多闻多见**。他说:"盖有不知而作之者,我无是也。多闻,择其善者而从之;多见而识之,知之次也。"⑨第三,**承认"生而知之",强调"学而知之"**。他说:"生而知之者上也,学而知之者次也,困而学之又其次也,困而不学,民斯为下矣。"⑩第四,**强调"学"与"思"结合**。他说:"学而不思则罔,思而不学则殆。"⑪第五,**强调学习要诚实虚心**。他说:"知之为知之,不知为不知,是知也。"⑫又说:"毋意,毋必,

---

① 《论语·卫灵公》。
② 《论语·雍也》。
③ 《论语·子路》。
④ 《论语·学而》。
⑤ 《论语·述而》。
⑥ 《论语·雍也》。
⑦ 《论语·先进》。
⑧ 《论语·学而》。
⑨ 《论语·述而》。
⑩ 《论语·季氏》。
⑪ 《论语·为政》。
⑫ 《论语·为政》。

毋固,毋我。"①此外,在教学上他还提出"因材施教""循循善诱""不愤不启,不悱不发"等很多极有价值和影响的思想。

●**孔子的人格修养理想** 孔子创立的儒家学说,十分重视人格修养。***第一,修养过程***。孔子说:"吾十有五而志于学,三十而立,四十而不惑,五十而知天命,六十而耳顺,七十而从心所欲,不逾矩。"②孔子的"志于学",就是"志于道"。所谓"道"指一种追求真理的精神境界。他极精炼地概括出人们在追求真理的道路上由不自觉到自觉,由必然王国到自由王国的过程。他所说的"从心所欲,不逾矩",就是《中庸》所说的"从容中道"的圣人境界。这是一种高度自觉,不期而然,不有意而为,却无所不为的境界。是一种真正与"道"完全相通、相融的境界。***第二,修养方法***。一是向前人和他人学习,不仅要学习圣人,学习他们经典著作,也要向一切人学习,所谓"三人行,必有我师焉"③。二是自省。他说:"见贤思齐焉,见不贤而内自省也""吾日三省吾身"。④ ***第三,修养内容***。包括很多方面。如"安贫乐道"。他说:"饭疏食,饮水,曲肱而枕之,乐亦在其中矣。不义而富且贵,于我如浮云。"⑤还有"直道而行""学而不厌,诲人不倦"等等,孔子不仅这样说,他一生也是这样做的,这就是他的伟大之处。

3. 孔子思想对后世的影响

孔子对中国文化发展所做的贡献是多方面的,不仅因为他创立了儒家学说,还因为他以自己渊博的学识,整理和保存了大量的文献典籍,并且他还是中国第一位教师,是一位真正实行"有教无类"的伟大教育家。对孔子的影响进行评价应注意以下几点。

●**孔子既不代表奴隶主阶级,也不代表封建地主阶级** 我们不主张把孔子或孔子思想看成奴隶主阶级的代表或体现,当然他也不是新兴的地主阶级的代表。我们赞同如下观点:今天重新审视孔子的历史地位,最恰当莫过于类比恩格斯对但丁的评价。恩格斯曾说,但丁是中世纪的最后一位诗人,同时是新时代的最初一位诗人。我们可以说:孔子是中国古代奴隶制的最后一位思想家,同时是封建制的最初一位思想家⑥。作为奴隶制的最后一位思想家,孔子曾惋惜奴隶制,赞同当时流行的"礼让为国""周礼百世不变"等理论;作为封建制的最初一位思想家,孔子痛斥当时已腐败了的奴隶制是"天下无道",并创立了新的、适合未来封

---

① 《论语·子罕》。
② 《论语·为政》。
③ 《论语·述而》。
④ 《论语·学而》。
⑤ 《论语·述而》。
⑥ 孙景坛.中国古史分期新探[J].南京社会科学,1990(1):75-83.

建社会发展的统治思想,如他的仁学,他的人本思想,他的教育思想,等等。

●**孔子思想的主流是进步的** 孔子的思想博大精深,其中有保守落后的内容,但孔子思想的主流是进步的,是我们民族最宝贵的财富。否则,我们不能解释为什么他所创立的儒家学说能成为当时的显学,也不能解释为什么两千多年来他一直受到人们的崇敬,成为中华民族的"至圣先师"。近代社会,特别"五四运动"时期,孔子受到猛烈的批判,有其特殊的社会历史原因,不能代表对孔子的普遍的恒久的评价。

●**还孔子思想的本来面目** 汉武帝采纳董仲舒的建议,"罢黜百家,独尊儒术",正式确立了孔子及其学说在中国思想界的统治地位。此后,历代统治者进一步采取了神化孔子、提倡儒学的措施,巩固了孔子思想的至尊地位。在漫长的封建社会发展过程中,统治阶级出于自身的需要,片面发展了孔子思想中的保守方面,各式各样的"新儒学"和打着孔子旗号的种种所谓孔学,在很多方面扭曲了孔子学说的本来面目。因此在批判地继承和发扬孔子学说时,一定要区分真假孔子思想,还孔子思想的本来面目。这是一项需要用马克思主义观点对孔子学说进行系统性研究的艰巨工程。

(二)孟子、荀子对儒家思想的发展

1. 孟子

●**孟子生平简介** 孟子(约前372—前289年)名轲(图3.8),邹人(今山东邹城)。孟子三岁时父亲去世,孤儿寡母相依为命。孟母虽然疼爱儿子,但更重视对他的教育。为了替孟子找一个合适的学习环境,她不辞劳苦,三次搬家,最后在学宫附近定居。少年时代的孟子和其他孩子一样贪玩,孟母为了激发他求学上进,三次剪断织机上织好的麻布,教育孟子:学习如同织布一样,如果半途而废,就前功尽弃。这就是孟母"迁地教子""三断机杼"的故事。

图3.8 孟子

孟子长大后,被孔子创立的儒家思想所吸引,离开邹国到孔子的家乡鲁国深造,他的老师就是孔子之孙子思的学生。通过学习,孟子认为孔子是有史以来最伟大的人物,他立志要继承和发扬孔子的思想。此后,孟子名声越来越大,邹国和鲁国国君经常向他请教治国之道。可惜邹、鲁这样的小国很难实施孟子的仁政理想,于是他决定带着学生到东方大国齐国去。但齐国国君相信只有强兵才能富国,对孟子的建议毫不理睬。

无奈之下,孟子来到滕国,滕国太子对孟子的仁政很感兴趣,让孟子在滕国实行他的思想。遗憾的是,滕国只是个小国,时刻有被吞并的危险,不可能真正推行仁政。孟子又到其他国家宣扬他的仁政思想,结果仍旧没有一位君主愿意施行他的政策。最后,孟子放弃继续宣扬仁政的行为,潜心著书立说,直到84岁病逝。

●**孟子的仁政学说** 第一,"仁政"的核心思想是以民为本和制民之产。孟子将孔子的德治思想发展为仁政学说,孟子认为,如果统治者实行仁政,可以得到人民的衷心拥护;反之,如果不顾人民死活,推行暴政,将会失去民心,而变成独夫民贼,被人民推翻。即所谓"君视民如草芥,民视君如寇仇"。孟子的仁政贯穿着一条民本思想的线索。孟子根据战国时期的经验,总结各国治乱兴亡的规律,提出了以民为本的著名命题:"民为贵,社稷次之,君为轻。"①他认为,要得到人民拥护,首先要保证人民有田种,有饭吃,有衣穿。因此他主张重新划分田界,实行一种新的井田制。孟子所设想的井田制,是一种平均主义的自然经济制度,以一家一户的小农为基础,每家都有"五亩之宅""百亩之田",吃穿都是自给自足。孟子认为,"民之为道也,有恒产者有恒心,无恒产者无恒心"。只有使人民拥有"恒产",固定在土地上,安居乐业,他们才不会去触犯刑律,为非作歹。当人民的物质生活有了保障,统治者再兴办学校,用孝悌的道理进行教化,引导他们向善,就可以造成一种"亲亲""长长"的道德风尚,最终达到"人人亲其亲、长其长,而天下平"的效果。第二,**强调个人道德修养是齐家治国之本**。孟子把伦理和政治紧密结合起来,强调道德修养是治国的根本。他说:"天下之本在国,国之本在家,家之本在身。"后来《大学》提出的"修齐治平"就是根据孟子的这种思想发展而来的。孟子把道德规范概括为四种,即仁、义、礼、智。同时把人伦关系概括为五种,即"父子有亲,君臣有义,夫妇有别,长幼有叙,朋友有信"②。孟子认为,仁、义、礼、智四者之中,仁、义最为重要。仁、义的基础是孝、悌,而孝、悌是处理父子和兄弟血缘关系的基本道德规范。他认为,如果每个社会成员都用仁义来处理各种人与人之间的关系,家国秩序的稳定和天下的统一就有了可靠保证。

●**孟子的性善说** 为了说明这些道德规范的起源,孟子提出了人性本善的思想。他认为人的本性都是善良的。有些人变恶,是因为受到外界环境的影响,而没有保持和发扬本性中的善。孟子认为,仁、义、礼、智的道德来自天赋,是人心所固有的,是人的"良知、良能",也是人区别于禽兽的本质特征。他说"仁、义、礼、智根于心""仁、义、礼、智非由外铄我也,我固有之也"。其理由是人人都有

---

① 《孟子·尽心下》。
② 《孟子·滕文公上》。

"善端",即恻隐之心,它和羞恶之心、辞让之心、是非之心一起,被孟子称为"四端"。① 有的人能够扩充它,加强道德修养;有的人却自暴自弃,为环境所陷溺。这就造成了人品高下的不同。孟子认为人人都可以通过自我修养将"善端"加以发扬,使之上升到一种更高的境界,这就是"富贵不能淫,贫贱不能移,威武不能屈",这就是所谓"浩然之气"。② 这种气"至大至刚",能够主动扩张,充塞于天地之间。这正是后来儒者所强调的"内圣外王"之道的典型模式。

● **孟子的天命观** 孟子思想的最高范畴是"天"。孟子继承了孔子的天命思想,剔除了其中残留的人格神的含义,把天视为具有道德属性的精神实体。他说:"诚者,天之道也。"孟子把"诚"这个道德概念规定为天的本质属性,认为天是人固有的道德观念的本原。孟子的思想体系,包括他的政治思想和伦理思想,都是以天这个范畴为基石的。孟子认为天与人是相通的。从天的方面来说,天是万事万物的主宰,人世的一切,都是由天决定的。从人的方面来说,不仅人的善性来自天赋,而且人的思维功能也是天所赐予的。因为人心具备天的本质属性,所以只要反求诸己,尽量发挥、扩展自己的本心,就可以认识天。

孟子学说中还有不少关于理想人格的思想,如"人皆可以为尧舜"③;"天下有道,以道殉身;天下无道,以身殉道";"生,亦我所欲也;义,亦我所欲也。二者不可得兼,舍生而取义者也"④。这些都是激励人心、传颂千古的至理名言。

● **《孟子》的文学价值** 《孟子》基本上仍属于语录体,但较《论语》已有很大发展。这不但因为它的篇幅加长、议论增多了,而且很多段落都围绕着一定的中心展开,多半是一种辩论的方式。《孟子》各篇结构完整,条理清楚,只要添上题目,就可单独成篇。因此,它有很高的文学价值。在先秦诸子散文中,《孟子》与《庄子》的文学性最强。因为孟轲的为人本不像孔子那样深沉庄重,而是锋芒毕露,好辩而且善辩,动辄与人言辞交锋,必欲争胜。反映在文章里,就是不仅仅从逻辑上说明道理,还带有强烈的感情色彩。《孟子》中的论辩,往往从一个细节开始,然后不断推演,最终得出结论。在论辩中,孟子经常使用寓言故事,如"揠苗助长""五十步笑百步""再作冯妇"等等,以加强其说服力。行文之间,嬉笑怒骂都情见于辞,从不作吞吞吐吐之态。《孟子》一书语言浅近流畅,层层叠叠的排比句式和层层递进的段落结构使其极富气势。所以读《孟子》时的感受好比长河大浪,澎湃奔涌,让你不由自主地接受他的观点,深受他那伟大人格的陶冶。

---

① 《孟子·告子上》。
② 《孟子·公孙丑上》。
③ 《孟子·告子下》。
④ 《孟子·告子上》。

●**孟子思想的历史地位**　孟子是儒家最主要的代表人物之一,但孟子的地位在宋代以前并不很高。自中唐韩愈著《原道》,把孟子列为先秦儒家中唯一继承孔子"道统"的人物开始,孟子的地位才逐渐提高。北宋神宗熙宁四年(1071年),《孟子》一书首次被列入科举考试科目;元丰六年(1083年),孟子首次被官方追封为"邹国公",翌年被批准配享孔庙。以后《孟子》一书升格为儒家经典。南宋朱熹又把《孟子》与《论语》《大学》《中庸》合为"四书"。元朝至顺元年(1330年),孟子被加封为"亚圣公",以后就被称为"亚圣",地位仅次于孔子。孟子的学说对后世产生了深远的影响,主要表现在:**第一,树立了道统观念**。孟子把尧、舜、禹、文王、武王、周公、孔子等,视为儒家的"道统"。从此,儒家的道统观念与儒家思想便成为不可分割的整体。**第二,强化了民本思想**。孟子的民本思想以及行仁政的主张,一切以民心向背为标准。他的民本思想虽然不是现代的民主精神,却成为传统制度中抑制君权的理论依据。此外,孟子"为民制产"的主张,更成为历代经济制度的最高理想,如隋唐的均田制等。**第三,下启宋明理学**。孟子提出"内圣之学",指出人的天性是善良的,只要扩充善端,压抑物欲之性,反省自身,通过内省的修养方法,就可达到齐家、治国、平天下的目的。这成为宋明儒家思想的主流。程颢、程颐、陆九渊、朱熹、王守仁等宋明理学家,都继承并发展了孟子这方面的学说。

2. 荀子

●**荀子生平简介**　荀子(约前313—前238年)名况,又称荀卿(图3.9),战国末期赵国(今山西南部)人。曾游学于齐,当过楚兰陵令。后失官居家著书,死后葬于兰陵。

●**荀子的唯物宇宙观**　荀子是战国后期儒家的主要代表人物。他的宇宙观具有唯物主义因素,反对天命和迷信,肯定"天行有常,不为尧存,不为桀亡"[①],肯定自然界的运行法则是不以人的意志为转移的客观存在,并提出了"制天命而用之"的积极改造客观世界的思想。

●**荀子礼法并用的政治思想**　政治上,他主张礼治法治并用。一方面仍很重视"王道",提倡"礼义";同时主张"法后王",赞成用武力兼并天下,用法禁、刑赏治理国家。所以他的一些思想又为法家所汲取。

图3.9　荀子

---

① 《荀子·天论》。

● **荀子的性恶论** 在人性问题上,他针对孟子的"性善论"提出"性恶论",认为人性本来是恶的,"其善者伪也",人性要经过后天改造才能变善。他特别强调后天学习的重要性,反对"生而知之"的先验论,这是具有进步意义的。他认为人的知识、品德不是天赋的,是后天经过礼义教化、学习改造获得的。

● **荀子在文学上的贡献** 荀子的文学思想在于注重实用性,提倡质朴。荀子的著作有《荀子》二十卷,该书由《论语》《孟子》的语录体发展为有标题的论文,标志着古代说理文的进一步成熟。他的文章说理透辟,结构严谨,气势浑厚,多用排比和比喻。荀子是第一个使用赋的名称和用问答体写赋的人。同屈原一起被称为辞赋之祖。今存《礼》《知》《云》《蚕》《箴》五首短赋。

● **荀子思想的历史地位** 荀子是战国后期承前启后的思想家。他的学说的显著特点是集百家之大成。他既善于综合,又长于批判,兼有儒、法、道各家思想,可以说他是由儒向法过渡的代表人物,在中国古代思想史上占有特殊的地位。他把中国古代的唯物主义发展到一个新的阶段。

(三)儒家思想的评价及其展望①

1. 儒学的兴衰与厄运

● **中国思想文化的主干** 儒学是中国两千多年思想文化的主干,又扩展到东亚各国,成为东亚文化圈的共同思想基础,其尊荣显贵远在其他诸子百家之上。即使在玄学流行的魏晋南北朝和佛学兴盛的隋唐,其基本格局也没有改变。

● **五四新文化运动与儒学** 儒学真正遇到厄运是在近现代。首次给予儒学以沉重打击的是"五四"新文化运动。吴虞、胡适提出"打倒孔家店",成为家喻户晓的响亮口号。中国第一流的先进知识界代表人物鲁迅、陈独秀、李大钊等人猛烈抨击孔学和礼教,进步的知识青年无不受其影响而迅速加入批孔批儒的行列,于是形成一场声势浩大的反传统的新文化运动。究其原因,可以从两个方面加以说明:一方面,儒学的固有体系是中国古代宗法农业社会的理论形态,不能适应由中世纪向现代社会转变的需要,如要适应也必须做创造性的改造。另一方面,西方近代工业文明已经领导世界潮流,浩浩荡荡,冲击着全世界,它所创造的物质文明及社会政治经济体制,都取得了光辉灿烂的成就,远非农业社会所可比拟。西方资本主义社会的固有矛盾和弊端又引发社会主义和共产主义学说,并于"五四运动"前夕在苏俄取得了政治上的胜利,开辟了又一条崭新的社会发展道路。在强大的资本主义文化和社会主义思潮的双重夹击下,传统儒学第一次

---

① 根据牟钟鉴的《儒学价值的新探索》有关章节编写。
牟钟鉴. 儒学价值的新探索[M]. 济南:齐鲁书社,2001.

出现了生存危机。但毋庸讳言,"五四"学者对传统文化尤其是儒学的批判多有过激之言,相当简单武断,而且主要选取政治的视角,缺乏学理的探讨。在强烈的反传统的社会政治气氛中,儒学被抛弃了,然而是简单地被抛弃了,所以它也就没有被真正地克服(扬弃,即有保留的剔除)。

●极"左"路线与儒学 1949年新中国成立以后,在文化政策上本来早就确定了批判继承和剔除糟粕吸取精华的原则,但由于受到反传统的惯性和越来越"左"的政治气候的影响,实际上以破为主,并不重视民族文化的继往开来。"文化大革命"的十年动乱中,反传统的思潮发展成狂热的社会运动,在横扫一切历史文化的声浪里,孔子和儒学再次受到猛烈冲击。"文化大革命"表面上打着"五四运动"的旗帜,实际上却丢掉了五四运动科学与民主的好传统,极度膨胀了它的简单化和政治化的批判作风,把文化虚无主义推向顶点。显然,其后果是灾难性的,社会出现了大破坏、大倒退,整个社会的道德水准急剧下降,文化领域满目疮痍,中国人为此付出了沉重的代价。

2. 改革开放以来的儒学新评价

改革开放以后,中国不仅在经济领域表现出生机蓬勃和开通的气象,文化上的封闭状态也同时被打破,外国的和古代的文化研究和争鸣一齐活跃起来,学者们可以自由地研究、评价孔子、儒学和传统文化,不再受政治运动的困扰。"弘扬优秀传统文化"口号的正式提出,表示了社会上下对民族传统文化的重视,这是中国人重新认识自己的历史和国情的新起点。

● 20世纪80年代以来内地学者对儒学的反思 在20世纪80年代的文化讨论中,我们仍然可以看到部分学者对儒学和传统文化的口诛笔伐。《河殇》是这一思潮的典型代表。这种批判触及了现实生活中严重存在的封建遗毒,诸如特权思想、等级观念以及以权代法等现象,自有其合理性。但这种批判仍然存在着五四运动以来那种简单否定、缺乏科学分析,把过失推给古人的毛病。有相当一批学者认为,"儒学救国"固然迂腐,一味地批儒也不是出路,现在是既超越传统,又超越反传统,另辟新路的时候了。传统文化和儒学有"三性":时代性、民族性、人类性;时代性要转换,民族性要升华,人类性要阐扬。例如儒学的"三纲"说只适用于宗法等级社会,现在已过时;儒学重伦理的人生哲学,是它的民族特点;儒学的恕道,即"己所不欲,勿施于人",这类具有人类性的思想,西方称之为"金律",放之四海而皆准。所以对于儒学必须进行具体分析,不可一概而论。

●海外对儒学的态度 在大陆周围的东亚"四小龙"并没有大张旗鼓地讨伐儒学,甚至保留着很多儒学传统,然而经济却得到高速发展,社会生活的现代化进程也相当神速,令全世界瞩目。一时间谈论"儒家资本主义"成为国际上的热门话题。当然,"四小龙"走的道路是否是"儒学资本主义",远未得到普遍认可,但很多人承认,儒学至少不是现代化的障碍,它的优良成分有利于现代化事业的发展。近些年欧美学者和西方华裔学者的学术著作和学术活动,在中国亦产生了很大影响,他们能站在世界文化发展的高度,用现代哲学和科学眼光,比较中西方文化的异同,对儒学表示了极大的尊重,这使得中国一些本来主张全盘西化的人改变了态度,知道西方有识之士正在认真学习东方的智慧,探索后工业社会的道路。而中国人反而自己看不起自己,这不是很可悲吗?

● **20世纪90年代以来的新动向** 20世纪90年代以来,中国经济进入高速发展时期,社会呈现欣欣向荣的景象。存在的问题之一是拜金主义泛滥成灾,社会道德风气越来越坏,这不仅严重影响到社会生活的健康化,而且也直接损害市场经济的发育成长。全社会都感到要重建社会道德就必须充分利用传统的思想资源,特别是儒学的伦理思想。于是出现了一个新的动向,即儒家从学术研究开始走向应用和教育,让青少年了解中国人的传统美德,从小养成文明礼貌的习惯。这一儒学的普及运动正方兴未艾,它的社会作用尚有待历史做出评判。

3. 儒学的未来展望

当代的中国正处在世界性文化冲突的交会热点。交会在这里的主要是三大文化系统:一是中国和东方固有的传统文化;二是从早期苏联传入的马克思主义学说和社会主义思想;三是来自现代欧美的西方文明和日本的文明。这三大文化系统各有优劣。中国新文化的发展只能在上述三种文化体系中进行,相互碰撞,又相互渗透,既改变对方,又改变自己。中国的思想文化不可逆转地朝着多元化的方向发展,百家争鸣的新时期已经到来。在这样的文化大背景下,展望儒学的未来前途,它在历史上曾有过的主体性地位已不可能恢复,很难再有凌驾百家、万流归宗的新儒家。可能出现的情况是:中国将有新的儒学派和儒学思潮,而更多的不是儒学正式信徒的人,将以同情的态度对待儒学,研究儒学,有选择地吸取它的精华,使它融入新文化,使之成为新文化体系的有机组成部分。但是,无论如何变化,孔子永远是中国文化的象征和代表,是大思想家、大教育家,理应受到中华民族全体成员的尊重,他的崇高地位是不可取代的。在这个意义上,"尊孔"没有什么不对,尊孔就是尊重中华民族的文明传统,就是尊重教育和人才,就是认同我们的民族文化。

能否找到儒学与现代化恰当的结合点,我们可以从下面四个方面加以分析。

● **儒学与人生信仰** 儒学可以在重建中国的人生信仰方面发挥重要作用。就其精华而言,儒学的人生哲学是积极的、自强的、有高远的追求,又有切实的态度,重视个体的人格磨炼;又关切社会大众的命运,是一种相当健康而又合情合理的哲学。中国哲学的未来发展必须从儒学中吸取人生信仰方面的大量营养。

●**儒学与社会道德**　批判地继承儒家的伦理思想,重建中国的社会道德,可以为现代化事业创造良好的人际关系和社会风气。新道德的建立,必须借鉴我们自己的儒学伦理。在道德思想、道德规范、道德修养等许多方面,都必须以儒家学说为基础,对其加以创新和发展,此外似乎无其他捷径可走。

●**儒学与自然和社会科学**　用现代自然科学与社会科学的理论、方法,深入发掘和重新发现蕴涵在儒家思想中的尚未被人充分发掘的智慧之光,使它放射出来,可以为现代文明增添异彩。仅举数例:被人们视为"大道之原"的《周易》,就是一部变化多端、奥妙无穷的奇书,它包含着系统思想、序列思想、均衡原理、转化观念,具有生生不息的强大活力,每变换一个研究角度,就可以引发一套新的理论,而且层出不穷;儒学的辩证法思想、教育思想、美学思想等,都有值得我们借鉴和用以充实现代文明的内容。

●**儒学与现代管理**　用现代管理学的观点,发掘、整理儒学的社会管理思想,赋予它新的生命,用于中国建设市场经济过程中的社会管理与企业管理,可以直接推动改革和现代化事业。有的学者提出,儒学的重心在人,重视人力资源的开发、培养、使用,恰与现代化管理所强调的"管理的核心在人"的观念不谋而合,儒家在计划、组织、用人、领导、控制诸方面,均有合理的论述,可以用于改善企业的管理。

二、墨家代表人物及其思想

1. 墨子生平简介

墨子(约前468—前376年)是战国时伟大的思想家,墨家学派的创始人(图3.10)。姓墨名翟。墨子出生何地,也有争议。墨子自称"今翟上无君上之事,下无耕农之难",属当时的"士"阶层。他又承认自己是"贱人"。墨子"日夜不休,以自苦为极",长期奔走于各诸侯国之间,宣传他的政治主张。他"南游使卫",宣讲"蓄士"以备守御。又屡游楚国,献书楚惠王。楚王邀墨子做官,并许以五百里封地。他拒绝楚王赐地而去。他以"听吾言,用吾道"为前往条件,而不计较封地与爵禄,目的是实现他的政治抱负和主张。晚年到齐国,企图劝阻项子牛伐鲁,但是没有成功。

图3.10 墨子

2. 墨子的思想

●**墨子的认识论** 第一,**墨子哲学思想的主要贡献是在认识论方面**。他以"耳目之实"的直接感觉经验为认识的唯一来源,他认为,判断事物的有无,不能凭个人的臆想,而要以大家所看到的和听到的为依据。墨子从这一朴素唯物主义经验论出发,提出了检验认识真伪的标准,即三表:"上本之于古者圣王之事""下原察百姓耳目之实""废(发)以为刑政,观其中国家百姓人民之利"。[①] 墨子把"事""实""利"综合起来,以间接经验、直接经验和社会效果为准绳,努力排除个人的主观成见,这是有进步意义的。在名实关系上,他提出"非以其名也,以其取也"的命题,主张以实正名,名副其实。**第二,墨子的认识论仍有很大的局限性**。他忽视理性认识的作用,片面强调感觉经验的真实性。墨子的世界观中存在着深刻的内在矛盾。一方面他强调"非命""尚力",认为决定人们不同遭遇的不是"命",而是"力";另一方面,墨子又肯定"天志"和"鬼"的作用。他把"天"说成是有意志的人格神,宣扬"顺天意者""必得赏";"反天意者""必得罚"。他认为"兼相爱,交相利"就是"顺天意";"别相恶,交相贼"就是"反天意"。

●**墨子的政治思想** 墨子在政治上提出了"兼爱""非攻""尚贤""尚同""节用""节葬""非乐"等主张。"兼爱"是他的社会政治思想的核心,"非攻"是其具体的行动纲领。他认为只要大家"兼相爱,交相利",社会上就没有强凌弱、贵傲贱、智诈愚和各国之间互相攻伐的现象了。他对统治者发动战争带来的祸害以及平常礼俗上的奢侈佚乐,都进行了尖锐的揭露和批判。在用人原则上,墨子主张任人唯贤,反对任人唯亲,主张"官无常贵,而民无终贱"。他还主张从天子、诸侯国君到各级正长,都要"选择天下之贤可者"来充当;而人民则要服从君上,做到"一同天下之义"。

●**墨子的逻辑思想** 墨子是中国古代逻辑思想的重要开拓者之一。在《墨子》一书中,他自觉地、大量地运用了逻辑推论的方法以建立或论证自己的政治、伦理思想。墨子最早提出名实必须相符的思想,还在中国逻辑史上第一次提出了辩、类、故等逻辑概念。在《墨子·耕柱》中,他要求"能谈辩者谈辩",并要求将"辩"作为一种专门的知识来学习。他在反驳别人的观点时常说"子未察吾言之类,未明其故者也",并提出把"无故从有故"(即没有理由的服从有理由的)作为辩论的原则。墨子的"辩"虽然统指辩论技术,但却是建立在知类(事物之类)明故(概括、理由)基础上的,因而属于逻辑类推或论证的范畴。墨子所说的"三表"

---

① 《墨子·非命上》。

既是言谈的思想标准,也是推理论证的标准。墨子还善于运用类推的方法揭露论敌的自相矛盾。由于墨子的倡导和启蒙,墨家养成了重逻辑的传统,并由后期墨家建立了第一个中国古代逻辑学的体系。

●**墨家学派的科学成就** 墨子和他的弟子流传下来的著作只有《墨子》一书。全书原有七十一篇,现存五十三篇。这本书主要是墨子的弟子记述墨子言行的汇集,代表了墨家学派的思想。墨家不仅在思想上有重要的影响,而且在科学技术方面也有重大成就。墨家关于科学技术的论述,包括数学、力学、声学、光学等方面,主要保存在《墨经》中,《墨经》是《墨子》的一部分。**第一,力学方面的成就。**在力学方面,墨家给"力"下了符合科学规律的定义。对杠杆平衡的研究,不仅考虑到力的大小,而且考虑到力臂的长短,实际上提出了力矩的概念。可以说,墨家已经发现了杠杆的平衡条件。墨家对运动和时间、轮轴、斜面、圆球运动以及浮力等问题,都有深刻论述。**第二,声学方面的成就。** 墨家的突出成就是把固体传声和声音共鸣巧妙地运用到了军事上。**第三,光学方面的成就。** 这方面墨家研究得更多。他们做了世界上最早的小孔成像实验(图3.11)。此外,墨家对飞鸟的影子、物体的本影和半影、凹面镜和凸面镜的成像现象等,也都做了许多研究。从墨家对物理学的研究成果来看,虽然还比较原始,但有不少同近代物理上的实验结果是一致的。因此可以认为,《墨经》是当时世界上最高水平的自然科学论著之一。

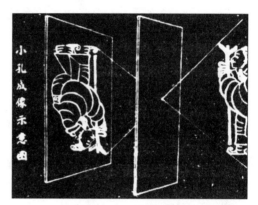

图3.11 小孔成像

●**墨子思想的历史地位** 墨子的思想反映了从宗法奴隶制下解放出来的小生产者阶层的两重性。他的思想中的合理因素为后来的唯物主义思想家所继承和发展,其神秘主义的糟粕也为秦汉以后的神学目的论者所吸收和利用。墨子作为先秦墨家的创始人,在中国哲学史上产生过重大影响。

三、道家代表人物及其思想

(一)道家创始人老子及其思想

道家学派,正式被称为"道家"始于西汉司马谈《论六家要旨》,时称"道德家",后简称道家。先秦道家人物有:老子、文子、关尹、列子、杨朱、庄子等人。道家创始人为老子,集大成者为庄子。

●**老子生平简介**　老子大约生于公元前605年,卒年不详,姓李名耳,字聃,号老聃,楚国苦县(今河南鹿邑)人(图3.12)。老子当过周王室的守藏史,负责管理周王室典籍。在此期间,孔子曾去洛邑向老子请教礼的知识,孔子对老子很尊崇(图3.13)。周景王死后,周王室发生过王位争夺战。公元前516年,王子朝失败,"奉周之典籍以奔楚",老子所掌管的典籍被王子朝带走了。从此老子回到故乡。在归乡途中,出周王朝京城,守关的长官尹喜是老子志同道合的好朋友,知道老子有归隐之意,挽留老子住了几天,让老子写出《道德经》上、下篇,约五千言。归隐之后,老子大约在故乡定居时间最长。此外,他还在鲁定居过,游历过秦,又在沛县住过,行踪不定,不知所终。

图 3.12　老子

图 3.13　孔子见老子

●**老子的道论**　道论是老子思想的核心。老子对"道"的特征、功能、规律的描述,是要给他的政治论、人生论建立一套理论框架,从而在西周末年人格天(帝)破灭之际,为社会及个人的行为找到一个可以解释的最高准则。在《老子》一书中,"道"的含义主要有以下几种:*第一,宇宙的最高存在,即宇宙本体*。这种含义的"道"是老子道论思想的核心。它在天地形成之前产生,自由自在、永不停息地独自运行着,无名无形。作为本体的"道",有时被称为"天道""天之道"。*第二,一种具体规律*。主要指自然规律或人类社会的一些规律,这些也是老子道论中的重要内容。*第三,社会规则和更为具体的行为规范*。后两种含义的"道"在老子的道论中不占优势。

●**老子的政治论**　老子的政治论大抵有四个方面的内容:*第一,放任自治的社会管理术*。老子眼中最好的统治状态是人民不知道有统治及统治者存在。《老子》第十七章说:"太上,不知有之;其次,亲而誉之;其次,畏之;其次,侮之。"这一无为而治的理论根据就是"道常无为而无不为"。*第二,反对战争的和平主义*。老子认为战争是不祥之事,圣人不在万不得已时是不会轻易动用战争手段的。在不得已而为之的情况下,老子也讲战略战术,根本目的在于保卫和平。他主张战略上不跟敌人反复周旋,以免浪费财力和人力;战术上则要采取守势而非攻势。老子看出了"正义""道义"在战争胜负过程中的决定性作用。*第三,主张*

社会财富分配大致公平的仁道政策。老子指出社会问题的症结在于为政者的贪婪、妄为。他说:"民之饥,以其上食税之多,是以饥。民之难治,以其上之有为,是以难治。民之轻死,以其上求生之厚,是以轻死。"①他警告统治者不要用杀戮、死亡来威胁老百姓:"民不畏死,奈何以死惧之?"②如果坚持用死来恐吓老百姓,必然自取灭亡。他还告诫统治者不要使老百姓对生活感到厌倦、绝望,在社会财富分配方面,应该做到"以有余奉天下",而不是"损不足以奉有余"。*第四,小国寡民的社会组织形式*。老子主张社会组织规模要小,社会组织内的人口要少。不要使用各种各样诱惑人欲望的器具和各种先进的交通工具,不要用装备精良的部队去威胁他人;要使人们安其所居,不要随意迁徙;人与人之间、各个社会组织之间和平共处而不要争斗,这是老子所向往的清明世界(图3.14)。

图3.14 老子出关

●**老子的人生论** 老子的人生论包括两部分:*第一,普通人的修身养性术*。老子教人要谦虚、知足、贵柔、益生,不要太贪婪,不要锋芒毕露,不要富贵骄横,一旦事业成功,就要急流勇退。*第二,为政者的修身养性术*。老子告诫统治者要珍视天下人的性命,遵循自然和社会规律,去其私心、私智,这是为政者最高深的道德。

●**《老子》的辩证思想** 《老子》一书充满辩证思想:*第一,关于本体论*,他认为万物皆以"负阴而抱阳,冲气以为和"的对立统一的方式存在着,离开一方,另一方也就无从谈起。如美丑相随,善恶相伴,"有无相生,难易相成,长短相形,高下相倾,音声相和,前后相随"。③ *第二,关于认识论*,他认为人们要全面认识世界,并善于利用对立双方各自的价值,不能只看到事物单方面的价值,要把直接的功利和抽象的功用统一起来。*第三,关于方法论*,他告诉人们要善于从事物的相反方面去求得人生的正面价值。如在人生修养方面,要善于以曲求全,要处强而守弱。统治者则要做到"以贱为本""以下为基",才能巩固高高在上的地位。在列国纷争中,强国大国应当以谦虚的胸怀容纳其他弱小国家,这样才能真正获得霸主地位。*第四,关于发展论*,老子的本体论、认识论、方法论都体现了发展变化的思想,他特别强调事物的存在是一个由小到大、由少积多、由简单到复杂的渐进

---

① 《老子·第七十五章》。
② 《老子·第七十四章》。
③ 《老子·第二章》。

过程,并提出"反者道之动"的辩证发展观。如《老子》第六十三章说:"图难于其易,为大于其细。"《老子》第六十四章说:"合抱之木,生于毫末;九层之台,起于累土;千里之行,始于足下。"

(二)庄子对道家思想的发展

图3.15 庄子

●**庄子生平简介** 庄子(约前369—前286年)名周,生于宋国蒙邑,早年迁居楚国(图3.15)。据史籍记载,庄子年轻时曾做过蒙邑漆园小吏。他曾经借粟于监河侯;住在破陋的闾巷深处贫穷困顿时,曾靠打草鞋为生;他曾经穿着打补丁的衣服去见魏王。庄子生就一种孤傲清高的性格,尽管贫穷却不愿出仕为官。据司马迁记载,楚威王听说庄子十分贤良,派人携重金请他到楚国为相。庄子辞而不就。除楚国外,庄子也曾到魏游历。此后隐居,终生不仕。

●**庄子的道论** "道"在《庄子》中的含义大体上与老子对"道"的界定相同。《大宗师》篇,集中而明确地表述了他的"道论"思想,从中我们可以知道,庄子的"道"实际上是今天宇宙论、本体论和规律论的总称,同时又是人类价值评价的最高标准。

●**庄子的人生论** 建立在道论基础上的人生论是庄子学说的重点,也是他对老子学说的发展。总体来看,庄子的人生论以精神的自由为核心,以全性保身为基本目标,尊重生命,珍视短暂人生的价值。庄子的人生论大抵包括如下三个方面的内容:**第一,气化论与生死观**。庄子认为,人的生命与自然界万物一样,只是十分偶然地获得了有形之生命,并且都要死亡。人应该既不悦生,也不恶死,把生死看作如昼夜交替、寒暑代变的自然现象。获得生命是偶然、幸运,失去生命是顺应自然。庄子要求人们摆脱有限的物质、名利、爵位、权力的束缚,使生命舒展、心灵舒张,创造出有益的价值而不使生命随形腐朽。庄子还提出了生理与心理兼顾的养生论,给后世的气功及个人修身养性的学说以极大的影响。**第二,与世无争的处世论**。庄子认为处理好人与社会、人与人之间的矛盾,关键是要与世无争,跳出是非善恶美丑的限制,从而才能获得无往而不可的心灵。**第三,理想人格境界论**。庄子主张人应顺应天地人的禀性,使有限融入无限之中,达到摆脱社会束缚、回归纯真简朴的自然境界。

●**庄子的相对主义** 庄子认为,除"道"是绝对存在外,世间的万事万物都是相对的。在庄子相对主义观点中,包含着辩证法的合理因素。庄子比老子更全面、更丰富地揭示了世间万事万物相互依存的特征：彼与此、是与非、有与无、虚与实、大与小、成与毁、然与不然、可与不可、生与死等都是相互依存、相互联系着的。因此，人们不应片面地看问题，而应以矛盾双方既对立又统一的辩证观点看问题。

●**庄子的认识论** 庄子怀疑人类运用"名言"即概念去把握世界的可能性，否定运用名言去把握世界，主张通过神秘的直觉去直接体验世界本体、本原、规律，即道。老子认为，能认识到人的无知是最高智慧，庄子则从根本上怀疑人是否知道自己是有知还是无知。庄子不否认凭借直觉体验可以得到"真知"。他所说的"真知"是不能用语言、概念表达的人的体验。因此可见，庄子的怀疑主义并不是走向虚无主义，只是夸大了语言的局限性。

（三）道家思想对中国传统文化的影响

在中国传统文化中，道家文化占有十分重要的地位。道家思想特别是其中的哲学思想以其博大精深的思辨内涵、古朴玄妙的独特魅力，经几千年的传承已辐射到中国传统文化的各个领域。虽然道家文化并未获得像儒家文化那样显赫的地位，但道家以老庄哲学思想为基本内核，通过文学艺术、政治思想、人生观、处世术、养生术、道教、中医、气功、武术等各种途径，内化到中华民族的思维方式、行为方式、价值观念、心理结构和人格类型之中，凝聚为中华民族精神的重要组成部分。因此，道家文化对各个不同时代不同阶层人们的政治生活、人生观所产生的影响实与儒家文化相当，儒道结合正是中国文化的基本特点之一。道家对中国传统文化的巨大意义主要表现在因性思想、无为思想、超越思想和批判思想的影响。

●**因性思想的影响** 因性即按照人的本性去生活。道家认为，人的一生应该按照人的原始自然本性去生活，不要受任何像儒家的仁、义、礼、智那样的外在规范的束缚。人的自然原始本性是人之所以为人的基础，是人的至真至善至美的价值观和人生观的内在依据。人的自然原始本性的丧失，即是人统一的真善美的分裂。因此老庄提出要绝仁弃义，绝贤弃智，摒弃一切人为的道德规范，使人的原始纯真本性自然萌发、展露，只有这样才能保证人性的完美。

●**无为思想的影响** 无为思想在道家思想中占有十分突出的地位，它贯穿于道家学说的各个方面。***第一，在道家自然哲学中的体现。*** 无为思想在道家自然哲学中体现为"道恒无为而无不为"。道生养化育万物乃是无意识无目的的。老庄认为，道不仅"无为"，也"无名""无形"。道因其无形，故不可感知，无生无灭，而具永恒性。一切具体的事物则相反，因其有形，故可以感知，有生有灭，而具暂时性。***第二，在道家政治哲学中的表现。*** 无为思想在道家政治哲学中表现为对无为政治理想的倡导。道家的无为政治是针对儒、墨、法各家提出的以德治国、以智治国、以法治国、以力("实力"或"强力")治国而提出来的,老庄对这些有为政治进行了猛烈的抨击和批判。需要指出的是,老庄的无为而治不等于不治,无为而治乃是通过无为达到天下之大治的途径。**第三,在道家人生哲学中的体现**。无为思想在道家人生哲学中表现为面对纷繁复杂的社会和人生的种种问题,只能以自然平和的心态去应对,守柔处弱,取后不争,不"以出乎众为心"。所谓**守柔处弱**,是老子将无为观念运用于现实人生所提出的重要处世原则。他根据自己对自然界和人类社会各种现象的感悟,根据自己对道的理解和把握,得出"坚强者死之徒,柔弱者生之徒""兵强则灭,木强则折"①的结论。指出柔弱相对于刚强而言是不可战胜的:"天下莫柔弱于水,而攻坚强者莫之能胜"②"天下之至柔,驰骋天下之至坚"。③ 所谓**取后不争**,是老子提出的又一重要原则。在现实生活中,人们都有争先好胜的心理,因此不免发生这样或那样的争端,以致人际关系破坏和社会秩序混乱。他主张利物与为人,反对争名夺利。庄子也主张"货财弗争""朴素而天下莫能与之争"。④ 所谓不"**以出乎众为心**",即不要出人头地,要把自己看成普通人。立身处世,与人交往,对于世俗之人来说,极易为输赢、胜负或出人头地的意识所左右,或喜欢张扬、夸耀自己,或费尽心机强人以同己。老庄认为这都是"出乎众"的心理在作怪。按老子的要求,人们应该以平常之心处世,切不可有凌驾别人之上的错误念头。

图 3.16 庄子梦蝶漫画

●**超越思想的影响** 超越思想反映了道家对现实世界的不满与憎恶,表现了道家对人的身心自由与放达的崇尚(图 3.16),主要包括以下四个方面的内容:**第一,对名利的超越**。名与利是任何人都会遇到且无法回避的问题。在这一问题上儒、墨、道、法各家的立场和态度差别较大:儒家遵循图名的理性道义原则,墨家、法家遵循图利的感性功利原则,道家提出并坚持超越名利的原则。老庄认为,不祛除名利思想,就不可能有人的精神的绝对自由和心灵的高度解放。**第二,对善恶是非的超越**。儒家主张是非、善恶分明,道家认为是非、善恶是可以超越的。庄子明确提出"齐是非",认

---

① 《老子·第七十六章》。
② 《老子·第七十八章》。
③ 《老子·第四十三章》。
④ 《庄子·天道》。

为是非可以相互转化或等同。在逻辑上,庄子的"齐是非"是以"齐万物"为前提的,而"齐万物"又是建立在事物的相对性的绝对化基础上的。在庄子看来,任何事物都是相比较而存在的,只有相对的意义。比如,木料相对于树而言是"成",相对于桌子而言则是"毁",因此成毁的对立不是绝对的。但庄子却将成毁的相对性绝对化以致抹杀成毁的内在差别,得出"凡物无成与毁,复通为一"①的结论。**第三,对生死的超越**。生死观的超越体现了道家对世俗人生的终极思考和终极超越。一般来说,人们总是悦生而恶死。道家则不仅认为人的生死是自然的必然变化,而且还反对悦生而恶死,主张齐生死。庄子认为,生死不过是气之聚散变化,道之循环运转。生命是一种超越时空的永恒存在,生死乃生命本质的两种不同表现形式:生是生命的显现状态,死是生命的隐伏状态,生和死就像白天黑夜一样为人力所不能干预,故"悦生恶死"和"悦死恶生"都是错误的。

●**批判思想的影响** 老庄是中国历史上最伟大的批判家,正是老庄开了中国古代批判哲学的先河。这种批判一方面反映出他们对传统有为政治和当时社会现状的强烈不满,另一方面表现出他们对无为政治和没有人为束缚的社会理想和人生理想的憧憬和追求。**第一,对礼教的批判。**在老庄看来,仁义道德、忠信贞廉等都只是大道丧失之后才出现的人文现象;道德教化终究只是治末而非治本的方法,不可能从根本上解决人类面临的现实问题。老庄无情地揭露和辛辣地讽刺了那种偷小东西被人抓住砍头,而盗窃国家反而成为诸侯的怪事,而且这些诸侯都挂着仁义道德的招牌骗人。**第二,对"好智"的批判。**老庄认为有了智慧的同时也有了伪诈,因此主张"绝学""弃智"。庄子将天下大乱的根源归于上之"好知""尚智"。这种"好知""尚智"的行为不仅使人性受到伤害,而且给社会百姓带来极大的灾难和不幸。他对当时为政者相逐于智谋,以图一己之私欲的行为极为不满。**第三,对法治的批判。**老子认为人为设置的禁令愈多,就会远离自然无为的原则,导致人民愈加贫困;国家法令无论怎样严明、完备,仍然会有人绞尽脑汁钻法律的空子,铤而走险,因此他主张彻底废除刑名法度。**第四,对强权政治的批判。**强权政治的一个重要表现就是对内实行高压政策。老庄对当时一些国家的统治者为维护自己的既得利益和统治地位,欺压百姓,动辄杀之的行为深恶痛绝。强权政治的另一个重要表现,是在处理国家之间的关系时,恃强凌弱,以大欺小。强权政治的极端表现就是推行霸权主义,发动侵城掠地的兼并战争。道家坚决反对战争。

道家思想的许多基本精神仍是一种活的精神,具有多方面、多层次的现代价值和意义,值得我们进行深入的发掘。当然它的消极影响也是显而易见的,我们

---

① 《庄子·齐物论》。

应该批判地继承。

四、法家代表人物及其思想

(一) 法家思想的性质

"法家"又称"法术之士",他们大多是担任过很高职务的政治家,长期从事国家的组织和管理工作。从某种意义上可以说,法家思想是他们实际工作经验的总结和理论的升华。冯友兰认为法家思想是一种"组织和领导的理论和方法"。[①] 法家思想是好是坏,不同人有不同的评价,这是一个颇有争议的问题。对法家思想的性质我们认为应该从以下三方面理解。

● **先进生产力的代表** 在社会制度发生巨大变革的春秋战国时代,面对越来越激烈的社会矛盾和日益频繁的战争,儒、墨、道、法各家都提出了拯救社会、治理国家的主张。历史证明,无论是儒家的"仁政",还是墨家的"兼爱",抑或道家的"无为而治",都是理想主义的"空谈",只有法家的主张才是实实在在的治国良方。它不仅使很多诸侯国由弱变强,而且最终使秦国统一六国,建立了强大的中央封建集权制国家。法家思想之所以能在春秋战国时代取得成功,根本原因在于它代表了先进的生产力,代表了一种正处在上升阶段的生产方式,代表了新兴地主阶级的利益。随着铁器的使用和推广,春秋战国时代生产力得到迅速发展。自春秋时代开始,奴隶制的生产方式,即井田制因其阻碍社会生产力的发展而逐渐瓦解,取而代之的是一种新的生产方式,即土地私有制(图 3.17)。

图 3.17 废井田,开阡陌

奴隶的解放和新兴地主阶级的兴起,一方面大大推动了社会的发展和进步;另一方面又遭到代表落后生产力的贵族集团的极力反抗。从很多法家人物不得善终的悲惨命运可以看出这场斗争的艰巨性和残酷性。正是在这种历史背景下,法家根据新兴地主阶级还处于弱小和不利地位的形势,提出了三大主张:一是运用君主所拥有的权力,树立君主的绝对权威,这就是"势";二是为了使君主获得绝对的权威,君主必须有一套驾驭臣属的政治手腕,这就是"术";三是实行一套有利于经济和社会发展,有利于新兴地主阶级成长的法律制度,这就是"法"。在韩非看来,这三者是一个统一整体,缺一

[①] 冯友兰.中国哲学简史[M].北京:北京大学出版社,1985:186.

不可。没有势,就没有术;没有势和术,就不可能实行法治。法家的这些主张,在当时是有一定道理的。否则,就不能有效地打击代表落后生产力的强大的贵族集团的反抗,而解放奴隶、发展私有制、富国强兵都只能是空想。从这一点来看,春秋战国时代的法家思想,主流是好的,是进步的,是革命的。

●**剥削阶级的局限性** 新兴地主阶级为了自己的发展,必须解放奴隶。因此,作为新兴地主阶级代表的法家思想,在客观上必然反映一些下层被压迫的黎民百姓的愿望。我们之所以说是"客观上",是因为从本质上看,新兴地主阶级也是剥削阶级,他们主观上不会真正站在被剥削者的立场,为广大黎民百姓说话。相反,从法家制定的很多政策中可以看出,他们所代表的剥削阶级的本性没有变,如极端的自私自利性。韩非认为人与人之间只有利害关系,就像卖棺材的人一样,一心想的是死的人越多越好。正是在这种偏见的基础上,法家提出了严刑峻法的重刑主义主张。虽然这在当时起到了对付贵族集团反抗的作用,但它同时也是为了对付黎民百姓的。这种主张不仅导致了秦王朝的短命,也是引发中国历史上周期性农民起义的重要原因。

●**不同时代"法治"思想性质不同** 秦始皇始终是一个法家思想的信徒,他靠法家统一了天下,却又很快失去了天下。对这一结果的原因,众说纷纭。秦始皇的后继者,汉代统治阶级把它归罪于法家思想"刻薄寡恩"和"冷酷无情",树起了"独尊儒术"的旗号。此后的两千多年里,封建统治者都不再公开宣扬法家的主张,而是采用一种"阳儒阴法"的策略,表面上以儒家思想为正统思想,暗地里仍然要靠法家思想来维护自己的统治。应该看到,春秋战国时代的法家思想与以后的法治思想在性质上是有区别的。因为作为处于弱小和上升阶段的封建地主阶级的代表,春秋战国时代的法家思想代表的是一种先进的生产力,在客观上与被剥削、被压迫的下层黎民百姓,特别是奴隶阶级,在利益上有共通之处。后来,随着奴隶主贵族势力的瓦解,地主阶级控制了国家政权,封建地主阶级和广大农民的矛盾上升为主要矛盾。这时的严刑峻法完全成了镇压农民和百姓的工具。随着封建主义走向衰败,这种工具的残忍性和反动性也越来越明显。

自有国家以来,无论哪一种社会,都不能没有"法治",仅从"法治"本身还不能正确评价"法治"的优劣,必须看它是否代表先进的生产力,是否代表最广大人民群众的利益,是否顺应历史潮流。我们正是从这些方面认为春秋战国时代法家思想的主流是好的,是进步的,同时又有其局限性。我们不能把后来封建统治者很多残忍的做法都看成先秦法家思想的表现。

（二）法家代表人物及其思想

1. 前期法家代表人物及其思想

图 3.18　管仲

法家思想产生于春秋时代，发展于战国时代。春秋时代，齐国的管仲（图 3.18）、郑国的子产、魏国的李悝，都是法家的先驱。管仲曾"下令如流水之原，令顺民心"[1]；子产"铸刑鼎"，将法律公之于众，是法律走向规范化、公开化的开始；李悝编辑了中国第一部《法典》，体现了法治思想的日渐成熟。前期法家思想的代表人物有慎到、申不害和商鞅。慎到重"势"，申不害重"术"，商鞅重"法"。

●**慎到**（约前 395—前 315 年）　战国时赵国人，曾到稷下学宫讲学，与田骈齐名。后入韩，为韩国大夫。司马迁说他早年"学黄老道德之术"，[2]后来转为法家。所以慎到注重"以道变法"，认为立法的要义原在于人心，认为"人情莫不自为"。为人君要善于"因人之情"，从公私利害关系上，宣示用法之"不得已"，使事无大小，一断于法。但他的思想明显侧重于论"势"。他认为，权力是各项政治要素中首要和核心的因素，权力高于一切；有权力者治人，无权力者治于人。一个人统治全国，依靠的是权势，失去权势的君主就如同匹夫，所以君主专制的第一原则是巩固并强化自己的权势。此外，他还探讨了君主权力的来源，认为"圣人之有天下也，受之也，非取之也"[3]，肯定一国之权不是君主家固有的。

●**申不害**（约前 385—前 337 年）　郑国人，韩昭侯八年在韩任相，执政十五年。申子重"术"，主张"循名责实"，即君主让臣下去作为，暗中用名分来监督。他甚至主张君主应摆脱一切具体事务，"张天地之网"考验、整治臣下。他认为君主应把"术"藏于心中，使臣下捉摸不透；还要千方百计防止臣下"蔽君之明，塞君之听，夺之政而专其令"。

●**商鞅**（约前 390—前 338 年）　卫国人，姓公孙名鞅，亦称卫鞅，因在秦国变法有功，被封于商（今陕西商县东南），故称商鞅（图 3.19）。商鞅于秦孝公元年入秦，当时的秦国是"国乱，兵弱而主卑"，受到魏、楚两国

图 3.19　商鞅

---

① 《史记·管晏列传》。
② 《史记·孟子荀卿列传》。
③ 《慎子·威德》。

的攻击,外交地位很低,不能参与中原各国的盟会,各国都以"夷狄遇之"。秦孝公在内外压力下,迫切要求变法图强。他下令求贤,几经周折,终于发现了商鞅。在秦孝公的全力支持下,商鞅主持了秦国的变法(图3.20)。这是一次具有重大历史意义的变法,变法的主要内容有:**(1) 强化政权系统**。建立健全各级政府和社会基层组织,乡之上设县,县由中央直辖,同时实行"连坐"制,民间纠纷应诉诸政府,严禁私下决斗。**(2) 发展农业生产**。废井田,开阡陌,耕织产量高者,免除赋税劳役。他国移民凡从事垦荒者,九年不收田赋。**(3) 奖励军功**。无军功者不得在政府任职,"贵族非有军功者不得享有爵秩"。**(4) 改革旧习**。父子兄弟姐妹,必须分室而居。"商鞅著有《商君书》。商鞅理论的核心是'法',法,即法律、法令。商鞅认为法为治之本也",主张"一任于法"。商鞅特别强调变法,他明确指出"治世不一道,便国不必法古""前世不同教,何古之法?帝王不相复,何礼之循?"①他认为"法"必须随社会形势的变化而变化,因此,变法是必然的。

图3.20 商鞅铜方升

(秦孝公十八年制作的标准器)

2. 法家思想的集大成者韩非及其思想

图3.21 韩非

●**韩非生平简介** 韩非(约前280—前233年),韩国的公子,与李斯同学,都是荀子的学生(图3.21)。天生口吃,不善辩论,却擅长著述。所写《韩非子》一书,风格冷峻峭拔,气势雄浑,文笔酣畅淋漓,是先秦散文的杰作,郭沫若将它视为先秦散文的"四大台柱子"之一,可见其对文学的影响甚大。然而韩非的主要功绩是创造性地总结了法家理论,使法家学说更深刻,更系统,更严密。难怪《史记》中说,秦王嬴政读了《韩非子》后,大为钦佩,并说:"寡人得见此人与之游,死不恨矣!"当时受到秦王重用的李斯,感到韩非对自己的地位是一个威胁,便趁秦王还未启用韩非之机,串通姚贾诋毁韩非,秦王听信谣言将韩非抓进牢狱,李斯用毒酒害死韩非;待秦王醒悟速派人去赦免韩非时,为时已晚。

●**韩非的政治思想:法、术、势的统一** 政治思想是韩非思想的主体。他认真总结了前期法家思想,认识到慎到、申不害、商鞅各有不足。商鞅强调"法",忽视"术",结果因"无术以知奸",②使国家富强的成果被人篡夺成为扩张个人势力的资本;申不害重"术",又忽视了"法",结果因法令不统一,给奸臣以可乘之机,以

---

① 《商君书·更法》。

② 《韩非子·定法》。

致韩国七十年而"不至于霸王"①；慎到重"势"，又缺乏"术"，终不能"致帝王之功"。他认为这三者"不可一无，皆帝王之具也"②。**第一，法**。即法律条文。韩非将它分为两大类，称为"二柄"：刑与德或罚与赏，他强调要厚赏重罚，有法必依，执法必严，违法必究。他举例说，卫嗣君时，一个罪犯逃到了外国，卫君想方设法将他捉拿归案，依法严办，即使割地赔城，也在所不惜。因为只有这样，才能维护法律的严肃性，并取信于民。他强调："言无二贵，法不两适，故言行而不轨于法令者必禁。"③韩非对制定和实施法规有很具体的要求。*(1)* 要"**以吏为师**"。他说："明主之国，无书简之文，以法为教；无先王之语，以吏为师。"④*(2)* **要"布之百姓"**。要使吏民守法，首先要使他们知道有哪些法规，所以他说："明主言法，则境内卑贱莫不闻知也。"*(3)* **要"如一而固"**。从表面上看他与商鞅强调"变法"，强调要根据形势的变化改变法律似乎有矛盾，但在本质上两者是一致的，从长期来看法应该根据新的情况重新制定，但是在一定时期内则必须保持法的稳定性，否则就不能称其为法。*(4)* **"法不阿贵"**。这就是"法之所加，智者弗能辞，勇者弗敢争，刑过不避大臣，赏善不遗匹夫"⑤。*(5)* **"严刑重罚""以刑去刑"**。他认为刑罚轻了就没有威慑作用，只有重刑才是禁奸的有效手段，重刑的目的在于使更多的人慑于刑威而不敢犯罪，这旨在保护百姓，而不是伤害百姓。**第二，术**。即权术，是君主对臣下的统治手段。他认为君主要治奸，就要研究奸臣的各种行径，主动出击。他为君主设计了种种叫人捉摸不透的高深莫测的防治手段，归纳出"八径""八奸""备内""三守""用人""南面"等一整套政治权谋，有些是赤裸裸的阴谋诡计。他主张，君主"其用人也鬼"⑥。对君主如何使用"术"，他提出三点要求：*(1)* **要"藏之于胸中"**。"术"只属于君主，而君主必须将术"藏之于胸中，以偶众端而潜御群臣"⑦。*(2)* **要虚静无事**。即要求君主做一个冷静的旁观者，"故明主观人，不使人观己"⑧。*(3)* **分而治之**。他提醒君主不要使大臣与大臣、大臣与百姓相互沟通，更不能让他们结为朋党，他说："朋党相和，臣下得欲，则人主孤。"⑨**第三，势**。指统治大权，它是实施法、术的前提。没有权，再好的法律，再绝妙的手段，也难以施展；同时，势又是法、术实施的结果，法、术的实施，会扩大权力，并将

---

① 《韩非子·定法》。
② 《韩非子·定法》。
③ 《韩非子·问辩》。
④ 《韩非子·五蠹》。
⑤ 《韩非子·有度》。
⑥ 《韩非子·八经》。
⑦ 《韩非子·难三》。
⑧ 《韩非子·观行》。
⑨ 《韩非子·外储说左下》。

大权握得更紧。他说:"立尺材于高山之上,下则临千仞之溪,材非长也,位高也。""千钧得船而浮,锱铢失船则沉,非千钧轻锱铢重也,有势之与无势也。"①"势"原由慎到提出,但慎到的"势"只是"自然之势",韩非认为这种"势"不能保证天下之治,必须代之以"人为之势",即与法结合的"势"。他说:"势者,君之马也,无术以御之,身虽劳犹不免乱,有术以御之,身处佚乐之地,又致帝王之功也。"②

●**韩非的社会观:历史进化论** 儒家崇尚文王、周公,墨家崇尚大禹,道家崇尚伏羲、神农,都是向后看的;法家主张向前看,故嘲笑他们都是泥古不化、守株待兔的蠢人。韩非说:"今有构木钻燧于夏后氏之世者,必为鲧、禹笑矣。有决渎于殷周之世者,必为汤、武笑矣。然则今有美尧、舜、汤、武、禹之道于当今之世者,必为新圣笑矣。是以圣人不期修古,不法常可,论世之事,因为之备。"③又说:"时移而治不易者乱,能治众而禁不变者削,故圣人之治民也,法与时移而禁与能变。"④韩非认为,促使社会变迁的一个重要原因是人口的增加和物质财富的增长,造成人们需求不足,导致社会竞争,因而产生赏罚的规则。他说:"古者,丈夫不耕,草木之实足食也;妇人不织,禽兽之皮足衣也。不事力而养足,人民少而财有余,故民不争。是以厚赏不行,重罚不用,而民自治。今人有五子不为多,子又有五子,大父未死而有二十五孙,是以人民众而货财寡;事力劳而供养薄,故民争,虽倍赏累罚而不免于乱。"⑤韩非摆脱了天命鬼神观,从人类社会自身的因素,用人类物质需要的变化来解释社会的变迁,这种进化历史观是很可贵的。

● **韩非的人格理想:"争于气力"** 韩非说:"上古竞于道德,中世逐于智谋,当今争于气力。"⑥所谓"气力",就是实力。韩非认为,无论是国家还是个人,要想在激烈的社会竞争中求得生存和发展,必须靠自己发奋图强,积极进取,不断壮大自己的实力。这种思想是同韩非关于人的本性的看法相关联的。他认为人性是"自为"的,是"好利恶害"的。他说:"安利者就之,危害者去之,此人之情也。"⑦在他看来,君臣关系、职业关系、人伦关系都是一种利害关系。他说:"君以计畜臣,臣以计事君,君臣之交,计也。"⑧同样,一个雇工为主人耕地播种,主人给他工钱和好吃的好穿的,并不是主人爱这个雇工,而是以此为条件激励雇工为他干活;而雇工卖力地干活,也不是爱主人,而是为了工钱和得到好吃的好穿的。父母子

---

① 《韩非子·功名》。
② 《韩非子·外储说右下》。
③ 《韩非子·五蠹》。
④ 《韩非子·心度》。
⑤ 《韩非子·五蠹》。
⑥ 《韩非子·五蠹》。
⑦ 《韩非子·奸劫弑臣》。
⑧ 《韩非子·饰邪》。

女关系,也不可避免地带有利益成分。子女不仅是父母精神和肉体上的延伸,而且也是父母一份天经地义的财产。韩非以功利的目光透视了私有制社会人与人之间的关系,这对儒家过分看重人伦情感的作用,无疑是一种冲击,也是一种恰当的补充。基于这种对人的本性的认识,韩非及其他法家强调靠"气力"立于世的独立精神;在他们看来,人人都应该在法治范围内凭着自己的"气力"公平竞争。韩非还提出使"侈而惰者贫""力而俭者富"。这种思想,无论在当时,还是在现在,都是有进步意义的。

(三)法家思想的现实意义

法家思想与儒家思想一样,同是中国封建社会专制主义的思想基础。但和儒家命运不同的是,法家思想在帮助秦人实现了统一大业后,其刻薄寡恩、严刑峻法导致秦朝自身的灭亡。秦亡之后,统治阶级鉴于前朝灭亡的教训,积极寻求新的统治思想,经过汉代董仲舒等人的改造,通过阳德阴刑、德主刑辅的巧妙构架,将法家学说依附在儒家思想的外衣下,儒家学说被定为一尊,从而导致法家学说地位的衰微。但是作为一种成熟的封建专制政治理论,在中国漫长的封建主义社会政治实践中,法家思想始终是一种无法抛弃的资源,它不仅是统治阶级的工具,也对许多著名政治家有着深刻的影响。直到今天,法家思想仍从积极和消极两个方面影响着现实社会。

●**积极意义** 法家思想作为一种君主专制理论,同我们今天所讲的"以法治国"有着本质区别。但对今天的法制建设仍然有借鉴意义。**第一,要依法行政。**长期以来受封建主义主流思想,即儒家德治礼治思想的影响,我们从未有过健全、完善的法制体制,这是行政效率低下、权钱交易等腐败现象滋生的根源之一。我们必须加强法制建设,将国家建设和管理的各个方面、各个环节全部纳入制度化、规范化、法治化的轨道。**第二,必须强化法律的权威性。**在批判封建专制政权"以势压人"的同时,也要看到没有国家政权的权威,必然导致有法不依,违法不究,法律将形同虚设。要强化法律权威,必须强化国家的权威,国家执法的权威。**第三,要有行之有效的执法之术。**没有高水平的执法之术,要执行法律也是空谈。首先要提高各级执法部门、执法人员的素质,同时掌握着执法大权的各级领导和工作人员,必须有很高的政策理论水平以及深广的法律知识和高超的执法艺术。此外法家的一些具体的组织和管理国家的思想和方法,有不少是值得学习和借鉴的。法家所追求的积极进取、独立自强的人格理想也有积极的现实意义。

●**消极意义** 必须看到作为一种封建专制理论,法家思想有它的局限性。它强调的君主权威,只是封建统治阶级的"驭民工具";而我们今天所讲的法治,是以广大人民群众的根本利益为依归,造福于天下苍生的"公器",绝不是少数人谋取自己利益的手段,是公平、公开、公正,而不是阴谋诡计。今天的法治不只是专管刑赏,针对犯罪,它同时还包括民法、商法等用来调节人们各种社会关系的手段,它是一种"全面的法治"。我们要看到法家思想,特别是两千多年来封建统阶级的法治观念,通过国家制度的方式对人民群众的行为、思想的深刻影响,这种影响已渗透到中国民众的心理,中国民众一般都相信关系,相信权威,相信领导。这种心态,在一定程度上是"长官意志""官本位""以权谋私"等恶习得以生存的基础。这不能说同法家思想的影响没有关系。因此,我们在社会主义法治建设中,一方面要从法家思想中吸取有用有益的东西,同时必须批判法家思想中封建主义的糟粕,清除其不良影响。

五、兵家代表人物及其思想

同法家思想一样,兵家思想也是不尚空谈的理论,是春秋战国时代军事经验的总结,并且在各国强兵卫国以及最终建立封建中央集权制国家的实践中发挥了重大作用。春秋战国时代著名兵家代表人物首推孙武,其次是孙膑。他们都是齐国人。在历史上,齐国具有重视军事谋略研究的传统。在春秋战国时代,齐国名将辈出,多有深通谋略者。

1. 孙武及《孙子兵法》

●**孙武的生平** 孙武字长卿,又称孙子,齐国乐安(今山东博兴)人,春秋末年吴国名将(图3.22)。孙武在世时,齐国内乱,遂出奔吴国,潜心研究兵法,写成《孙子兵法》一书,呈献吴王,吴王大悦。吴王选出宫中美女180余人,要孙武教她们练习打仗。孙武将她们分为两队,每队都以吴王的宠姬为队长。操练时,孙武命令拿起战戟,敲起战鼓,她们却大笑不止。孙武以违抗军令罪,斩杀两队队长,众人震惊,再不敢稍有怠慢。结果被训练成一支纪律严明的娘子军。吴王封孙武为将军,于公元前512年,与伍子胥一起,以3万人胜楚国20万众,攻入楚国的郢都。《史记》载,吴国"西破强楚,入郢,北威齐晋,显名诸侯,孙子与有力焉"。

图3.22 孙武

《孙子兵法》简称《孙子》,在中国和世界军事史上,都占有重要地位,被誉为"兵学圣典",孙武因此被称为"兵圣"。这本书被很多军校列为必读书,其中包括

图 3.23 中外《孙子兵法》的各种版本

美国著名西点军校。日本的一些大公司,规定高层管理人员必须熟读《孙子兵法》,他们称这本书为"商战圣典"。(图 3.23)

●**孙武的军事思想** 孙武的军事思想集中体现在《孙子兵法》一书中。全书共13篇,分别论证了"计""作战""谋攻""军形"等问题,其主要思想可以概括为以下几点:**第一,对战争取胜条件的分析**。孙子认为战争是关系到国家存亡、人民生死的大事,必须慎之又慎,不能掉以轻心。他说:"兵者,国之大事,死生之地,存亡之道,不可不察也。"①决定战争的胜负在人,"不可取于鬼神,不可象于事,不可验于度,必取于人"。②他认为道、天、地、将、法,是制胜的五大因素,"凡此五者,将莫不闻,知之者胜,不知之者不胜"。③"道",是政治因素,包括国家内政修明,战争理由充分,具体地说,就是要君得民心,将得军心;"天",指天时,既包括自然天气条件,也包括适时的机遇和有关的社会条件;"地",即地利,指战争的地理环境条件,包括战争的地点、地形以及其他有关的人文地理条件;"将",一方面指将帅的品德和才能以及将帅军事素质,另一方面指指挥战争的战略战术的恰当;"法"既指军队有严明的纪律,赏罚分明,又指军队训练有素,法令畅行无阻。五大因素中,他认为"道"是最主要的因素,因为"道"关系到人心的向背,"道者,令民于上同意,可与之死"。④他提出"厚爱其民",否则必致"死亡"。他把军事看成政治的继续,认为政治因素对军事具有决定性的作用,这一思想十分深刻。**第二,对战争要素的分析**。孙子对构成战争的各种要素都有分析,这里只举例说明。如他很重视兵员的选择和粮饷的供应,指出"善用兵者,役不再籍,粮不三载;取用于国,因粮于敌,故军食可足矣"。⑤在他看来战争不仅要有政治,还要有一定经济条件。在构成战争的诸多因素中,他最强调的是军事情报工作。他的名言是:"知彼知己者,百战不殆;不知彼而知己,一胜一负;不知彼,不知己,每战必殆。"政治家、军事家毛泽东曾在其军事著作中多次引用这段话中的前一句,并给予很高的评价。**第三,对战略的分析**。孙武主张"必以全争于天下",也就是说,在战争中,不仅要从军事上看问题,而且还要全面地从政治、经济、外交等各方面看问题。孙武反对盲目地炫耀武力,他称赞不经

---

① 《孙子兵法·始计》。
② 《孙子兵法·用间》。
③ 《孙子兵法·始计》。
④ 《孙子兵法·始计》。
⑤ 《孙子兵法·作战》。

过战斗便能使敌人屈服的战法,认为那才是"善之善"。在战略上他还特别重视有备而战,要攻其不备,出其不意,不仅因为这样更有获胜的把握,而且因为这样可以减少人力、物力的消耗。**第四,对战术的分析。**孙武的战术思想非常丰富,因此有人认为《孙子兵法》就是一本内容详尽的作战手册。他提出的战术有以虚胜实、以寡敌众、以弱胜强、以逸待劳、以奇胜正、速战速决等等,其中很多战术战法已成为军事学上的经典法则。美军在海湾战中就采用了"虚则实之,实则虚之"的战术,列兵数十万于海上,却从陆路发动突然袭击,仅用100多个小时便彻底摧毁了伊拉克的防线,这也是"速战速决"战法的运用。孙子提出的集中优势兵力、以多胜少的战术,是毛泽东在土地革命时期经常使用的成功战术。孙子说:"故用兵之法,十则围之,五则攻之,倍则分之,敌则能战之,少则能逃之,不若则能避之。"[①]根据这一思想,毛泽东从根据地实际情况出发,以及敌强我弱的形势分析,提出了著名的游击战的战略战术。

2. 孙膑及《孙膑兵法》

●**孙膑生平简介** 历史上曾经怀疑孙武和孙膑是不是同一个人,直到1972年在山东临沂银雀山汉墓中同时发掘出《孙子兵法》和《孙膑兵法》两本书(图3.24),才确认不是同一个人。孙膑据说是孙武的后代,齐国人,生卒年月不详。史载孙膑与庞涓一起师从鬼谷子,庞涓入魏,当了将军,自以为才能不及孙膑,密召孙至魏,借故施以膑刑(去膝盖骨,使其不便行动),所以被称为孙膑(图3.25)。后来,孙膑设法逃回了齐国,齐将军田忌把他推荐给齐威王,威王"遂以为师"。有一次,田忌与人赛马,上驷、中驷、下驷都比不上别人。孙膑建议,先以下驷对别人上驷,然后再以上驷对别人的中驷,以中驷对别人的下驷,结果田忌获胜。公元前353年,魏国伐赵,赵国向齐国求救,孙膑不去救赵,而去围魏,魏国只得退军。公元前341年,魏与齐战,孙膑诱敌追击,在马陵设下埋伏,全歼魏军,庞涓自杀。

图3.24 银雀山汉墓竹简博物馆

图3.25 孙膑

---

① 《孙子兵法·谋攻》。

图 3.26 《孙膑兵法》竹简

●**孙膑的军事思想** 《孙膑兵法》(图 3.26)虽没有《孙子兵法》影响大,但其中也有许多深刻的军事思想。**第一,事备而后动。** 孙膑与孙武一样,认为战争关系到国家的存亡和人民的安危,因此不能轻举妄动,要有充分必要的事前准备,他说:"战胜,则所以在亡国而继绝世也;战不胜,则所以削地而危社稷也。是故兵者不可不察。然夫乐兵者亡,而利胜者辱。兵非所乐也,而胜非所利也。事备而后动。"①**第二,"知道"。** 对战争能获胜的原因,孙膑与孙武一样,认为最重要的是能"知道"。他说:"夫安万乘国,广万乘王,全万乘之民命者,唯知道。知道者,上知天之道,下知地之理,内得其民之心,外知敌之情,阵则知八阵之经,见胜而战,弗见而诤(静),此王者之将也。"②孙膑所说的"道",包含的内容比孙武的"道"更多,可以说是战争正义性以及战争正确的战略、策略、战术的总称。**第三,士兵的选拔和管理。** 孙膑认为"兵之胜在于篡(选)卒。其勇在于制,其巧在于势,其利在于信,其德在于道,其富在于亟(急)归,其强在于休民,其伤在于数战。"③《孙膑兵法》对士兵的分析比《孙子兵法》更为全面和深刻。他对士兵素质的要求很高,这就是勇、巧、利、德、富、强。而要使士兵具备这些素质,不仅要靠好的军事制度、军威等,而且要给士兵休整时间,连续不停的战争,会使士兵的各个方面受到伤害。**第四,为将之道。** 孙膑认为作为将帅,最重要的是讲义、仁、德、信、智,并身体力行。他说:"将者不可以不义,不义则不严,不严则不威,不威则卒弗死。故义者,兵之首也。将者不可以不仁,不仁则军不克,军不克则军无功。故仁者,兵之腹也。将者不可以无德,无德则无力,无力则三军之利不得。故德者,兵之手也。将者不可以不信,不信则令不行,令不行则军不槫,军不槫则无名。故信者,兵之足也。将者不可以不智胜,不智胜则军无决。故决者,兵之尾也。"④**第五,随机应变。** 孙膑也讲了许多战略战术问题,如要迷惑敌人,疲劳敌人,

---

① 《孙膑兵法·见威王》。
② 《孙膑兵法·八阵》。
③ 《孙膑兵法·篡卒》。
④ 《孙膑兵法·将义》。

然后集中兵力袭击敌人:"营而离之,我并卒而击之。""埤垒广志,严正辑众,避而骄之,引而劳之,攻其无备,出其不意。"①他特别指出战术的运用要随机应变,他认为多少、疏密、劳逸、饥饱、远近、快慢、虚实等都是相反相成的,是可以相互转化的。"积疏相为变,盈虚相为变,径行相为变,疾徐相为变,众寡相为变,佚劳相为变。"②"敌人众能使寡,积粮盈军能使饥,安处不动能使劳,得天下能使离,三军和能使訾。"③在他看来,没有固定不变的战略战术,关键是必须对战时的具体情况作具体的分析,然后采取有针对性的对策(图3.27)。

图3.27 宴乐攻战图
(战国时青铜器上的雕刻)

六、名家和阴阳家代表人物及其思想

(一) 名辩思潮与名家代表人物及其思想

名,即事物的名称或概念。春秋战国时代,社会动荡,原有的名法制度被否定,现实中出现的新事物又得不到传统名法制度的肯定,于是名实之辩成为当时的普遍现象,如孔子提出"正名",要使当时的社会恢复君君、臣臣、父父、子子的等级秩序;墨家提倡贵"实",认为现实客观效果才是立言的依据和评判是非的标准;老庄则提出"无名"论,认为概念限制人的自由个性,只有"无名"才能恢复大道而得其本真。名家的名辩则与以上各家不同:名家把名与实分割开来,专门对"名"本身及"名"与"名"之间抽象的逻辑关系进行辨析,其著名人物有邓析、惠施、桓团、公孙龙等,其中,惠施、公孙龙就是代表人物。

1. 惠施

●**惠施生平简介** 惠施,战国中期宋国人,又称惠子。他生活于公元前370年至公元前310年间,是著名的舌辩之士。惠施一生主要在魏国从事政治活动。当时魏国已称诸侯,惠施在魏惠王时为相多年,曾为魏惠王制定法律。公元前341年,齐魏两国战于马陵,魏国大败,太子申被杀,十万大军覆灭。魏惠王大悲,欲悉发魏国之兵以攻齐。惠施谏阻并献策:魏国变服折节而朝齐,以此激怒楚国,齐楚交兵,魏国可以坐收渔人之利。魏惠王采纳了惠施的计策,前往朝齐,楚

---
① 《孙膑兵法·威王问》。
② 《孙膑兵法·积疏》。
③ 《孙膑兵法·善者》。

王果然大怒,亲自带兵伐齐,大败齐于徐州。在三十多年里,魏惠王对惠施十分信任,称之为"仲父"。在惠施得势时,庄子与惠子有过交往,但两人关系紧张,庄子很瞧不起惠施。自惠施被张仪排挤离魏后,离开权力中心,与庄子成为好朋友,时常来往,以论辩相排遣。《庄子》多篇都载有他们交往的故事。因为惠施是庄子的好朋友,《庄子》中对惠施的事迹和言论有记载,如《天下》篇记载了惠施的"历物十事",即惠施考察事物的十个结论性命题,是目前可知的惠施的主要思想。

●**惠施的"历物十事"** 第一,"**至大无外,谓之大一;至小无内,谓之小一。**"意思是:最大的东西无所不包,没有边际,即"无外";最小的东西,也能再分割,即"无内"。这里的"内""外"都是边际的意思。"大一"是宏观世界的无限性和整体性的统一,"小一"是微观世界的无限性和整体性的统一。第二,"**无厚,不可积也,其大千里。**"揭示的是几何"平面"的概念,指没有厚度,不反映体积,只反映面积的抽象概念和图形。其中包含了无质点和无极微的问题。第三,"**天与地卑,山与泽平。**"意即天与地、山与泽的高低关系只是相对的。某山的高只是相对于它旁边的某泽来说的,不能说所有的山都比泽高。天与地的差别也是如此,换一个参照系来看,天与地一样高。第四,"**日方中方睨,物方生方死。**"即太阳刚升到正中就开始西斜了;生命刚刚开始,就走向死亡。惠施认为,从运动的观点看,事物在同一瞬间的空间位置和时间序列总是处在矛盾变化中,既是中又是斜,既是生又是死。第五,"**大同而与小同异,此之谓小同异;万物毕同毕异,此之谓大同异。**""大同"是"同中有异","小同"是"异而有同",这两方面的综合叫"小同异",即同中可以辨异,异中可以求同。宇宙中的万物都有同的一面,称共性,叫"毕同";万物都有异的一面,称个性,叫"毕异"。第六条,"**南方无穷而有穷。**"当时人们认为南方极其遥远,惠施指出,南方既是有限的,又是无限的,两者不相排斥。推而广之,四方亦如此。第七,"**今日适越而昔来。**"意思是:今日去越国,然而昨日就已经到了。这反映了时间的相对性,"现在"和"过去"的划分也是相对的,对我来说是今天到的越国,对别人来说我可能是昨天到的。第八,"**连环可解也。**"解连环、解闭结是当时辩者的一大话题,根据常识,连环是不可解的,惠施怎么解开的,不得而知。第九,"**我知天下之中央,燕之北、越之南是也。**"这是讲地理方位的相对性。当时人们习惯以中原为天下之中心,从空间无限或地圆说的观点看,北方的燕国以北,南方的越国以南,都可以成为天下的中心。第十,"**氾爱万物,天地一体也。**"这是从"大一"的视角来看世界,肯定天地万物是和谐的整体,人们对待万物(包括人)都要有爱心。

●**惠施的"二十一事"** 《天下》篇在记载惠施的"历物十事"之后,又引述了其他辩者同惠施辩论时所提出的"二十一事",即二十一个命题:第一,"**卵有毛**";第二,"**鸡三足**";第三,"**郢有天下**";第四,"**犬可以为羊**";第五,"**马有卵**";第六,"**丁**

子(蛤蟆)有尾";第七,"火不热";第八,"山出口";第九,"轮不蹍地";第十,"目不见";第十一,"指不至,至不绝";第十二,"龟长于蛇";第十三,"矩不方,规不可以为圆";第十四,"凿不围枘";第十五,"飞鸟之景(影)未尝动也";第十六,"镞矢之疾而有不行不止之时";第十七,"狗非犬";第十八,"黄马骊牛三";第十九,"白狗黑";第二十,"孤驹未尝有母";第二十一,"一尺之棰,日取其半,万世不竭"。这些命题既包含朴素的辩证思想,也包含诡辩因素。

2. 公孙龙

●**公孙龙生平简介** 公孙龙,字子秉,赵国人,生于公元前320年,卒于公元前250年,是战国时期名家代表人物。公孙龙青年时期在魏,曾任魏王的侍从。到过燕国,以偃兵说昭王。中年主要在平原君赵胜家当清客,约有20年。平原君曾三次担任惠文王及孝成王的相,公孙龙深得平原君的赏识和厚待。齐国使者邹衍在平原君家与公孙龙辩论"白马非马",据说邹衍讲论最高的道,批评公孙龙,满座叫好,再加上别的原因,平原君借此事贬退了公孙龙。《汉书·艺文志》中著录《公孙龙子》十四篇,今存六篇。其中《迹府》篇是后人对其行迹的记载,其余五篇,即《白马论》《指物论》《通变论》《坚白论》《名实论》,皆为公孙龙自己的作品,其主要思想如下。

●**公孙龙的主要思想** 第一,**白马非马论**。这是公孙龙的成名论题。"白马"和"马"内涵不同,"马"只含有形体的规定性,而"白马"还包含了颜色的规定性;"马"的外延广,包括黄马、黑马,"白马"的外延狭,不包括黄马、黑马,故"白马"不是"马"。公孙龙之所以提出"白马非马"的命题,用意不在于否定白马是马这一事实,而是指出"白马"与"马"为两个概念,不能等同。**第二,离坚白论**。"离坚白"是公孙龙的另一个著名命题。他的《坚白论》就是阐述这一命题的。他论证说,一块石头有"白"和"坚"两种属性,二者是分离的:当你用眼睛看石头时,只能得到"白"的感觉;当你用手去摸它时,却又只能得到"坚"的感觉。公孙龙举出这一事例,意在指出像"白"与"坚"这样的属性并不是某一物专有,而是许多事物共有的。"白"与"坚"是可以脱离具体事物而存在的抽象属性。**第三,指物论**。公孙龙的《指物论》反复论证了"物莫非指,而指非指"的命题,进一步阐述了他的"共相"观。公孙龙强调,概念和所指谓的物是不同的。天下有物,而人用概念去指谓它,但所指谓的物并不就是所"指"。这里包含了共相是不变的,知性概念以确定性为根本表征的思想。**第四,名实论**。名与实的关系也就是一般与个别的关系。公孙龙之所以看重这一命题,意在阐述他对名实的看法。在他看来,名与实一定要相符,名不副实,必定引起混乱。所以他也称自己的工作为"正名"。孔子也"正名",但意为社会政治关系正名,而公孙龙的"正名"则主要在知性领域,讨论的是事物一般与个别的关系。

3. 名家思想的意义

名家的辩论之术是有一定理论高度的。先秦名家在逻辑学上贡献颇大。他们专门从事辩论术或语言逻辑分析,探讨语言的法则与思维规律。其意义在于:

●**重知性** 名家所关注的同儒、墨、道、阴阳、法诸家大为不同(尽管墨子的后学亦重名辩),其他各家的关注点主要在政治与伦理领域,而名家所讨论的则是知性问题。

●**重思辨** 名家的辩论之术表明古代中国人是同样善于思辨的,其能力不在同时期的希腊人之下。而且所思考的问题领域,所提出的命题也与希腊的哲学家多有相同,如"飞矢不动"的命题,这种不谋而合的现象,说明中西方文化在"轴心时代",尽管朝着各自的方向发展,但同时又有着相同之处。另一方面,虽然中国的名家同希腊的哲人们讨论着相似的问题,但是这种现象同中国当时重实用、重伦理的文化主流是很不合拍的。正因为这样,才遭到其他各家的非议。庄子认为名辩属于无用之学;荀子认为,君子不是不想辨别"坚白同异""有厚无厚",而是不想辩;韩非认为,如果"坚白无厚"彰显,那么宪政法令就会无声无息。名家确有脱离实际的毛病,这可能是它后来衰微的内因。

(二)阴阳家代表人物及其思想

阴阳本义指日光的向背,向日为阳,背日为阴。西周时期已有人用阴阳来解释事物对立统一的两个方面。春秋时期,老子说:"万物负阴而抱阳。"《易传》则进一步提出:"一阴一阳之谓道。"把阴阳交替看作宇宙的根本规律。早期的阴阳家是古代懂得天文学、占星术并制定历法的人。阴阳思想后来又与五行思想结合起来,成为阴阳五行思想。这里所说的阴阳家是指战国时期以邹衍为代表、专讲"阴阳消息"和"五德终始"历史循环论思想的流派。

1. 邹衍及其主要思想

●**邹衍生平简介** 邹衍(约公元前305—前240年)战国晚期齐国人,与名家公孙龙同时。邹衍曾游学稷下学宫,与慎到等人讨论国家治乱之事。因其术迂大而闳辩,所谈都是天地广大、五德终始之事,被齐人称为"谈天衍"。邹衍在齐国很有声望,后来游历魏、赵、燕等国,受到各国当政者的礼遇。邹衍的思想主要有"大九州"说和"五德终始"说。

●**"大九州"说** 邹衍认为儒家所说的"中国"只是天下八十一分之一。中国叫作"赤县神州",大禹将其分为九州。而邹衍认为这不能叫九州,因为中国之外,像赤县神州这么大的地方共有九个,被"海"包围起来,州与州之间,人与禽兽不能相通。邹衍的这种看法,虽然只是他的猜测,但他没有囿于传统封闭的九州说,是有一定进步意义的地理观。

● **"五德终始"说** 邹衍的历史观突出地表现在他以"五德""五行"的相互转移来解释历史变化。"五德终始"说认为,每一朝代都有一德主运,历史是按照五行(或五德)相胜的规律更替的。木胜土、金胜木、火胜金、水胜火、土胜水(图3.28)。中国古代王朝的更替则是土德(黄帝)→木德(夏朝)→金德(商朝)→火德(周朝)……如此循环以至无穷。历史上每一个王朝的出现都体现一种相生相克的道理。前者胜后者,

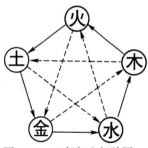

图 3.28 五行相生相胜图

后者克前者,这就是五德转移。同时,五德又有一种相互促进的关系,即木生火、火生土、土生金、金生水,水生木。五德有祥瑞等征兆的显现,预示着兴废的变化。从中我们可以看出邹衍的"五德终始"说是一套神秘的理论。邹衍创立五德转移的初衷并不是制造某种政治游戏,他目睹各国当政者日益奢靡,不顾人民死活,于是提出"五德终始"说以警醒统治者,要他们关心百姓。"五德终始"说依据的是古代自然科学,特别是天文历法学,日月的更替,四季的更替,都明显地表现出阴阳五行循环变化的特点。邹衍将这种自然现象的运行规律与人类社会的发展变化联系起来,并套用来解释社会现象,认为历史的变化也与自然界一样,如土、木、金、火、水之相生相克,周而复始地变化着。一方面,他看到了社会同自然界一样也是不断变化的,另一方面,他又看不到这样变化的真正原因和动力,于是就用神秘的循环论来解释,结果成为后世各种迷信思想的理论依据。

2. 阴阳家对中国文化的影响

阴阳家对中国文化的影响主要表现在以下两个方面:

● **对古代科学的促进作用** 同儒家相比,阴阳家对天文、历法、星度、节令、物候、方位、地理的研究更有成就,他们对古代科学的产生和发展起了一定的促进作用。

● **神秘主义的不良影响** 汉代乃至后世的迷信思想,如天人感应学说、纬书、符命图谶等等,大多来源于阴阳家。阴阳家思想与儒家思想的结合成为汉代的统治思想。至于民间社会的算卦、看相、测字、风水等方术,则至今未绝。总之,阴阳学派在理论和方法论两方面都具备理性与非理性的双重性质,蕴涵着向不同方向发展的可能性,或重视世界系统的流转变化,或强调神秘的天人感应,这两者对中国文化都有较大的影响。

第三节　专题讨论

一、儒家传统与人权、民主思想的关系[①]

●**儒学与民主的关系**　主要有以下三种观点：第一种观点认为，儒家虽然没有明确提出民主的概念，但其中却蕴涵着丰富的民主思想，因为民主既有制度层面的内涵，又有思想理念层面的内涵。作为制度层面上的民主，自然出现于近代社会以后；但是，作为思想理念层面上的民主却早已存在于儒家学说之中。还有人认为黄宗羲的民本思想是从传统民本到现在民主的重要环节。第二种观点认为，在以民本为基础结构的儒学中没有民主，如果有，也只能在孟子那里找到根据。因为民主本身是国民主权，而民本是以君主主权为前提的概念。第三种观点认为，民主与民本尽管有区别，但也有联系。例如，在王夫之那里，既有"尊君"思想，又有"重民"思想。尽管"重民"的落脚点是"尊君"，但"重民"思想对当代的民主建设具有重要意义。

●**儒学与人权的关系**　主要观点有以下三种：第一种观点认为，儒家学说中有丰富的人权思想。还有人从儒家对人本身的关爱，对生存权利的极大关注，以及儒家实现人权的现实途径等方面进行了论述。第二种观点认为，儒家的民本思想在一定程度上同当代人权思想具有统一性。因为民本尽管在政治体制上同民主相对立，从而使得它同"公民和政治权利"意义上的人权观念，即第一代人权观念相区别，但是，民本思想在中国近现代社会的转型过程中，通过批判继承，吐故纳新，却同"经济、社会、文化权利"意义上的人权观念，即第二代人权观念相一致，也同现在人们常说的"生态平衡、和平、发展"等意义上的人权（有人称之为第三代人权）相契合。第三种观点认为，儒家人权思想与西方人权思想各有优劣，前者注重的是集体的人权，后者注重的是个体的人权，二者应取长补短、互相补充。

●**儒学及中国文化对人类的永久性价值**　2000年在加拿大蒙特利尔召开的第36届亚洲和北非研究的国际会议向中国哲学研究者提出这样一个问题：西方文化对于人类文明的永久性价值在于提出诸如人权、民主、自由、平等、市场经济等等，那么中国文化对于人类文明的永久性价值是什么？姜广辉先生认为，中国文化"协和万邦"的整体和谐观不仅体现在先贤的哲学理念中，更主要的是体现在上古以来的历史发展过程中。它作为一种民族精神和文化传统存续着，而不

---

①　据《国际儒学联合会简报》2000年第4期第16页所载姜广辉的总结发言编写。

仅是某家某派的哲学观点而已。以今人的立场通观人类发展史,人类由原始氏族发展为部落、部落联盟、酋邦、国家,是不断融合发展的。这是历史发展的总趋势,而且我们相信人类一定会走向大同时代。儒家哲学"协和万邦"的理念促进了民族的融合和"大一统"国家的建立。中华民族融合的历史在世界史上堪为榜样和楷模。因此,我们有理由把"协和万邦"的整体和谐观看作中国文化对于人类的永久性价值。

美国斯蒂芬·P.马克斯在20世纪80年代写的《正在出现的人权》一文中将西方人权观看作动态的、发展的。该文提出,第一代人权产生于18世纪后期的资产阶级革命,尤其是法国和美国的革命。由于后来滥用第一代人权的各种自由,使得广大的工人阶级和被占领土地的人民遭受剥削和殖民统治,因而引起世界性的社会革命。在1917年墨西哥和俄国革命之后,开始了第二代人权。这是一代经济、社会和文化的权利,是一代以国家干预而不是以国家弃权为特征的权利。大体上说,这两代人权是就一国或一民族的社会共同体范围而言的。从20世纪80年代起,一些国际人权学者呼吁制定新的第三代的人权法则,并称其为"团结权",以促进所有民族和国家之间建立国际合作与团结。这种合作与团结在和平、发展、生态平衡、交往等方面具有全球性考虑的性质。传统儒学所讲的"协和万邦"和"和而不同"的思想正可作为第三代人权的基本准则。因此我们不仅应该以西方的人权、民主思想来发展儒学,也应该以中国"和而不同""协和万邦"的整体和谐观来发展西方的人权思想。

二、道家的当代评价[①]

●**重视生命的价值** 庄子"以死生为一体"的气化生死观,实际上是庄子本人悲惨人生的曲折反映。但是这种冷峻、理性甚至还透射出悲凉的生死观,却丝毫不含有轻生重死、没落悲观的价值取向。相反,庄子十分重视个体生命的存在价值和有灵生命的精神自由价值,从生的偶然性和死的不可抗拒性的夹缝之中呼唤生命的自主性和精神的永恒性。

●**崇尚自然和人性** 老庄透过因性和循道思想所体现的崇尚自然、尊重人性的精神,对于维护和保持自然生态的平衡和社会生态的平衡,对于人的自然本性的发挥和内在生命的展露,是有积极意义的。但是,道家的因性、循道思想既抹杀了自然规律和人类社会规律的差别和不同特点,又把人类自身的实践活动和主观能动性排除在人的立身处世的行为之外,因而其所明示的按照人的本性与

[①] 根据邵汉明主编的《中国文化精神》有关章节编写。邵汉明.中国文化精神[M].北京:商务印书馆,2000.

规律办事,实际上不利于人的自然本性的发挥和内在生命的展露。

●**怀疑一切** 庄子的知识论是一种彻底的怀疑论,既怀疑主体认识世界的可能性,又怀疑主体认识自我的能力。从外在世界的无限性、难以穷尽性到否定认识的必要性,再到怀疑人认识世界与自我的可能性,庄子的知识论便一步步地由真理滑向了谬误。

●**超越一切** 第一,*超越善恶*。道家的善恶超越论就其对世俗善恶效果的怀疑以及对人类之至善的追求和向往而言,有其合理性,但这种超越善恶观否认善恶的具体性、历史性和时代性,把纯而又纯的至善作为自身道德理想,从而自觉不自觉地陷入了抽象观念玄想的泥坑。*第二,超越名利*。道家的名利超越论是以自然与人为的对立为前提的,它触及人类精神生活的更深层次的问题,对于人们淡化名利意识,净化心灵,节制私欲,减少争斗,对社会的健康和安宁有积极意义。但是,道家将人们的物质追求和道德追求简单地归结为图利和求名,进而由摒弃名利而摒弃物质追求和道德追求,这显然不合情理,当然也无法得到人们的普遍认同和接受。*第三,超越是非*。道家的是非超越论就其内在动机而言,是基于宽容厚物的基本立场的,他们不囿于"小成、小知"的无谓之争,本身有其合理性。道家看到了事物之间的相对性和同一性,意识到事物是相比较而存在的,不同的事物有其共同性,这也是符合事物发展规律辩证法的。但他们自觉不自觉地将事物的同一性、相对性加以无限夸大,以至同一性、相对性"消灭了"差别性、绝对性,成了绝对的相对主义。*第四,超越生死*。道家的生死超越论反映了道家生死观的唯物主义立场。生死超越论不赞成长生不死,却追求有限的长生和养身,主张爱惜精神和生命,从一个侧面表现出道家对人的生命、对生活的爱恋。生死超越论试图将死亡看成人的生命的一个重要因素,从否定意义上来理解生,以揭示人的生死辩证法,这是非常深刻的。当然,道家的生死辩证法也不彻底,他们主张泯灭生死的差异,这是背离科学的。

●**批判精神** 老庄思想充满批判精神,不仅有对社会的批判,还有对使用知识的批判。许多人认为老庄持愚民政策,并将老庄归结为地地道道的反智主义者。其实,老庄的观念和主张是想消除伴随知识、智慧而来的虚饰诈伪的现象,使老百姓恢复到淳朴的自然状态,而不是要把民众引向无知无识的境地;老庄不是只要求老百姓无知无识,同时也要求处于统治地位的王公大臣也无知无识,从某种意义上说,他们对后者的批判更为严厉。

三、道家思想在西方的传播

1. 道家思想在西方传播概况

●**1840年到1900年的高潮** 欧洲从1840年到1900年出现过传播道家思想

的高潮。主要原因是基督教传教士为了比较基督教和道教的异同，以便从道教中吸取宗教经验以挽救基督教的颓势。

欧洲第一个全译本《道德经》是由法国人儒莲于1842年完成的。他的译本对欧洲学界精英产生了很大影响。

●**第一次"道家热"**　第一次世界大战后西方出现第一次"道家热"。"道家热"主要出现在战后德国，特别是那些有和平主义倾向的思想家将道家追求和谐、宣扬"无为"的思想奉为典范。贝尔1910年选编的《庄子》、卫礼贤1911年和1912年翻译出版的《老子》和《庄子》，为德国的"道家热"奠定了基础。20世纪一二十年代的"道家热"主要发生在文学、艺术圈内，如克拉邦德、德布林、海塞、布莱希特等人都曾受到道家思想的影响。这个时期，西方心理学界和哲学界也开始接受道家思想。荣格从卫礼贤翻译的《太一金华宗旨》和《易经》中受到很大的启发，发展他的心理学理论；凯泽林对道家思想大加赞扬；海德格尔认真研究过道家思想，目前有不少谙熟海德格尔哲学的专家都认为海德格尔受道家核心思想的影响很大；20世纪另一位重要的存在主义哲学家雅斯贝尔斯致力于理解道家，并著有《老子和龙树——两位亚洲神秘主义者》(1957年)一书，以道家思想而不是儒家学说来同西方思想进行比较；布洛赫在其主要著作《希望原则》中也对老子的道作了精辟的分析。

●**第二次"道家热"**　20世纪七八十年代西方世界兴起第二次"道家热"。第二次世界大战结束后，嬉皮士运动使人们对替代性宗教和反世俗生活风格更容易接受。因此，带有异国生活情调的禅宗被"垮掉的一代"和"嬉皮士时代"的叛逆诗人、艺术家当作崇拜对象，这种崇拜很快由美国加利福尼亚遍及西方世界，道家被广泛地视为禅宗之源。

当今道家思想已成为西方部分人生活的组成部分，各种"道教"式的心理、生理和性治疗充斥于市，太极拳、气功或功夫成了成人夜大课程的必备内容，中国的风水术大受"整体居室文化"的欢迎。

●**几个应注意的问题**　如何评价道家在西方的影响，有几点值得注意：*第一，道家显示出惊人的应变能力*。道家含有能为各方面接受的因素。如女权主义者可以在《道德经》中找到许多内容证实阴更为强大(以柔克刚)；混沌学研究者或解构主义者则可在道家思想中为他们的理论找到相似的哲学思考和佐证。*第二，道家思想在西方的传播虽广泛但未建立在扎实的基础上*。西方对道家的接受并不是因为真正理解了道家思想的本质，而只是按照西方文化理念取我所需式的接受。西方汉学界只是在最近二三十年来才开始对道家做缜密的学术研究。从社会全方位看，西方人对道家思想存在很多"误读"。这种创造性的"误读"本身并不一定要被否定，因为创造性的"误读"一直是吸取外来文化因素的形式。*第三，道家在西方被接受的过程是先精英后普通民众*。道家在西方先是被诗人、艺术家、哲学家等社会精英接受，后来由于西方社会自身的问题导致的一系列社会矛盾，道家和道教的某些思想才广为民众所知。

2. 道家思想在西方传播的原因

● **西方社会本身的原因** 第一，*20世纪初西方世界丧失魅力*。由于第一次世界大战使西方人看到西方文化阴暗、丑陋的一面，西方世界丧失魅力；另外，在经历了时髦的无神论后，宗教需求以新的威力再现。但西方宗教与传统结构的维系太紧，需要借助世界上其他地区和其他宗教以进行改革。道家因此得以传播。第二，*后现代主义时代社会观念的确立*。西方后现代主义时代确立的社会多元发展观有利于人们进行任意的选择，包括对宗教的选择。宗教也成了个人的生活风格。在这种社会背景下，道家思想极容易得到传播。第三，*现代西方哲学特别是存在主义、解构主义、后现代主义等哲学学派所取得的认识成果，在很多方面与道家思想类似*。海德格尔、维特根斯坦和德里达等现代哲学家的思想观念本来就受到过道家思想较大的影响。例如维特根斯坦于1918年发表的《逻辑哲学论》，其中所包含的悖论就同庄子如出一辙。他在《逻辑哲学论》中写道："对不能言说的东西就应当保持沉默。"第四，*现代物理学与道家思想之间的某些相似性*。有人把物理学最新的研究分支领域——混沌学视为一种道家哲学。现代物理学不再由固定的因果关系所决定，而是由不固定、非因果的、偶然和概率性因素所决定。道家和禅宗认为世界的永恒秩序存在于混沌之中。

● **道家思想特性方面的原因** 第一，*神秘主义和自然淳朴二者奇特的混合，这是道家得以流行的重要原因*。道家文本玄秘的歧义性和开放性混合在一起，即是今天道家之所以成为替代性哲学和替代性宗教的根本原因。第二，*道家对文化和文明批判的主张，迎合了近现代西方哲学思想的需要*。如道家关于人与自然一体的观念就很有价值，并为现代西方哲学所重视。第三，*道家反智和超越善恶的主张，自然受到现代西方"垮掉一代"的青睐*。现代西方人，特别是一些年轻人抱怨他们生活的世界越来越理论化，因此，道家认为的本质问题本是不可言传的论点，很容易引起他们的共鸣。而道家推崇"超越善恶"、没有伦理答案等思想自然也容易被他们所接受。第四，*中文原文的开放性和歧义性能适应不同翻译者的口味*。因此，现在《道德经》是被翻译得最多的中文著作，是除了《圣经》以外以多种语言翻译出的最为流行的典籍，各种翻译的版本对道家思想的理解各不相同。

四、西方自然法学与中国法家思想比较[①]

● **法的实质** 在西方早期思想家如赫拉克利特那里就具有了自然法的萌芽，

---

① 本专题根据党永强《西方自然法学与中国法家思想比较》一文摘编。党永强. 西方自然法学与中国法家思想比较[J]. 探索，2001(3)：125－129.

但一般认为它始自柏拉图对"正义"观念的探讨,亚里士多德则明确提出"自然法"的概念,并将自然法和人定法区别开来,主张自然法高于人定法。因为自然法是"自然存在的秩序",人类作为自然的派生物和组成部分,应当服从自然法的约束。西塞罗认为自然法的核心是正义,"事实上存在着一种符合自然的、适用于一切人的、永恒不变的、真正的法——即正义的理性,这个法通过自己的命令鼓励人们履行他们的义务,又通过自己的禁令约束人们不去为非作歹"。自然法是正义的象征,它是一切人定法的标准,法律应该体现自然法中的永恒正义,"法律就是正义的事物与非正义的事物之间的界限"。

而中国古代法家却始终没有对此种以理性为基础的法的理想价值给予任何关注。虽然他们极其强调法的重要性,但他们所指的法律只是人定法,严格说来只是用以维护封建专制统治的法律,而缺乏对法的理性反思和理想价值引导,这也是封建统治得以长期维持的重要原因。

对以"正义"为核心的自然法的探讨,构成西方法律思想史的重要特色,对法的理想价值的追寻促使二战以后自然法学复兴。而法家主张法的核心价值在于"止乱""治众",而不是构建一个公正的社会秩序,缺乏对法的超越价值的关注,这也是导致法家重刑主义的一个重要原因。

● **法的运行**　西方从柏拉图开始就系统地探讨统治的形式问题,亚里士多德坚决反对君主的独裁统治,并提出粗略的民主思想。他认为"让一个人来统治,就在政治中混入了兽性的因素"。因此,"法律是最优良的统治者"。

西塞罗在其自然法的基础上提出了世界国家的主张,并认为世界国家的政体应该是共和政体。他详细地描述了这一政体的分权制衡原则,首次依据法律将世界国家中的执政官、元老院、平民大会这三种力量置于权力的制衡机制之中;其民主和分权的思想经过格劳秀斯、洛克、孟德斯鸠等近代启蒙思想家的发展更加完备和精密。自然法学派在追求"公平""正义"的自然秩序中,逐渐形成了支撑该秩序的力的均衡原则,即分权制衡原则。普遍民主和三权分立便成为资产阶级宪政民主的基本原则。

而法家则提出了鲜明的人治主义思想,韩非将商鞅的重"法"、申不害的重"术"、慎到的重"势"结合起来,形成法家的基本思想。法家所讲的法制是以君主专制为基础的法制,封建君主集立法、司法、行政与军事大权于一身,具有超越于法律之上的权威。"生法者,君也;守法者,臣也;法于法者,民也。"虽然中央政府有不同职能部门的划分,但裁决权最后都统一于君主一人,所谓"权者,君之所独制也"。因此,在法家思想中由于缺乏对权力的分立和制衡机制的关注,致使法成为统治者意志的体现,是君主维持专制统治的工具。而这一专制传统也反过来压抑了任何对法的价值进行反思的可能性,直到近代中国社会的危机才使这种反思成为可能。

●**法的体系** "权利"(right)的观念在古代就已经成为西方思想家关注的中心。亚里士多德在关于"正义"(justice)的论述中将"正义"分为"普遍的正义"和"个别的正义",前者指人们平等地享有法律所规定的权利,即法律面前人人平等;后者又可以分为"分配的正义"和"纠正的正义"。"分配的正义"是指社会关于诸如权力、财富等可分配的东西的分配原则:能者多得,无能者少得甚至不得。而对于侵害他人权益的违法行为要予以纠正和补偿,这即是"纠正的正义"。他认为"法律就是一种合同",是"权利的保证",它旨在促成全邦人民都能遵循正义和善德的制度。作为古代自然法的集大成者,西塞罗在他的世界国家中提出"国家是人民的事业,人民不是由偶然事物联系起来的人群,而是共同拥有法律和各项权利、希望分享共同利益的为数众多的人的集合"。而且他主张国家与公民之间要相互承担义务,公民之间相互承认权利是维持社会的重要手段。

以韩非为代表的法家反对儒家的性善论,不同意荀子的"化性起伪"说,认为自私自利乃是人不变的本性,这是人的行为的根本动因。因而韩非认为仅靠道德教化无济于事,必须以严刑峻法来维持社会的稳定。这种苛政严法的重刑主义不仅导致秦王朝的短寿,而且是构成中国历史上周期性的农民起义的重要原因。这导致了中国传统社会中刑法发达而民商法极度薄弱的局面,而民商法恰恰最能体现个人的权利和利益。

●**几点启示** 通过比较,我们可以清楚地看到传统法律思想中存在的弱点和误区,同时也使我们意识到传统对我们今天的影响是多么顽强。为了加快向现代法治国家迈进的步伐,我们应该加强以下几个方面的工作:**第一,加强对法的价值研究。**使社会的立法和司法真正体现出正义的原则。**第二,进一步建立健全社会权力制衡机制。**使正义的法律能够得到严格的执行,从而加快法治化的进程。**第三,大力开展法制教育。**增强民众的法制观念和权利意识,这是法治建设必不可少的社会基础。

五、春秋战国时期地域文化

春秋战国时期文化的地域差异越来越鲜明。它标志着氏族宗法制的没落,是中华文化日益多元化和成熟的体现。最重要的区域文化有体现正宗儒学精神的齐鲁文化、体现积极浪漫主义精神的楚文化、体现法家和纵横家精神的三晋文化和体现功利主义精神的秦文化。这些地域的文化,都为中华文化的发展做出过重大贡献。

(一)齐鲁文化

齐鲁文化大体分布在春秋战国时期齐国和鲁国一带。这一带曾是新石器时期大汶口文化、龙山文化的诞生地。齐国是春秋第一霸,它是当时各国的政治、文化中心。鲁国也曾较早实行改革,因"初税亩"而使新兴的封建经济迅速发展起来,成为春秋时期的强国。因此,齐鲁文化对其他地域文化产生过深刻而广泛的影响,尤其是它们对周礼的继承和对儒学思想体系的建构,以及它们在推动百家争鸣,促进各国文化交流方面,贡献最为显著。

●**崇尚周礼** 齐鲁同周王朝的关系与一般诸侯国家不同。鲁国是周朝开国功臣吕尚的封地,齐国是周公旦长子伯禽的封地,两国一直同周王室保持着密切的关系,不仅熟悉周礼,崇尚周礼,并严格按周礼办事(图 3.29)。当然两国也有不同。从地理位置看,齐国在海边,物产更为丰富,不仅农业发达,商业也很发达,《管子》一书就对商业经济有深刻的论述;鲁国处内地,没有鱼盐之利,但农业发达,是最早实行"税亩"的诸侯国,鲁国出现孔子这样以"克己复礼"为己任的大师不是偶然

图 3.29 孔子击磬于卫

的。因为有了孔子,鲁国成为正宗儒学的发源地。齐国虽然"因其俗,简其礼",但依循周礼精神则是同鲁国一致的。

●**百家争鸣** 齐鲁是思想文化最活跃、最发达的地方。两国国都相距不远,往来密切,鲁国 12 位公中,有 7 位是娶齐女为妻。司马迁在《史记·儒林传》中说:"夫齐、鲁之间于文学,自古以来其天性也。"这里所说的"文学",指古代文化典籍。齐鲁在学习、保护这些文化典籍,促进中华思想文化发展方面,是其他诸侯国家所不及的。特别是兴旺了 150 余年的齐国的稷下学宫,各国学人汇于一堂,开展自由的学术讨论,形成了中国历史上少有的"百家争鸣"的时代,为诸子百家的诞生和发展创造了良好的条件。

(二)楚文化

楚文化诞生和发展于长江中游。祖先为祝融部落,其后人鬻熊立国于荆山一带,建都丹阳(今湖北秭归)。其重孙熊绎在周成王时被封于楚地,于是以楚为国号。远古时代,祝融、三苗等南方民族部落被称为"蛮夷"。有专家认为:"楚文化的主源可推到祝融,楚文化的干流是华夏文化,楚文化的支流是蛮夷文化。三者交汇合流,就成了楚文化。"①春秋战国时代,楚文化有自己鲜明的特点。

---

① 张正明.楚文化史[M].上海:上海人民出版社,1987:26.

●**道家发源地**　说楚国是道家思想的发源地,不仅因为司马迁认定老子是楚国苦县曲仁里人,也不仅因为另一个道家代表人物庄子后来也主要生活在楚国,而且因为正是楚国所特有的自然和社会环境孕育了道家思想。**首先,在地理上**楚国是远离周文化的"蛮夷"之地,因此,受传统周礼的影响少一些。**其次,在政治经济方面**,楚国相对不很激烈的竞争环境,以及不忧冻饿的生活条件,为老子这样的学人将研究的精力用来探讨抽象的"道"提供了极好的条件。**再次,楚国素有崇拜神灵的传统**,其中某些神灵的故事和传说,对启发老子提出"道"的思想有重要作用。《庄子·天下》就说:"以本为精,以物为粗,以有积为不足,澹然独与神明居,古之道术有在于是者。关尹、老聃闻其风而悦之,建之以常无有,主之以太一。""太一"就是楚人崇拜的神灵。在庄子看来,老子正是将"太一"理念化、立为宇宙的本体,由此生发、建构了他的哲学体系。①

●**浪漫主义的先河**　浪漫主义是不同于现实主义的文学创作方法。春秋战国时代,北方的《诗经》《韩非子》等诗集和论著,是现实主义的典范。南方的《楚辞》

图 3.30　长沙楚墓出土的帛画

《庄子》则是浪漫主义的先河。刘师培在《南北文学不同论》中这样解释:"大抵北方之地,土厚水深,民生其间,多尚实际。南方之地,水势浩洋,民生其际,多尚虚无。民崇实际,故所著之文,不外记事、析理二端。民尚虚无,故所作之文,或为言志、抒情之体。"这种浪漫主义的风格不仅表现在文学创作之中,也广泛表现在其他艺术形式,如音乐、舞蹈、雕刻、绘画之中,同时还表现在民风民俗之中,楚人信奉日神、火神,服色尚赤,同其他诸侯国相比,楚人更加敬重神鬼,祭祀之风盛行,所有这些都是浪漫主义精神的表现(图 3.30)。

(三) 三晋文化

三晋文化,主要分布在黄河流域。黄河流域曾是中国远古文化的摇篮。原始人类的质朴、实在,正是三晋文化的基本精神。

●**法家思想的源头**　春秋战国时代著名的法家人物大多出于三晋。公元前475 年左右,新兴地主阶级在许多国家相继掌权。为了进一步打击奴隶主贵族势力,发展封建制,新兴地主阶级纷纷在本国开展变法运动,其中主要有魏国的李悝变法,楚国的吴起变法,以及秦国的商鞅变法。其次,法家人物申不害,以法治国十五年,使韩国一时间国治兵强。还有赵国人慎到,主张法治,代表了法家"重

---

① 冯天瑜,何晓明,周积明. 中华文化史[M]. 上海:上海人民出版社,1990:409.

势"的一派。先秦著名思想家荀子,也是赵国人,他援法入儒,批判地继承和改造了儒家关于王道和礼治的思想,又总结和吸取了法家推行霸道、实行法治的思想和经验,使他的新儒学成为适应新兴地主阶级建立统一政权的新学说。韩国大思想家韩非,更是法家思想的集大成者,在继承其法家前辈的基础上,建立了以法为本,法、术、势融为一体的集权主义法治思想体系,为地主阶级最终建立起全国统一政权做出了巨大贡献。法家是三晋思想文化的主体。在诸子百家的学说中,没有哪一种比得上法家思想在巩固和强化封建帝王的统治方面所发挥的作用。

●**纵横家的天地** 三晋是春秋战国时代中原逐鹿的必争之地。各国间错综复杂的政治、军事矛盾的焦点始终纠结于此。再加上三晋地区从晋国开始,就较之齐、鲁少有传统法制的约束,至春秋中后期,异姓卿大夫实力强盛,不仅同公室争权,而且相互火并。这样复杂的政治斗争,为纵横家准备好了施展才能的天地。"三晋多权变之士,夫言纵横强秦者,大抵皆三晋之人也。"[1]纵横家中最著名的有魏人张仪和苏秦等,前者是"连横"策略的倡导者,后者是"合纵"策略的主要代表。他们经常身佩数国相印,"一怒而诸侯惧,安居而天下息"。[2] 成为当时各国政治舞台上的风云人物。

●**与胡族文化的交融** 华夏文化之所以具有博大的包容精神与"和而不同"的特点,因为它从来就是开放的充满生机的文化。战国时期赵武灵王"胡服骑射"就是突出的表现(图3.31)。赵武灵王为增强军事实力,毅然决定仿效北方游牧民族,把"博衣大带"的华夏服饰改为上衣下裤的"胡服";废除传统的车战和步战,改用"骑射"。这一改革增强了赵国军事力量,据《史记·匈奴列传》记载,赵国因此"北破林胡、楼烦。筑长城,自代并阴山下,至高阙为塞。而置云中、雁门、代郡"。"胡服骑射"的深远文化意义在于,它极大地促进了中原文化与北方文化、华夏文化与胡族文化的交流融合。

图 3.31 赵武灵王胡服骑射

●**"养士"之风盛行** 春秋战国是一个人才辈出的时代,其重要的特征之一就是"士"阶层的崛起。特定的社会条件为中下层知识分子的脱颖而出创造了最佳机遇,一时间众星璀璨,群英荟萃。与士阶层的急剧膨胀相适应,上层贵族的"蓄

---

[1] 《史记·张仪列传》。
[2] 《孟子·滕文公下》。

士""养士"之风逐渐盛行。由于三晋之地激烈的政治斗争分外需要人才,便出现了许多以"养士"闻名的政治家,比如魏国初期的魏文侯和后期的信陵君,以及赵国的平原君等。特别是作为战国"四君子"的信陵君和平原君,他们曾先后"养士"数千人,虽然其中不乏滥竽充数者,但也有许多杰出人才。这些"士"曾为两国的生存和发展做出积极贡献。"养士"思想的核心是尊重知识、尊重人才。这一点对中国文化发展的意义是巨大的。

(四) 秦文化

秦文化,大体分布在今中国西北部的陕西、甘肃一带,这一带春秋战国时是秦国的领域。广纳六国文化、注重实效和功利与富有创造精神,是秦文化的主要特点。

●**广纳六国文化** 秦国地处边远的西北,经济、文化相对落后。但穷则思变,这反而使秦国的政策更为开放,从秦穆公以后,广泛吸纳东方各国人才,凡有作为的国君,都把吸纳东方各国人才作为首要的政治任务贯彻执行。秦国所用宰相和重要官员多为东方六国归秦人士。此外,在政治和经济制度、礼仪和风俗方面,也注意吸取东方各国文化,为我所用。秦在政治文化方面确定的原则是不师古,不崇经,以法为治,以吏以师。相对弱小的秦国,要使自己生存下去,并求得发展,必须创新,并维持国家的稳定和统一,这正是商鞅变法的指导思想。正是在这种思想指导下,秦国才建立起一整套不同于东方六国的政治文化、制度文化,为秦国统一六国、建立封建中央集权国家奠定了坚实基础。秦文化在中国历史上最有建树、对后世中国传统文化影响最为深远的就是它的政治文化、制度文化。

●**注重实效和功利** 注意实效和功利是秦文化的另一重要特点。"从秦建国到始皇统一天下,秦人津津乐道的问题都是农战、攻伐、垦荒、开塞、徕民、重本、抑末等对国计民生有直接利害关系的事。(图 3.32)他们不屑于仁义礼乐的哲学论证,更无心于超越时空、驰骋古今的玄想,对人伦关系的道德要求,也远远不如东方各国那么严格"。①《淮南子·要略》说:"秦国之俗,贪

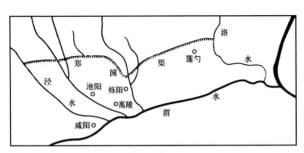

图 3.32 郑国渠地理位置图

狼强力,寡义而趋利。"秦人重功利还表现在他们的鬼神观中。秦人信多种多样的

---

① 李晓东,黄晓芬.从《日书》看秦人鬼神观及秦文化特征[J].历史研究,1987(4):56-63.

鬼神。秦人认为,鬼神造福或降灾于民,与人间的道德伦理毫无关联。人们祈求鬼神不是因为道德伦理的需要,而是功利需要。他们不格外重视祖先崇拜,这同他们不慕往世,只重现世的功利思想是一致的。

附1:春秋战国文化大事年表

春秋(前770—前476年)

公元前770年

周平王元年。●平王由镐京迁都洛邑(今洛阳王城公园一带),东周开始。

公元前747年

周平王二十四年。●宗周宫室坍。时人作《黍离》(见《诗经·王风》)。***《诗经》是中国第一部诗歌总集。*** 由孔子编订。它收录了西周初至春秋中叶大约五六百年间的诗歌305篇。故称"诗三百"。它对中国文学影响深远。

公元前722年

周平王四十九年。●《春秋》记事始于本年(即鲁隐公元年)。***《春秋》是中国最早的编年体史书。***

公元前720年

周平王五十一年。《春秋》记载二月朔(即公元前720年2月22日)日食,***这是世界上最早的有确切日期的日食记录。***

公元前687年

周庄王十年。《春秋》记载:"夜中,星陨如雨。"***这是世界上有关天琴座流星雨的最早记载。***

公元前685年

周庄王十二年。●齐桓公即位,以管仲为相,不久(公元前681年)以诸侯而主盟会,成为春秋第一霸。●管仲,春秋时著名的政治家,齐国人,著***《管子》***一书,涉及领域广泛,它对生产、分配、交易、消费、财政等理论的论述,在先秦诸子中独具特色。

公元前638年

周襄王十四年。●宋襄公欲继齐桓公之后成为霸主,遭到楚国反对,两国战于泓水,宋败。泓水之战,以"宋襄公之仁"闻名。

公元前636年

●周襄王十六年。秦送重耳回晋,立为晋君。

公元前632年

周襄王二十年。公元前632年与楚战于城濮(今山东鄄城西南),大败楚军,晋称霸,会盟诸侯于践土(今河南原阳西南)。

公元前623年

周襄王二十九年。●秦穆公伐西戎,开地千里,成为西方一霸。

公元前613年

周顷王六年。●《春秋》记载:"秋七月,有星孛(彗星)(图3.33)入于北斗。"***为世界上最早的哈雷彗星记载***,比西方早670多年。●楚庄王即位。公元前597年,与晋战于邲(今河南荥阳东北),楚师大胜,从此取代晋国成为霸主。

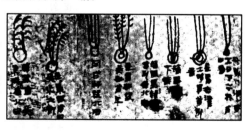

图3.33 彗星图(长沙马王堆出土)

续表

春秋(前 770—前 476 年)

公元前 605 年

周定王二年。●**老子**生(关于老子在世的年代有多种说法)。老子是春秋末期思想家,道家学派创始人。著有《**老子**》。

公元前 554 年

周灵王十八年。●郑国立子产为卿。**子产**,春秋后期政治家。公元前 536 年作《**刑书**》,并将刑书铸于鼎,以为常法。为政三年,郑人诵之。

公元前 551 年

周灵王二十一年。●**孔子**生。孔子名丘,字仲尼,春秋末期政治家、思想家、教育家,儒家学派创始人。

公元前 513 年

周敬王七年。●晋国赵鞅将范宣子刑书铸于铁鼎,从出土文物还可见春秋晚期铸铁实物(图 3.34),其中有牛耕使用的铁制铧犁。**中国掌握铸铁技术早于欧洲 1900 多年**。● 1978 年长沙出土春秋晚期钢剑一把,经分析属于碳钢,并经过淬火处理。**中国是世界上最早生产钢的国家**。

图 3.34　越王勾践剑及其刻字
（湖北江陵出土）

公元前 512 年

周敬王八年。●吴用齐人孙武为将。**孙武**,字长卿。齐景公时避难于吴。为吴王阖闾治兵,威震楚、越。是中国古代著名的军事家,著有《**孙子兵法**》十三篇,享誉世界。

公元前 495 年

周敬王二十五年。●吴王夫差即位,第二年败越于夫椒,越王勾践和范蠡为质于吴。吴国遂霸东南。●越王勾践卧薪尝胆,后于公元前 473 年灭吴,成为春秋最后一霸。

公元前 479 年

周敬王四十一年。●孔子卒。《春秋》记事结束。《春秋》记录日食 37 次,33 次准确,**为世界上最完整的上古日食记录**。

公元前 476 年

周敬王四十四年。●**墨子**生(其生年有多种说法)。墨子,名翟,相传原为齐国人,后长期居于鲁国,春秋战国之交的思想家、政治家,墨家学派创始人,著有《**墨子**》一书。●春秋末齐人作《**考工记**》(从郭沫若说)。这本书是中国最早的手工业汇集,其中记叙的青铜六种合剂(六齐),**是世界上有关合金最早的科学总结**。

战国(前 475—前 221 年)

公元前 475 年

周元王元年。●《史记·六国年表》始年,郭沫若谓封建社会始于战国,故公元前 475 年亦为封建社会始年。

公元前 468 年

周贞定王元年。●《**左传**》编年至前 468 年止。《左传》相传为春秋鲁人左丘明所作,后世以《左传》与《春秋》合刊,并列为儒家"十三经"之一。

战国(前475—前221年)

公元前433年

周考王八年。●晋国私门韩、赵、魏强大。公元前403年,"三家分晋"。●1978年发现的曾侯乙墓中有一件镈钟做于前433年。内有**编钟**(图3.35)64件,保存完好,能演奏现代乐曲。钟身有三千余字铭文,记述编钟音律和当时各国律制情况,**是中国最早的乐理专著**。曾侯乙墓出土的木质漆箱盖上绘有28宿全部名称,证明28宿的天文分区思想起源于中国。

图3.35 曾侯乙编钟

公元前406年

周威烈王二十年。●魏文侯用**李悝**为相,主持变法。李悝汇集各国刑典,著成**《法经》**。这是中国最早的系统的刑法法典。

公元前395年

周安王七年。●魏武侯起用吴起。**吴起**,战国前期著名政治家、军事家,法学家派前驱。著有兵书**《吴起》**,48篇,失传。

公元前390年

周安王十二年。●**孟子**生(说法之一)。孟子名轲,是儒家学派的重要代表人物。

公元前386年

周安王十六年。●田氏篡齐,姜姓齐亡。齐田和自立为侯,改本年为元年。

公元前369年

周烈王七年。●**庄子**生(说法之一),庄子,道家思想代表人物。他的思想集中反映在**《庄子》**一书中。

公元前361年

周显王八年。●魏国迁都大梁(今开封市)。从此魏亦称梁。●秦孝公下令求贤,卫鞅携李悝《法经》入秦。●**卫鞅**,亦称商鞅(公元前390至公元前338年),战国时思想家、政治家、法家代表人物。著有**《商君书》**。

公元前360年

周显王九年。●《甘石星经》书成。此书为占星家甘德(齐人)、石申(魏人)共同写成。书中精密地记录了黄道附近120颗恒星位置及其与北极的距离,**是世界上最古老的恒星表**,比希腊伊巴谷的恒星表约早200年。书中记录说明,**甘德已发现木星的三号卫星,比欧洲科学家的同一发现早近2000年**。●秦用颛顼历,魏用夏历。**颛顼历**,将每年分为三百六十五又四分之一日,采用十九年七闰法,**是当时世界上最精确的历法**。

公元前358年

周显王十一年。●魏筑长城,防秦越过崤关攻中原,以后韩、赵、秦都修筑过各自的长城。

公元前351年

周显王十八年。●韩昭侯以申不害为相。**申不害**,郑国人,又称申子,战国时期思想家、政治家,法家思想代表人物。著有**《申子》**,今存残篇。

续表

战国(前475—前221年)

公元前342年

周显王二十七年。●马陵之战。齐威王以田忌、田婴为将,孙膑为军师,围魏救赵,大败魏师于马陵,孙膑名扬天下。**孙膑**,齐国人,著有**《孙膑兵法》**,1972年于山东临沂银雀山汉墓出土,约11000字,是中国古代兵家代表作。

公元前340年

周显王二十九年。●**屈原**生。屈原(约公元前340—公元前278年),名平,字原,楚国人。杰出的爱国主义诗人。他的诗篇**《离骚》**是中国古代第一篇抒情长诗。他是文学史上富有南方地方特色的新诗体**楚辞**的代表诗人。

公元前333年

周显王三十六年。●苏秦始创"合纵"之说以抗秦。

公元前328年

周显王四十一年。●张仪相秦,行"连横"之策以助秦。

公元前307年

周赧王八年。●赵武灵王令胡服骑射。这是中国历史上第一次服装改革,也是中原与边疆少数民族在文化上第一次大规模、有组织的交流与融合活动。

公元前302年

周赧王十三年。●齐宣王卒,湣王立,孟尝君为相。稷下学宫盛极一时。**稷下学宫**是中国古代最有名的高等学府和学术交流中心,始创于齐威王时,齐宣王时达到鼎盛,许其"不治而议论"。荀子曾"三为祭酒"(学宫主持人)。学宫至齐襄王后衰落,历时约150年。●**荀子**(约前313—前238年)。战国时著名政治家、思想家、教育家。其学说主要体现在**《荀子》**一书中。

公元前278年

周赧王三十七年。●秦将白起破楚都郢,烧夷陵(今宜昌),楚东迁陈(今河南淮阳)。●屈原投汨罗江,以死殉志。●楚国辞赋家宋玉,传为屈原弟子,同时有唐勒、景差,均善辞赋。

公元前266年

周赧王四十九年。●范雎相秦,献"远交近攻"之策,对秦统一六国产生重要影响。●赵惠王死,成王立,以平原君为相,公孙龙为平原君门客。**公孙龙**,名家代表人物。

公元前260年

周赧王五十五年。●秦赵长平之战,赵国降兵四十余万被活埋。

公元前256年

周赧王五十九年。●周赧王卒,秦取九鼎宝器,至此,史家不再以周王纪年,而以秦王纪年。

图3.36 李冰

公元前251年

秦昭王五十六年。●秦昭王死,孝文王立。●蜀守**李冰建都江堰**(图3.36),使川西平原两千多年来无水旱之患,成天府之国。

战国(前475—前221年)

公元前247年

秦庄襄王三年。●秦庄襄王死,子政立,年13岁,相国吕不韦专权,号"仲父"。吕不韦招门客3000人,编成**《吕氏春秋》**,兼取儒、法、道、墨、阴阳、兵、农各家之说,故称"杂家"。吕不韦舍人李斯,是战国后期政治家,法家代表人物。

公元前246年

秦王政元年。●秦用韩国水工郑国筑渠。工程进行中,秦王政察觉郑国意在图谋消耗秦国实力,欲诛郑国,并下令驱逐所有外来的客卿。**李斯上《谏逐客书》**,为秦王采纳。郑国渠的施工得以继续进行。渠成,关中为沃野,秦以富强,因此命名"郑国渠"。

公元前233年

秦王政十四年。●韩非入秦,韩非与李斯同师荀子,李斯忌其才,害死韩非。**韩非**,法家之集大成者,口吃,不善说,善著书,所著**《韩非子》**为法家经典。其学说对后世影响甚大。《韩非子》记载的**"司南"(图3.37),是世界上最早的指南仪器**,后来发展成为指南针。

图3.37 司南(战国)

公元前221年

秦王政二十六年。●秦灭齐,统一六国。此前于前230年灭韩,前225年灭魏,前223年灭楚,前222年灭燕、赵。

附2:春秋战国时期各家代表人物名言选编

附2.1 孔子、孟子、荀子、墨子名言选编

孔子名言

学而时习之,不亦说乎?有朋自远方来,不亦乐乎?人不知而不愠,不亦君子乎? (经常学习知识又勤于实践,不是很快乐的事吗?远方来了朋友,不也很快乐吗?得不到理解而不怨恨,不正是君子的表现吗?)	《论语·学而》
人而无信,不知其可也。 (人无信誉,不知能干什么!)	《论语·为政》
君子欲讷于言而敏于行。 (君子要少说多行。)	《论语·里仁》
君子坦荡荡,小人长戚戚。 (君子总是胸怀宽广,小人总是患得患失。)	《论语·述而》
默而识之,学而不厌,诲人不倦。 (将知识默记在心,学习时,不感到满足;教人时,不感到疲倦。)	《论语·述而》
岁寒,然后知松柏之后凋。 (天冷时,才知道松柏是最后凋谢的。)	《论语·子罕》
知者不惑,仁者不忧,勇者不惧。 (明智的人不会迷惑,仁爱的人不会忧愁,勇敢的人不会害怕。)	《论语·子罕》

孔子名言

博学于文,约之以礼,亦可以弗畔矣夫! 　　　　　《论语·颜渊》
(广泛学习,遵纪守法,就不会误入歧途!)

君子成人之美。 　　　　　　　　　　　　　　　《论语·颜渊》
(君子帮助人取得成绩。)

其身正,不令而行;其身不正,虽令不从。
(领导自己身正,即使不下达命令,群众也会自觉去做;领导自身不正,即使下达了命
令,群众也不会服从。) 　　　　　　　　　　　《论语·子路》

刚、毅、木、讷,近仁。 　　　　　　　　　　　《论语·子路》
(刚强、坚毅、朴实、话少,这四种品德接近于仁。)

不在其位,不谋其政。 　　　　　　　　　　　　《论语·泰伯》
(不在那个位置上,就不要想那个位置上的事。)

人无远虑,必有近忧。 　　　　　　　　　　　　《论语·卫灵公》
(人没有长远的考虑,必定有眼前的忧愁。)

躬自厚而薄责于人。 　　　　　　　　　　　　　《论语·卫灵公》
(多责备自己,少责备别人。)

君子求诸己,小人求诸人。 　　　　　　　　　　《论语·卫灵公》
(君子求自己,小人求别人。)

小不忍则乱大谋。 　　　　　　　　　　　　　　《论语·卫灵公》
(小事不忍耐就会搅乱大事情。)

当仁不让于师。 　　　　　　　　　　　　　　　《论语·卫灵公》
(面对仁道,在老师面前也不要谦让。)

道不同,不相为谋。 　　　　　　　　　　　　　《论语·卫灵公》
(立场不同、观点不同,也就不要相互商议了。)

三军可夺帅也,匹夫不可夺志也。 　　　　　　　《论语·子罕》
(三军可以剥夺主帅,匹夫不可剥夺志向。)

道听而涂(途)说,德之弃也。 　　　　　　　　 《论语·阳货》
(道听途说是道德所唾弃的。)

孟子名言

顺天者存,逆天者亡。 　　　　　　　　　　　　《孟子·离娄上》
(顺应天意者生存,违背天意者灭亡。)

春秋无义战。 　　　　　　　　　　　　　　　　《孟子·尽心上》
(春秋时期没有正义战争。)

万物皆备于我。 　　　　　　　　　　　　　　　《孟子·尽心上》
(一切事物的知识我都得具备。)

老吾老,以及人之老;幼吾幼,以及人之幼。
(尊敬自己的老人,并推及别人的老人;爱护自己的小孩,并推及爱护别人的小孩。) 　《孟子·梁惠王上》

爱人者,人恒爱之;敬人者,人恒敬之。
(爱别人的人总能得到别人的爱,尊敬别人的人总能受到别人的尊敬。) 　　　　　　《孟子·离娄下》

水有原本,不已而渐进以至于海;如人有实行,则亦不已而渐进以至于
极也。
(水有来处,不停地直流到海里;如果人有实际行动,也不停顿地努力,也会渐渐地到
达高尚的境界。) 　　　　　　　　　　　　　　《孟子·离娄下》

如欲平治天下,当今之世,舍我其谁也?
(如果想平定动乱治理天下,当今世界上,除了我还有谁呀?) 　　　　　　　　　　《孟子·公孙丑下》

孟子名言

生于忧患而死于安乐也。 （困难挫折的环境有利于人的生存发展,而只知安逸享乐的人会消沉衰亡。）	《孟子·告子下》
天不言,以行与事示之而已矣。 （天不说话,看你的行为和存在的事实罢了。）	《孟子·万章上》

荀子名言

天地合而万物生,阴阳接而变化起。 （天时与地利恰当配合万物生成,阴阳二气交接,事物就会起变化。）	《荀子·礼论》
天有其时,地有其财,人有其治。 （天有适合办事的时机,地有适合取用的财物,人有可以治理的办法。）	《荀子·天论》
公生明,偏生暗。 （秉公办事必然明白,带偏见办事就不会清楚。）	《荀子·不苟》
君子崇人之德,扬人之美,非谄谀也;正义直指,举人之过,非毁疵也。 （正直的人尊重别人的高尚品德,宣扬别人的好处,不算奉承;实事求是地说出别人的过错,不能算诽谤人的毛病。）	《荀子·不苟》
与人善言,暖于布帛;伤人之言,深于矛戟。 （对人善意说话,使人感到像布与绸一样温暖;说话伤人,像矛戟刺人一样叫人非常难过。）	《荀子·荣辱》
先义而后利者荣,先利而后义者辱。 （先有仁义的行动而后得到利益者荣耀;先追求利益而后再谈仁义者耻辱。）	《荀子·荣辱》
非我而当者,吾师也;是我而当者,吾友也;谄谀我者,吾贼也。 （批评我的错误说得对是我的师傅;肯定我的成绩说得对是我的朋友;奉承我的是我的敌人。）	《荀子·修身》
是谓是,非谓非,曰直。 （是就说是,不是就说不是,叫作正直。）	《荀子·修身》
青,取之于蓝而青于蓝;冰,水为之而寒于水。 （青颜料,是靛蓝里提炼的而比靛蓝的颜色深;冰,是水形成的,但比水冷。）	《荀子·劝学》
骐骥一跃,不能十步;驽马十驾,功在不舍。 （骏马一跃也不到十步远,老而病的马十倍的努力前行也能到达目的地,成功在于不放弃。）	《荀子·劝学》
乐者,乐也。（音乐,使人快乐。）	《荀子·乐论》

墨子名言

天下兼相爱则治,交相恶则乱。 （天下的人互爱则太平,互厌就动乱。）	《墨子·兼爱上》
天下之人皆相爱,强不执弱,众不劫寡,富不侮贫,贵不敖贱,诈不欺愚。凡天下祸篡怨恨,可使毋起者,以相爱生也。 （天下的人都相爱,强者不会控制弱者,多数人不会欺负少数人,富人不会侮辱穷人,高贵的人不会傲慢对待卑贱的人,狡诈的人不会欺侮愚笨的人。所有灾祸叛乱愁怨仇恨不会引起,是相爱产生的。）	《墨子·兼爱中》

墨子名言

夫爱人者,人必从而爱之。利人者,人必从而利之。恶人者,人必从而恶之。害人者,人必从而害之。 (爱别人的,别人必会爱他。做有利于别人的事的,别人也必做事利于他。厌恶别人的,别人必然厌恶他。害别人的,别人必然害他。)	《墨子·兼爱中》
无言而不雠,无德而不报,投我以桃,报之以李。即此言爱人者必见爱也,而恶人者必见恶也。 (没有哪句话能不守信用,没有哪件好事不会得到回报,给我桃子我就以李子回报。这话是说爱别人就会得到别人的爱,厌恶别人就会遭到别人的厌恶。)	《墨子·兼爱下》

附2.2 老子、庄子名言选编

老子名言

道,可道,非常道;名,可名,非常名。 (道,可以说出的就不是永恒的道;名,可以命名的就不是永恒的名。)	《老子·第一章》
有无相生,难易相成,长短相形,高下相盈,音声相和,前后相随:恒也。是以圣人处无为之事,行不言之教,万物作而弗始,生而弗有,为而弗恃,功成而不居。夫唯弗居,是以不去。 (有和无相互对立而产生,难和易相互对立而形成,长和短相互对立而体现,高和低相互对立而存在,音和声相互对立而应和,前和后相互对立而跟随:这是自然规律。因此,圣人用无为的态度处理世事,实行不言的教导,任凭万物生长而不加干涉,生养万物而不据为己有,为万物做事而不恃己能,功成而不自居功。正因为他不居功,所以他的功绩不会泯灭。)	《老子·第二章》
功成身退,天之道也。 (功成身退是自然规律。)	《老子·第九章》
大道废,有仁义;智慧出,有大伪;六亲不和,有孝慈;国家昏乱,有忠臣。 (大道废弃才产生仁义;智慧出现才产生大虚伪;家庭亲人之间不和气才有孝慈;国家混乱动荡才有忠臣。)	《老子·第十八章》
见素抱朴,少私寡欲,绝学无忧。 (保持淳朴的本性,减少私心私欲,抛弃知识才能免于忧患。)	《老子·第十九章》
有物混成,先天地生。寂兮寥兮,独立而不改,周行而不殆,可以为天地母,吾不知其名,强字之曰道,强为之,名曰大。 (有一个东西浑然而成,先于天地产生。它无声无息,不依靠任何外力而存在,循环运行而永不停息,可以作为天地万物的根本,我不知道它的名字,勉强叫它"道",勉强给它取名叫"大"。)	《老子·第二十五章》
知人者智,自知者明。胜人者有力,自胜者强。知足者富,强行者有志。不失其所者久,死而不亡者寿。 (能够了解他人的算是聪慧;能够了解自己的算是清明。能够战胜别人的算是有力量,能够战胜自己的算是刚强。知道满足的就是富有,坚持力行的就是有志。不离失本分的人就能长久不衰,身死而精神不亡的就是永垂不朽。)	《老子·第三十三章》
以其终不自为大,故能成其大。 (因为始终不认为自己伟大,所以能够成就它的伟大。)	《老子·第三十四章》

老子名言

将欲歙之,必固张之;将欲弱之,必固强之;将欲废之,必固兴之;将欲取之,必固与之。是谓微明,柔弱胜刚强。 (将要关上它,必先打开它;将要削弱它,必先加强它;将要废弃它,必先抬举它;将要夺取它,必先给予它。这种道理,看似隐微,其实很明显,柔弱胜刚强。)	《老子·第三十六章》
道常无为而无不为,侯王若能守之,万物将自化。 (道通常顺应自然无为,但又无不为,侯王若能遵守它,万物都将各随其性自然发展。)	《老子·第三十七章》
夫礼者,忠信之薄而乱之首。 (礼是忠信不足的产物,并且是祸乱的起始。)	《老子·第三十八章》
贵以贱为本,高以下为基。 (尊贵以低贱为根本,高上以低下为基础。)	《老子·第三十九章》
道生一,一生二,二生三,三生万物。万物负阴而抱阳,冲气以为和。 (道产生一,一产生二,二产生三,三产生万事万物。万事万物背负阴怀抱阳,阴阳两气相互激荡而变为和谐。)	《老子·第四十二章》
知足不辱,知止不殆,可以长久。 (知道满足就不会受屈辱,知道适可而止就不会产生危险,这样可以长久。)	《老子·第四十四章》
祸莫大于不知足,咎莫大于欲得。故知足之足,常足矣。 (祸患没有比不知足更大的了,罪过没有比贪得无厌更大的了,知足这种满足是永久的满足。)	《老子·第四十六章》
祸兮,福之所倚;福兮,祸之所伏。 (祸是福的依靠;福是祸的伏根。)	《老子·第五十八章》
图难于其易,为大于其细。天下难事必作于易,天下大事必作于细。是以圣人终不为大,故能成其大。 (解决难的要从容易的入手,做大的要从细小的做起。天下难事必定从容易做起,天下大事必定从细小事开始。所以圣人始终不做大事,才能成就他的大事。)	《老子·第六十三章》
合抱之木,生于毫末;九层之台,起于累土;千里之行,始于足下。 (合抱的大树,是从最小的树生长的;九层的高台,是从地基建起的;千里远行,是从脚下第一步开始的。)	《老子·第六十四章》
民不畏死,奈何以死惧之? (老百姓不怕死,何必用死来恐吓他们呢?)	《老子·第七十四章》

庄子名言

天地无为而无不为。 (天地看起来好像不作为,但其实无所不为。)	《庄子·至乐》
大智闲闲,小智间间;大言炎炎,小言詹詹。 (大智慧的人广博豁达,才智低浅的人斤斤计较;雄辩的人盛气凌人,言不达意者说个不停。)	《庄子·齐物论》
势为天子,未必贵也;穷为匹夫,未必贱也。贵贱之分在行之美恶。 (身居天子之位,不一定就尊贵;穷困为平民百姓,未必一定低贱;尊贵与低贱的分界在于行为的美与丑。)	《庄子·盗跖》
无耻者富,多信者显。夫名利之大者,几在无耻而信。 (无耻的人富有,哗众取宠的人显达。那些大名大利的人几乎都是一些既无耻又爱哗众取宠的人。)	《庄子·盗跖》
安时而处顺,哀乐不能入也。 (安于时命,顺应自然,就能超越喜怒哀乐,逍遥自在了。)	《庄子·养生主》

庄子名言

至人无己,神人无功,圣人无名。 (至人去我顺物,神人不求有功,圣人不求有名)。	《庄子·逍遥游》
自其异者视之,肝胆楚越也;自其同者视之,万物皆一也。 (从万物相异的角度看,肝和胆就如同楚国和越国的差别那么大;从万物相同的角度看,万物都是一样的。)	《庄子·德充符》
坚则毁矣,锐则挫矣。常宽容于物,不削于人,可谓至极。 (太坚硬的就会被摧毁,太锐利的就会被挫钝。常常谦和仁爱,宽容万物,不苛求他人,这就是最高境界了。)	《庄子·天下》
君子之交淡如水,小人之交甘若醴;君子淡以亲,小人甘以绝。 (君子之间的交往淡泊如水,小人之间的交往甜蜜得像甜酒;君子之交淡泊却亲切,小人之交甜蜜却极易断绝。)	《庄子·山木》
直木先伐,甘井先竭。 (直的树木先被砍伐,甜的水井先被干竭。)	《庄子·山木》
知者不言,言者不知。 (真正有智慧的人并不多说话,滔滔不绝的人并不是真正有智慧的。)	《庄子·天道》
众人重利,廉士重名,贤人尚志,圣人贵精。 (普通人注重利益,廉洁之士看重名声,贤能人崇尚志向,圣人看重精气。)	《庄子·刻意》
小惑易方,大惑易性。 (迷失方位是小迷惑,迷失本性是大迷惑。)	《庄子·骈拇》
哀莫大于心死,而人死亦次之。 (悲哀没有比心死更大的了,身死还是次要的。)	《庄子·田子方》
彼窃钩者诛,窃国者为诸侯,诸侯之门而仁义存焉。 (那些偷带钩的人抓住了便被杀,盗窃国家的人成为诸侯,诸侯的门里就有仁义了。)	《庄子·胠箧》

附2.3 法家、兵家代表人物名言选编

管子名言

仓廪实则知礼节,衣食足则知荣辱。 (仓库存粮丰裕百姓才会遵守礼节,身上衣食饱暖人们就会重视荣誉。)	《管子·牧民》
政之所兴,在顺民心;政之所废,在逆民心。 (法令能够畅通是因为它顺从民众的要求,法令无人遵守是因为它违反人们的意愿。)	《管子·牧民》

商鞅名言

礼法以时而定,制令各顺其宜。 (任何礼节法令应按时势变化的要求而制定,各种规章制度都应随情况不同而调整。)	《商君书·更法》
圣人不法古,不修今。法古则后于时,修今则塞于势。 (圣人不遵循古法,也不偏重强调眼前现实,遵循古法就会落后于时代,过于偏重强调眼前现实,就会为现实情势所蒙蔽。)	《商君书·开塞》

韩非名言

志之难也,不在胜人,在自胜。 (志向抱负难以实现,难的不在于去胜过他人,最难的而在于如何战胜自己。)	《韩非子·喻老》
国无常强,无常弱。奉法者强则国强,奉法者弱则国弱。 (国家没有永远强大的,也没有永远弱小的。制定坚守法令的君主强大则国家强大,制定坚守法令的君主软弱则国家难免衰弱。)	《韩非子·有度》
刑过不辟(避)大臣,赏善不遗匹夫。 (犯了过错的贵族大臣也不能免受惩罚,行为出色的村夫野老也要奖赏。)	《韩非子·有度》
法者,编著之图籍,设之于官府,而布之于百姓者也。 (法律是国家写成文字,并由官府制定的,向老百姓公开宣布的规定。)	《韩非子·难三》
法与时转则治,治与世宜则有功。 (法与社会变化相适应则国家大治,实现国家大治的目的与人们的要求相通则有意义。)	《韩非子·外储说左上》
国有常法,虽危不亡。 (国家有稳固的法律制度,哪怕有困难也不至于亡国。)	《韩非子·饰邪》
利之所在,民归之;名之所彰,士死之。 (哪里有利益,人们就往哪里去;哪种行为节操为社会表扬,读书人就会为此献身。)	《韩非子·心度》
凡法令更则利害易,利害易则民务变……治大国而数变法,则民苦之。 (但凡法令变化就会引起人们各自利益关系的变化,利益关系的变化就会促使人们行为的变化,……治理偌大的国家而多次变更法令,老百姓就深受其苦,不知所措。)	《韩非子·解老》
释法术而心治,尧不能正一国……使中主守法术,拙匠守规矩尺寸,则万不失矣。 (放弃法令权谋而凭良心治国,就是尧帝也不能使国家大治,……让一个有中等之资的君主按法而治,就好比笨木匠照着方圆尺寸做事,结果也不至于有多大的失误。)	《韩非子·用人》

孙子名言

兵者,国之大事,死生之地,存亡之道,不可不察。 (战争是国家大事,它关系到民众的生死,国家的存亡,决不能不去了解它。)	《孙子兵法·始计》
攻其无备,出其不意。 (进攻时要趁敌人没事先准备,谋划行动要能出乎对方意料之外。)	《孙子兵法·始计》
知己知彼,百战不殆。 (了解自己熟悉敌人,才能百战百胜)	《孙子兵法·谋攻》
不战而屈人之兵,善之善者也。故上兵伐谋,其次伐交,其次伐兵,其下攻城。 (不用兵刃相交而使得敌人降服才是最好的。因此最好的用兵是以谋略取胜,其次是运用外交,又次是运用军事,最差的要算强攻敌国的城池了。)	《孙子兵法·谋攻》
乱生于治,怯生于勇,弱生于强。 (混乱潜伏于秩序之中,畏怯与勇敢相连,软弱源于强大。)	《孙子兵法·兵势》
兵无常势,水无常形;能因敌变化而取胜者谓之神。 (用兵没有一成不变的模式,水流也没有固定的形态;能够根据敌情的变化采取措施夺取胜利,就是所谓的"神"。)	《孙子兵法·虚实》
无邀正正之旗,勿击堂堂之阵。 (不要去迎击旗帜严整、队列雄壮的对手,也不要去攻打阵营强大、实力雄厚的敌人。)	《孙子兵法·军争》
投之亡地而后存,置之死地而后生。 (人们在危险的境地就会努力地去争取生存,进入了绝境之后才会拼命奋战力争转危为安。)	《孙子兵法·地形》

【思考与讨论】

1. 为什么称春秋战国为"轴心时代"?
2. 怎样评价孔子?"尊孔"之说是正确的还是错误的?
3. 儒家思想与现代化有什么关系?
4. 比较说明儒家思想和墨家思想的异同。
5. 开一次先秦诸子散文欣赏心得交流会,或举办一次纪念伟大爱国诗人屈原的诗歌朗诵会。
6. 请详述道家思想对中国文化的影响。
7. 你如何看待当今西方社会的"道家热"?
8. 什么是"法、术、势"?韩非把"法、术、势"统一为整体有什么意义?
9. "阳儒阴法"说明了什么?
10. 《孙子兵法》中阐明了哪些深刻的军事思想?试举例说明。

第四章 秦汉文化

秦汉时期是中国政治、经济、文化走向统一,形成大一统文明模式的重要时代。本章首先概要介绍了秦汉时期国家和文化走向统一的基本情况,并对这一时代的文化成就做了全面而简要的介绍。在此基础上,重点阐述了黄老的流播、新儒学的独尊及无神论思想与谶纬迷信的斗争。同时介绍了汉朝末年中国的本土宗教道教和外来宗教佛教的传播与发展。学习本章,要求重点了解秦汉时期中华民族统一文化共同体形成的历史意义,理解新儒学在这一历史过程中的重要地位。

第一节 秦汉文化概述

公元前221年,秦灭六国,秦王嬴政完成统一大业,中国历史上第一个专制主义中央集权的统一帝国——秦王朝建立。公元前206年,刘邦灭秦,建立西汉。公元25年,刘秀称帝,定都洛阳,史称东汉。秦汉王朝是中国文化走向大一统的时期。为了巩固国家的统一,秦汉王朝采取了一系列政治、经济、文化政策和措施,以适应专制主义中央集权的统治需要。

一、国家和文化的大一统

●**大一统的政治体制** 第一,**创立皇帝制度**。秦始皇(图4.1)把上古三皇五帝尊号中的"皇"与"帝"合而为一,自称"皇帝",以显示自己至高无上的地位。**第二,实行"三公九卿"制**。在中央机构中,设立以皇帝为中心的封建官僚制度,实行"三公九卿"制。"三公"即丞相、太尉、御史大夫。"九卿"即廷尉、治粟内史、奉常、典客、郎中令、少府、卫尉、太仆、宗正。"三公"中丞相辅佐皇帝处理全国事务,太尉协助皇帝掌管全国军队,御史大夫掌管图籍奏章及监察百官。"九卿"各

图 4.1 秦始皇

司其职。所有这些官员都由皇帝任免、调动,概不世袭。这套封建官僚制度保证了皇帝的专断独裁,形成了皇帝至高无上的权力。**第三,实行郡县制**。秦始皇采纳李斯的建议废除周的封国建藩传统,实行了"海内为郡县,法令为一统"的政治体制。郡设郡守、郡尉、郡监,分管一郡的行政、军事和监察。郡以下分若干县,县有县令(小县设县长),掌管一县政事,县尉掌握军事,县丞掌管司法。县以下设乡、里、亭等基层政权机构,通过什伍组织,把一家一户的农民编制起来,实现了层层政府的有效控制。秦朝的大统一,其根本在于实行了郡县制的统治体制。郡县制是相对于周的分封制而言的。二者之不同,既是中央对地方的控制方式之不同,亦为王权大小之不同。分封制下,各地诸侯虽然必须同样对王权效忠,尽各种义务,但却享有一定程度的自主权,如领地的世袭、下属官员的任免等等;而郡县制下,一切都在中央政府的掌握之中,官员由中央直接派遣且可随时调换、罢免,地方的行政,一切都得听中央的统一号令,不得自行其是。

● **大一统的经济制度** 秦始皇在政治上强化中央集权,在经济上也采取相应的严厉措施。**第一,统一收税**。皇帝拥有至高无上的财政大权,丞相参与国家经济政策的制定并贯彻执行皇帝的命令,各郡县则负责治内征收租税和征发劳役(图 4.2)。每年各级政府都要上报国家财政情况,经核实后评定政绩优劣给予奖励。**第二,制定土地政策,确认土地私有**。秦始皇三十一年(公元前 216 年)颁布了"使黔首自实田"的法令,令全国民众向国家呈报占有耕地的实数,国家据此进行土地登记并征收田租。这项政策意味着私有土地受到封建政权的保护,标志着封建土地所有制的确立。但皇帝对全国土地仍拥有最高控制权。由此形成中国封建社会土地占有的两极结构,它既不是完整的国有制,也不是完整

"乃今皇帝,一家天下"

图 4.2 秦始皇东巡石摹本
(山东峄山石刻)

的私有制,而是国有与私有的综合体,这就使土地所有权具有不定性和流动性。土地所有权被国家和私人双方分割,表面上看全体社会成员有了人身自由,实际上民众还要依附土地提供赋役。这种封建土地制是巩固封建统治的有效手段和经济基础。**第三,统一计量和货币**。秦王朝为便利各个地区之间的经济交流,使国家的财政职能正常发挥,还下令统一了全国的经济计量制,统一了全国的货币。币制的统一,克服了货币形状、轻重不同的弊端,解决了使用换算上的困难,

有利于商品交换和稳定财政秩序,同时也促进了经济领域的行为规范。

●**大一统的文化措施** 战国时代,诸侯割据,"田畴异亩,车途异轨,律令异法,衣冠异制,言语异声,文字异形"。① 秦始皇统一天下后,雷厉风行地扫荡这种种之"异",实施统并举措,建立统一文化。**第一,书同文**(图 4.3)。周代文字称大篆或籀文,笔画繁多,结构变动不居。秦始皇令李斯等人进行文字的整

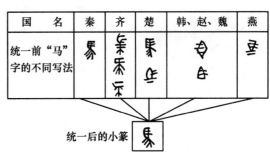

图 4.3 书同文

理与统一工作。李斯以周大篆为基础,汲取齐鲁等地通行的蝌蚪文笔画简省的优点,创制出称为"秦篆"或"小篆"的形体匀圆齐整、笔画简略的新文字,作为官方文字,颁行全国。**第二,车同轨**。秦朝在全国修驰道,规定道宽五十步(六尺为步),车宽六尺,疏浚河道,筑堤防洪,开渠通航,灌溉农田,便利交通,促进交流。**第三,行同伦**。秦始皇据五行说,自认为得水德,应属水,便定亥月(十月)为岁首。黑属水,便定衣服旌旗为黑色。庶民用黑布包头,称"黔首"。"以法为教"并在各地设置专掌教化的乡官,名曰"三老"。**第四,地同域**。打破地区壁垒,将东至大海,西达陇右,北抵阴山,南越五岭的辽阔版图统一于中央朝政的政令、军令之下。并在西起临洮(今甘肃岷县)、东至辽东郡内(今山海关老龙头)修筑长城,全长五千余千米,抵御侵略。又通过大规模移民,开发边境地区,传播中原文化。**第五,焚书坑儒**。秦统一天下后,秦始皇采纳了李斯的建议,下焚书令。并于次年(公元前 212 年)坑杀儒生 460 余人。这就是历史上著名的"焚书坑儒"的文化暴行,它开了历史上君主思想专制的恶例。

●**独尊儒术** 汉朝代秦而兴后,基本上保持了秦朝的政治、经济体制,即"汉承秦制",而且在此基础上,更加发展和完善了封建统治体制,形成了大一统的文化模式,即独尊儒术。

实行思想一统乃是君主专制政治下不可回避的历史任务。正因为如此,当西汉王朝取得政治上的稳定和经济上的繁荣之后,统一思想的课题便再次被提出,其倡导者是西汉大儒董仲舒。汉武帝听取了董仲舒的崇儒主张,实行了"罢黜百家,独尊儒术"的思想专制政策。董仲舒的思想专制主张与李斯的采用行政强制手段截然相反,但就禁绝异端、发挥帝王一统意志而言则异曲同工,他们两位都是在统一的专制帝国建立后设计"大一统"思想体系和文化形态的智囊人物。独尊儒学的

---

① 许慎,《说文解字·叙》。

主张不仅被汉武帝采纳,而且影响了中国汉代至清朝的两千多年文化。

图 4.4　汉武帝

●**文官制度的创建**　秦汉之际,在中国的政治舞台上发生了一个根本变化。刘汉政权建立之前,把持政权的都是贵族。中国古代从夏、商、西周到春秋战国的诸侯国,都是贵族的天下。秦帝国是最后一个贵族政府。汉代的刘邦出身于平民,他所建立的汉朝,是中国历史上第一个平民王朝。它不仅由平民创立王朝,而且权力也向平民开放。汉武帝(图 4.4)时代,根据当时的现实需要创立了文官制度。所谓文官制度,第一个前提便是不以门第取士。中国的文官制度,大体上始于春秋时期。但真正形成一种制度则在汉武帝时代。汉武帝听取了董仲舒的建议,并结合独尊儒术和原有的"举贤良"做法,对选官制度做了全面的改革,并形成定制。政府官员主要由下述三种途径选拔:**第一,察举制**。察举是一种由下向上推选官员人才的制度。有许多科目,其中孝廉、茂才、贤良方正三种最显著。孝廉即孝子廉吏,是两汉入仕的正途之一。被举荐的人一般是州郡的属吏和经学儒士。举孝廉后,有的做县的令、长、丞以至州郡一级的太守、刺史,更多的则是到中央做郎官。茂才即秀才,与孝廉同样重要。贤良方正属文学科,每当有天灾时,便多有此科,意在选出能"究天人之际"的读书人,对朝廷有所帮助。三科中,孝廉重德行,茂才重才能,贤良方正则重学问。三科取士既是政治行为,也是文化行为,对教导社会以道德立身,以学问扬名,有着非常实在的作用。**第二,征辟制**。征辟,即征召。两汉时中央和地方都可以召举布衣之士授予官职。**第三,博士弟子**。董仲舒建议汉武帝"兴太学",其目的一在教化,二在吏治。博士弟子学成之后,通过考试,可授予相应的官职。汉武帝的取士方法和原则一经确立之后,便一直延续下来,虽然后来的表现形式不尽相同,但其内核却是大同小异。特别是尚贤原则和以儒家经典作为量才之标准的做法,一直是中国古代选官制度的灵魂,对后世影响很大。

二、秦汉文化成就及其影响

1. 科学技术成就

●**农耕、冶铁与纺织**　第一,**农业的发展**。秦汉时期实行"以农为本""重农抑商"的政策,农业科技得到长足的进步。农业生产工具和生产技术出现了创新局面。首先,铁犁和牛耕(图 4.5)得到了推广和改进。其次,农具的种类日益完善,出现了相当多的新型农具,如耧车、翻车、风车。再次,代田法和区田法的发明。

这些农耕技术的发展，促成了两汉时期的繁荣盛世。**第二，冶铁业的发展**。秦汉时期，特别是在两汉中期以后，冶铁的规模和技术有很大的发展。铁器性能和制造工艺水平迅速提高。至迟在两汉

图 4.5　牛耕画像石（汉）

中期，已出现质量优于白口铁的灰口铁。炒钢技术的发明和百炼钢工艺的日益成熟是秦汉时期冶铁技术重大发展的标志。**第三，纺织手工业在秦汉时期也有很大发展**（图 4.6）。当时，贵族享用的纺织品，工艺水平很高，花色多种多样。蜀郡的布和齐郡的缣是秦汉时期著名的织品。代表织品最高水平的锦，曾远销罗马，享有很高的国际声誉。秦汉时期所用的纺织机械，有手摇纺车、织布机和提花机。

图 4.6　素纱禅衣
（西汉，马王堆一号墓出土，薄如蝉翼，仅重 49 克）

●**天文与数学**　由于生产上的需要，生产发展的影响和不断研究的积累，秦汉时期的天文学、数学和医药学都有显著发展，出现了一些大科学家和著作。**第一，天文成就**。西汉末，由于受董仲舒的"天人感应"思想的影响，朝廷很重视对天象的观测，致使汉朝的天文观测技术日益进步，观测仪器日益精密。当时担任太史令的大科学家张衡在前人创造的基础上，制造了更加精密的观测天象的"浑象仪"；同时还发明并制造了中国第一架测报地震的"地动仪"（图 4.7）；并通过多年的实际观测和研究，写出了天文学巨著《灵宪》。在天文学理论上，汉朝还出现了解释天文现象的不同学说：盖天说、浑天说和宣夜说。张衡就是浑天说的代表。**第二，数学成就**。由于天文学计算的实际需要，在春秋战国数学发展的基础上，出现了中国古代最早的一批数学专著。成书于西汉时期的《周髀算经》，是现存最早的著作。经过长时期修改约在东汉初定型的《九章算术》，比较系统地总结了先秦至东汉初年的数学成就。书中有各类实际应用的数学题 246 个，按解题的方法

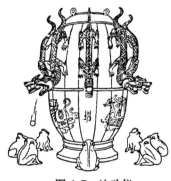

图 4.7　地动仪

和应用的范围分为九大类，说明汉代已形成完整的算术体系。

●**医学**　秦汉医学主要成就表现在两个方面：药物方剂的进步，临床医术的

提高。**第一，药物方剂成就**。《汉书·艺文志》载录医书11家274卷,并且把医书分成《医经》和《经方》两大类。这表明中医以方治病的方法在汉代已经形成,而在战国时期以针石疗法为主。中国传统药学名著《神农本草经》被认为成书于西汉。《神农本草经》是中国药学史上第一次对药物进行全面系统分类撰述的著作,它总结了战国秦汉以来的药物知识,形成富有中国特色的药学系统,并对后世产生了深远影响。**第二,临床医学成就**。传统医学在汉朝达到了一个新高峰,其代表人物是张仲景与华佗。张仲景(约150—219年),名机,南阳人(图4.8)。相传曾任长沙太守。东汉末年,战事频繁,伤寒病流行。他同情人民疾苦,精心研究医学,整理和总结前代医学的理论和经验,结合自己的临床经验,写成了医学巨著《伤寒杂病论》十六卷。后人将它分为《伤寒论》和《金匮要略》两书。在诊断辨证方面,张仲景运用望色、闻声、问诊、切脉等四种方法,分析病情,寻找病因。张仲景因其卓越的医学成就,被后人称为"医圣"。华佗,名甫,字元化,是东汉末年沛国谯县(今安徽亳州)人(图4.9)。

图4.8 张仲景

他勤奋好学,学识渊博。精通内、外、妇、儿、针灸各科,尤擅外科手术。他发明麻沸散,给患者麻醉后施行手术。华佗很重视锻炼身体,预防疾病。认为人体运动可使血脉流通,病不得生,"譬如户枢,终不朽也"。他把西汉流行的强身除病养生法——导引,加以发展,创"五禽戏",作为养生祛病的方法。

●**造纸** 中国古代的四大发明之一的造纸术出现在汉朝。根据考古发现,汉武帝至汉宣帝时代,已经发明了植物纤维纸。东汉和帝时,负责监制御用器物的尚方令蔡伦,总结了西汉以来造纸的经验,在原料和工艺上进行大胆的试验和革新,制造出更适合书写的植物纤维纸,被称为"蔡侯纸",并得到广泛使用。东传朝鲜、日本,西传阿拉伯、欧洲,纸的发明大大推动了文化知识的迅速传播,为世界文明做出了巨大贡献。

图4.9 华佗

2. 史学和文学艺术成就

中国是个史学的国度。梁启超曾说:"中国于各种学问中,惟史学为最发达。"秦汉时期是中国史学的成长时期,也是中国史学达到鼎盛的时期。这一时期史学的显著特点是规模宏大的纪传体通史和断代史的出现,而且产生了司马迁、班固两位彪炳千秋的伟大史学家。

● **司马迁与《史记》** 司马迁,字子长,夏阳龙门(今陕西韩城南)人(图4.10)。父司马谈曾任汉武帝太史令。父死后,司马迁继任太史令。他曾随汉武帝巡行名山大川,扩大了视野。他遍读宫中藏书,精研穷治,用二十多年的时间,写成了气魄雄伟、史识卓越、内容宏富的不朽史著《史记》,为中国史学的发展奠定了坚实雄厚的基础;他所创造的完善的史书体例成为后代著史的"极则",因而被尊奉为"中国史学之父"。《史记》是中国第一部纪传体通史。它卷帙浩繁,内容赅博,记述了

图4.10 司马迁

上起传说中的黄帝,下讫汉武帝太初元年(前104年)间三千年的历史。内容概括了社会经济、政治、军事、民族、思想、文化、社会风貌及各阶层人物群像。同时,司马迁的《史记》还具有很高的文学价值。它不仅是一部史学巨著,同时也是一部文学名著,是中国古代传记文学的典范之作。正如鲁迅所称誉的,它是"史家之绝唱,无韵之《离骚》"。

● **班固与《汉书》** 班固(32—92年),字孟坚,安陵(今陕西咸阳)人。他的父亲班彪,曾著有《史记后传》六十五篇。在父亲的直接影响下,班固青年时期开始汉史的研究,立志继承父业,撰写《汉书》。汉明帝永平五年(公元62年),班固被召到京师奉命续写《汉书》。经过"潜精积思",历时二十余年基本成书。班固死后,其妹班昭与史学家马续共同续撰八表和《天文志》,完成了全书。《汉书》又称《前汉书》,是中国第一部纪传体的断代史。它规模宏大,体例统一,记事丰富,文辞精炼,常被后世看作和《史记》并列为封建社会"正史"的典范;它史料翔实,颇有恢宏之气,无论在史学上还是文学上都具有重要地位。

● **文学艺术** 在文学方面,两汉的乐府诗歌和汉赋在中国文学史上也占有重要地位。在艺术方面,雕刻、音乐、美术等各方面都有重大发展。对此,在本章第三节有专门的讨论。

3. 对外交流

秦汉时期统一而强大的帝国的建立,不仅凝聚了中华民族古老而多彩的文化传统,使之迸射出更加灿烂的光辉,而且随着与周边民族的交往,也大大促进了中外文化的交流与融适。汉武帝时期,张骞两次出使西域,开通了举世闻名的"丝绸之路"(图4.11),建立了中西文化交流的通道。通过丝绸之路,中国发明的造纸术由这条丝路传入近东再传至欧洲,后来印刷术、火药的西传也是如此;而佛教、伊斯兰教、基督教也主要由此路东传入中国。因此可以说,丝绸之路是地理大发现之前一条改变世界历史的大通道,它不仅沟通了东西方文明,而且促成

东西方文明的互相渗透。

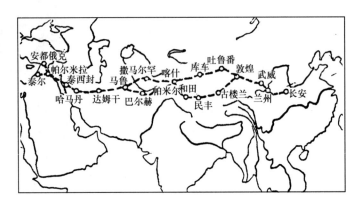

图 4.11 丝绸之路

第二节 秦汉文化思想述评

一、崇尚黄老

当刘邦结束了秦末战乱局面建立起西汉王朝后,秦朝统治者和思想家推崇的法治体系也随之崩溃。儒道两家的学说又开始活跃起来。

●**黄老初兴** 最早提出黄老思想的是汉初刘邦的谋士陆贾。汉高祖刘邦鉴于秦朝用法家理论与政策治国,专任刑法,为政苛暴,导致二世而亡,便不再重用法家思想。但刘邦毕竟是崛起乡里的一代豪雄,在本质上看不起腐儒,也不为礼法所拘。"陆生时时前说称《诗》《书》,高帝骂之曰:'乃公居马上而得之,安事《诗》《书》!'陆生曰:'居马上得之,宁可以马上治之乎?且汤、武逆取而以顺守之,文武并用,长久之术也。'。"①刘邦认为他言之有理,就让陆贾总结秦朝之所以失天下的原因。陆贾写成《新语》十二篇。他总结秦亡汉兴的经验教训,认为秦朝迅速灭亡的主要原因,就是对人民重赋敛、繁徭役、严刑法。因而主张"行仁义,法先王",以"教化"劝善,以"法令"诛恶,因此必须实行"无为而治"的治国方略,才能巩固西汉统治。他说:"夫道莫大于无为,行莫大于敬谨""君子握道而治,据德而行;虚无寂寞,通动无量",以达到"君子之为治也,块然若无事,寂然若

---

① 《史记·郦生陆贾列传》。

无声,官府若无吏,亭落若无民,闾里不讼于巷,老幼不愁于庭……老者息于堂,丁壮者耕耘于田"。① 陆贾的这些主张,深得刘邦称许,并依此制定国策加以推行。

●**黄老盛行** 惠帝时推行黄老思想的著名人物是曹参。他担任齐相时,曾问政于善为黄老之言的盖公,盖公告知"治道贵清静,而民自定"。曹参照此办理,齐国果然大治。萧何死,曹参继任为汉相后,奉行清静无为思想,"萧规曹随""举事无所变更""一遵萧何约束",无为而治,继续采取因循守旧、与民休息、约法省禁、提倡节俭等政策。当时民谣说:"萧何为法,颛若画一;曹参代之,守而无失。载其清净,民以宁一。"正是由于曹参的推行而使黄老之学传布天下。文帝、景帝之时,黄老甚盛。文帝本人"好刑名之言",长期担任丞相的陈平崇尚黄老之术。文帝的皇后窦氏也是尊崇黄老之术的。《史记》载:"窦太后好黄帝、老子言,帝(景帝)及太子(武帝)诸窦,不得不读黄帝、老子,尊其术。"②这个窦氏,在文帝时代做了23年的皇后,在景帝时代做了16年的皇太后,在武帝时代做了6年的太皇太后。她把"黄老之术"提倡了45年。在武帝时代,汲黯也是实行黄老政治的。

在上层人物的积极倡导下,"黄老之学"遂成为一种社会思潮,从皇帝、将相、名臣到学者、隐士、平民,无人不通"黄老之术"(图4.12)。随着黄老之学成为政治上的指导思想,在学术方面它也成为中心课题。西汉前期涌现出一大批"黄老思想家"。其中淮南王刘安便是一个杰

图4.12 黄老画像石(汉)

出的代表人物,在他的主持与组织下,编成了《淮南子》。

●**黄老思想的社会效果** "黄老之学"在汉初的盛行,取得了非常显著的社会效果。由原先"自天子不能具醇驷,而将相或乘牛车"的凄凉局面变为"天下安然""衣食滋殖"的兴旺发达景象。在黄老政治的指导下,经文景之治,到汉武帝时,历经七十几年的无为运作,与民休息,西汉出现了空前的经济繁荣。

二、董仲舒及其新儒学

1. 董仲舒生平简介

董仲舒(前179—前104年),广川(今河北省景县)人(图4.13),是汉朝官方

---

① 陆贾《新语·至德》。
② 《史记·外戚世家》。

图 4.13 董仲舒

哲学体系的奠基人,西汉重要的学者和政论家、哲学家,今文经学大师,专治《春秋公羊传》。在汉景帝时,做过官方讲授儒家经典的"博士"。董仲舒专精学业,曾经"三年不窥园"。董仲舒的著作很多,现在流传下来的有《对策》(在《汉书·董仲舒传》)和一个关于《春秋》的论文集《春秋繁露》以及《董子文集》。董仲舒的新儒学,继承汉初儒学传统,汲取道家理论精华,融会阴阳五行观念,收纳法治的合理因素,建构起一个合"天地""阴阳""有为"诸家学术于儒家三纲五常的大一统理论。

2. 董仲舒的新儒学

●**儒学官学地位的确立**　建元元年(公元前 140 年),汉武帝即位。汉武帝是中国历史上一位具有雄才大略的皇帝,在汉初几十年积聚起来的雄厚物质实力的基础上及新的大一统形势下,他再不愿"恭俭无为"了,他要"有所欲为"。汉武帝在即位之初就反对无为,主张有为,反对"黄老",青睐儒学。为了为大一统的政治统治寻找理论根据,接连三次下诏向"贤良"之士"策问"。这时,"少治《春秋》""孝景时为博士"的大儒董仲舒,援引《春秋》"大一统"理论,在三次上书对策即所谓"天人三策"中,提出以思想大一统来保持政治大一统。董仲舒在其第三策中说:"《春秋》大一统者,天地之常经,古今之通谊也。今师异道,人异论,百家殊方,指意不同,是以上无以持一统,法制数变,下不知所守。"因此,他主张"诸不在六艺之科、孔子之术者,皆绝其道,勿使并进"。所谓"六艺之科"就是儒家的《诗》《书》《礼》《乐》《易》《春秋》,也就是"孔子之术"。董仲舒认为,必须"罢黜百家,独尊儒术"才能使政治统一。汉武帝采纳董仲舒的主张,采取了一系列独尊儒术的措施。

●**关于"天"的理论**　"天人感应"思想是董仲舒儒学的核心。这个观念又是以天的观念和理论为基础的。在董仲舒的哲学体系中,"天"的观念占有主导地位。其理论要点是:**第一,天生万物**。董仲舒认为:"天者,百神之君也,王者之所最尊也。""天者,万物之祖,万物非天不生。""天覆育万物,既化而生之,有养而成之,事功无已,终而复始。""天亦人之曾祖父也。"就是说,"天"是万物的最高的主宰,自然现象和人类生活都是天创造和安排的。**第二,人副天数**。天生万物是为了"养人","天"生人是为了实现天的意志,即所谓"人副天数"。人是天的产物,因而必然受制于天,他说:"人之受命于天也,取仁于天而仁也,是故人之受命天之尊。"①第三，**君从天意行事**。"天"还给人类降临"君主""承天意以从事"。就此，董仲舒引出他的"君权神授"的思想。他说："受命之君，天意之所予也。"②从而建立了天—君—民的神学统属关系。天不仅创造了人类，还为人类安排了君，君民关系是天定的，从而确立了君主在人间的绝对权威。

●**阴阳五行说** 阴阳五行思想本是战国末期发展起来的，在自然观上基本上是唯物主义的。但董仲舒却将其引向了唯心主义和目的论，使阴阳五行学说伦理化，用以论证封建秩序和封建道德的永恒性和合理性，说明其"天人感应"和"三纲五常"的封建伦理的神圣性。阴阳五行思想的基本精神是：**第一，体现天的意志**。董仲舒认为宇宙的最高主宰是"天"，但"天"主宰万物的作用是通过阴阳和五行表现出来的。他说："天地之气，合而为一，分为阴阳，判为四时，列为五行。"③他认为阴阳五行之气是用以体现天的意志的工具。**第二，阳德阴刑**。董仲舒说："天道之大者，在阴阳。阳为德，阴为刑。刑主杀而德主生。是故阳常居大夏，而以生育养长为事；阴常居大冬，而积于空虚不用之处。"④**第三，阳尊阴卑**。董仲舒说："天任阳不任阴，好德不好刑。"因此他认为，统治者统治人民应多用"文"，以缓和阶级矛盾，而且以此证明"阳尊阴卑"，以及统治者对人民的控制和压抑是应该的。其目的在于论证封建的等级制度和社会规范的合理性，为封建的君权、父权、夫权作辩护(图 4.14)。**第四，五行伦理化**。董仲舒继承了先秦阴阳家的五行论，认为五行相生相克，不同的是他将五行伦理化了。董仲舒断言五行的关系，就是社会伦理关系。他不是从五行的物质性说明它们之间的相互关系，而是用社会伦理的关系说明它们之间的相互作用。他解释五行相生说："木生火，火生土，土生金，金生水，水生木，此其父子也。"⑤"是故木已生而火养之，金已死而水藏之，火乐木而养以阳，水克金而丧以阴，土之事火竭其忠。故五行者，乃孝子忠臣之行也。"⑥这就是说，五行相生的顺序，体现了封建君臣、父子的关系。

图 4.14 讲经画像砖
（东汉，四川成都出土）

●**天人感应论** 董仲舒根据当时人们对自然的认识水平，视"同类相动"为宇

---

① 《春秋繁露·王道通》。
② 《春秋繁露·深察名号》。
③ 《春秋繁露·五行相生》。
④ 《汉书·董仲舒传》。
⑤ 《春秋繁露·五行之义》。
⑥ 《春秋繁露·五行之义》。

宙的普遍法则,再由"同类相动"推出"天人同类",并进而推出"天人感应"。**第一,天人同类**。"天人同类"的观念是董仲舒"天人感应"论的一个理论基础。他说:"以类合之,天人一也。"①就是说,天和人是同类的,人有什么,天就有什么;天有什么,人就有什么。人是天的副本,宇宙的缩影。他从多方面来说明天人同类。例如从人的身体结构看,是同天体一样的,即"人副天数""内有五脏,副五行数也;外有四肢,副四时数也;乍视乍瞑,副昼夜也;乍刚乍柔,副冬夏也;乍哀乍乐,副阴阳也"。就人的道德情感而言,也是同天相类似的,"人之形体,化天数而成;人之血气,化天志而仁;人之德行,化天理而义;人之好恶,化天之暖清;人之喜怒,化天之寒暑;人之受命,化天之四时;人生有喜怒哀乐之答(反应),春秋冬夏之类也"。②**第二,天人感应**。既然天人同类,所以天和人可以互相感应。天能干预人事,人事也能感应上天,自然界的灾难和祥瑞表示着对人世间的谴责和嘉奖。所以他要求君主"法天而布道",做到了这一点,"天瑞"便会"应诚而至"。相反,则便遭"天谴"。

● **人性论** **第一,以性禁情**。董仲舒认为,人是天的副本,由于天有其阴阳,所以人心也包含两个成分:性、情。他说:"身之有性情也,若天之有阴阳也,言人之质而无其情,犹言天之阳而无其阴也。"③他认为,由性而有仁,由情而有贪。**第二,性未善**。董仲舒在人性善恶的问题上,基本与孟子的观点相同,承认人有善质。但他不同意孟子的"性已善"之说,而认为"性未善"。这样,人性要符合天意就必须受到"圣人"设置制度的教化。他说:"天令之谓命,命非圣人不行;质朴之谓性,性非教化不成;人欲之谓情,情非制度不节。"④制度教化才能使人节欲归朴复"天令"(天志)。**第三,性有三品**。董仲舒有性三品说,所谓"圣人之性""中民之性""斗筲之性"。"圣人之性"情欲少,不教能善;"中民之性"情欲可为善亦可为恶;"斗筲之性"情欲多,只能为恶。所以施教化的只能是"圣人",受教化的只能是民众。

● **社会伦理思想** **第一,三纲五常论**。传统的儒家认为,社会有五伦,即君臣、父子、夫妇、兄弟、朋友。董仲舒从中选出三伦,君臣、父子、夫妇特别强调其统治与服从的关系,这就是所谓的"三纲":君为臣纲、父为子纲、夫为妇纲。三纲之外,还有五常。"常"有不变的意思。"五常"是儒家讲的五种不变的德行:仁、义、礼、智、信。"五常"是个人的德行,"三纲"是社会的伦理。**第二,阴阳五行与**

---

① 《春秋繁露·阴阳义》。
② 《春秋繁露·为人者天》。
③ 《春秋繁露·深察名号》。
④ 《汉书·董仲舒传》。

三纲五常的结合。 董仲舒把他的自然观中关于阴阳的理论,作为他的社会伦理思想中的三纲五常的根据。他通过神秘化的阴阳五行学说来说明三纲五常是出于"天意",并断定阴阳之间的关系是"阳尊阴卑""阳贵阴贱"。由此进行推论:"天为君而覆露之,地为臣而持载之;阳为夫而生之,阴为妇而助之;春为父而生之,夏为子而养之,秋为死而棺之,冬为痛而丧之。王道之三纲,可求于天。"①他又说:"君臣、父子、夫妇之义,皆取诸阴阳之道。君为阳,臣为阴;父为阳,子为阴;夫为阳,妻为阴。"五常则与五行相结合,仁与东方的木合,义与西方的金合,礼与南方的火合,智与北方的水合,信与中央的土合。董仲舒以三纲五常等道德规范作为建立法度、化民成俗的根本,为封建专制统治提供了理论根据。

●**社会历史观** 秦朝用邹衍的"五德终始"学说解释改朝换代,董仲舒修改了这个学说,认为朝代的更迭不是根据五德运行,而是根据"三统"顺序更替。"三统"是黑统、白统、赤统。每统各有其统治系统,每个朝代各正一统。夏商周三代,夏是黑统,商是白统,周是赤统。周代以后又应黑统。"三统"循环往复,说明改朝换代的合理,实际上是为汉代的正统辩护。他还认为制可以改而道不可改,即所谓"天不变,道亦不变"。

三、无神论与谶纬迷信的斗争

1. 儒学经学化及其与谶纬迷信的合流

●**儒学经学化** 汉武帝采纳董仲舒的"罢黜百家,独尊儒术"的思想专制主张,使儒学取得了官学的地位。**第一,经学的确立。** 汉武帝设"五经博士"。除亡佚的《乐经》外,《诗经》《书经》《易经》《礼经》《春秋经》取得儒家经典的特称,称"五经"。博士及弟子专门训解或阐述儒家经典,这样就形成了经学,儒学也实际上走向了经学化。**第二,今古文经学之争。** 在经学的发展中,出现了今文经学与古文经学之争。所谓今文经学派,是指学习和研究从战国以来,学者师徒、父子口授相传,到汉代用当时通行文字隶书写成"经书"的学派。董仲舒就属于今文经学大师。到武帝末年,鲁恭王刘馀从孔子旧宅壁中发现了先秦《尚书》《礼记》《书经》《论语》原本,采用古籀文写成。这些古旧的典籍与当时流行的典籍无论在文字和内容方面都有不同,于是称之为"古文经"。今文经学派与古文经学派的辩争,主要表现在对儒家经典的解释上。今文经学以阴阳五行为灵魂,大讲天人感应,以迎合统治者的需要。古文经学则较朴实,按字义讲解经文。对于儒家经典的态度,古文经学家持的是理性的态度,而今文经学家持的是非理性的神学

---

① 《春秋繁露·基义》。

态度。汉代今文经学一直处于"官学"的正统地位。而古文经学主要在民间发展,但在东汉时期,古文经学渐次壮大,取得了令人瞩目的成就,涌现出一大批著名的经学大师,如桓谭、班固、贾逵、许慎、马融、服虔、郑玄等人。

●**经学谶纬化** 西汉后期社会矛盾日益尖锐复杂。经学与经学家为了迎合统治者的需要,迷信色彩更加浓厚,逐渐使经学走向谶纬化,也使儒学思想走向瓦解。"谶"本意为"应验",宣扬预测和应验的书,谓之"谶书"。许多"谶书"还附有图样,叫"图谶"。"纬"是方士化的儒生用神学观点对儒家经典进行的解释和比附。"纬"相对"经"而言。汉代有"五经"之说,于是有"五纬"之称。纬书的基本内容和主要倾向都是把儒家经典神秘化,把儒家思想宗教化,把孔子说成是超人的教主,认为国家治乱兴衰都是由天安排好的。纬跟谶混合起来,称为谶纬。谶和纬共同的特点都是讲宗教迷信,宣扬神秘荒诞的观点为统治者服务(图4.15)。这种倾向始于董仲舒,后来发展到了

图4.15 东汉时的神怪画像石(摹本)

荒诞怪异的地步。

●**谶纬法典化** 西汉末年,汉王朝由盛而衰,社会危机大爆发,农民起义骤起。在这种社会历史背景下,谶纬迷信成为政治上各方面的斗争工具。特别是东汉刘秀在反莽复汉中,为登上帝位,也大肆利用谶纬。他在夺取政权后,更把谶纬作为一种重要的统治工具,并"宣布图谶于天下",从此谶言纬书被奉为秘经,成为一种风靡一时的"学问"。东汉章帝则亲自主持召开经学讨论会,用谶纬妄解经义,并纳入《白虎通义》,将谶纬法典化,使谶纬与经学地位同样神圣崇高。

2. 无神论者与谶纬迷信的斗争

谶纬迷信在汉朝大肆泛滥。当时对处于官方哲学思想的今文经学的批评和反对,首先是古文经学家。古文经学家中,有许多用无神论和唯物主义思想反对谶纬迷信的思想家,其中代表人物有桓谭和王充。古代伟大的科学家、文学家张衡也用科学的思想武器与谶纬迷信作了坚决的斗争。

●**桓谭(约前20—后56年)** 字君山,沛国(今安徽濉溪县西北)人,东汉哲学家、经学家,著有《新论》29篇。**第一,他用无神论思想,反对谶纬神秘主义思想。**

面对东汉光武帝制造谶纬作为推翻王莽恢复汉朝政权的工具,成功以后继续用谶纬作为统治工具,桓谭一再"冒死复陈",力斥谶纬之虚妄。他说:"观先王之所记述,咸以仁义正道为本,非有奇怪虚诞之事……今诸巧慧小才伎数之人,增益图书,矫称谶记,以欺惑贪邪,诖误人主。"①因为反对谶,光武帝说他"非圣无法",几乎将他斩首。**第二,桓谭认为长生不死是不可能的。**他说:"精神居形体,犹火之燃烛矣。……烛无,火亦不能独行于虚空,又不能复燃其火也,犹人之耆老,齿堕发白,肌肉枯腊,而精神弗为之能润泽,内外周遍,则气索而死,如火烛立俱尽矣。"②。桓谭的火烛之喻,说明精神是依附肉体的。他还驳斥了汉代流行的目的论,认为自然界中某些动植物彼此伤害,并不是什么上天的意志。

●**王充(27—约97年)** 字仲任(图4.16)。会稽上虞人。出身"细族孤门"。少年时在洛阳太学游学,曾师从大学者班彪。历任郡功曹,治中等官,后罢职家居,从事著述。一生致力于反对宗教神秘主义的目的论,捍卫和发展了古代唯物主义。他的著作很多,其中最重要的是他花30年精力写作的巨著《论衡》。在这部著作中,他以当时的科学成就为根据,以惊人的科学怀疑精神,系统完整地批判了宗教迷信、神秘主义和唯心主义。在谈到《论衡》这部著作特有的精神时,王充写道:"《诗三百》,一言以蔽之,曰:'思无邪。'《论衡》篇以十数,亦一言也,曰:'疾虚妄'。"③这表明了他反神学迷信的态度。

图 4.16　王充塑像(徐沛贞创作)

王充在《论衡》这部著作中对儒学谶纬体系大胆地进行了全面而系统的批判。**第一,驳斥了董仲舒的天及天有意志的神学观念。** 王充认为,所谓"天",应该就是天文学中所讲的天,宗教所讲的有人格的意志的"天"是不存在的,唯心主义哲学所讲的有目的、有意识、有德行的"天"也是不存在的。他说:"夫天者,体也,与地同。天有列宿,地有宅舍。宅舍附地之体,列宿着天之形。"因而天地没有什么神秘之处,物象的运行也没有什么目的。王充就此根据当时天文学的成就阐述了自然之天的性质,以驳斥天有意志的虚妄之说。**第二,批判了"天人感应"说。**董仲舒的理论核心是天人关系中的"天人感应"说。王充以唯物主义自然观为根

---

① 《后汉书·桓谭传》。
② 《新论·形神》。
③ 《论衡·佚文篇》。

据,驳斥这种神秘主义思想。王充说:"天道无为,人道有为。"①"夫天道,自然也,无为;如谴告人,是有为,非自然也。"②并在著作里引证了大量的自然现象和人类社会现象,揭露天人感应论的虚妄,以"明天人之分"。**第三,批判神化帝王。**他说:"人,物也,虽贵为王侯,性不异于物。"从而否定了帝王、圣人都是由各种神与人交感而产生的说法,并提出"物生自类本种"的朴素唯物主义观点。

● **张衡(78—139年)** 字平子,东汉时南阳(今河南南阳市)人,是中国古代杰出的科学家、伟大的天文学家(图4.17)。少年时学习刻苦,后来到洛阳的太学,访师交友,探讨学问,阅读了大量书籍,37岁开始担任太史令,专为朝廷观测、记录天象。其著作主要有天文学巨著《灵宪》。张衡在天文学上取得了很大的成就。他发明了浑天仪(图4.18)、地动仪及候风仪。在天文学理论上,他主张"浑天说"。在他的著作《灵宪》中,他以实际的天文学观察和测量为基础,提出了以"气"为基本的唯物主义的宇宙形成论。张衡是无神论者,对谶纬之学进行了尖锐的抨击。他一针见血地指出,谶纬不过是"虚伪之徒""欺世盗名"的牟利手段,因而力主"宜收藏图谶,一禁绝之"。③

图4.17 张 衡

图4.18 浑天仪

四、道教初创与佛教东来

1. 道教的初创

道教是在东汉末年形成的、真正中国本土的民族宗教,道教是从古代的鬼魂崇拜发展而来的,但它又不仅仅是鬼魂崇拜,还掺杂了秦汉时期的神仙信仰和黄老道术。道教的主要思想渊源有三个方面:一是中国古代的鬼魂崇拜;二是战国

---

① 《论衡·说日》。
② 《论衡·谴告》。
③ 《后汉书·张衡传》。

以来的神仙方术;三是秦汉时期的黄老思想。东汉末年的政治腐败和不断发生的农民起义是道教产生的社会原因。道教初创于"五斗米道"和"太平道"。

●**五斗米道** 东汉顺帝年间,沛国丰(今江苏丰县)人张道陵学道于鹤鸣山,依据《太平经》造作道书24篇,自称出于太上老君的口授,并依据巴蜀地区少数民族的民间信仰,创立了道派。因入道者均需交纳五斗米,故称"五斗米道"。由于张道陵自称天师,所以又称"天师道"。五斗米道尊奉老子为天神、教主,在《老子想尔注》中把老子看成是"道"的化身。张道陵在《老子想尔注》中说:"一者,道也。……一散形为气,聚形为太上老君。"故太上老君就是"道"的化身,是五斗米道所尊奉的神。五斗米道的宗教活动主要有三类:**一类是静室思过**。这是经常性的功课。**二类是请祷仪式**,称作"三官手书",实则是由高级教徒为一般教徒或病人请祷。**三类是祭神**,主要是祭拜太上老君(老子)。五斗米道的经典是《老子想尔注》(此书已佚)。据《华阳国志》记载:"陵死,子衡传其业。衡死,子鲁传其业。"此即历史上所说的"三张"。黄巾起义,天下大乱,张鲁趁机建立了政教合一的政权,统治汉中达三十年之久,颇得人民拥护。建安二十年(215年),张鲁在兵败之后投降了曹操,五斗米道的势力逐渐向全国发展。由于张鲁接受汉室和曹操的封许,五斗米道逐渐向官方道教转化。

●**太平道** 东汉时期另一个道教教派是"太平道"。此派由巨鹿(今河北平乡)人张角创立于汉灵帝熹平年间。"钜鹿张角自称'大贤良师',奉事黄老道,畜养弟子,跪拜首过,符水咒说以疗病。病者颇愈,百姓信向之。角因遣弟子八人使于四方,以善道教化天下,转相诳惑。十余年间,众徒数十万,联结郡国,自青、徐、幽、冀、荆、扬、兖、豫八州之人,莫不毕应。遂置三十六方。方犹将军号也。大方万余人,小方六七千人,各立渠帅。讹言'苍天已死,黄天当立。岁在甲子,天下大吉'。"①太平道的基本思想是以黄老思想和《太平经》的学说为中心。它的经义在《太平经》中得到体现。太平道的盛衰与"黄巾军"紧密相关,曾随"黄巾军"的发展而得到广泛传布,后亦因"黄巾军"的失败而遭到致命打击,转为在民间秘密流传。

道教的基本信仰是"道",由被道教奉为经典的《老子》而来,不过他们着重从宗教的角度去理解和阐释老子所讲的"道",一方面把它说成是宇宙万物之本原,同时又将它比作"灵而有性"的"神异之物"。道教的最终目的是得道成仙。道教认为,通过修道,使人返本还原,与道合一,就可以成为神仙。道教所说的神仙,不但指灵魂常在,而且指肉体永生。因此,长生久视、全性葆真就成为道教的基本教义(图4.19)。

---

① 《后汉书·皇甫嵩传》。

2. 佛教东来

●**佛教来由** 公元前3世纪以后,由于印度阿育王的支持和帮助,佛教开始在印度周边的国家和地区得以传播。佛教南传,进入缅甸、斯里兰卡等东南亚国家,并传入中国东南地区。自张骞通西域后,西域各国同汉朝内地的交流往来日益频繁,佛教随之又由西域传入中国内地。佛教传入中国的具体年代,比较可信的有两种说法:一是在汉哀帝时代,一是在汉明帝时代。裴松之在《三国志·魏书·乌丸鲜卑东夷传》注中引《魏略·西戎传》说:"昔汉哀帝元寿元年(公元前2年),博士弟子景卢受大月氏王

图4.19 东汉时神仙灵异画像石(摹本)

使伊存口授《浮屠经》。"浮屠就是"佛陀"的早期译语,即人们通常所说的"佛"。佛教传入东土,最先由士人接受,传播范围仅限于感到新奇的上层社会。另据《后汉书》载,汉明帝夜梦金人,派出访求佛法的使者蔡愔等人西去,求经于大月氏国,大约于公元67年带领两位僧人迦叶摩腾和竺法兰,白马驮经,回到都城洛阳。两人带来了佛经和佛像,受到汉明帝的接待。汉明帝还专门给他们建立了中土第一寺院,这就是后来的白马寺(图4.20)。他们便在那里译出了《四十二章经》等中国佛教史上第一批佛经,藏于兰台石室。此后佛教开始在中国大规模传播开来。

图4.20 白马寺(河南洛阳)

●**佛教传播** 桓帝时,民不聊生,迷信流行,佛教也由社会上层走向下层。桓帝本来就好求仙访道,而长生的欲望又使他膜拜浮屠。他在宫禁中铸黄金佛像,同道教的祖师爷老子立在一起供奉,其拜佛只是为了长生而避祸。灵帝、献帝时,徐州刺史陶谦委任笮融督管广陵、下邳,笮融利用职权,大崇佛教,所造佛寺

"上累金盘,下为重楼,又堂阁周回,可容三千许人"。① 并告示天下,凡信佛教一律免去徭役。他开启了为逃徭役而入寺为僧尼的风气,并且还铸造佛像,施舍酒饭,传经布道,使佛教广为传播。

●**佛教翻译**　佛教在中国的传播和发展,离不开佛经的翻译和注述。著名的译者有安世高(安译系统)和支娄迦谶(支译系统)。**其一,安世高的翻译。** 安世高原是安息国太子,他博学多才,精通天文、医术,是一位虔诚的佛教徒。父王死后,他放弃王位出家修道,曾游历西域各国,通晓多种语言。在汉桓帝建和二年(公元148年)来到洛阳,不久学会汉语。那时佛教传入中国内地已有一百多年了,宫廷中和社会上已有不少信仰者。为了让更多的人了解佛教、信仰佛教,安世高翻译了大量佛经。到汉灵帝建宁三年(公元170年)为止,译出《安般守意经》《阴持入经》《大十二门经》《小十二门经》等佛经九十五部,共一百多卷。安译佛经属小乘佛教,重修炼精神的禅法,比较接近神仙家言。**其二,支娄迦谶的翻译。** 汉桓帝末年,支娄迦谶来到洛阳,又翻译了大量佛经。影响最大的有《道行般若经》《佛说般舟三昧经》和《首楞严经》。支译佛经属大乘佛教。重点在"般若"(般若是梵音,意译即"智慧")。般若学所说的"智慧",主要指"缘起性空",通过悟解诸法空区自性去求得解脱。随着时间的推移,小乘的影响越来越小,而大乘则蓬勃发展起来。

第三节　专题讨论

一、汉代艺术特征②

●**汉代艺术的屈骚传统**　汉文化主要就是楚文化,楚汉不可分。尽管在政治、经济、法律等制度方面,"汉承秦制",刘汉王朝基本上承袭了秦代体制。但是,在意识形态的某些方面,特别是在文学艺术领域,汉却依然保持了它的南楚故地的乡土本色。汉起于楚地,刘邦、项羽的基本队伍和核心成员大都来自楚国地区。项羽被围,"四面皆楚歌";刘邦衣锦还乡唱《大风歌》;西汉宫廷中始终是楚声作主导,都说明了这一点。楚汉文化(至少在文艺方面)一脉相承,在内容和形式上都有其明显的继承性和连续性,而不同于先秦北国。楚汉浪漫主义是继

---

① 《后汉书·陶谦传》。
② 本专题根据李泽厚的《美的历程》有关章节摘编。李泽厚. 美的历程[M]. 北京:中国社会科学出版社,1984.

先秦理性精神之后,并与它相辅相成的中国古代的又一伟大艺术传统。它是主宰两汉艺术的美学思潮。不抓住这一关键,很难真正阐明两汉艺术的根本特征。

如果与《诗经》或先秦散文(庄子当然除外,庄子属南方文化体系,屈原有《远游》,庄子则有《逍遥游》,屈庄近似之处早被公认)一相比较,两汉(又特别是西汉)艺术的这种不同风貌便很明显。在汉代艺术和人们观念中弥漫的,恰恰是从远古流传下来的种种神话和故事,它们几乎成了当时不可缺少的主题或题材,而具有极大的吸引力。伏羲、女娲的蛇身人首,西王母、东王公的传说和形象,双臂化为两翼的不死仙人王子乔以及各种奇禽怪兽,赤兔金乌、狮虎猛龙、大象巨龟、猪头鱼尾……个个有其深层的喻义和神秘的象征。它们并不是以表面的动物世界的形象,相反,而是以动物为符号或象征的神话——巫术世界来作为艺术内容和审美对象的。从世上庙堂到地下宫殿,从南方的马王堆帛画到北国的卜千秋墓室,西汉艺术展示给我们的,恰恰就是《楚辞》《山海经》里的种种。

比起马王堆帛画来,原始神话毕竟在相对地褪色。人世、历史和现实愈益占据重要的画面位置。这是社会发展、文明进步的必然结果。但是,蕴藏着原始活力的传统浪漫幻想,却始终没有离开汉代艺术。相反,它们乃是楚汉艺术的灵魂。这一点不但表现在琳琅满目的世界等主题内容上,而且也表现在运动、气势和古拙的艺术风格上。

●**汉代艺术的真正主题**　尽管儒家和经学在汉代盛行,"成人伦,助教化""惩恶扬善"被规定为从文学到绘画的广大艺术领域的现实功利职责,但汉代艺术的特点却恰恰是,它并没有受这种儒家狭隘的功利信条的束缚。刚好相反,它通过神话跟历史、现实和神、人与兽同台演出的丰满的形象画面,极有气魄地展示了一个五彩缤纷、琳琅满目的世界。这个世界是有意或无意地作为人的本质的对象化,作为人的有机或非有机的躯体而表现着的。它是人对客观世界的征服,这才是汉代艺术的真正主题。*第一,神仙世界的人间乐趣。*你看那神仙世界,它大大不同于后代六朝时期的佛教迷狂。这里没有苦难的呻吟,而是愉快的渴望,是对生前死后都有永恒幸福的祈求。它所企慕的是长生不死,羽化登仙。这里的神仙世界不是与现实苦难相对峙的难及的彼岸,而是好像就存在于与现实人间相距不远的此岸之中。也由于此,人神杂处,人首蛇身(伏羲、女娲)、豹尾虎齿(《山海经》中的西王母形象)的原始神话与真实的历史故事、现实人物之纷然一堂,同时并在,就并不奇怪了。这是一个充满古代风味的浪漫王国。但是,汉代艺术中的神仙观念又毕竟不同于远古图腾,也区别于青铜饕餮,它们不再具有在现实中的恐吓权势,而毋宁带着更浓厚的主观愿望的色彩。它们不是如原始艺术请神灵来主宰、恐吓、支配人间,而毋宁是人们要到天上去参与和分享神的快乐。汉代艺术的题材、图景尽管有些是如此荒诞不经,迷信至极,但其艺术风格和美学基调都既不恐怖威吓,也不消沉颓废,而毋宁是愉快、乐观、积极和开朗的。人间生活的兴趣不但没有因向往神仙世界而零落凋谢,相反,更为生机盎然、生气勃勃,使天上也充满人间的乐趣,使这个神的世界也那么稚气天真。**第二,对现实生活的充分肯定**。与向往神仙相交织并列的,是对现实世界的津津玩味和充分肯定。它一方面通过宣扬儒家教义和历史故事——表彰孝子、义士、圣君、贤相表现出来,另一方面更通过对世俗生活和自然环境的多种描绘表现出来。如果说神仙幻想是主体,那么它们便构成了汉代艺术的双翼。汉石刻中,历史故事非常多。例如,"周公辅成王""荆轲刺秦王"(图 4.21)"聂政刺韩相""管仲

图 4.21 荆轲刺秦王(拓本)

射桓公""狗咬赵盾""鸿门宴""高祖斩蛇"……各种历史人物,从孔子到老莱子,从义士到烈女,从远古历史到近代人物,无不品类齐全,应有尽有。尽管道德说教、儒学信条已浸入画廊,却仍然难以掩盖那股根柢深厚、异常充沛的浪漫激情。**第三,铺陈百事的汉赋精神。**与这种艺术相平行的文学,便是汉赋。它虽从楚辞脱胎而来,然而"不歌而诵谓之赋",却已是脱离原始歌舞的纯文学作品了。被后代视为类书、字典、味同嚼蜡的这些皇皇大赋,其特征也恰好是上述那同一时代精神的体现。"赋体物而浏亮",从《子虚》《上林》(西汉)到《两都》《二京》(东汉),都是状貌写景,铺陈百事,"包括宇宙,总揽人物"的。尽管有所谓"讽喻劝诫",其实作品的主要内容和目的仍在极力夸扬、尽力铺陈天上人间的各类事物,其中又特别是现实生活中的各种环境事物和物质对象。这与上述画像石、壁画等的艺术精神不是完全一致的么?它们所力图展示的,不仍然是这样一个繁荣富强、充满活力、自信和对现实具有浓厚兴趣、关注和爱好的世界图景么?汉代文艺尽管粗重拙笨(图 4.22),然而心胸如此开阔、气派如此雄浑,其根本道理就在这里。汉代造型艺术应从这个角度去欣赏。汉赋也应从这个角度去理解,才能正确估计它

图 4.22 西汉铜制长信宫灯(摹本)

作为一代文学正宗的意义和价值所在。

●**汉代艺术的气势与古拙风格** 人对世界的征服和琳琅满目的对象,表现在具体形象、图景和意境上,则是力量、运动和速度,它们构成汉代艺术的气势与古拙的基本美学风貌。**第一,"气势"之美**。你看那弯弓射鸟的画像石,你看那长袖善舞的陶俑,你看那奔驰的骏马(图4.23),你看那说书的人,你看那刺秦王的图景,你看那车马战斗的情节,你看那卜千秋墓壁画中的人神动物的行进行列……这里统统没有细节,没有修饰,没有个性表达,也没有主观抒情。相反,突出的是高度夸张的形体姿态,是手舞足蹈的大动作,是异常单纯简洁的整体形象。这是一种粗线条粗轮廓的图景形象,然而整个汉代艺术生命也就在这里。就在这不事细节修饰的夸张姿态和大

图4.23 东汉铜奔马
(1969年甘肃武威雷台出土)

型动作中,就在这种粗轮廓的整体形象的飞扬流动中,表现出力量、运动、速度以及由之而形成的"气势"之美。在汉代艺术中,运动、力量、气势就是它的本质。这种"气势"甚至经常表现为速度感。而所谓速度感,不正是以动荡而流逝的瞬间状态集中表现着运动加力量吗?你看那著名的"马踏飞燕",不就是速度吗?你看那"荆轲刺秦王",匕首插入柱中的一瞬间,那不也是速度吗?激烈紧张的各种战斗,戏剧性的场面、故事,都是在一种快速运动和力量中展现出磅礴的"气势"。在这里,人物不是以其精神、心灵、个性或内在状态,而是以其事迹、行动,亦即其对世界的直接的外在关系(不管是历史情节或现实活动),来表现他的存在价值的。这不也是一种运动吗?正因为如此,行为、事迹、动态和戏剧性的情节才成为这里的主要题材和形象图景。一往无前不可阻挡的气势、运动和力量,构成了汉代艺术的美学风格。它与六朝以后的安详凝练的静态姿势和内在精神是何等鲜明的对照!**第二,"古拙"风貌**。也正因为是靠行动、动作、情节而不是靠细微的精神面容、声音笑貌来表现对世界的征服,于是粗轮廓的写实,缺乏也不需要任何细部的忠实描绘,便构成汉代艺术的"古拙"外貌。汉代艺术形象看起来是那样笨拙古老,姿态不符常情,长短不合比例,直线、棱角、方形又是那样突出,缺乏柔和……但这一切都不但没有减弱反而增强了上述运动、力量、气势的美,"古拙"反而构成这种气势美的不可分割的必要因素。就是说,如果没有这种种"拙笨",也就很难展示出那种种外在动作姿态的运动、力量、气势感了(图4.24)。如果拿

图4.24 霍去病墓前石雕卧马
(耳残)

汉代画像石与唐宋画像石相比较,拿汉俑与唐俑相比较,拿汉代雕刻与唐代雕刻相比较,汉代艺术尽管由于处在草创阶段,显得幼稚、粗糙、简单和拙笨,但是上述那种运动、速度的韵律感,那种生动活泼的气势力量,反而因此而愈显其优越和高明(图4.25)。尽管唐俑也有动作姿态,却总缺少那种狂放的运动、速度和气势;尽管汉俑也有静立静坐形象,却仍然充满了雄浑厚重的运动力量。同样,唐的三彩马俑尽管鲜艳夺目,但比起汉代古拙的马,那造型的气势、力量和运动感仍相差很远。汉代艺术那种蓬勃旺盛的生命,那种整体性的力量和气势,是后代艺术所难以企及的。

图 4.25 东汉陶塑击鼓说唱俑
（成都天回山崖墓出土）

二、走向世界的秦汉文化

秦汉时期统一而强大的帝国的建立,不仅凝聚了中华民族古老多彩的文化传统,使之迸射出更加灿烂的光辉,而且随着帝国的强盛,极大地促进了与周边民族的交流。中华民族从此打破了疆域的界限,瞩目更为广阔的生存空间。在这一文化交流中,面对奇风异俗的外部世界,秦汉文化逐步深入边疆异族地区,同时也广泛吸收外来文化的宝贵营养,并初步确立了自己在世界文化系统中举足轻重的地位。

●**中华文化与世界古文明的交流之始** 黄河流域的中国文明,与尼罗河流域的埃及文明、幼发拉底和底格里斯河流域的美索不达米亚文明、印度河流域文明以及爱琴海上的克里特·迈锡尼文明并列为世界最古老文明,它们都出现在公元前20世纪之前。在公元前3000年末期,这些古老的文明体系互相没有联系,是散落在广阔的原始世界里的几个孤立的绿洲。自公元前2000年代中叶至公元前1000年代中叶,除中国文明之外的其他欧、亚、非大陆的几个古老文明开始相互碰撞而交往。但是,由于帕米尔高原和喜马拉雅山的自然地理屏障,中国文明始终处于与其他文明的隔绝状态,真正的中外交流的开展是从秦汉时代,特别是从汉武帝时代开始的(图4.26)。

公元前140年,汉武帝为了联络被匈奴从祁连山麓驱赶西迁的大

图 4.26 张骞出使西域(壁画)

月氏共同抗击匈奴,派张骞于公元前139年出使西域。张骞奉汉武帝之命远赴西域,艰难跋涉,备尝甘苦,历时13年。尽管他没有实现联络大月氏抗击匈奴的使命,但闯出了一条被后人称为"丝绸之路"的通道。古往今来,这条"丝绸之路"引出了人们多少讴歌,多少遐想,乃至于使它带上了某种神秘的意味。这就是因为张骞的通西域,不仅仅是开辟了一条穿越沙漠和高原的路线,更重要的是,他突破了这种地形上的阻隔,打破了古老文明间的最后一道屏障,使东方和西方惊奇地迎来了自己的新发现。由此开始,位于太平洋之滨的中国文明,与印度河流域的文明、地中海区域的文明,相互携起手来,建立了直接的联系,为世界文明的全方位交流奠定了基础。

●**"丝绸之路"的历史意义** "丝绸之路"的开通,使中国文化第一次真正走向世界。**第一,推动了世界文明的进步。** 自东西路线开通,当时汉朝的丝帛、漆器、铁具、兵器及制造技术,随同出行的汉使传往西域各国。2世纪初,东汉蔡伦改进造纸工艺,纸的质量大大提高,即从洛阳向全国推广,迅速传入河西走廊和新疆。3世纪时中国纸已经在伊拉克出现。中国古代"四大发明"的其他发明也都是通过"丝绸之路"传入西方的,并对欧洲的历史起到了重大推动作用。正如马克思指出:"火药、指南针、印刷术,这是预告资产阶级社会到来的三大发明。火药把骑士阶层炸得粉碎,指南针打开了世界市场并建立了殖民地,而印刷术则变成传教的工具,总的来说变成科学复兴的手段,变成对精神发展创造必要前提的最强大的杠杆。"[1]**第二,促进了中国文化的发展。** 由于"丝绸之路"开通,其他文明体系的成果源源不断地流入中国。这包括中亚、西亚的许多农牧土特产品。西域的音乐、舞蹈、杂技传入中原,风行汉代社会。佛教也主要是通过这条东西路线传入的。魏晋以后,佛教的势力日渐扩大,不仅深刻影响了中国文化,而且,又使中国成为向日本、朝鲜等国传播佛教的源地。

附1:秦汉文化大事年表

秦(前221年—前207年)

前221年

  秦始皇二十六年 ●秦王灭齐,统一六国,称始皇帝。●定官制,废分封,行郡县,统一制度,统一文字,统一驰道。建立中国历史上第一个统一的封建帝国。

前219年

  秦始皇二十八年 ●始皇东巡,封禅泰山,立"泰山石刻"。●始皇派方士徐福率童男女及技艺工匠数千人入海求仙。**徐福为中国古代早期航海家。**●睡虎地出土的《大事记》,成书不晚于**前217年。为中国最早年谱。**

---

[1] 马克思. 机器、自然力和科学的应用[M]. 自然科学史研究所,译. 北京:人民出版社,1978:67.

秦(前221年—前207年)

前214年

　　秦始皇三十三年　●秦发兵岭南,开凿灵渠(图4.27),沟通长江、珠江两大水域,渠设斗门、船闸,**是世界上最早的运河航道设施。**●在广州兴建大型造船工场,能建造载重10吨的大型木船。●增筑长城。

前213年

　　秦始皇三十四年　●用李斯建议,下焚书令。除医药、卜筮、种树之书,《诗》《书》及诸子百家著作尽焚。

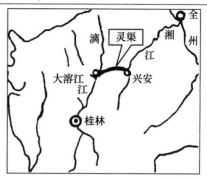

图4.27　灵渠示意图

前212年

　　秦始皇三十五年　●始筑阿房宫。●**始建始皇陵园**。投入70万人。今已出土的**陪葬兵马俑军阵**(图4.28),标志秦代雕塑已达高超水平。**被人称为世界古建筑的"第八大奇迹"。**●坑杀460余名儒生于咸阳。

前210年

　　秦始皇三十七年　●七月,始皇卒于沙丘(今河北广宗西北)。

前209年

　　秦二世元年　●陈胜、吴广(图4.29)起义于蕲。陈胜称王,建立张楚政权。

图4.28　步兵俑
(1974年陕西临潼秦始皇陵东侧出土)

图4.29　陈胜　吴广

前208年

　　秦二世二年　●政治家、书法家李斯被诬腰斩于咸阳。他对秦始皇统一六国,筹划甚多。他以小篆为基础,整理文字,对秦统一文字颇有贡献。传说泰山、琅琊等处刻石均为其手书。著有**《谏逐客书》**,另有字书《仓颉篇》(今仅存辑本)。

前207年

　　秦二世三年　●赵高逼二世自杀,子婴杀赵高。●刘邦破峣关。

续表

西汉(前206年—前25年)

前206年

  汉王元年　●刘邦灭秦。●项羽自立为西楚霸王,封刘邦为汉王,楚汉战争开始。

前202年

  汉高祖五年　●垓下之战,项羽作《垓下歌》,兵败自杀,楚亡,楚汉战争结束。●汉王刘邦建立西汉,初都洛阳,后定都长安(今西安)。

前200年

  汉高祖七年　●公元前2世纪左右,《周髀算经》成书,为古代重要科学著作之一。**是中国现存文献中最早引用勾股定理的**著作。

前195年

  汉高祖十二年　●刘邦(前256或前247—前195年)卒。●萧何依据秦法削苛取宜,制定**《九章律》,为西汉统一后最早颁行的基本法典**。●汉袭秦制设置九卿,其中有译官,**为中国最早从事语言翻译的专门机构**。

前186年

  汉高后二年　●长沙国丞相车大侯利苍卒,葬于今湖南长沙马王堆。马王堆汉墓出土文物为西汉前期文化瑰宝。其中有中国现存**最早的天文气象著作《五星占》《天文气象杂占》**,出土的**《驻军图》亦是中国现存最早者**,反映了汉初地图测绘技术的先进水平。此外还出土了帛书《老子》等。出土的素纱襌衣,标志汉初纺织工艺水平很高。

前179年

  汉文帝元年　●政论家贾谊作《过秦论》,为汉代政论散文名篇。

前163年

  汉文帝后元元年　●医学家淳于意约于这年前后述录25例临床医案,为中国现存**最早的病史记录**。

前154年

  汉景帝三年　●政论家**晁错**因为主削藩,吴、楚七国遂以"清君侧"为名,迫景帝腰斩晁错于长安。

前141年

  汉景帝后元三年　●景帝刘启(前188—前141年)卒,武帝刘彻继位。

前140年

  汉武帝元年　●董仲舒对策,"**罢黜百家,独尊儒术**"。●武帝用"建元"为年号,**帝王用年号始于此**。

前134年

  汉武帝元光元年　●《汉书·天文志》载:"六月,客星见于房。"**这是世界上最早的新星记载**,此后至18世纪,中国保存有90颗新星出现的原始记录。●银雀山(在今山东临沂)汉墓随葬的**《汉元光元年历谱》,为中国现存最早的历谱**。

续表

西汉(前206年—前25年)

前126年

汉武帝元朔三年 ●张骞出使西域13年,至此与甘父归抵长安。张多次出使西域,沟通了汉与西域的政治、经济、文化的联系,开辟了通向西方的举世闻名的**"丝绸之路"**,为中西文化交流史上的创举。

前122年

汉武帝元狩元年 ●淮南王刘安(前179—前122年)因谋反案发自杀,刘安主编了《淮南子》,**首次记载了与今一致的二十四节气名称**;**最先提出了月亮每日运行平均度值的概念**;较早记录了"白青(硫酸铜)得铁则化为铜"这一金属转换反应。

前117年

汉武帝元狩六年 ●抗匈名将霍去病(前140—前117年)卒,他曾六击匈奴,死后得陪茂陵。其墓前置有中国**现存时代最早保存最好的大型石雕**,为中国古代雕刻艺术的杰作。

前113年

汉武帝元鼎四年 ●中山靖王刘胜卒。河北满城刘胜墓葬出土了**中国现存最早的针灸用针等医疗器具**。

前104年

汉武帝太初元年 ●制定《太初历》。**《太初历》**是中国历法上的**第一次大改革**,**为中国古代第一部较为完备的历法**,并成为后世历法的典范。

前99年

汉天汉二年 ●李陵败降匈奴。司马迁为之辩护,忤怒武帝,因遭腐刑,自此益发愤著述《史记》。

前91年

汉武帝征和二年 ●《三辅旧事》载武帝染疾,卫太子以纸掩鼻前往视病,**这是史书记载纸的最早年代**。《礼记》《孝经》《论语》原本,系用古籀文写成。

前90年

汉武帝征和三年 ●司马迁约卒于这年前后。**所著《史记》为中国第一部纪传体通史**。

前89年

汉武帝征和四年 ●农学家赵过任搜粟都尉,在三辅试行代田法,改进耕犁技术,推广二牛三人的耕犁与新式播种工具——**耧车**。

前87年

汉武帝后元二年 ●汉武帝刘彻(前156—前87年)卒。●**中国最早训释词义的专著《尔雅》成书**。

续表

西汉(前206年—前25年)

前86年
  汉昭帝始元元年　●西汉中期已**发明炒钢技术，比欧洲早1900余年。**

前50年
  汉宣帝甘露四年　●公元前1世纪中叶，印度佛教传入于阗(今新疆和田南)，于阗为建赞摩寺，**这是西域最早的佛寺**。●《九章算术》约成书于前1世纪中叶，它标志着以算筹为计算工具的中国古代数学体系的形成，该书亦成为历代主要算学教材。

前33年
  汉元帝竟宁元年　●匈奴呼韩邪单于朝汉，待诏后宫的王嫱自请嫁之。嫱字昭君，南郡秭归人。●这年前，长安太官园冬天亦能种植菜蔬，**是为温室栽培技术的最早记载**。

前28年
  汉成帝河平元年　●《汉书·五行志》载："三月乙未，日出黄，有黑气大如钱，居日中央。"**这是世界上关于太阳黑子的准确完整的最早记录。**

前26年
  汉成帝河平三年　●光禄大夫刘向开始主持校理群书，其子刘歆协助，这是中国历史上大规模整理图书之始，后汇成《别录》，为中国目录学开山之作。

前7年
  汉成帝绥和二年　●成帝时，宫廷已将名为"赫蹏"的薄小纸张用于书写，此为**最早见于文献记载的书写用纸**。●刘歆父子领校秘书，著成《七略》。

前2年
  汉哀帝元寿元年　●大月氏使者伊存使汉，为博士弟子景卢(一作秦景宪)口授《**浮屠经**》，此为**中国已知佛经的最早记载**。

8年
  王莽摄三年，初始元年　●王莽代汉即天子位，国号新。

14年
  新天凤元年　●汉通西域后，罗马钱币通过丝绸之路的贸易渠道流入中国，**中国出土的罗马货币以这年纪元为最早。**

16年
  新天凤三年　●莽使太医尚方与巧屠刳剥人体，量度五脏，以竹筳导其血脉，知其终始。此为中国医学史上见诸记载的**最早的人体解剖个例**。

24年
  刘玄更始二年　●赤眉军进攻长安。●《**神农本草经**》约成书于西汉后期至东汉前期，**为中国现存最早的药物学专著**。

东汉（公元 25 年—220 年）

25 年

建武元年 ●刘秀称帝,定都洛阳,史称东汉。

31 年

汉建武七年 ●杜诗出任南阳太守,在任 7 年间发明水排,鼓铸铁器,*比欧洲相同发明约早 1000 年,标志东汉冶铁技术的进步。*

54 年

汉建武三十年 ●史学家、文学家班彪(3—54 年)卒,为续司马迁《史记》,收集武帝以后史料,著《史记后传》六十五篇,其子班固,其女班昭在此基础上得以续成《汉书》。

65 年

汉明帝永平八年 ●明帝遣使求佛。明帝闻西域有神,名佛,因遣郎中蔡愔等使天竺求道,得其书和沙门(精于佛道者)而还。*佛教始在中国传播。*●在这一时期西域僧人迦叶摩腾和竺法兰来中原,用白马驮来经书和佛像。明帝十分高兴,在洛阳城外建白马寺,*这是中国最早的佛寺。*

79 年

汉章帝建初四年 ●汉章帝"欲使诸儒共正经义",亲自主持经学讨论会,讨论"五经"异同。此即*"白虎观会议"*,班固据此作《*白虎通义*》,*标志着经学神学化的最终完成。*

97 年

汉和帝永元九年 ●思想家王充(27—约 97 年)约卒于是年,著有《*论衡*》。主张"元气"是天地万物的原始物质基础,其著作与思想在中国思想史上占有重要地位。

100 年

汉和帝永元十二年 ●许慎作《*说文解字*》,共 133441 字。收录汉字 9353 字(一说 9345 字)。

105 年

汉和帝元兴元年 ●宦官**蔡伦**(图 4.30,图 4.31)研究出造纸新方法,所造纸称为*"蔡侯纸"*,*完成造纸史上一大革新*,使纸能广泛用于书写。●科学家、文学家**张衡**约是年前后完成《*二京赋*》,历时十年,体制庞大,辞藻华丽,为汉代大赋代表作之一。他又于 132 年创制世界上**第一座测定地震方位的候风地动仪,比外国地震仪早 1200 多年。**

图 4.30 蔡伦

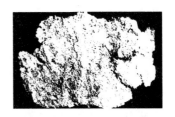

图 4.31 灞桥西汉麻纸残片

152 年

汉桓帝元嘉二年 ●敦煌所出东汉元嘉二年《五弦琴谱》汉简,为迄今*发现的最早的古乐谱*。

续表

东汉(公元 25 年—220 年)

156 年

汉桓帝永寿二年 ●五斗米道创立者张道陵卒。后世推为道教创始人。

166 年

汉桓帝延熹九年 ●发生第一次"党锢之祸"。"党锢之祸"是太学生对朝政进行**"清议"**而引发的朝廷宦官对"清议"的镇压。●佛教**《四十二章经》**时已译出传世,传为**第一部汉译佛经。**

184 年

汉灵帝光和七年,中平元年 ●二月,爆发黄巾大起义。起义军领袖张角,巨鹿人。**创立"太平道"**道教组织,与张道陵为道教创造人。

194 年

汉献帝兴平元年 ●中国现存**第一部佛学论著《理惑论》**(亦作《牟子》)约成书于此后不久。牟子哲学现被认为是壮族哲学。

208 年

汉献帝建安十三年 ●**赤壁之战**爆发,孙权与刘备联军击败曹操南下大军,奠定了此后**魏、蜀、吴三国鼎立**局面。●医学家华佗为曹操所杀,字元化,沛国谯县(今安徽亳州)人,**首创麻沸散在世界外科麻醉史上占有重要地位。**

219 年

汉献帝建安二十四年 ●医学家张仲景(约 150—219 年)卒,他著有中医学名著**《伤寒杂病论》**,使中医理论更切合临床应用,奠定了传统中医治疗学的基础。●炼丹术士魏伯阳于东汉末年著成《周易参同契》,为**世界炼丹史上最早著作**,此书在经学史及思想史上亦有一定地位。

附 2:佛教知识

佛教起源于公元前 6 世纪至前 5 世纪的古代印度。佛教的创始人是乔答摩·悉达多,释迦牟尼是佛教徒对他的尊称,意思是释迦族的"圣人"。他出身贵族。相传他于 29 岁时出家修行,寻求解脱之道。他在 35 岁时,有一次端坐在菩提树下苦思解脱之道,经过七天七夜,自觉大彻大悟,发现了宇宙人生的奥秘,找到了解救众生于苦难的途径。此后四十余年,他把悟到的道理在恒河流域一带宣传,争取信众,形成教义,组成僧伽教团,创建了佛教。

●**佛教的基本教义** 主要宣传"四谛"和"十二因缘"。这套理论的核心内容是讲世界和人生是苦难的,只有信仰佛教才能找到摆脱苦难的道路。佛教认为现实世界就是个痛苦的过程,所谓"苦海无边"。为此,他们提出了一套说明苦难和解决苦难方法的学说,即"四谛"说。第一,**"四谛"**说。"四谛"是苦、集、灭、道。苦谛讲现实存在的种种痛苦现象;集谛讲造成痛苦的各项原因或根据;灭谛讲作为佛教最后理想的无苦境界(涅槃);道谛讲为实现佛教理想所应遵循的手段和方法。第二,**"十二因缘"**说。佛教在分析苦难和造成苦难的原因时,提出了"十二因缘"说。他们认为世界上各种现象的存在都是依赖于某种条件(缘)的,离开了条件,也就无所谓存在。人生命的起源和过程也依赖于一定的条件,它可分作十二个彼此成为条件或因果联系的环节。即无知("无明")引起了意志("行"),由意志引起了精神统一体的认识("识"),由认识引起了构成身体的精神("名")和肉体("色"),有了精神和肉体,就有了眼、耳、鼻、舌、身、心等六种感觉器官("六入"),有了感觉器官,也就引起了和外界事物的接触("触"),由触引起了感受("受"),由感受引起了贪爱("爱"),有了贪爱就有了对外界事物的追求("取"),有追求就有追求的环境("有"),有了生存的环境就有了生("生"),有了生也就必有老死("老死")。十二因缘的中心内容是,人生的痛苦是无明(即愚昧无知)所引起的,只有清除了无明,才能获得解脱。**第三,"八正道"**。那么,佛教除灭痛苦、达到"涅槃"的方法是什么? 早期佛教提出了"八正道"。即"正见"(远离邪恶的正确见解),"正思"(远离世俗的思想意志),"正语"(纯正的佛教语言和说话方式),"正业"(按照佛教规定的正当行为),"正命"(符合佛教要求的生活方式),"正精进"(正确而努力地修行),"正念"(专心一意观想佛教真谛)、"正定"(正确的禅定)。**第四,"三法印"**。佛教在和其他宗教派别的斗争中,把他们的基本思想概括为"三法印"(印是标准的意思)。这三条佛教根本教义是:(一)"诸行无常"。这是说世界上一切事物的现象都不是永恒的,而是生灭变化的。以人为例,佛教认为人的构成有两个方面:心理现象方面与物质方面——身体结构,不管是前者还是后者,都经常处于变化之中,人生总是离不开生老病死的。(二)"诸法无我"。佛教反对婆罗门教主张世界上一切事物和现象都是由最高的实体或终极的原因——"我"所演化出来的。认为一切都是刹那生灭,因缘和合,因此,对客观的世界来说绝不存在一个主宰者(法无我),对主体的人来说也不存在着一个起主宰作用的灵魂("人无我")。(三)"涅槃寂静",人生活的最后目的是追求一种绝对安静的、神秘的精神状态(涅槃),它与现实世界相对立。在涅槃这个神秘世界里,即摆脱了外在事物,也摆脱了主观感受、理智等用逻辑概念所理解或用语言所表述的东西。

随着历史的发展,佛教教义也不断地发展变化,到公元1世纪前后,出现了大乘、小乘两派("乘"是"乘载"或"道路"的意思),后期的佛教自称为大乘,即大道,把前期佛教贬称为小乘。大乘和小乘的区别不但表现在教义理论方面,也表现在修持实践方面。

●**佛教的影响** 佛教从南亚次大陆向其他国家传播始于印度孔雀王朝的阿育王(?—前232年)统治时期。孔雀王朝建立了印度历史上最大的、统一的奴隶制国家。伴随着阿育王的对外扩张,佛教由恒河流域一带传到了古印度各地,并远及斯里兰卡、缅甸、叙利亚、埃及等国家,逐渐成为世界性的宗教。佛教向亚洲各地区的传播大致可分为两条路线:北传经帕米尔高原,传入中国,再由中国传入朝鲜、日本、越南等国；南传最先传入斯里兰卡，又由斯里兰卡传入缅甸、泰国、柬埔寨、老挝等国。北传佛教以大乘为主，南传佛教主要是小乘佛教。佛教传入各地后，为了适应统治阶级的政治需要，以及不同地区社会的特点，无论在形式和内容方面都有相应的改变，并对传入地区的社会历史文化产生了深远影响。

●**佛教思想的哲学意义**　佛教既是一种宗教，又是一种哲学。赵朴初先生认为，佛教哲学本身蕴藏着极深的智慧，它对宇宙人生的洞察，对人类理性的反省，对概念的分析，有着深刻独到的见解。恩格斯在《自然辩证法》中称誉佛教徒处在人类辩证思维的较高发展阶段上。*第一，在世界观上，佛教否认至高无上的"神"。*它认为事物应处在无始无终、无边无际的因果网络之中。因此，在西方学术界中，有人认为佛教是唯一的"无神论"宗教。这种看法，好像不易理解，但佛教教义确实如此。佛教既以"诸法皆空"为教义，当然神也是空的。神既然空，何来创造世界之事。*第二，佛教又认为"业果不空"。*"业"即人的有意识的行为活动，这种活动必然要产生一定的结果，这两者都是实际存在的，不能说是空无所有。*第三，在人生观上，佛教强调主体的自觉。*它把一切的解脱与拯救人类联系起来。佛学和中国古典哲学的交互影响，推动了哲学提出新的命题和新的方法。它的独特的思想方式和生活方式，给予人们新的启发，把人的精神生活推向一个新的世界(赵朴初，1988年)。方立天教授撰写的专著《佛教哲学》是关于这一问题研究的权威性著作。他把佛教哲学的主要内容归结为四点：缘起论是全部佛教哲学的理论基石；善恶、净染、真假是佛教哲学的中心观念；神秘直觉是佛教哲学的认识化基础；追求解脱是佛教哲学的根本目的。作者还认为佛教哲学有其独特的思维模式，其总体性的特质主要可以归纳为以下三点：*第一，浑然性。*佛教哲学结构的面貌表现为人生观、宇宙观、认识论和伦理学四者的密切结合、高度统一、浑然一体。*第二，变异性。*纵观二千五百多年来佛教哲学的演变，可以看出，由于社会历史条件的作用，其他学说的影响和佛教哲学自身的逻辑脉络，决定了佛教哲学鲜明的变异性。*第三，出世性。*表现为佛教对世间一切现实原则的否定，即对人类及其所处客观世界的自体和价值原则的否定。还有学者指出，佛教哲学不仅是一种世界观，更代表着一种独具特色的认识论方式。与传统的主客二分的思辨方式不同。

【思考与讨论】
1. 郡县制的实施有何历史意义？郡县制与分封制有何不同？
2. 汉初黄老思想兴盛的原因是什么？黄老思想与老庄思想有什么不同？
3. 比较先秦儒学与董仲舒新儒学的异同。谈谈汉朝儒学独尊的历史意义及其影响。
4. 无神论者与谶纬迷信斗争的主要内容有哪些？
5. 谈谈汉代文化艺术的基本特征。

第五章　魏晋南北朝文化

> 魏晋南北朝是一个分裂、割据、对峙、动荡的时代。在这个时代，政局的分崩离析与文化的多姿多彩形成鲜明的对比。本章概述了魏晋南北朝历史发展的状况，简介了庄园经济、九品中正制与文化艺术方面所取得的成就。着重论述了玄学、佛教、道教、无神论以及文学的自觉等精神层面的文化。要求通过学习了解在这个思想大解放和中国文化大转折的时代，哲学、宗教、历史、文学中蕴涵的民族文化精神。

第一节　魏晋南北朝文化概述

从公元196年（东汉献帝建安元年）到公元589年（隋文帝开皇九年），是中国历史上的魏晋南北朝时期。这一时期是中国社会继先秦之后发生的又一次大变革时代。社会各领域——政治、军事、经济、文化乃至整个意识形态，包括哲学、宗教、文学、艺术等等，都经历了重大的转折。在393年里，中国大地不仅出现了三国的争雄鼎立，也发生了多个民族政权之间的大规模混战，最终形成了南北朝对峙的局面。

一、动乱与变革时代的政治和经济

●三国鼎立　公元196年，曹操挟天子以令诸侯，与地广兵多的袁绍成为当时中国最为强大的两支军事对抗力量。在官渡之战中，曹操以少胜多大败袁绍，既而统一了中国北方。而此时的中国南方仍处在一片混乱之中。在南方的几股势力中曹操最忌惮刘备和孙权。公元208年，曹操南征荆州。此时刘表病死，次子刘琮刚刚继位，曹操攻其措手不及，一举降服刘琮，而刘备也被追至当阳长坂坡,险些做了俘虏。孙权则在曹军南下之时,接受鲁肃的意见,欲与刘备联合抗曹,此刻刘备也采纳诸葛亮的意见,准备联吴抗曹。于是孙刘联军开始谋划与曹军大战。这年冬天,天气寒冷,不熟悉水战又水土不服的曹军在赤壁遭到孙刘联军的火攻,士兵死伤无数,最后全线崩溃,一败涂地。至此,曹操统一全中国的热望化为泡影,三国鼎立的形势基本奠定(图 5.1)。曹操失败后北还,集中力量进行内部整顿。魏黄初元年(公元 220 年),曹操病死,曹丕继位称帝,国号魏。自此,三国正式开始。次年,刘备也在成都称帝,国号汉。孙权于 222 年称王,又过了八年,公元 229 年,孙权以建业为都称帝,国号吴。

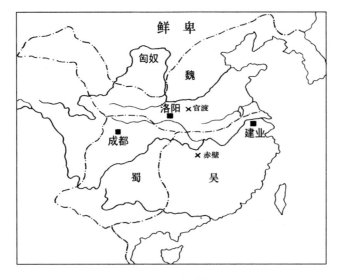

图 5.1　三国形势图

●**南北融合**　从公元 420 年刘裕代晋到公元 589 年隋灭陈,这一百多年的时间里,南方经历了宋、齐、梁、陈四个短命的王朝。政权的频繁更迭,来自统治阶级内部的自相屠戮,在南朝四代无一例外。而统治阶级穷奢极欲、荒淫腐化的生活,又加速了它们自身灭亡的速度。史载,齐明帝萧鸾篡位后,大开杀戒,高帝萧道成、武帝萧赜的子孙差不多都被杀尽,而后来明帝的子孙,除早死者外,也都全部被杀掉。从中可见封建帝王抢夺皇位的斗争之残酷。至于南朝统治者的荒淫,更不鲜见。而北方,鲜卑拓跋氏自漠北起家,逐渐南进,统一了北中国,建立了北魏政权。后来,北魏分裂为东魏、西魏,旋即东魏为北齐代替,西魏为北周代替,最后北周灭北齐重新统一北方,为隋朝一统天下打下基础。这一进程中,北魏孝文帝的汉化运动是中国文化史上的盛事。公元 494 年,北魏迁都洛阳,第二年起,孝文帝下令,禁胡语胡服,改鲜卑姓为汉姓,并禁止鲜卑同姓通婚,积极倡导鲜卑贵族与汉族大姓通婚。这些措施促进了鲜卑同其他民族和汉族的融合。

正如孝文帝自己所说:"如此渐习,风化可新;若仍旧俗,恐数世之后,伊洛之下,复成被发之人。"①所以说,中国文化是在各民族共同努力下发展起来的。

●**庄园经济**　随着汉末以来土地兼并的加速进行,土地所有权日益集中到豪强贵族手中,而破产的手工业者和失去土地的农民则无奈地汇聚在他们门下,成为领主土地上没有自由的农民,于是典型的自给自足的庄园经济形成了(图5.2)。它作为封建社会新的经济形态,引起了文化领域的深刻变革。在当时众多的豪华庄园中,最引人注目的是石崇的金谷园。石崇在《金谷诗序》中描绘该园:"在河南县界金谷涧中,去城十里,或高或下,有清泉茂林,众果竹柏、药草之属,莫不毕备。又有水碓、鱼池、土窟,其为娱目欢心之物备矣。"从中可见其富贵豪华的气象。此外,谢灵运的始宁山居也别有一番风味。《南史·谢灵运传》载:"灵运父、祖并葬始宁县,并有故宅及墅,遂移籍会稽,修营别业,傍山带江,尽幽居之美。"谢氏家族是望族,从谢灵运的《山居赋》看,他的庄园俨然是一个独立王国,不仅在经济上实现了自给自足,而且兼具农耕、纺织、水产、园艺、酿造等多种功能。不过,庄园经济最明显的特征还在于它体现了"天人合一"的观念。这种对人与自然和谐一致的追求激发了那个时代士大夫文人对山林的情志。从此,山林之趣便成为中国传统文化中一个永恒的话题。

图5.2　地主生活图(晋代,新疆吐鲁番出土)

●**九品中正制**　魏晋南北朝时期,豪门世族为了维护自身的统治地位,在选官制度上,实行"九品中正制"。所谓"九品",即根据才干、德行、家世等标准将士人分为从上上品到下下品九个品级,并依品级选拔官吏加以任命。"中正"则负责对士人进行考察并向朝廷推荐。自曹魏以来,地方上担任中正的多是任职于朝廷的官员。他们都是有地位有声望的士族成员,所以在评定士人等级时,根本不重视真才实学,只看家世门第,这样就形成了影响整个魏晋南北朝时期的门阀政治。《晋书·段灼传》载:"今台阁选举,徒塞耳目。九品访人,唯问中正。故据上品者,非公侯之孙,则当涂之昆弟也。"那些出身上品的贵族子弟很容易就能得到位高权重的官职,而出身下品的寒门学子只能怀才不遇。"上品无寒门,下品无士族"是当时社会普遍的现象。特别是门阀士族累世为官,在社会政治、经济、文化等方面享有特权,以致他们的文化审美趣向也代表了这个时代总体的趋向,

---

①　《魏书》卷九上《咸阳王禧传》。

构成了门阀社会最基本的文化形态。

二、魏晋南北朝时期的文化成就及其影响

魏晋南北朝是中国历史上独具风采的时期。宗白华先生在《论〈世说新语〉和晋人的美》中说:"汉末魏晋六朝是中国政治上最混乱、社会上最痛苦的时代,然而却是精神史上极自由、极解放、最富有智慧、最浓于热情的时代,因此也就是最富于艺术精神的一个时代。"

1."笔意之间"——书法

自汉隶代篆以来,中国文字由象形走向表意,由实用转向审美,到了魏晋南北朝,书法已完全成为一种以流美和恣意任情为特征的独立艺术形式。此时出现的书法名家也以他们独特的风姿和传世的名作为后代留下了宝贵的文化遗产。

●**钟繇(151—230年)** 字元常,颍川长社人。三国时魏国书法家。其书众体兼擅,尤长于隶、楷。他一生勤勉,学习书法日夜不辍。晚年时曾对儿子钟会说:"吾精思学书法三十年,坐与人语,以指就座边数步之地书之,卧则书于寝具,具为之穿。"他还想方设法从韦诞墓中盗得蔡邕的《笔论》加以练习。张怀瓘《书断》称他"真书绝妙,刚柔备焉。点画之间,多有益趣,可谓幽深无际,古雅有余,秦汉以来,一人而已"。但遗憾的是,钟繇的书法真迹未传下来,现存于世的仅有后人临摹翻刻的《宣示表》《贺捷表》《立命表》等。

●**王羲之(321—379年)** 字逸少。王氏家族是东晋南朝书法界最显赫的一族,王羲之(图5.3)、王献之父子是该家族中最有成就的两位。王羲之,琅邪临沂人,自幼从卫夫人学习书法,后"渡江北游名山,见李斯、曹喜等书;又之许下,见钟繇、梁鹄书;又之洛下,见蔡邕《石经》三体书;又于从兄恰处,见张昶《华岳碑》"(王羲之《题卫夫人〈笔阵图〉后》)。他转益多师,增损古法,一改汉、魏朴质的书风,新创妍美流便的书体,在行书、草书上达到神妙绝伦的境界,被历代学者尊为"书圣"。相传他日夜练字,屋边池塘里的水都因洗砚、涮笔而变成了黑色。而其所书《兰亭序》(图5.4)更被人誉为"天下第一行书"。该帖章法布局上以

图 5.3 王羲之

纵行为主,字形大小参差相间,错落有致,笔画映带,或左或右,不失轴心,富有韵律,是王羲之生平得意之作。明人董其昌《画禅室随笔》云:"古人论书,以章法为一大事。右军《兰亭序》章法为古今第一,其字皆映带而生,或大或小,随手所如,皆入法则,所以为神品也。"

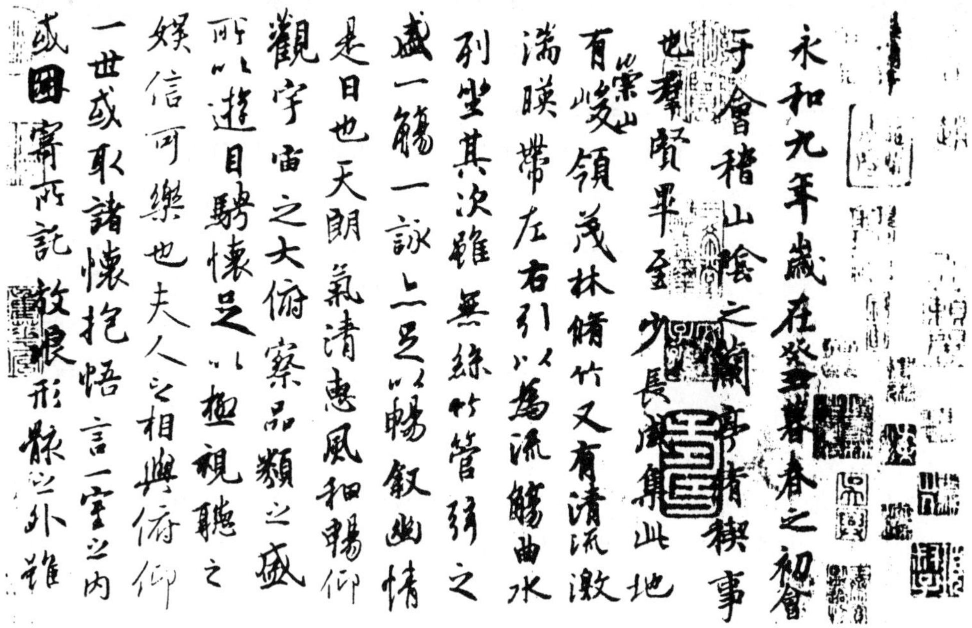

图 5.4　王羲之《兰亭序帖》

● **王献之（344—386 年）**　字子敬,小字官奴,是东晋另一位杰出的大书法家,特别擅长行草。他用笔外拓,俊迈而带逸气,有"破体"之称(图 5.5)。唐宋以来的书法家大多受其影响。王献之与其父王羲之齐名,并称"二王"。《鸭头丸帖》是他所创"破体"的代表作。该帖字与字之间、行与行之间常留有较大空白,体现出一种虚空的美。

魏晋南北朝是书法史上光前裕后的伟大时代。宗白华先生在评论晋人书法之美时对此曾做过恰当的总结:"晋人风神潇洒,不滞于物,这优美的自由的心灵找到一种最适宜于表现他自己的艺术,这就是书法中的行草。行草艺术纯系一片神机,无法而有法,

图 5.5　王献之《中秋帖》

全在于下笔时点画自如,一点一拂皆有情趣,从头至尾,一气呵成,如天马行空,游行自在。又如庖丁之中肯綮,神行于虚。这种超妙的艺术,只有晋人萧散超脱

的心灵,才能心手相应,登峰造极。魏晋书法的特色,是能尽各字的真态。'钟繇每点多异,羲之万字不同'。'晋人结字用理,用理则从心所欲不逾矩'。……中国独有的美术书法——这书法也是中国绘画艺术的灵魂——是从晋人的风韵中产生的。魏晋的玄学使晋人得到空前绝后的精神解放,晋人的书法是这自由的精神人格最具体最适当的艺术表现。这抽象的音乐似的艺术才能表达出晋人的空灵的玄学精神和个性主义的自我价值。"①

2. "形神之间"——绘画与雕塑

●**绘画** 魏晋之际,形成了以人物美与山水美为核心,以"自我超越"为主旨的绘画观念。顾恺之的人物画和宗炳的山水画便是这一时期的杰出代表。史载晋哀帝兴宁二年(364年),京师修建瓦棺寺,寺僧请当时的名流撞钟捐钱,顾恺之踊跃地填了百万,寺僧们以为这个年轻人在开玩笑,要他将名字勾掉。顾恺之却请寺内准备一堵白墙,接着闭门一个多月,画了一幅维摩诘图,在最后要给图像画眼睛时,他让寺僧将门打开,任人参观,并要求参观者第一天施钱十万,第二天五万,第三天不计,结果寺门一开,光照一寺,参观者无不目瞪口呆,寺内顷刻间得了百万钱财。这足见顾恺之画艺的高超和画中人物的传神。所以顾恺之画人物,往往数年不点眼睛,有人问原因,他便说:"四体妍蚩,本无关于妙处,传神写照,正在阿堵之中。"(《历代名画记》)可惜顾恺之的真迹世已不传,但我们仍能从相传的摹本《女史箴图》(图5.6)和《洛神赋图》《列女仁智图》等作品中窥得顾氏画作当年的风貌。宗炳"好山水、爱远游,西陟荆、楚,南登衡、岳,因结宇衡山,欲怀尚平之志,有疾还江陵,叹曰:'老疾俱至,名山恐难遍睹,唯当澄怀观道,卧以游之。'凡所游履,皆图之于室。谓之:'抚琴动操,欲令众山皆响。'"(《南史·隐逸传》)不过,他这些山水画迹今天已无法看到,我们只能从他的话语中推断他在墙壁上画满山水,是为了抒写一种心情,表达自己对山水景致的一种意趣,让自然山水同音乐产生共鸣,进而达到一种独有的意境。宗炳晚年作《画山水序》一文,就是对他这种绘画理念的总结。

图5.6 女史官(顾恺之《女史箴图》局部摹本)

●**雕塑** 魏晋南北朝时期雕塑受到佛教的影响,作品主要以佛像为主(图5.7)。敦煌、云冈、龙门、麦积山四大石窟中有许多这个时期的造像。如麦积山第60号龛正

---

① 宗白华.美学散步[M].上海:上海人民出版社,1981:180.

壁北周时期的释迦牟尼造像,耳大厚软,鼻直唇弯,整个脸型方中显圆,且神情安详,作凝思状。这既体现了释迦牟尼那种超尘绝俗深不可测的神秘感,又包含了现实世界中人端庄娴雅、温和慈祥的亲切感。从中可见,人们不仅以之表达佛国的理想,而且以之展示浓厚的人间情调和世俗趣味。特别是随着佛教的日益本土化,雕像也日益显现出世俗化、民族化的特征。

3. "物我之间"——音乐

对音乐的爱好,在魏晋南北朝似乎已形成一种风气。史载,嵇康一生好琴,被司马昭陷害后,在临刑前竟顾视日影而索琴弹一曲《广陵散》,并哀叹"《广陵散》于今绝矣",后世传为"嵇康绝响"。而他所作的《声无哀乐论》和《琴赋》也是阐述音乐理论的著作。魏晋人甚至还将音乐作为沟通心灵的桥梁。《世说新语·伤逝》载:"顾彦先平生好琴,及丧,家人常以琴置灵床

图5.7 贴金彩绘菩萨立像(南北朝)

上。张季鹰往哭之,不胜其恸,遂径上床鼓琴,作数曲竟,抚琴曰:'顾彦先颇复赏此不?'因又大恸,遂不执孝子手而出。"足见那个时代人们已用心灵去认识音乐,用音乐来表达人间挚真的情感(图5.8)。所以程裕祯在《中国文化要略》一书中指出:"魏晋南北朝是中国音乐发生嬗变的重要阶段。首先是南北混战带来的民族融合为隋唐音乐的大发展准备了前提条件;其次是在魏晋玄学的影响下,音乐理论转向探求音乐的美感作用;第三是由于佛教的广泛流行,宗教音乐得以传播,并且同民间音乐相结合,形成'改梵为秦'的佛教音乐。"事实上,在这样一个关键的转折期,上述音乐的转变,恰恰代表了它所取得的成就,而这一成就直接开启了隋唐音乐大发展的局面。

图5.8 抱曲项琵琶之伎乐人
(北魏,敦煌莫高窟壁画)

第二节 魏晋南北朝文化思想述评

一、玄学的兴衰

1. 玄学代表人物及其思想

玄学是魏晋南北朝时期流行的一种哲学思潮。它开始于曹魏正始年间。当

时何晏、王弼以"贵无论"开创了"正始玄风"。

●**何晏与王弼** 何晏(？—249年)，是东汉何进的孙子，他的母亲再嫁给曹操为夫人，以才学知名。他喜欢谈老子、庄子的学说，著有《道德论》《论语集解》等书。王弼(226—249年)，字辅嗣，是建安著名文学家王粲的侄孙。他自幼聪慧，十几岁时便喜欢读《老子》，而且擅长与人辩论。后来，何晏把他推荐给曹爽，做了尚书郎。但司马氏集团控制政权后，王弼因曹爽、何晏受到株连，年仅24岁便结束了短促的一生。他著有《周易注》《老子注》《论语释疑》等书，在中国哲学史上曾产生深远的影响。

何、王二人著述《老子》《庄子》以立论，认为"天地万物皆以无为本"，从而把"无"看作宇宙万物的主体，主张"贵无论"。例如何晏说："有之为有，恃'无'以生；事而为事，由'无'以成。夫道之而无语，名之而无名，视之而无形，听之而无声，则道之全焉。"①而王弼则说："凡有皆始于'无'，故未形无名之时，则为万物之始；及有形有名之时，则长之育之，亭之毒之，为其母也。言道以无形无名始成，万物以始以成而不知其所以，玄之又玄也。"这两段话中何、王二人都将"无"作为一切事物和现象产生和生成的依据，并以此为纲来构建他们自己的哲学大厦，主张"崇本息末"，强调"以无为本""名教本于自然"。这正是谈玄论道风气的开始。据说，当时他们的言谈和著作风靡一时，引起了不小的轰动，甚至司马师也参加他们的清谈。

图5.9 嵇康

●**阮籍与嵇康** 对于何、王的玄学理论，也有不少人持异议，称他们为玄学的"异端"。其中最著名的是以阮籍、嵇康(图5.9)为代表的"名教不合自然"的思想。嵇、阮二人在政治上与司马氏集团处于敌对地位，他们蔑弃儒家的"礼法名教"，主张"越名教而任自然"(嵇康《释私论》)，这就完全背离了玄学的主旨，形成了反玄学的思潮。当然二人也因此遭到了司马氏集团的迫害。阮籍本是一个志向高洁、洒脱放达的人，但为了逃避现实，不得不经常醉酒。司马氏对他采取的策略是威逼利诱，这使他的处境十分险恶，只能把愿望寄托在《大人先生传》中。他提出了"无君而庶物定，无臣而万事理""无贵则贱者不怨，无富则贫者不争"的理想，对那个尊崇虚伪礼法的社会发出了强烈的抗议。嵇康虽"发言玄远""口不臧否人物"，但仍被司马昭找了个借口处死。临刑

---

① 《列子·天瑞》注引何晏《道论》。

前,他神情泰然自若,索琴弹完一曲《广陵散》后,慷慨就义。《广陵散》成为绝唱,它所体现的浩然正气也被扼杀。

●**乐广与裴颜**　不过,嵇、阮二人"任自然"的思想在西晋开国后却被引向了极端,士族子弟们纵欲之风恶性膨胀,每日清谈放荡,不问政事,甚至到了"相与为散发倮身之饮,对弄婢妾"①的程度。玄学贵无论的异端发展,已开始危及士族集团的统治,于是出现了乐广、裴颜的纠偏之论。乐广针对上层士族子弟坐享荣华背离名教的风气,提出自然不离名教的观点,裴颜则特写《崇有》《贵无》二论,矫正虚无荒诞的弊端。这二人的纠偏之论,预示着未来玄学的发展就是将自然与名教、崇有与贵无很好地统一起来。而郭象以其《庄子注》完成了这项任务。

●**郭象(252—312年)**　字子玄,西晋门阀士族特权阶层的代表人物(图5.10)。他自幼好老庄,喜清谈。太尉王衍经常说:"听象语,如悬河泻水,注而不竭。"郭象为了论证门阀士族专政的合理性,总结了玄学思潮产生以来"崇有"与"贵无"等各种论争,完成了《庄子注》一书,将玄学理论推向高峰。他在书中说:"万物万情,趣舍不同,若有真宰使之然也。起索真宰之朕迹,而亦终不得,则明物皆自然,无使物然也。"(《齐物论注》)这就在万物"独化于玄冥之

图5.10　郭象画像

境"的论题下,借诡辩的方法,论证了"名教即是自然""物之自造"即是"天然无为"的观点。郭象的这一理论为西晋门阀士族专政统治提供了理论上的支持。

玄学把道家思想与儒家经义糅合在一起,以思辨的形式表达了门阀士族的世界观。玄学由何、王"贵无论"的"名教本于自然",到裴颜"崇有论"的"名教不离自然",再到郭象"独化论"的"名教即是自然"的发展过程,曲折地反映了门阀士族集团由夺取政权到巩固政权过程中政治统治的理论需要。

2. 玄学的历史功过

充满思辨意味的玄学,影响了整个魏晋南北朝三百余年的社会生活。玄学的影响有消极、积极两个方面。

●**消极影响**　玄学的蔚然成风,造成了权贵的放荡不羁,甚至使得世风随之发生了深刻的改变。太尉何曾一餐万钱,还说无可口的饭菜;侍中和峤用人乳喂养小猪,烘出味道奇美的乳猪;王恺与石崇斗富,铺张浪费让人触目惊心。这些达官贵人们生活穷奢极欲,通过享乐、摆阔、逗奇,玩味人生。他们颓废避世的情

---

① 《晋书·五行志》。

绪、奢侈浪费的生活方式在一定程度上对后世一些不得志的文人产生过消极影响。玄学清谈的方式也曾一度被人指责为脱离实务，不切实际。

●**积极影响**　玄学毕竟不是那种躲藏在书斋里皓首穷经的繁琐学问。它更多的是文人、朋友之间通过主客问答的方式，探究真理、弘扬智慧的一种活动。它极大地激活了人的思辨潜能，锻炼了人的思维能力，唤起了士人们探求真理的热情。不仅如此，玄学的魅力还在于它的义理高妙，让人在一种不可言说的审美体验中获得理趣的美感。及至永嘉之后，玄学义理更加诗意化，辩难的双方更加重视表达技巧和辞采，这对后世的文学艺术产生了深远的影响。

二、儒释道的融合

1. 中国佛教的三大系

●**中国佛教的三大系**　藏传佛教、汉传佛教以及南传佛教，并称为三大佛教体系，这一简单的划分方法主要是依据其各自流传的主要地域以及典籍所使用的语言。藏传佛教主要盛行于西藏，又辐射至周围的四川、青海、甘肃、内蒙古、云南诸省(区)，以及尼泊尔、不丹、蒙古等国家和地区，典籍所使用的语言为藏语；汉传佛教主要在中国内地流传，典籍所使用的语言为汉语；南传佛教主要在东南亚诸国盛行，典籍所使用的语言为梵语、巴利语，在中国云南也有广泛传播。

●**中国佛教的三大系与大小乘佛教的关系**　藏传佛教和汉传佛教同属大乘佛教，南传佛教为小乘佛教。但现在通常只称巴利语佛教而不称小乘佛教。巴利语佛教追求个人的解脱，即"自度"，以"证得阿罗汉果"，成为罗汉修行的最终目标。大乘佛教追求所有众生都得到解脱，即"度他"，以"证得佛果位"，成为佛的最终目标。

●**大乘佛教显宗与密宗的区别**　大乘佛教又有显密宗之别，显宗以释迦牟尼为教主，密宗则以大日如来为教主。大日如来被认为是法身佛，释迦牟尼则是应身佛。显宗推崇释迦牟尼在成佛之前的菩萨阶段的修行，叫作"菩萨行"，遵行的戒律叫"菩萨戒"，因此非常强调入世，积极参与、干涉世俗生活。大日如来又叫毗卢遮那佛，以太阳比喻"如来"，意即光明遍照法界，能平等开发无量众生"种种善根"，成为世间一切"殊胜事业"。按照密宗的说法，显宗的教义是释迦牟尼公开宣说的，故称显教；密宗的教义来自大日如来秘密传授，所以叫密宗。密宗是印度佛教发展到晚期阶段的产物，从外在表现看，以高度组织化了的咒术、仪轨、本尊信仰崇拜等为典型特征。密示的根本经典为《大日经》和《金刚顶经》。汉传佛教一般被认为属于显宗，但是在三国直至隋唐时期，密宗的思想和宗教实践在中原内地也有广泛传播。

2. 佛教的本土化

任何一种外来文化,要在中国求得生存与发展,都必须适应中国的本土文化,佛教也不例外(图5.11)。魏晋南北朝时期玄学是哲学思潮的主流,佛教与玄学合流,在玄学的认同下很快得到张扬并流播天下。当时不少高僧引玄入佛,用玄学经义阐释佛法以扩大佛教的影响。名僧慧远便是十分著名的一位。慧远(334—416年),本姓贾,晋雁门楼烦人,是东晋名僧道安的学生。他定居庐山长达30余年,组成了声名远扬的庐山僧团。慧远对儒佛道均有很深的

图5.11 云冈石窟大佛

造诣,这使他有能力将外来的佛教思想同中国的传统文化紧密地结合起来。

●**佛教与现世报应和灵魂不灭思想的结合** 慧远创立了"神不灭论",同时宣扬佛教的因果报应说。他认为,神是无生无灭的"精极而灵者",它绝对不变,且能感应万物,是轮回、报应,以至成佛的主体承担者。但神会受到情欲的污染而沉沦。如果能泯灭情欲、破除迷惑,神就会清静解脱,转向彼岸世界。同时他还指出,世间的一切烦恼、祸福都是由人的愚昧和贪爱引起的。众生的贪爱、执着心是善恶因果报应及生命轮回流转的根源。所以众生行善则受福报,为恶就遭祸殃。而且善恶的报应并不一定在现世实现,有的可能会在下一世或下几世应验。这便将佛教的轮回说与中国传统文化中的现世报应及灵魂不灭观点暗自结合起来,使佛教更容易被中国百姓接受,更容易在大众中传播。

●**佛教与儒家伦理道德的结合** 佛教为了在中国扎根,取得世俗统治者的支持,还在其思想中融入了儒家伦理道德因素。如慧远在《沙门不敬王者论》中,一再论述佛教与世俗皇权和儒家名教利益的一致性。他说:"因亲以教爱,使民知其有自然之恩;因严以教敬,使民知其有自然之重。"这就表明子孝父母,臣敬君主,"实由冥应",是一种因果自然之理。而这种因果报应说可以使百姓明于礼教,有益于稳定政治统治和社会秩序。当然佛教也因此得到了世俗统治者的大力支持。以至东晋南朝,皇帝个个信佛,寺庙遍及全国。难怪唐代诗人杜牧会有"南朝四百八十寺,多少楼台烟雨中"的诗句。

这样,慧远便将佛教理论与中国传统文化衔接起来,达成了佛教与现实社会伦理的协调一致。

3. 道教与儒佛的融会

魏晋南北朝时期,道教已成为较成熟的宗教,它发展的主要倾向是与儒学调和通融,在排斥佛教的过程中又吸收了佛教的某些内容和形式(图5.12)。在道教与儒佛融会过程中起了重要作用的人物有陆修静、陶弘景、萧衍等。

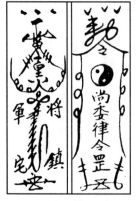

图5.12 敦煌石窟壁画道符

●**陆修静(406—477年)** 字元德,吴兴东迁人。他出身士族,一生通读道教诸经,并广收门徒。他在总结天师道原有各种斋仪的基础上,吸取佛教的修持仪式和儒家的封建礼法,为道教制定斋醮仪范。他从统治者修身与治国相统一的观点出发,改造出包括天师、上清、灵宝各派斋仪在内的"九斋十二法",成为后世道教斋法的典范。在他的努力下,道教各派面貌焕然一新,皇帝朝臣信道教的也逐渐多起来,不少道士还隐居山林潜心修行。

●**陶弘景(456—536年)** 字通明,丹阳秣陵人(图5.13)。他出身士族,自幼好学,博览群书,撰述了许多道家经典。如《真诰》中,吸收儒学和佛教内容为道教制定出教义和教规禁律;《真灵位业图》中,他仿照人间的封建等级制度构造出道教世界的神仙谱系。《登真隐诀》中,则发展了道教的修炼理论。他曾在茅山广招徒众,传授上清经法,建立茅山上清道团。《南史·陶弘景传》载:"曾梦佛授其菩提记云,名为胜力菩萨。"可见,陶弘景虽隐居茅山修道,却兼信佛教,同时他对儒学也有深入研究,著有《孝经》《论语集注》。陶弘景以道教为主体,吸取佛教精华,在三教调和方面达到了很高的成就。

图5.13 陶弘景

●**萧衍(464—549年)** 字叔达,南兰陵人,梁朝的开国皇帝。他崇信佛教,又将儒学思想融入其中,同时调和佛道,形成了"三教同源论"。这种理论事实上是儒佛道三家矛盾斗争与调和圆融的产物。梁武帝想将三教合一,建立起一个以儒学为基础,以佛学为主体,以道教为辅助的文化思想体系。他的这种尝试使三教的斗争趋向缓和,最终促进了三教的协调发展。

三、文学与文化的自觉

鲁迅说:"曹丕的一个时代可以说是'文学的自觉时代',或如近代所说,是为艺术而艺术的一派。"(《而已集·魏晋风度及文章与药及酒之关系》)"文学的自觉"是一个宽泛的概念,不单指纯文学而言,其他文化门类,如史学和科学,也同样表现出这种自觉。

1. 文学的自觉

事实上,文学的自觉是以人的觉醒为前提的。两汉时代,社会群体意识淹没了人的个体意识,人的活动和观念完全屈从于神学目的论和谶纬宿命论,那时不可能出现人的觉醒。而魏晋南北朝时期,情况发生了很大变化,人在不同程度上摆脱了对社会政治道德的完全依附,从社会政治道德的奴隶地位中解脱出来,开始追求延长寿命,得到感性的满足,甚至以写文章而达致不朽。这种个体意识的觉醒,直接导致了人感性心灵的复苏,因而自然地导致了文学的自觉。这样,整整一个时代,没有太多的统治束缚,也没有皇家钦定的各种标准,正如李泽厚在《美的历程》中所说:"文化思想领域比较自由而开放,议论争辩的风气相当盛行。正是在这种基础上,与颂功德、讲实用的两汉经学、文艺相区别,一种真正思辨的、理性的'纯'哲学产生了;一种真正抒情的、感性的'纯'文艺产生了。"文学的自觉主要表现在以下几个方面。

●**文学观念的自觉**　"随着人的个体感性从同一的社会理性中分离出来,文学作为最能发挥这种感性的符号形式,也必然从政教的束缚中摆脱出来,建立新的品格,这就是文学的自觉。"[①]的确,这一时期,文学观念不断地演进,文学自身的价值和地位得到确认,文学不再是为了功利目的或作为政治工具存在,它从史学、经学的附庸地位中解脱出来,成为一门真正独立的学科。此时有好多言论表现出了这种文学的自觉。如曹丕提出的"文气说":"文以气为主,气之清浊有体,不可力强而致。譬诸音乐,典度虽均,节奏同检,至于引气不齐,巧拙有素,虽在父兄,不能以移子弟。"[②]这一观点指明文学要表现作者独特的个性气质,而艺术的巧拙则源自作者的天赋。这就从根本上肯定了文学的性质是表达作家身上思想、情感、精神、品格等个性化的东西。

●**追求强烈的情感与辞采美**　自曹丕在《典论·论文》中"诗赋欲丽"主张的提出,至对陆机《文赋》"诗缘情而绮靡"观念的确认,整个魏晋南北朝时期,文人一直在追寻强烈的情感与辞采美。这是文学自觉一个很重要的表现。**第一,对情感的追求。**钟嵘《诗品·序》说:"若乃春风春鸟,秋月秋蝉,夏云暑雨,冬月祁寒,斯四候之感诸诗者也。嘉会寄诗以亲,离群托诗以怨。至于楚臣去境,汉妾辞宫;或骨横朔野,魂逐飞蓬;或负戈外戍,杀气雄边;塞客衣单,孀闺泪尽;或士

[①] 冷成金.中国文学的历史与审美[M].北京:中国人民大学出版社,1999:85.
[②] 曹丕《典论·论文》。

有解佩出朝,一去忘返;女有扬蛾入宠,再盼倾国。凡斯种种,感荡心灵,非陈诗何以展其义,非长歌何以骋其情?"这里各类不同的感慨和触动,反映了那个时代文学抒情对个体主观感受的重视。而这种浓烈的感情色彩正是文学走向自觉必然的要求。它是文人刻意去追求的梦想。**第二,*对辞采美的追求*。**至于对辞采

图 5.14 陶渊明

美的追求,则始于曹植。他的诗"骨气奇高,辞采华茂,情兼雅怨,体被文质"①,已开始有意识地锤炼字句了。但所谓辞采美,并不单指声律的铿锵、对偶的工整和辞藻的艳丽等华美雕绘的风气,它还包括嵇康、陶渊明(图 5.14)所提倡的天真自然之美。不论天真自然之美还是错彩镂金之美都是文学自觉的历程中不可或缺的部分,它们共同承载着作者强烈的情感,以实现对文学内容与形式的完美结合。有关这一点,刘勰《文心雕龙·情采》篇中的一段话给出了最好的答案:"文采所以饰言,而辩丽本乎情性。故情者文之经,辞者理之纬,经正而后纬成,理定而后辞畅,此立文之本源也。"

●**诗赋的唯美倾向** 魏晋南北朝是一个诗赋共荣的时代。文学的自觉在这一时期的诗赋作品中同样有所体现,其最明显的特征就是出现了唯美的倾向,而谢灵运的山水诗又是其中突出的代表。谢灵运(385—433 年),出身于东晋世家,是淝水之战主将谢玄之孙。他年轻时承祖荫封为康乐公,后因性格俊急,行为不羁,遭弹劾。谢灵运在政治上一直很不得意,于是他投身山水消解苦闷,反而成为重要的山水诗人。他的诗在当时就产生了很大的影响:"每有一诗至都邑,贵贱莫不竞写,宿昔之间,士庶皆遍,远近钦慕,名动京师。"②

●**文论体系的形成** 先秦西汉还没有形成关于文学和文章写作的独立理论。到魏晋南北朝,则有了一系列文学评论和文学艺术理论专著。最系统、最著名的首推刘勰的《文心雕龙》。他吸取儒道两家的思想,对文学和文章的创作进行了独立的分析,并建构了相当严密的文论体系。这是这个时代文学自觉最明显的标志。

2. 史学与科学的自觉

●**史学的自觉** 魏晋南北朝时期,随着文学自觉的实现,经史开始分离,史学也变得繁荣起来。这一时期的主要史学著作有陈寿的《三国志》、范晔的《后汉书》、沈约的《宋书》、萧子显《南齐书》和魏收的《魏书》等。然而最值得称许的不

---

① 钟嵘《诗品》。
② 《宋书·谢灵运传》。

仅是这些史学方面的著作,还有史学家秉笔直书的精神,这是中国史学上的优良传统。

●**科学的自觉** 科学的自觉有赖于人的独创精神。这正与魏晋南北朝时期人的觉醒密切关联,互为表里。此时科学的发展较之前朝又有很大的进步。算学方面,刘徽在《九章算术》注中第一次提出了"极限思想",并创造性地运用割圆术,将圆周率的值精确到 3.1416。随后南朝大数学家祖冲之(图 5.15)进一步将圆周率精确到 3.1415926 与 3.1415927 之间,这比欧洲足足早了一千多年,是我们中华民族至今仍值得骄傲的成绩。地理学方面,则出现了北魏杨衒之的《洛阳伽蓝记》和郦道元的《水经注》两部著作。特别是《水经注》,记述了大小一千多条河流水道的源流和沿岸的自然风光以及故事传说。郦道元更重要的贡献在于他的证实精神。他著《水经注》,不仅尽量使用汉魏以来的历史文献,而且经过自己长期的实地考察。这是科学家身上磨洗不掉的闪光点,正是这种精神使他们留名青史。农业方面,北魏贾思勰的《齐民要术》,不仅总结了当时黄河流域的农业生产经验和农业科学知识,而且还大量引用了古代有关农业的记载,其中的一些经验,至今还有借鉴作用。特别是《齐民要术》首次说明了有性繁殖通过授粉来完成,而类似的论述欧洲在 17 世纪 90 年代才出现。因而,这部书是中国宝贵的科学文化遗产。

图 5.15 祖冲之

四、范缜的《神灭论》及神灭之争

●**范缜与《神灭论》** 范缜(约 450—约 510 年),字子真,南乡舞阴人,南朝齐梁时唯物主义哲学家和无神论者。范缜父范蒙早亡,故家境比较贫寒。他曾芒履布衣,徒步到当世名儒刘瓛那里学习。由于范缜为人性情耿直,不畏权贵,好发危言高论,因而不为士友所安。他曾在南朝齐梁两代出任尚书殿中郎、尚书左丞等官职。范缜《神灭论》的主要思想如下:

第一,综合并发展了魏晋以来的无神论和神灭思想。南齐永明中,佛教极为盛行,竟陵王萧子良笃信不疑,认为神是不灭的,并迷信因果报应之说。范缜作为他的宾客,不畏帝王的权威,当面与之辩难,据《南史·范缜传》载,南齐武帝永明七年,子良问曰:"君不信因果,何得富贵贫贱?"缜答曰:"人生如树花同发,随风而堕,自有拂帘幌坠于茵席之上,自有关篱墙落于粪溷之侧。坠茵席者,殿下是也。落粪溷者,下官是也。贵贱虽复殊途,因果竟在何处?""子良不能屈,然深怪之"。这里范缜以落花为喻,说明了富贵贫贱的偶然性,解释了因果报应之说的荒谬。而且范缜还曾在竟陵王西邸发表了反对佛教神不灭论的《神灭论》。据史书载:"此论出,朝野喧哗;子良集僧难之,而不能屈。"(《梁书》《南史》均有同样记载)竟陵王既不能驳倒范缜,便派人对范缜说:"如果放弃神灭之说,何患做不到中书郎。"范缜却断然拒绝了萧子良的劝诱,大笑说:"使范缜卖论取官,已至令仆矣,何但中书郎耶!"[①]及至梁武帝萧衍称帝,宣布佛教为国教。为了消除《神灭论》的影响,天监六年(公元507年),他命王公朝贵及僧众60多人集中在一起反驳范缜,但仍不能取胜,最后只好将他放逐。这既说明了《神灭论》的科学性,也让我们看到了范缜身上闪耀的坚持真理、不屈服于帝王豪门的可贵精神。**第二,深刻论述了神与形的关系。**《神灭论》从"形神相即"和"形存则神存,形谢则神灭"的根本命题出发,论证了身体和灵魂的关系,是"质"和"用"的关系,"形者神之质,神者形之用"。也就是说身体和灵魂是互相依存、不可分离的,只是身体是本生的,是质;而灵魂是派生的,是用。所以灵魂因身体的存在而存在,随身体的消亡而消亡,不可能离开身体而独立存在。这是《神灭论》的基本论点,以下由此生发开来,运用各种比喻论证这种关系。例如:"神之于质,犹利之于刃;形之于用,犹刃之于利。利之名非刃也,刃之名非利也。然舍利无刃,舍刃无利。未闻刃没而利存,岂容形亡而神在!"这种观点肯定灵魂本身并非物质实体,而是形体的一种作用,这就修正了以前唯物主义者误认为灵魂是一种特殊物质的观点。**第三,强调物质的多样性和变化性。**此外,范缜的《神灭论》还指出物质具有多样性。譬如木头是无知的物质,人是有知的物质。人死了,身体变成无知的物质。所以死人像木头一样无知。他认为物质是不断变化的,而物质变化有一定的规律性,例如树木先是活的树,然后成为枯木,枯木不能再变成活树,就像活人要死亡,而死人决不会变成活人一样。至于鬼神,《神灭论》则认为,天下根本没有鬼神,儒家祭祀鬼神,只是教导人们要遵从孝悌之义,不是说真有鬼神会来享用祭品。当然世间也没有妖怪,古书中所记载的怪事,一般不可凭信。而佛教宣扬人死后会变成鬼,鬼又会变成人,更是无稽之谈。不过,范缜的《神灭论》也并非完美无缺,其中还存在一些不合理的成分。例如他认为圣贤之人的生理器官异于常人,这显然没有任何科学依据。范缜的神灭思想对后来的无神论和反佛斗争的发展都产生了积极的影响。因而在中国唯物主义哲学前进的道路上,范缜与他的《神灭论》是一块重要的里程碑。

●**神灭之争及其意义** 魏晋南北朝时期的神灭之争是儒学与佛教斗争的根本问题。佛教自东渡以来,势力日益增大,信徒不断增多,寺院遍布全国,这在一

---

① 《南史》卷57《范云传附范缜传》。

定程度上影响了封建世俗地主的利益,于是产生了儒佛之争。神不灭论是佛教根本的理论依据。以此为出发点,佛教宣扬因果报应之说,又以生死轮回之说来论证之,说今生行善,来世便可享福;今生作恶,来世则会受罪。神灭论的首倡者是三国孙吴的杨泉。他在著作《物理论》中指出:"人含气而生,精尽而死。死,犹澌也,灭也。譬如火焉,薪尽而火灭,则无光矣。故灭火之余,无遗焰也;人死之后,无遗魂矣。"这表明杨泉认为人死则神灭,不再有遗魂。南朝刘宋时的何承天为反对轮回之说,而作《达性论》,提出"生必有死,形毙神散,犹春荣秋落,四时代换,奚有于更受形哉!"在神灭之争中最著名的还是前面提到的范缜和他所作的《神灭论》。《神灭论》发表后,佛教受到致命的打击,佛教徒喧哗反对范缜。其中一个叫王琰的信徒借儒家尊敬祖宗的信条责难范缜说:"范先生啊,你竟然不知道你祖先的神灵在哪里!"也就是质问范缜:你不承认你祖先的神灵在天上,这是不孝。范缜听罢,巧妙地回击道:"王先生啊,你既然知道你祖先的神灵在哪里,为什么不自杀去寻找他们!"范缜之后的荀济上书痛斥佛教,险遭梁武帝杀害。而张僧繇则在佛寺中的墙壁上画孔圣人的画像,表达自己的愿望。

神灭之争是中国文化史上的重要事件。当佛教神学的神不灭理论与中国本土儒学的神灭理论发生冲突的时候,他们同时也不自觉地进行了相互渗透、相互融合。这样中国文化的内容和形式就变得更为丰富。

第三节　专题讨论

一、魏晋风度

魏晋是一个动乱而迷惘的时代,名士们思治而不得,苟全性命于乱世,心态发生了畸形的裂变,对文化、思想、社会风气产生了巨大的影响。传统的无形约束消失了,法律的明文制裁无效了,对天下对自己陷入了绝望,对人生对未来丧失了信心,摆脱名教而自命通达,成了当时的流行风尚。对魏晋风度没有一个合理的诠释,便不能理解这个时代的文化与思想,不能发现怪诞外表掩盖下的闪光亮点。所谓魏晋风度,主要表现在以下三个方面。[①]

●**怪异的装扮**　《易经》讲垂衣裳而天下治,《周礼》讲服饰威仪与等级。因此,儒家一向讲究仪表端正,儒冠儒服,循规蹈矩,道貌岸然。魏晋名士却一反常态,或者过分讲究化妆,使男人女性化;或者不修边幅,放浪形骸,走了两个极端。

[①] 樊树志.国史概要[M].2版.上海:复旦大学出版社,2000.

当时的名士追求阴盛阳衰的病态美,"士大夫手持粉白,口习清言,绰约嫣然",一副娘娘腔。玄学家何晏"粉白不去手,行步顾影",还喜欢"服妇人之服";诗人曹植(图5.16)洗澡之后都要涂脂抹粉,装扮一番。书法家王羲之为女性化的杜弘治那种"天姿国色"所倾倒,叹道:"此公面如凝脂,眼如点漆,真神仙中人也!"为此他刻意仿效,使自己也"飘如游云,矫若惊龙"。这种风气一直延续到南朝梁朝全盛时,贵族子弟无不"熏衣剃面,傅粉施朱"。与此形成强烈对照的是,一些名士放浪不羁,以丑为美,说丑话做丑事,不以为耻,反以为荣。他们接待宾客时故意穿破衣烂衫,"望客而唤狗";参加宴会时,故意不拘礼节;更有甚者,接待来客时,赤身露体,一丝不挂,美其名曰"通达"。"竹林七贤"之一的阮籍(图5.17)酒醉之后,脱光衣裤,坐在床上,岔开双腿,称为"箕踞"(坐时两脚伸直岔开,形似"簸箕")。凡此种种,都是对儒家礼教的背叛,其深层的原因在于,不满于黑暗的社会现实,又无力改变它,便佯狂而避世,当时人把他们看作疯子、狂人,其实他们内心十分清醒又极其痛苦,以怪诞的言行来宣泄不愿同流合污的心情。

图5.16 曹植

图5.17 阮籍

● **饮酒与服药** 这种心态的另一种表现形式是饮酒与服药。**第一,饮酒**。魏晋时代饮酒是一种社会风气,曹孟德的《短歌行》唱道:"对酒当歌,人生几何?""何以解忧,唯有杜康。"《世说新语》说:"名士不必须奇才,痛饮酒,熟读《离骚》,便可称名士。"然而魏晋名士的饮酒并非一味附庸风雅,而是为了避祸。如阮籍大醉六十日,为女拒婚于晋文帝司马昭之子,使文帝欲杀不能;又"钟会数以时事问之,欲因其可否而致之罪,皆以酣醉获免"。阮籍经常酣醉的原因于此可见一斑。正如《晋书·阮籍传》所说:"籍本有济世志,属魏晋之际,天下多故,名士少有全者,籍由是不与世事,遂酣饮为常。"阮籍经常酣饮狂醉并非仅仅嗜酒成癖,其实是借醉逃避政治风险。他一方面无奈地向司马昭上劝进表,阿谀逢迎;另一方面写文章痛骂礼法之士,向往无君政治,处在这种矛盾之中,十分痛苦,只有一醉方休。**第二,服药**。服药与饮酒有异曲同工之妙,都是一种麻醉一种刺激。当时名士盛行服食寒石散(五石散),从眼前讲,为了纵欲以忘却人间烦恼;从远处讲,为了长生不老,向往神仙生活,追求超脱。何晏"耽好声色,始服此药,心力开朗,体力转强"。然而它有毒性,长期服食后药物反应强烈,内热难耐,冬天也要用冷水浇身才能缓解。所以魏晋名士多穿宽大的旧衣服,脚拖木屐,为的是服药后易于散热又不损伤皮肤。名士们如此自讨苦吃,目的无非是暂时忘却社会的烦恼和精神的痛苦。鲁迅的名篇《魏晋风度及文章与药及酒之关系》,对此有精辟而诙谐的论述。

●**隐避山林** 名士们逃避现实的同时保全自己的最潇洒又最安全的方式是山林隐逸,他们以洁身自好的高士风范保持正直的人格和气节,委婉地显示了与当权者的不同政见以及不合作的态度。他们向往老子的"鸡犬之声相闻,民至老死不相往来"的小国寡民的社会;向往庄子的"织而衣,耕而食""一而不党"(无所偏私)、"命曰天放"(自然放任)的"至德之世";向往无君无臣、无忧无虑、衣食温饱的理想社会。陶渊明的《桃花源记》构建了一个具有诗情画意的乌托邦,从另一个侧面反映了这种倾向。当然它并非纯属虚构,而是当时中原地区占据山险平敞之地的堡坞共同体的理想化。陈寅恪《桃花源记旁证》指出:"陶渊明《桃花源记》寓意之文,亦纪实之文。"社会的动乱不定,改朝换代的频繁进行,令人无所适从,与世无争的隐逸生活便成为士人的普遍追求。

上述三种消极形式表现出来的魏晋风度,体现了对现实的不满。从反传统的意义上说它是魏晋时代人们从不自觉到自觉的思想解放运动。这是一个畸形时代的产物。思想的解放,造就了可与春秋战国相比拟的群星灿烂的文化辉煌。

二、儒道互补说

●**什么是"儒道互补"** 儒道互补之说是学术界普遍认同的观念。所需注意的是,一些论者特别是持道家主干说的论者之所谓儒道互补,是建立在道家之主导地位的基础之上的,互补的方式主要是"以道补儒",进而反映出儒家的道学化。如有论者说,所谓"儒道互补"的具体内容是儒学在其发展过程中为克服自身的理论缺陷和应对来自道家思想的挑战而自觉地采纳了道家思想中的人性论、"天成秩序观"和"明镜说",从而协调了人的行为与人性自然的冲突。"儒道互补"的实质是"以道补儒",以道家思想阐释、完善乃至改造儒学的理论,其结果是导致儒家思想的道家化——"外儒内道"。[①] 又有论者说:"儒家的忠君思想、等级观念、权威意识、保守倾向及其对农工与妇女的鄙视,都是与道家精神相对立的。""儒家的文化道统与政统相结合强化了中国的封建专制统治,如果没有老、庄对儒家的抨击,那么孔、孟之礼网对人民思想的束缚,对人性之桎梏,必然会使

---

① 吴重庆. 论儒道互补[J]. 哲学研究,1993(1):67-74.

中国的文化传统更加干涸闭塞,而庄子哲学对此却有莫大的通解作用。"①

从中国思想史、文化史上看,确实存在着一种儒学的道家化倾向。但是否也意味着还存在一种道学的儒家化倾向呢?目前尚无人明确这么说,但一种较为普遍的认识是"儒道互补",而不只是"援道入儒"即"以儒补道"。"互补"是双向的,不是单向的,是相互颉颃、相互刺激、相互吸收。萧萐父先生论证说,在玄学思潮的发展中,曾自觉论过儒、道的异同、离合问题,而大体归宿于"儒道合"。无论是偏重于"以儒合道",或偏重于"以道合儒",其主旨都在"儒道兼综""情理兼到",以企求"自然"和"名教"的统一。玄学正宗,可以说初步实现了儒道两家的兼容互补。而宋明道学正宗,可以说从理论内容上实现了较深层次儒道互补。②王泽应先生也认为,儒道互补既通过以改造了的道家思想解释儒家经典和援道入儒的方式来进行,也通过以改造了的儒家思想解释道家经典和援儒入道的方式来进行。前者如王弼、何晏等正统玄学,后者如东晋葛洪的学说。③

●**儒道互补的内容和原因**　儒道何以能够互补呢?互补的内容或途径又是什么呢?有论者认为,儒道所以能够互补,正在于其思想路向和学说宗旨的差异,互补的内容主要包括:入世与离世的互补;刚毅与阴柔的互补;对生命价值的不同理解的互补。④又有论者认为,儒道之互补的原因或依据,既在于两家之异——阳刚与阴柔之异、进取与退守之异、庙堂与山林之异、群体与个体之异、恒常与变动之异、肯定与否定之异,又在于两家之同——不以物欲为齿、重视道德修养、简单类推的思维方式。⑤还有论者认为,儒道之所以能互相补充主要是因为它们之间存在着相通一致的思想观念——人的行为必须顺乎人性自然;重视人的精神生活,否定或贬斥物欲功利;推崇独善其身等。正是这些相通一致的思想观念构成儒道互补的理论基础和儒道相互阐释的媒介。

●**儒道互补的途径**　有专家认为,互补途径大致有三:**一是哲学思维方式的途径**。如儒家正面求解,通过对仁义道德的正面倡导,来表达自己修齐治平的愿望;道家以反求正,通过知雄守雌、主静贵柔来为人们设立安身立命之道。这正与负、肯定与否定是可以也应当是互补的。**二是伦理学和人生哲学的途径**。儒家入世,故心在庙堂之上,一心想参政;道家避世,故钟情于山林,淡化当官心理。这两者形成了既相互对立又相互补充的关系,为中国人提供了进退取守皆可从

---

①　陈鼓应.关于庄子研究的几个观点[M]//老庄新论.上海:上海古籍出版社,1992.
②　萧萐父.简论道家思想的历史地位[M]//黄钊.道家思想史纲·代序.长沙:湖南师范大学出版社,1991.
③　王泽应.自然与道德——道家伦理道德精粹[M].长沙:湖南大学出版社,1999.
④　张智彦.老子与中国文化[M].贵阳:贵州人民出版社,1996.
⑤　李宗桂.中国文化概论[M].广州:中山大学出版社,1988.

容对待的精神调节剂。**三是文学艺术的途径**。儒家强调"诗言志""文以载道",重在人的心理、性情的陶冶塑造和社会现实的批判改造,突出文学艺术的教化功能和现实效用,充溢着一种现实主义和功利主义的价值精神;道家强调的是"天地有大美而不言",主张冲破狭隘实用的功利框架和现实世俗的人伦纲常,突出艺术和美的独立,追求忘怀得失、忘己忘物的"天乐",这是一种超现实超世俗的审美境界和浪漫情怀,二者恰恰可以相互补充。①

三、胡汉互化对中原文化发展的影响

在中华民族形成和发展过程中,汉族曾以封建政治制度的完善、经济社会发展的先进和文化的发达而影响了周边民族,同时也受到周边各族多方面的影响。而魏晋南北朝时期则是胡汉互化最显著的时期。

西晋八王之乱以后,北方游牧民族南下,纷纷建立割据政权,中原陷入分裂状态,直到北魏统一,长达一百几十年间,历史上称五胡十六国时期。从表象看这是一个大分裂大动乱时期,但深入研究,其实应该说它是由分裂走向再统一的时期。这一时期最值得称道的就是胡人汉化(图5.18)与汉人胡化,即胡汉互化。有论者从周边各民族对汉族人口数量、人口质量、经济生活和生产、文化生活等方面的影响进行全面考查,认为周边民族,特别是胡族是汉民族发展的重要促进力量。②

图 5.18 汉化胡人
(敦煌壁画摹本)

●**人口和种族的融合** 例如在汉代,为求得政治上的联合或曰双方关系的和平,汉匈统治阶级上层之间开始"和亲"。唐代仍然积极推行,最著名的有昭君出塞和文成公主远嫁吐蕃王松赞干布。这种"和亲"表面上是汉族人口外向迁移,实质上却是胡汉互化的开始。以王昭君出塞为例,随行的大批使者、奴婢、匠人,带去大量的农产品、织物等,传播了汉民族的文明,从社会生活、政治制度等多方面影响匈奴,对推动匈奴上层的汉化具有重要意义。另一方面,由于战时流散匈奴的汉人充实了匈奴的力量,占据了其人口的相当比例,同时也带去了新的生产技术,从而向匈奴社会的下层传播汉文化。汉末,百余部近五十余万匈奴归附汉朝。这种融合不是两个民族成分的简单相加,

---

① 王泽应.自然与道德——道家伦理道德精粹[M].长沙:湖南大学出版社,1999.
② 周竞红.简论历史上周边各族对汉族发展的影响[N].光明日报,1998-11-27.

而是民族人口素质的一大进步。它打破了自然经济所限定的狭隘的交往范围,使汉族与周边民族间族际婚姻的产生有了条件,而这种远缘联姻又大大促进了汉族人口素质的提高。经过漫长的历史过程,数以百万计的周边各族融入汉族中,不下百种的"胡姓"落籍中原。

●**经济的融合** 在经济生活和生产方面,北方游牧民族牲畜产品和畜牧业技术的传入推动了汉族畜牧业的发展。以汉代为例,随着匈奴人的内迁,他们的养马技术随之传入中原。马的繁育使汉民族在农业生产和交通运输中广泛使用,也使汉民族的军事力量增强。汉族从周边各民族中大量引种了粮食作物和经济作物,如从西域等地引种的苜蓿、葡萄、蚕豆(胡豆)、核桃(胡桃)、大蒜(胡蒜)、胡萝卜、胡麻、棉花。《齐民要术》中所记的胡物就有胡饼、胡饭、胡羹等,丰富了汉族的衣食,提高了汉族的生活质量。北方游牧民族对粮食、茶叶等农产品的大量需求,也刺激了汉族农业生产的发展。

●**文化的融合** 在文化生活方面,周边民族的宗教信仰、衣食服饰、文学艺术等对汉民族的影响十分深刻,成为汉族文化的重要组成部分,例如"胡服骑射"、胡歌、胡乐、胡舞、胡戏的流行,给汉文化增添了新的活力和色彩。北方汉族子弟学习胡语成为当时的时髦之举。久而久之,北方汉语中杂有"胡虏"之音。舞狮原为"西凉伎",而今天却成为汉族民间节日主要的娱乐方式。

附:魏晋南北朝文化大事年表

魏晋(220—420年)

图5.19 曹操

220年

魏文帝黄初元年 ●曹操卒。曹操(155—220年),政治家、军事家、诗人,为建安文学代表作家之一(图5.19)。与子丕、植并称"三曹"。 ●十月,曹丕称帝,建都洛阳,是为魏文帝。尊曹操为武帝,史称魏,又称曹魏。

221年

魏黄初二年,蜀汉昭烈帝章武元年 ●刘备称帝于成都,是为汉昭烈帝,史称蜀汉。 ●魏书法家邯郸淳补修熹平石经。 ***撰有《笑林》,为中国古代最早的笑话书。***

226年

魏黄初七年,吴黄武五年 ●魏文帝曹丕卒,曹丕(187—226年),曹操次子,工诗文,为"建安文学"代表作家之一。***所作《燕歌行》是现存最早的文人七言诗。*** ●吴交州中郎康泰等出使扶南等国,归国后著《吴时外国传》,又称***《扶南传》,为中国最早的外国行记。***

魏晋(220—420 年)

232 年

魏太和六年 ●诗人曹植卒。曹植,曹操第三子,为"建安文学"代表作家之一,善诗歌,著有《洛神赋》等。

234 年

蜀汉建兴十二年 ●诸葛亮卒,诸葛亮(181—234 年),蜀汉政治家、军事家(图 5.20)。曾作连弩与"木牛流马"。

235 年

魏青龙三年 ●魏机械制造家司马钧作司南车(即指南车)和水转百戏。又制翻车(即龙骨水车),并改进丝织绫机。

249 年

魏正始十年 ●司马懿发动政变,杀曹爽、何晏。●何晏笃好老庄之书,与王弼等好清谈,后遂成风气。

图 5.20 诸葛亮

263 年

魏景元四年 ●魏攻成都,蜀亡。 ●**魏数学家刘徽著《九章算术》**,提出很多创见,其用割圆术来计算圆周率的想法,含有极限观念,并计算出 π≈3927/1250≈3.1416。 ●数学家赵爽亦生活于魏晋之际,著《勾股圆方图注》。 ●魏司马昭杀嵇康。嵇康,与阮籍齐名,"竹林七贤"之一。崇尚老庄,提出"越名教而任自然",善鼓琴,以弹《广陵散》著名。同年,阮籍卒。

264 年

魏景元五年 ●经学家李登著有《声类》十卷,以宫、商、角、徵、羽五声区别字音,尚未分立韵部,**这是中国最早的音韵书。**

272 年

晋泰始八年 ●晋哲学家向秀卒。向秀,"竹林七贤"之一。曾著《庄子注》,擅诗赋,以《思旧赋》最为有名。

282 年

晋太康三年 ●医学家、学者皇甫谧(215—282 年)卒。著《针灸甲乙经》十二卷,**为现存最早的系统针灸专著。**

297 年

晋元康七年 ●史学家陈寿卒。著《三国志》。

303 年

晋太安二年 ●文学家陆机(261—303 年)因谗被杀。所作**《文赋》**以赋体形式论述作文利弊,为古代重要文学理论著作。

305 年

晋永兴二年 ●文学家左思卒。代表作**《三都赋》**显名一时,洛阳为之纸贵。

306 年

晋永兴三年 ●植物学家嵇含(263—306 年)卒。**所著《南方草木状》为中国现存最早的地方植物志。**

312 年

晋永嘉六年 ●哲学家郭象卒。郭象好老庄,善清谈。将向秀《庄子注》述而广之,另为一书。否定"无能生有"说。

续表

魏晋(220—420年)

322年
　　晋元帝永昌元年　●史学家、文学家干宝领修国史,著有**《搜神记》**,为汉魏六朝志怪小说的代表作。

330年
　　晋成帝咸和五年　●天文学家虞喜发现**"岁差"**,**为中国天文史上一大发现**。"岁差",即地球自转轴的变化,使春分点沿黄道向西缓慢运行的天文现象。

363年
　　晋哀帝兴宁元年　●罗马帝国使者经西域抵东晋建康。晋旋遣使报聘,**是为中国与罗马帝国通使之始。**

364年
　　晋哀帝兴宁二年　●晋道士和道教理论家、医学家、炼丹术家葛洪卒。著有**《抱朴子》**,是现存最完整的"神仙家言"。详载炼丹方法,是研究中国古代炼丹术的重要著作。**著《金匮药言》百卷,内容包括各科医学,其中天花、恙虫病是世界医学史上的最早记载。**

379年
　　晋孝武帝太元四年　●晋书法家王羲之卒。王羲之(321—379年),字逸少,琅邪临沂人。工书法,号书圣,与子献之并称"二王"。

409年
　　晋安帝义熙五年　●晋画家顾恺之卒。其作品多为人物肖像及神仙、山水等。著有《论画》等三篇画论著作。主张"以形写神",对中国画史影响极大。

南北朝(420—588年)

422年
　　宋武帝永初三年　●名僧法显约卒于是年。法显是中国僧人到天竺留学的先驱,所撰**《佛国记》**记述旅途见闻,为研究南亚次大陆各国古代史地的重要资料。

427年
　　宋文帝元嘉四年　●晋诗人陶渊明(365—427年)卒,为六朝最有成就的大诗人,长于诗文辞赋,多田园诗。

433年
　　宋文帝元嘉十年　●宋诗人谢灵运(385—433年)以谋反罪被杀。其为山水诗派创始人。

444年
　　宋文帝元嘉二十一年　●宋文学家刘义庆(403—444年)卒,撰**《世说新语》**,是魏晋盛行的轶事小说集大成之作,**对后世笔记小说影响甚大。**

445年
　　宋文帝元嘉二十二年　●宋史学家范晔,参与谋立罪被杀,著《后汉书》,成纪传八十卷,与《史记》《汉书》《三国志》并称"四史"。

图5.21　北魏龙门宾阳洞前壁浮雕

460年
　　宋孝武帝大明四年　●**云冈石窟**约是年开凿。主要石窟完成于魏迁都洛阳前,石窟雕刻风格继承了汉代石刻艺术,又吸收了外来佛教艺术的影响。魏迁都阳后,又开凿**龙门石窟**。(图5.21)

续表

南北朝(420—588年)

462年
宋孝武帝大明六年 ●宋天文学家祖冲之所撰**《甲子元历》**(后称《大明历》),纠正了何承天《元嘉历》的错误,定一回归年为365.2428日,是中国《统天历》以前最接近实际的一个数据。

466年
宋明帝泰始二年 ●宋文学家鲍照(约414—466年)为荆州乱兵所杀,鲍照长于乐府,尤擅七言歌行,风格俊逸,对唐诗人李白、岑参等颇有影响,与谢灵运、颜延之并称"元嘉三大家"。

485年
齐武帝永明三年 ●齐学者周颙卒。工书善画,兼善音律,发现汉字平上去入四声,著**《四声切韵》**。

498年
齐明帝建武五年,北魏太和二十二年 ●文学家刘勰(约465—约532年)撰**《文心雕龙》**成。该书全面总结了前代的文学现象,**把文学批评推向了新的阶段**,为中国古代写作理论名著。 ●齐医学家龚庆宣著**《刘涓子鬼遗方》**,是现存最早的外科专著,书中有用水银医治皮肤病的最早记录。

499年
齐东昏侯永元元年 ●齐诗人谢朓(464—499年)以牵涉叛乱下狱死。谢朓长于五言诗,其诗多写自然景色,风格清俊,亦被小谢,与谢灵运并称"大小谢"。

500年
齐东昏侯永元二年 ●齐科学家祖冲之(429—500年)卒。冲之字文远,生于建康(今南京),祖籍范阳郡遒县(今河北涞水)人。他推算出**圆周率值**在3.1415926和3.1415927之间,提出π的约率22/7和密率355/113,**比欧洲早一千多年**,撰有《缀术》,注《九章算术》,曾修订《大明历》,并**首先发明球体的准确公式**,比西方学者卡瓦列里的类似命题早千余年。

502年
齐和帝中兴二年 ●萧衍于建康即皇帝位。国号梁,改元天监。萧衍时年38岁,是为梁武帝。 ●以萧衍为代表的文学"四萧",其影响可与"三曹"比肩,梁武帝萧衍、其长子昭明太子萧统、三子梁简文帝萧纲、第七子梁元帝萧绎。 ●魏晋南北朝时期,同一家族中以文学并称者颇多,最著名的如曹操、曹丕、曹植以父子之亲并称"三曹";陆机、陆云以兄弟竞秀并称"二陆";同族者如谢灵运、谢惠连、谢朓并称"三谢"等。

510年
梁武帝天监九年 ●梁哲学家范缜(约450—约510年)卒于是年。字子真,南乡舞阴(今河南泌阳西北)人。著《神灭论》,其神灭思想对后来无神论发展起了重要作用。

518年
梁武帝天监十七年 ●梁文学批评家钟嵘,撰有**《诗评》**,后称**《诗品》,是中国第一部诗论专著**。

522年
梁武帝普通三年 ●梁文学家萧统(昭明太子)召集文学人士编辑《文选》成。世称**《昭明文选》**,选录自先秦至梁的诗文辞赋,分38类,共700余首,**为现存最早的诗文选集**。

526年
梁武帝普通七年 ●天竺僧人菩提达摩抵建康,是年北上少林寺,在嵩山少林寺独修禅定,面壁九年。**为中国禅宗始祖**。

527年
北魏孝明帝孝昌三年 ●魏地理学家郦道元(约470—527年)为雍州刺史萧宝寅所杀。郦道元所撰**《水经注》,是中国现存最早而系统的综合性水文地理著作**,文笔生动,颇有文学价值。

续表

南北朝(420—588年)

536年

梁武帝大同二年 ●陶弘景(456—536年),著名道教徒、医学家。著《真灵位业图》,给神仙分等级。另有《本草经集注》等著作。

543年

梁武帝大同九年,西魏大统九年,东魏孝静帝武定元年 ●数学家、博物学家信都芳卒于是年,曾就学于祖暅,*所著《器准图》为中国最早的科学仪品图。*

544年

梁武帝大同十年 ●东魏农学家贾思勰撰《齐民要术》,*是中国现存最早的农书。*

550年

东魏孝静帝武定八年 ●东魏北齐年间有冶金家綦毋怀文,曾用熔态的生铁灌注到经锻打的熟铁中,使铁渗碳而成钢,*其炼钢法已与现代平炉炼钢法相似。*

577年

北周武帝建德六年 ●周灭齐,统一北方。周武帝灭佛,将四万余所寺庙分赐王公,遣散300万佛教徒。

【思考与讨论】

1. 简述庄园经济对魏晋南北朝文化的影响。
2. 如何评价玄学的历史功过?
3. 儒道佛的融合有何意义?
4. 鉴赏"二王"书法后,组织一次书法比赛。
5. 分析神灭之争的意义。

第六章 隋唐文化

> 隋唐是中国封建社会的鼎盛时期。本章概括介绍了这一时期开明宽简的政治制度、多元并举的学术思想和流光溢彩的文化艺术成就;还就佛教宗派的形成、禅宗的发展走向、韩愈的道统理论和柳宗元的无神论等做了剖析,探讨这一时期中国文化思想承前启后的发展历程。通过学习本章内容,要求全面理解这一时期中国文化的丰富内涵和时代精神,了解佛教的基本内容及其对中国文化发展的影响。掌握古文运动对文学发展所产生的积极作用。

第一节 隋唐文化概述

经过魏晋南北朝四百年的分裂动荡,公元581年,杨坚平稳而轻易地实现了改朝换代的历史变革,建立隋朝。八年之后灭陈而统一中国,完成了中国历史上第二次帝国统一大业。公元618年,隋恭帝禅位于唐,李渊称帝,建立唐朝。隋唐仿佛就是秦汉历史的翻版,秦、隋由乱而治,统一天下,却国运短祚,二世而亡,但他们建立起来的一系列完整稳定的政治经济制度却为他们身后崛起的汉、唐大帝国的繁荣富强打下了坚实的基础,在中华文明史上书写下不可磨灭的功绩。在前朝开创的大好局面之下,唐承隋制,经过几代人励精图治,成为世界历史舞台上最为辉煌的东方文明大国,成就了无数宏基伟业,呈现出姹紫嫣红的文化景观,真正达到了儒家所期盼的"内圣外王"的境界,特别在"外王"方面登上了中国古代文明的顶峰(图6.1)。

一、强盛帝国的开明政治

● **官制** 开皇元年(581年),隋文帝从中央机构的改革开始,废北周六官,设

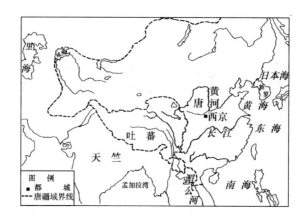

图6.1 唐代全盛时期疆域图

内史省(决策机关)、门下省(审议机关)、尚书省(行政机关)为最高政务机关。尚书省权力最大,下设吏部(掌铨选)、礼部(掌礼仪)、兵部(掌军事)、都官部(后改刑部,掌刑法)、度支部(后设民部,掌户籍钱粮)、工部(掌营建)。在地方官的设置上,改变了"民少官多、十羊九牧"的局面,裁减冗职冗员,将州、郡、县三级改为州、县二级。政治制度的改革表明,隋朝有雄心建立一个长久稳固的统一政权。唐基本沿袭隋制,中央设三省六部,内史省改为中书省,全国军政大权集中于三省,一定程度上限制了君主专权。唐代的决策系统虽然仍以皇帝为中心,但皇帝至高无上的权力受到一定的制约。军国大事由皇帝决定后,中书省负责拟定诏敕,门下省在审议过程中如觉不妥,有权封还中书省,尚书省执行时有与法律相抵触亦可上报纠偏。这就从制度上尽可能地减少了决策的失误,保证了国家大政方针得到正确的执行。

●**兵制** 鉴于天下战争平息的形势,隋唐对前朝(北魏、北周)已有的府兵制也进行了改革。以前的府兵制规定府兵由军府统领,是职业军人,户籍不在地方州县。而现在府兵落户州县,编为民户,平时务农,轮流训练,轮番到京城守卫宫禁或执行军事任务。唐初府兵平时居家,战时出征,每年集中校阅,考查成绩。这是一种亦兵亦农、兵农合一的制度,对发展生产、控制军队十分有利,也是府兵制完整化、系统化的表现。后来府兵外出征戍的时间较长,亦兵亦农已很难做到。

●**法律制度** 隋朝制定《开皇律》,对原有酷刑,如枭首、车裂、宫刑等予以废除,加重了对"十恶"的惩处,旨在防止人民造反。唐代制定《唐律》共502条,后高宗又令长孙无忌撰《唐律疏议》三十卷,对《唐律》条文加以注释。这些法规涉及国家制度和社会生活的各个方面,周密详尽,大大丰富了刑事立法的内容,是了解古代中国法律的一部完整文献。它体现出唐太宗(图6.2)划一、稳定、立约的法律思想,比号称宽简的《开皇律》更宽简,死刑几乎删减一半,废除了鞭背、断趾等肉刑。据说,贞观四年全国断死刑仅29人。法简刑轻,往往是太平盛世的一个标志。

●**科举制** 在隋唐一系列的制度建设中最具重大意义的是科举制的创立。在专制主义的国家里,如何选官是极其重要的国策。汉时有"察举征辟"制,目的是"选贤任能",但并未实现真正意义上的"唯才是举"。魏晋时期奉行"九品中正制",评定士人品级根本不看真才实学,只看出身门第,严重堵塞了庶族进入仕途的道路。公元587年,隋文帝废九品中正制设"明经"科;隋炀帝时,又建进士科,开创科

图6.2 唐太宗

举制。唐承隋制,进而充实、完善,考试分为常科和制科两类。常科每年一试,增设秀才、俊士、明法、明书、明算等50余种科目,而以进士、明经二科为主。进士重文辞,以诗赋为主,兼考时务策对等,明经重经术。制科是由皇帝特诏举行的考试,专为选拔特殊人才。设有博学宏词、贤良方正、直言极谏、才识兼茂、达于教化等百余种科目。科举的意义在于:*第一,将儒家"学而优则仕"的教育理想变成了现实。*以儒家经典为主的教育内容和考试内容从制度上确立了儒家至尊的地位。从此大一统的政治形态与儒家独尊的大一统的意识形态更紧密地结合在一起。*第二,以平民政治取代了贵族政治。*这无疑是政治的进步。*第三,有力地促进了教育的发展。*学校教育制度逐渐完备,调动了全社会学习的积极性,也有力地推动了唐以后文化的繁荣发展。*第四,使一些读书人的价值取向发生了变化。*学习只为博取功名,不为获得真才实学,甚至不惜扭曲自己的人格。应试教育限制了人才的全面发展,带来了社会性的重文轻理的失衡现象。尽管如此,科举制的实施特别是在隋唐等早期无疑仍是利大于弊的,它极大地推动了社会的进步,对中国的政治制度、文化思想的发展影响深远。

二、海纳百川的文化开放政策

●**对外开放的气度** 唐朝,特别是盛唐时期,西方四分五裂,经济与文化都不足称道,与唐朝大体同时代的西欧有法兰克王国的查理帝国、东南欧有东罗马帝国、亚洲有阿拉伯帝国,然而这些帝国更注重对外军事征战,政治经济方面远不如中国,更未形成文化上的中心。只有在世界的东方,唐朝因其政治制度健全、经济繁荣、军事强大,成为举世瞩目的东方世界文化中心。更为重要的是,这一

时期的中华民族具有一种空前的文化精神,这就是对外来文化兼收并蓄、为我所用的胸襟与气度,对来自周边与远方国度的文化文明表现出异乎寻常的热烈欢迎。鲁迅先生曾这样评价这种精神:"那时我们的祖先们,对于自己的文化抱有极坚强的把握,决不轻易动摇他们的自信力;同时对于别系的文化抱有恢廓的胸襟与极精严的抉择,决不轻易地崇拜或轻易地唾弃。"[①]唐初与周边部族采用黩武开边和怀柔远人并用的政策,既扩大了疆土,又促进了各民族的交往。在与周边少数民族的碰撞中唐朝政治文化中心的地位得到了确立。唐太宗为此自夸"自古帝王,虽平定中原,不能服戎狄。朕才不逮古人,而成功过之……所以能及此者……自古皆贵中华贱夷狄,朕独爱之如一,故其种落皆依朕如父母"。[②]

●**多国文化的大融合**　唐朝凭借着强大的国力和军事优势东征西讨扩大了势力,同时更重要的是通过友好往来,实现了多民族多国家之间的大融合、大交流。近与周边及东南亚等国家地区建立了友好的往来关系,远与强大的伊斯兰帝国、东罗马帝国交往。实行空前的开放政策,其结果是:***第一,使中国的文化辐射面越来越大。***中国在输出丝绸、茶叶、瓷器的同时也将文明进步带到了世界各地,使他们对中国产生了浓厚的兴趣,加速了相互间的交流。***第二,外族文化传入中国。***中国的文化越来越恢宏壮阔,中国的经济文化也因此出现了前所未有的多彩多姿的强盛局面。从西域、中亚、印度传入中国的宗教、艺术、物产极大地开阔了唐人的视野,丰富了唐人的生活并融入唐人的思想文化中,带来了唐代诗歌、书法、绘画、雕塑、建筑、音乐、舞蹈的全面繁荣;由西域传入的佛教与儒道并列成为当时社会的主流思想;饮食风尚、服饰习俗、生活用品丰富了人们的生活,某种程度上改变了人们的生活观念和方式(图6.3)。

图6.3　敦煌壁画里的西域各族人

[①] 樊树志.国史概要[M].2版.上海:复旦大学出版社,2000:175.
[②] 通鉴[M]//柳诒徵.中国文化史:下册.上海:上海古籍出版社,2001:489.

三、恢宏壮阔的文化成就

●**诗歌** 唐朝是诗的国度,是中国古典诗歌发展繁荣的鼎盛时期。清曹寅辑《全唐诗》收唐诗48900多首,作者达2300多人。当然这远远不是唐诗的全部,唐代涌现出李白、杜甫等一大批世界级的文学艺术家。李白(701—762年)生长在盛唐,时代赋予他追求个性解放的精神和性格。他桀骜不驯,热情执着,蔑视世俗,无拘无束。他的诗歌内容溢出形式、自由奔放、大胆奇特、天才极致、自然天成。杜甫(712—770年)经历了安史之乱的动荡生活。他与汉代儒生最大的区别是有着执着的民本主义思想和人文关怀精神,他与人民大众同甘共苦,是人民的诗人、时代的歌手。杜甫将七律运用得灵活自如,变化万千,从而促成了七律的成熟,为后人树立了可学可仿的典范。唐代诗歌对中国古典诗歌的发展产生了极其重要的影响:*第一,唐诗摆脱了六朝浮艳的诗风*。内容和艺术形式达到了前所未有的高度统一。*第二,唐朝将诗歌由宫廷引领到更为广泛的社会生活中*。诗歌的社会功能不再是为皇帝歌功颂德的御用工具,或吟花弄月的消遣手段,诗人们自觉将视点更多地转向了平民生活,体察大众疾苦、吟唱感时伤世的忧愤;诗歌创作的主流是儒家"诗言志"审美原则,知识分子的社会责任意识明显增强。*第三,诗歌达到了空前的普及*。诗歌的创作和普及没有哪个朝代像唐朝那样广泛和深入,诗歌成为上至皇帝下至百姓的重要文化生活内容。

●**书法** 书法真正成为一门艺术是在魏晋南北朝,而将其弘扬光大、使书法步入艺术高峰是在唐代。唐代书法由感悟玄而又玄的"风骨"走向求规重法的道路,是书法艺术成熟的标志。唐初欧(阳询)(图 6.4)、虞(世南)、褚(遂良)、薛(稷)四大家为"唐书尚法"树立了典范。张旭(图 6.5)的草书与李白的诗歌、裴旻的剑舞时称三绝,以狂放恣肆为共同特征。颜真卿(图 6.6)(708—784年)将楷书发展到了登峰造极的境界。他吸收古往今来的笔墨精华,树立了一种新的审美趣味和艺术标准。他的字左右对称,刚中含柔,方中有圆,直中有曲,骨力雄强,筋肉丰实,方正饱

图 6.4 欧阳询
《九成宫醴泉铭》(拓本)

图 6.5 张旭《古诗四帖》

满,气势宽博;充分展现出端庄雄秀、伟岸磅礴之法度,形成了继王羲之之后书坛的第二座高峰。苏轼认为:"故诗至于杜子美,文至于韩退之,书至于颜鲁公,画至于吴道子,而古今之变,天下之能事毕矣。"①中唐以后有刚劲峻拔、端丽严谨与颜楷并称为"颜筋柳骨"的柳公权(图6.7)(778—865年)和笔势狂放回环,变化莫测而又法度谨严的怀素。怀素(725—785年)是继张旭之后的又一草书大家,他的作品被称为神品,为历代书法家推崇(图6.8),与张旭并称为"颠张狂素"。唐书法家不仅在艺术实践中精益求精,而且有着较为成熟的书法理论,为后代的书法理论奠定了基础。

图6.6 颜真卿《多宝塔碑》(拓本)

图6.7 柳公权《神策军碑》(拓本)

●**绘画** 隋唐五代时期画苑出现了全面繁荣。从题材上看,以人物画为主流,确立了山水画的地位,花鸟画开始出现。王维首创人文画,具有划时代的意义。从艺术形式上看,除大量壁画外,更常见的是长卷画。**第一,隋唐人物画的成就。**隋唐时期的人物画尤以政治题材的圣贤画、教人膜拜宗教的道释画和仕女图卓有成就。阎立本(约601—673年)的《步辇图》(图6.9)描绘了唐蕃友好的重大历史事件,《历代帝王图》精妙逼真,英明帝王威武庄严,昏君则萎靡黯涩,从中折射出唐初乐观昂扬的时代精神。吴道子(689—758年)一生创作三百余幅壁画,他画的人物"虬须云鬓,数尺飞动,毛根出肉,力健有余"。苏东坡推崇吴道子的画"出新意于法度之中,寄妙理于豪放之外"。张萱是盛唐仕女画的代表人物,

---

① 《东坡题跋》。

"尝画贵公子、鞍马、屏幛、宫苑、仕女,名冠于时"。①《虢国夫人游春图》《捣练图》等都是传世之作,画中人物体态丰硕,低领宽袖,风姿绰约,线条流利;丰满柔和的构图,祥和欢乐的氛围,从场面到气氛充分展现了盛唐富足欢乐的现实生活和对传统礼俗的大胆冲击。**第二,山水、花鸟、风俗画成就。**中唐以后,时事变迁使绘画更具冷俊幽怨的多重意味。人们的审美意识也由前期的开放转向后期的含蓄,题材上宗教画迅速隐退,山水画、花鸟画纷纷产生,游春、凭栏、横笛、吹箫、烹茶、绣花等更多表现贵族豪华、悠闲、奢侈生活的绘画,以真实的风貌展现了中唐以后上层贵族的生活情趣和艺术追求。用以娱宾遣兴的山水画、花鸟画在晚唐大量出现并逐渐走向成熟。

图6.8 怀素《自叙帖》　　　图6.9 阎立本《步辇图》摹本

● **乐舞** 唐朝音乐舞蹈集前代之大成,吸收西域、印度、中亚乐舞之精华,达到了前所未有的高度。不仅宫廷乐舞丰富繁盛,而且民间的散乐、百戏、杂技中的歌舞成分,也极为发达。隋制"七部乐""九部乐",唐在此基础上又制"九部乐""十部乐"。"十部乐"中的燕乐、清商乐是汉族传统的雅乐、古乐,其余的龟乐、天竺乐、西凉乐、高昌乐、安国乐、疏勒乐、康国乐、高丽乐均是从边疆和外域吸收引进的。唐初乐舞的规模已有不断扩大的趋势,太宗时代的《破阵乐》、高宗时代的《上元乐》分别为120人、180人同台表演,场面颇为壮观。由此可见,盛唐乐舞气势之壮大、场面之奢华。唐的舞蹈大致分为两类:一类是出自西域以迅疾旋转而闻名的"健舞",节奏明快,铿锵有力,动作迅捷,爆发力强。据传杨贵妃与安禄山最擅此舞。另一类是"软舞",动作柔美,千媚百态,音乐舒缓,婉转悠长,柔舞形成于盛唐,千古传颂的《霓裳羽衣曲》源于印度佛曲《婆罗门曲》,杨贵妃将乐曲编为舞蹈,婀娜多姿,极为优美。《六幺》是中唐以后盛行的"软舞",对后世影响深远,直到宋代还历演不衰。这种妩媚含蓄的舞蹈与盛唐的健舞所展示的豪迈刚

---

① 朱景玄《唐朝名画录》。

健形成了迥然不同的审美风格。

●**雕塑** 隋唐雕塑绚烂多彩。陵墓雕塑,显示着帝王至高无上的权威,昭陵石雕"六骏"从绘图到雕刻、题字均出自名家之手,六马造型各异,都体态矫健、雄劲圆肥、神态逼真,反映出大唐帝国的自信和刚毅不拔。宗教雕塑摆脱了六朝排斥肉体、高鼻深眼过于肃穆的宗教气氛,恰到好处地在神的尊严中增加了世俗的温和、亲切和肉感,给人以雍容典雅之美。莫高窟现存492个洞窟中,隋唐占247个,尤以54窟西龛系列塑像最具美学价值。唐代佛像石雕的美学风格中已用丰腴婀娜的人体美取代了清瘦冷峻的六朝模式。宋元以后的佛教雕塑又过于中国化、世俗化,大大削弱了宗教艺术的神秘色彩,只有唐代佛像才恰到好处地把握住了宗教与艺术、彼岸与此岸交汇接触的那一点,"从而形成一种神圣而不疏离、亲近而不世俗的审美境界"。① 唐代雕塑中特别值得书写一笔的是唐三彩(图6.10)。唐三彩常用黄、绿、褐等色釉,在器皿上绘制花案、斑点和几何条纹,形成色彩斑斓的装饰效果,成为陶瓷史上的一个创举。与唐三彩并行的彩瓷、彩绘制品极为丰富,从生活必需的各式器皿到用于装饰的人物俑、动物俑应有尽用,形态各异,异彩纷呈,三彩骆驼载乐俑是其中的代表作,从着色到工艺堪称世间珍品。

图6.10 唐三彩《胡人骑俑》

此外,隋唐在科学技术、历史、宗教等很多方面都取得了超越前代的成就,在此不可能一一说明,有些将在大事年表和后文介绍。

第二节 隋唐文化思想述评

一、佛教宗派的形成

隋唐是佛教发展的全盛时期,其标志是佛教宗派的形成。佛教宗派的创立标志着东来佛教已完成了它的本土化进程,民族化的中国佛教走向成熟。

---

① 陈炎.中国审美文化史:唐宋卷[M].济南:山东画报出版社,2000:30.

1. 佛教宗派形成的原因

●**对外交流的开放政策** 宗教是唐朝各国文化往来、互通共融的一项十分重要的内容。大规模宗教交流活动的直接结果是翻译之风盛行,对各门派教义的研究日益深入。唐玄奘(图6.11)是其代表。《旧唐书·僧玄奘传》记:"僧玄奘,姓陈氏,洛阳偃师人。大业末出家,博涉经论。尝谓翻译者多有讹谬,故就西域,广求异本以参验之。贞观初,随商人往游西域。玄奘既辩博出群,所在必为讲释论难,蕃人远近咸尊伏之。在西域十七年,经百余国,悉解其国之语,仍采其山川谣俗、土地所有,撰《西域记》十二卷。"归国后在朝廷的资助下一边设"译塔"从事翻译,共译出《大般若经》《大毗婆娑》等经论75部1335卷;一边与高足窥基(即慈恩大师)广传法相教义,聚徒讲法,最终成为法相宗的始祖。

图6.11 唐玄奘像(摹本)

●**判教的出现** "判教"就是对佛教不同宗派的理论予以系统地归纳整理,并给予相应评价的活动。印度佛教在陆续传入中国的过程中,已失去了佛教学说原有的系统性,大小不同教派的学说混杂在一起,不可避免地出现了各派之间理论上的相互矛盾,为了自圆其说,就采用判教的方法以正视听。判教系统整合了印度佛教传入中国后的混乱思想体系,为隋唐佛教宗派的确立奠定了理论基础。

●**寺院经济的发展** 魏晋南北朝时期,统治者大力扶持佛教,佛寺开始拥有大量地产,逐步形成了相当独立的寺院经济。隋唐时期,寺院经济得到进一步发展,除国家赐予的田产外,香火费也由国家统一下拨,寺院财富聚积,僧人成了披着袈裟的地主。由于有了强大的寺院经济,僧侣们迫切需要以宗派形式来强化僧团组织,维护既得的经济利益和社会地位。庙产继承权与传授佛法同等重要。生存于中国封建制度下的佛教自然吸收了地主宗法制度的土地传承方式,寺院的主持在传授佛法的同时,也将庙产传给了嫡传弟子。十大宗派中的许多教派都是因占山立寺的山名或区名而得名。

2. 佛教宗派简介

唐朝佛教的十大宗派是后人总结归纳出的。其中三论宗、成实宗到唐代中叶已逐渐走向衰微,俱舍、华严、法相(又称唯识)、净土、天台、真言、禅宗都在唐朝兴盛一时,传播日广。现择其要者,简述如下。

●**华严宗** 东晋时,译经传入中国,陈、隋间杜顺始提义纲,标立宗名,为此宗始祖。先后共承继五祖,大多有著述,其中三祖法藏(643—712年)发挥了重要的作用,被后门认定为华严宗的实际创始人,受到武则天赏识,赐号"贤首"之名。此宗以《华严经》为最高经典,故得名华严宗。其核心要义是宣扬"四法界"说。"四法界"的基本思想是:世界上的一切现象和事物本来并不存在,它们都是由"理"(真心)构成的,所谓"三界所有法,唯是一心造"。[①] 因此不必计较贫穷与富贵,主张对世间一切采取超然的态度,才能达到最高境界。它所强调的"理为性""事为相"的观点对宋朝理学有一定的影响。新罗和尚将华严宗传到朝鲜,成为海东华严初祖。

● **天台宗** 始创于陈、隋之际,创始人是智𫖮。智𫖮(538—597年),俗姓陈,字德安,祖籍颍川,18岁出家。因常住浙江天台山传法,故名天台宗。天台宗的学说主要阐明两个问题:***第一,性具说***。揭示了人所以受苦受难的原因。智𫖮认为宇宙有3000种世间,人的任何一闪念都具有善恶两种性质,因此善恶是本性俱来的,这就是性具说。这一理论的目的是说明众生之所以沉沦苦海、难以解脱是由本性决定的。***第二,圆融三谛说***。阐述如何摆脱本性束缚达到清静的方法。欲摆脱本性的束缚必须运用"一心三观"的方法。智𫖮认为任何事物都被歪曲的自性,只有"空"去这种自性,事物的本来面目才能被认清。而要到达这一步必须通过"假"(契机)才能做到。当认识了事物的本质,也就实现了"中"。

空、假、中同时存在,其中"空"是关键,认识到世间一切终归于空就达到了认识的最高境界,因而可以做到不计较荣辱得失、功名利禄,从而也就摆脱了本性善恶的束缚,达成了佛果。日本最澄和尚入唐求法,将天台宗介绍到日本,后成为日莲宗的前身。

● **唯识宗** 唯识宗由唐代著名高僧玄奘所创。玄奘(602—664年)俗姓陈,名祎,洛州缑氏人。13岁出家。从印度回国后依瑜伽派学说,开创唯识宗。玄奘主要从事翻译,著述很少,其高足窥基将玄奘思想弘扬光大,唯识宗由他确立,他常年居住在长安慈恩寺,故又称慈恩宗。唯识宗以《成唯识论》为主要典籍。教义核心为:宇宙万物都是由"识"所变,所谓三界唯识,心外无法,一切现象都是心影。认为认识不是主观作用于客观,而只是人们的心认识自己的过程,因此称为"唯识"。三传之后,此宗在中国逐渐衰微。日本道昭和尚、玄昉和尚入唐求佛,在日本此宗传承至今。

● **净土宗** 北魏时印度菩提流支将教义传入中国,昙鸾承流支衣钵,著《往生净土论注》,遂立净土宗。净土宗不同于教义微妙深奥的天台宗、华严宗、唯识宗,它专为民间众生说法,是最为简便易行的一个成佛法门。因此,在民间下层流传甚广。此宗教义提倡念佛,投生净土。念佛的要旨为化杂念为净念,摄众念

---

① 法藏《修华严奥旨妄尽还源观》。

为一念,念到一心不乱以成净业。但只靠个人的力量很难实现,必须依靠佛的力量接引援救,才能脱离现世的秽土,往生极乐净土。它认为人世为秽土,阿弥陀佛是彼岸的极乐世界。有的人所以此生遭受冻饿病痛之苦,是因为前世不肯为善的报应;而有的人一生享受荣华富贵,则是前世行善的结果。所以宣扬此生大修功德,修庙造寺,救人治病(图6.12)。此宗一直在中国盛行。日本圆仁和尚入唐求法,将此宗传入日本。而在中国影响最大的是禅宗,下面专门讨论。

图6.12 鉴真和尚

二、禅宗的产生与发展

1. 禅宗源流

图6.13 莫高窟54窟菩萨之一(局部,唐)

● **拈花微笑说** 禅宗起源于佛教,是印度体系众多的佛教宗派的一个旁支。相传佛教教主释迦牟尼在灵山聚众说法,拈花示众,众徒纷纷猜测其意,唯大弟子摩诃迦叶(西天初祖)破颜一笑了之。释迦牟尼认定只有这个大弟子真正领悟了其中禅机,说:"吾有正法眼藏,涅槃妙心,实相无相,微妙法门,不立文字,教外别传,付嘱摩诃迦叶。"意为我有普照万物的佛法,直接可以悟出的,不必借助文字,现在已传给了迦叶。不立文字,不用语言,靠心领神会就能传达佛法从此就成了禅宗的宗旨(图6.13)。

● **顿悟成佛说** 菩提达摩是中国禅宗的开山鼻祖,被称为"东土六祖"的初祖。他把禅宗某些思想传入中国后经过二祖慧可(北齐)、三祖僧璨(隋代)、四祖道信(唐代)、五祖弘忍(唐代)近一个世纪的代代相承,并没有大的建树,直到唐高宗咸亨上元年间,有一个姓卢的樵夫出现,才使禅宗得到了弘扬光大。这位樵夫就是后来禅宗南宗派的创始人、"东土六祖"中的第六祖——慧能。他不仅在中国佛教史上,就是在中国思想史上都占有重要的地位。①

慧能(638—713年),3岁丧父,家境清贫,自幼不曾识文断字,以砍柴为业养母度日。但他聪颖过人,悟性极高。24岁辞母出家,到蕲州黄梅冯茂山(今湖北)参拜五祖弘忍,但并未得到弘忍的赏识。弘忍见他大字不识,便派他到碓房随众僧踏碓舂米。一日,弘忍用呈偈的方式遴选本门衣钵传人。弘忍的大弟子神秀长年潜心修佛,颇有造诣,胸有成竹地写了一首偈语:"身是菩提树,心如明镜台,时时勤拂拭,莫使有尘埃。"这首偈语高度浓缩了佛教思想的精髓,是对印度佛教的"戒"(靠毅力节制自己,抵御外界物欲的引诱和干扰)——"定"(用诵经的方法净心收心敛性)——"慧"(净化自己,大觉大悟,重获新生)三阶段解脱方式的精要概括和形象表达。衣钵本来非神秀莫属,不想大字不识的碓房樵夫慧能站出来说道:"菩提本无树,明镜亦非台;本来无一物,何处惹尘埃?"②这首偈语提示了佛教与禅宗的本质区别:佛教的世界观认为,世间万物卑鄙肮脏,犹如一个大染缸,把人类的身心污染得污秽不堪,人们要想求得身心净化,必须经过持之以恒的修炼,才能获得佛性。而慧能将禅宗领悟为:外界万物均由心生,如果自心是佛,天生清净,根本不存在"尘埃"的污染,又何须"勤拂拭"?因此,完全可以抛开"戒""定"的修炼,直达"慧"的境界,顿悟成佛。慧能深得弘忍的赏识和喜爱,弘忍置佛门的清规戒律于不顾,将衣钵传授给他。弘忍死后,禅宗分为南北两派,又称南能(慧能)、北秀(神秀)。颇为自负的神秀在荆州当阳玉泉寺传法,创办北宗,在北方广大地区弟子很多。北宗在唐代颇受官方的重视。慧能起初势单力薄,有16年并未公开从事传教活动。大约在弘忍去世后两年,广州法信寺印宗法师为其剃度,从此正式受戒僧,"遂于菩提树下,开东山法门"。(弘忍居于黄梅双峰山东山寺,故称弘忍的佛教思想为东山法门)慧能在韶州曹溪宝林寺,开讲佛法30年,开创南宗教派。北宗在神秀死后日渐衰落,南宗一枝独秀,不仅压倒北宗,甚至取代了所有的佛教流派,备受文人士子的推崇,形成"四方学子云集座下",③"上而君相王公,下而儒老百氏,皆慕心向道"④的兴盛局面。成为中国禅宗的正宗。

●**南北禅宗的佛学理论** 北宗与南宗禅法理论存在着较大的分歧。主要表现在以下两个方面:**第一,对佛性的理解不同。**北宗主张"观心"说。"观

---

① 《五灯会元》卷五。
② 《坛经》法海本。
③ 《禅源诸诠集都序》卷二。
④ 《水月斋指月录》卷五。

心"就是把内心观照作为看待大千世界的禅定,"心"有净、染,并把心与身、内与外、净与染、真与妄看作相互对立的两个方面,真净就是佛性、真如,妄染则是常人的七情六欲等心理追求,后者是滋生一切恶行的根源,"观心"的目的就是要通过内在修心,断灭以"贪、真、痴"为本原的"三毒",使"眼、耳、鼻、舌、身、意"六根清净。"身似菩提树,心如明镜台"正是这种禅法理论的准确说明。南宗慧能主张"我心即佛"。南宗慧能认为"本来无一物",大千世界不过是本心的产物,"我心即佛""我心即山河大地""日月星宿,山河大地,泉源溪涧,草木丛林,恶人善人,恶法善法,天堂地狱,一切大海,须弥诸山,总在空中"。[①] **第二,对成佛过程的认识不同。** 在成佛的觉悟解脱过程中,"渐悟"还是"顿悟"是北宗与南宗思想的根本分歧所在。北宗主张"渐悟"。意思是说人须经过一个漫长的修行过程。"趣定之前,万缘皆闭",被世界万物所迷惑侵扰。而"敛心入定",必然历经艰难曲折的历练和磨难。南宗主张"顿悟"。南宗慧能深深体会到坐禅的辛苦,于是找到了一个简便易行的修行方式,即"顿悟"。既然"我心即佛",那么成佛的关键在于"一念",在于"顿悟"。慧能的后学有一个故事,一日师傅怀让在磨砖,他的弟子马祖道奇怪地问:"你磨砖做什么?"老师回答:"磨一面镜子。"马祖道又问:"砖怎么能磨成镜子?"老师说:"既然砖磨不成镜子,坐禅又岂能成佛?"马祖道顿时大悟,放弃了多年养成的苦苦坐禅的修行旧法。这个故事印证了"若识自性,一悟即至佛地"[②]的理论。

2. 禅宗对佛教的改革与创新

禅宗作为佛教宗派的一宗,它的独到之处不仅在于有自成体系的世界观理论和与之相匹配的认识论、方法论;还在于它对传统佛教的理念具有革命性的改革和创新。

●**世俗化的精神追求** 大乘佛教把佛性当作人能成佛的原因。禅宗则认为佛性人人本来自有,世界万物、客体主体、佛我僧俗、日月星辰,无非是我心幻化而出;花鸟虫鱼、人世沧桑、宇宙万物,不过是人们内心世界想象杜撰出来的。因此,一切烦恼皆来自内心。这种虚空的世界观在科学尚不发展的时代,给由于内心记忆幻觉带来种种烦恼的人们一种合理的解释:可怕的梦境、痛苦的回忆之所以可以超越时空再现,只是我心幻化的结果,这对消除下层人民对苦难生活的恐惧,文人士子对仕途险恶的厌倦无奈,无疑是一种心灵的安慰(图 6.14)。

---

① 《坛经》般若品第一。
② 《坛经》般若品第二。

图6.14 唐代宫乐图

● **杂糅诸学的认识方法** 禅宗佛法主张以心传心,不立文字。因为本心人人皆有,禅定个个都会,成佛"当会自悟"。任何语言文字都是有限的,不可能准确全面地解析传达,"梵我合一"的境界靠的是潜心的体会和领悟。因此,禅宗始终恪守着"不立文字""以心传法"的原则。慧能向传统的佛教提出了挑战,他说:"东方人造罪,念佛求生西方;西方人造罪,念佛求生何国?"这一问题是对传统佛教的否定:求佛不能到外面去求,"佛是自性作,莫向身外求。自性迷,佛即众生;自性悟,众生即佛"。① 毫无疑问,禅定的理念中包含了印度佛教一切皆空、主佛为实有的思想,而儒家人人皆可以为尧舜的人性学说和道家"安时而顺处""坐忘"外在世界的主静学说,也被禅宗纳入自己的体系之中,这便是禅宗本土化的突出表现。

● **简便易行的禅定解脱方式** 传统佛教自传入中国就带有浓重的印度佛教的色彩,其中一个鲜明的特征就是坐禅修行。《安般守意经》中有一套细致周密的坐禅密集。无论是在佛教初传时期还是在佛教的创宗发展时期,尽管教派不同,但始终都沿袭着印度佛教这一复杂繁琐的解脱方式。禅定则完全是慧能的独创,是佛教中国化的本土创新,它的独到之处不仅是将修行方式由"坐"改为可行可走可坐可卧,由口念改为心悟,而且由此引发对传统佛教方法、行动的一系列重大改革。禅宗一扫传统佛教的繁冗礼俗,主张"若欲修行,在家亦得,不由在寺",坐卧行住皆是坐禅,功德自心出,布施造寺并无功德。这种改革使佛教走向了民众,使佛祖冷漠超然的灵魂具有了人性化的特征,这也是禅宗最终能取代佛教各宗的地位得以兴旺发达的原因。立足于中国本土文化,借鉴印度佛教教义精髓,创建禅宗独立的哲学思想体系是禅宗对中国文化发展的重大贡献。但是"顿悟"学说后来被禅宗弟子发展到了反对偶像、轻蔑教义的极端,甚至达到"呵佛骂祖"的地步,结果走到了禅宗理性的反面,禅宗从此一蹶不振,很难再现鼎盛时期的繁荣局面。

---

① 《坛经》法海本。

三、韩愈的道统理论与古文运动

●**韩愈生平简介** 韩愈(768—824年),字退之,河阳(今河南孟州)人。虽出身于世代官宦家庭,但3岁丧亲,由兄嫂抚养。10岁时兄韩会卷入朝廷政争,遭放逐,不久故去,嫂郑氏将他抚养成人。韩愈25岁中进士,29岁走上仕途,开始卷入当时统治集团内部保守派和革新派的政治斗争。在"永贞革新"中,他反对王叔文的政治革新,政治上的保守不为改革派同情;他又不满现状,又有一定的变革要求,遂不为保守派重用。元和十二年(817年)随裴度平定淮西藩镇吴元济之乱有功,升为刑部侍郎。两年后又因谏迎佛骨,触怒宪宗,险些被处死刑,后改贬为潮州刺史。穆宗即位,奉召回京,为兵部侍郎,转吏部侍郎。著有《昌黎先生文集》四十卷。

●**韩愈的道统理论** 安史之乱以后,唐朝国力渐衰,经济遭到破坏,藩镇割据对中央集权仍构成威胁,而佛、道两教势力的扩大在经济上危害了整个社会的发展,政治上儒学的地位面临着严峻的挑战。在这一历史背景下,韩愈(图6.15)高扬复古主义旗帜,力图以儒学作为整顿思想、改造现实的武器,进一步巩固中央集权的传统专制统治,重振封建帝国的雄威。**第一,坚持儒家"道统"。** 韩愈把孟子的"道统"学说作为复古运动的理论依据,坚持所明之道为儒家一家之道,自称所尊奉的是孔孟嫡传的正宗"道统"。他自诩为"道统"的传人。**第二,强调"知天""返性"。** 他认为"圣人之道"正是天命的反映。韩愈强调"知天",承认上天是有意志、能主宰一切的神,他肯定"君权神授"。他继承孟子的性善说,在《原性》中把仁、义、礼、智、信作为人

图6.15 韩愈

的先天本性。**第三,重建纲常秩序。** 在社会观上,韩愈尊奉儒家的封建等级制度和伦理道德观,进一步阐发了孟子"劳心者治人,劳力者治于人"的观点,提出"故君者,出令者也;臣者,行君之令而致之民者也;民者,出粟米麻丝,作器皿,通货财,以事其上者也"。[①] 他认为这就是"纲纪",是不可动摇的封建社会秩序。他坚持"仁政",强调加强自身修养以达到齐家、治国、平天下的政治理想。因此,他坚决反对分裂割据、拥兵自重的暴乱;他无情地揭露了违背"仁政",不关心民生疾

---

① 《原道》,《韩昌黎全集》卷十一。

苦,有违"仁政"的腐败行为;他高扬反佛旗帜,对佛教大量占有土地、享有免税免役特权的现象进行了猛烈抨击。

●**唐代古文运动** 以"道统"理论为基础,韩愈发动了一场声势浩大、影响更为深远的古文运动。所谓"古文"是指汉以前的散文体,格式自由,抒情写意,语言长短不拘。古文运动并不是复古,是针对六朝以来以讲求对偶声韵、大量用典、辞藻华丽、流于形式的骈文而展开的一场文学变革运动。古文运动较之儒学复古运动声势更壮,成就更高,对中国古代散文的发展做出了重大的贡献。其文学主张有:*第一,文以载道*。针对骈文"饰其辞而遗其意"的弊端,他理直气壮地提出为文应为阐扬"道统"服务:"文以载道。"在文与道的关系上,韩愈主张文道两者必须兼备,但"道"是中心,是目的;"文"是形式,是手段,是为内容服务的。"文以载道"的另一层含义是指文章要言之有物。在韩愈散文创作中真正传"道"的文章并不多见,倒是"不平则鸣"、针砭现实的文章占有很大的比例。可见,在文学理论与社会现实的结合上,他能够突破儒家教条的羁绊,提出文学创见。*第二,文气说*。他辩证地阐述了道德修养和文学修养的关系。在提高文章内容的质量方面,韩愈在总结先秦"养气说"和魏晋"文气"说的基础上,将注意力转向创作主体内在的精神气质,看到文章的功夫在文外,文学修养和道德修养是决定文章能否达到左右逢源、得心应手的关键因素。韩愈的文气说兼顾文章以外的道德修养和文章内在的文学修养,并把"文气"说具体化、深入化,从而找到了打破骈文形式主义文风的有力武器。*第三,文体革新*。韩愈的文体革新理论是古文运动的精华所在。他认为文体的革新是建立在继承散文传统基础上的创新和发展,主张既要兼收并蓄,更要推陈出新,坚决反对模拟抄袭的不良文风。韩愈在文体的表达方面抓住了散文革新的关键,其标准是"唯陈言之务去"。"陈言"既指语言上的模仿,也包括内容上的陈旧。此外,他还主张"文从字顺各识职"。这看似一个基本的要求,背后却蕴涵着长久的积累和精心锤炼的功夫。韩愈是语言大师,在"古文"创作的实践中,他忠实地履行着自己"词贵独创,言必己出"的创作理念,取得了巨大的艺术成就。韩愈在中国文化史上具有特殊地位,他影响了李翱、皇甫湜、樊宗师、张籍、李汉等一大批追随者,并对宋代欧阳修、王安石、苏轼等人的创作产生了重大影响。明代唐顺之、归有光等人的古文和清代"桐城派"的古文都继承发扬了韩柳"古文运动"的传统。苏轼评价他:"文起八代之衰,而道济天下之溺。忠犯人主之怒,而勇夺三军之帅。此岂非参天地,关盛衰,浩然而独存者乎!"

四、柳宗元的无神论与文学成就

●**柳宗元生平简介** 柳宗元(773—819年),字子厚,河东人,生于长安(图6.16)。家庭的影响,培养了柳宗元视野开阔、不唯师命的品格。良好的早期教育开启了柳宗元的才华,他自幼被视为"奇童",21岁中进士,显示出年轻政治家渊博的学识和惊人的才华。他抱着"行乎其政""理天下"的理想,参加了王叔文的政治集团,成为其中的核心人物,与王叔文、刘禹锡等积极从事政治、经济、军事等方面的革新。在保守势力的高压下,革新不到七个月就告失败,参与改革的骨干分子均遭贬黜,柳宗元被贬为永州(湖南零陵)司马,同时被贬的还有刘禹锡等七人,被称为"八司马事件"。永州十年的贬谪生活在柳宗元的人

图6.16 柳宗元

生道路上有着特殊的意义。这一时期,他致力于理论著述和文学创作,写下了大量阐发朴素唯物主义思想的论著和诗文。47岁卒于柳州任上。著有《柳河东集》,现存诗文四十五卷。

●**柳宗元的无神论** 第一,反对"天命"。柳宗元在唐代唯物主义与唯心主义世界观的斗争中,对人类社会和自然存在做了深入研究,提出了许多重要的学术观点,并对唯心主义的哲学观进行了批判,代表了当时唯物主义哲学的最高水平。柳宗元坚持唯物主义的世界观,反对唯心主义的"天命观""天人感应"论,对历史上关于"天人之际"的问题做出了新的理论总结。他认为根本不存在有意志、能主宰一切的天,天只是一"物",不具备"赏功罚祸"的超自然力量,天人交感之说也是荒唐无稽的。他对韩愈求"知天"的论点进行了批判。他分析了"天命论"产生的社会历史根源:"且古之所以言天者,盖以愚蚩蚩者耳,非为聪明睿智者设也。"①"力足者取乎人,力不足者取乎神。所谓足,足乎道之谓也。"②他一针见血地指出神化"天命"是理论上苍白无力的表现,不过是用来遮人耳目的愚蠢欺骗手段。**第二,否定有超现实的神及先知先觉的圣人。**他虽然信守圣人之道,却敢于打破对圣人偶像的迷信。在他看来,神话传说中具有超凡能力的神话人物和儒家后学将其奉若神明的孔子同普通人一样,"是亦人而已矣"。他科学地

---

① 《断刑论》。
② 《非国语·神降于莘》。

辨析了圣人与凡人的不同,认为圣人与凡人有一样的情欲,都喜欢安逸轻松,都不愿束缚自己,但是圣人发奋进取,严于律己,久而久之,才学自然超过了一般人。**第三,反对孟子的"天爵"之说和韩愈的"性三品说"**。他公开为"贱妨贵、少陵长、远间亲、新间旧"的等级观念所埋没的人才辩护,认为任何人只要"圣且贤"就有参与政权、授以重任的权利,所谓的亲贵旧臣如果不是圣贤,就不应任用。**第四,唯物主义的自然观**。柳宗元的朴素唯物论还表现在对自然现象的可贵探索上,认为一切现象都是自然存在,非神力的安排。他认为宇宙具有无限性:"无极之极,漭弥非垠。或形之加,孰取大焉?""无青无黄,无赤无黑,无中无旁,乌际乎天则。"[1]

● **柳宗元的文学成就** 柳宗元是古文运动的积极支持者。他在散文创作上,倡导"文以明道",与韩愈的"文以载道"的文学主张一致,但他们对"道"的理解有所不同,不是韩愈的"孔孟之道",而是"统合儒释"的"中道",用以调和儒佛两家思想,"圣人之为教,立中道以示于后"。[2] 表现在创作中,柳宗元一方面写下了《封建论》《六逆论》等充满儒家社会思想的政论之作,另一方面又写出蕴涵佛家智慧的寓言和具有出世思想的游记。这些作品在思想性和艺术性方面都达到了很高的水准,极大地推动了古文运动的发展。柳宗元在寓言小品、山水游记和人物传记三个领域中都取得了很高的艺术成就。**第一,寓言小品成就**。柳宗元将更为深刻的社会现实融入寓言故事中,形成了结构精巧、故事生动、寓事于理、辟喻深刻以讽刺见长的小品文。柳宗元的寓言善于刻画动物形象,能够紧紧抓住动物本身的习性特征,轻笔点染,极为生动地塑造出特征鲜明的寓言形象。**第二,山水游记成就**。柳宗元的山水游记具有高洁、幽雅、凄清的格调,在他刻画的一山一水中寄托着作者孤愤的情绪和出世的精神,是他的散文中最富于艺术特色的一部分。**第三,人物传记成就**。柳宗元的人物传记散文也颇有特色。题材上多取材于市井细民的生活,通过反映那些备受欺凌的普通劳动者艰难的生活和悲惨的处境,揭露社会中的种种腐败和黑暗。柳宗元思想中的批判精神和革除弊端的改革勇气在这一类散文中有着集中的体现。总之,柳宗元的散文众体皆备,他以自己的创作实绩支持并推动了唐代古文运动的发展。

---

[1] 《天对》。
[2] 《时令论下》。

第三节 专题讨论

一、隋唐科举制度及其对中国社会的影响

自隋文帝(图 6.17)于开皇十八年(598 年)宣布"以志行修谨、清平干济二科举人"(《隋书·高祖本纪》),标志了一个新选拔制的开端。科举制度作为制度文化现象,从制度本身而言,由察举到科举的变化,不仅是从"以名取人""以族取人"向"以文取人"转变,更关键的还在于推荐方式变为"投牒自进",即自由投考。科举制由隋代至清末(光绪三十一年,即 1905 年)实施历时 1300 余年,在中国的历史上产生了重大影响。正如余秋雨在他的《十万进士》一文中说:"科举制度给过我们一种远年的浪漫,一种理性的构想,似乎可以用一种稳定而周全的制度长年不断地为中华民族选拔各级管理人员。尽管这种浪漫的构想最终不成样子,但当 20 世纪的人们还没有构想起一种科学的选拔制度,那就还没有资格来嘲笑它。"

图 6.17 隋文帝

● **什么是"科举制"** 科举制作为一种完整成熟的制度,它的内涵究竟是什么,学术界尚有不同看法。何忠礼认为科举制应有三个特点:第一,"士子应举,原则上允许'投牒自进',不必大量由公卿大臣、州郡长官特别推荐。这一点,应是科举制度最主要的特点,也是与荐举制最根本的区别。"第二,"一切以程文为去留"。第三,以进士科为主要取士科目。根据这一标准,他认为,隋无"投牒自进"之法,隋也无进士科,所以关于隋进士科的记载均不可信,因而科举制应始于唐。① 金旭东对何忠礼的观点提出了反对意见。他认为,"投牒自进"不能作为科举制与荐举制的根本区别,因为唐代的"投牒自进"只是唐代科举的一小部分。他认为科举制的最主要特点应是"一切以程文为去留"。② 还有论者对科举的内涵做过更详细具体的论述,认为科举制不是凭空产生的,它是此前选官制发展的

---

① 何忠礼. 科举制起源辨析——兼论进士科首创于唐[J]. 历史研究,1983(2):98-111.
② 金旭东.《科举制起源辨析》之商榷[J]. 历史研究,1984(6):59-62.

一个必然;它不是一成不变的,是在此后发展中逐渐完备的。从这一认识出发,科举制的内涵应大体包括这样几项内容:"(1)定期分科举行考试;(2)普通读书人均可自愿报名参加;(3)一切以程文为去留;(4)以进士科为主的考试科目;(5)文学与儒子结合的考试内容;(6)一定考试程序;(7)选贤为政的考试目的。"①

● **科举制的特点** 因文取士是科举制的最大特点。广义而言,科试(含"特科"与"常科")中应考经义、论、策、疏、经解、律赋、律诗、八股文、试帖诗等,均与文有关;狭义而论,则以唐代开始的"诗赋取士"为主,并引起考试诗赋或经义的文化论争。李子广从政治、思想、文化层次对这一特点进行了研究。**第一,从政治层面上看。**中国封建社会是一个官本位的社会,在其漫长的发展演进中,逐步确立了以文官政治为特质的官僚体制,并最终由科举制来完成,这是顺理成章的。明代末年来华的意大利传教士利玛窦在《利玛窦中国札记》中说:"标志着与西方的一大差别而值得注意的另一重大事实是:他们全国都是由知识阶层,即一般称为'哲学家'(儒生)的人来治理的,井然有序地管理整个国家的责任完全交付他们来掌握。"利玛窦所指的即中国文官政治的情形。**第二,从思想层面上看。**"因文取士"与儒家思想有着紧密联系。在儒家那里,德化政治与贤能政治并举,"选贤与能"是"天下为公"的一项重要内容。"因文取士"的"文",其实主要指的就是儒家思想。**第三,从文化层面上看。**钱穆曾精辟地指出中国历史的主导精神就是"士的精神"。他认为,中国的历史精神是有所寄托的,主要通过"士"这一阶层显示出来。士为四民之首,是中国社会一个领导中心,从而"士的精神"也就是中国历史的领导中心。西方人讲历史重视的是恺撒、成吉思汗等英雄人物,而中国人心目中最崇拜的都是"圣人"。这就形成了中国的所谓"政教"。正是由于"士的精神"成为历史的领导精神,才形成了中国人尚文重教的传统。

● **科举制的影响** 科举制历时千余年,到明清两朝八股取士,弊病丛生。但是,如果用历史的眼光客观地看,也不乏积极意义。**第一,科举考试,是"选贤与能"的一种手段,也是仕途"平等竞争"的重要方法。**它也确实选出过大批优秀人才,对封建社会的发展做出过重大贡献。**第二,科举考试制度促进了学校教育的发展,**它是中国古代重视教育的一个重要方面。**第三,科举制对民族融合与国家统一起了不可忽视的作用。**尤其是在元、清施行汉化选官制中非常明显。**第四,中国科举制对世界政治文化产生过巨大影响。**一是唐宋诗赋取士,对日本、朝鲜等周边国家的影响;二是明末耶稣会士来华,归国后介绍中国考试制度,对西方产生影响;三是鸦片战争前后,英国人把中国考试文献携回,仿效改造而建立一

---

① 李子广.科举与古代文学[M].呼和浩特:内蒙古教育出版社,1999.

种公职竞争的考试制度,并由此传播到欧洲、美洲诸国。

二、李白与杜甫的思想

李白和杜甫是盛唐文化哺育出的最具魅力的盛世奇才和伟大诗人,他们用非同凡响而风格迥异的诗韵构成了盛唐辉煌气象中最具神采、最夺目的一道风景。

1. 李白的思想

历来的评论家认为,从李白的生活经历和诗歌创作来看,李白以道家思想为主,兼有儒家、纵横家的思想。

● **入世的人生态度** 有的学者认为,李白(图 6.18)从青年时代起,就怀有"济苍生""安社稷"的宏伟抱负,并孜孜以求其实现,锲而不舍;他追求宏功伟业,希望建立不世之功。他以大鹏自诩。他鄙视蓬间雀,没有庸夫俗子那种权势欲。他性格豁达开朗,政治视野非常开阔。他经常以帝王之师自欺,欲登上宰辅地位,但又不想脚踏实地地一步一个台阶登上塔之峰顶,却想平交王侯,一步凌云。在政治活动上,纵横家思想对他影响很深,他一生始终存在着侥幸成功的心理,希望一言定鼎,一举安邦。两入长安,从追随永王李璘,甚而晚年欲从军追随李光弼出征,都是这种侥幸成功心理的反映。学者罗宗

图 6.18 李白

强认为在唐代社会由盛而衰的转折点上,李白开出了他的"弃末返本"的政治药方。这副政治药方以老子的氏族公社理想政治为主,夹杂着儒家的"仁政"思想。它大抵包括三个方面的内容:节用爱民,选贤任能,戒奢济贫。

● **出世的道家情怀** 当代学者陈炎认为李白是中国文学史上道家思想的典型代表。被称为"诗仙"的李白"十五游神仙,仙游未曾歇","云卧三十年,好闲复爱仙"。虽然他也热衷于功名、渴望于官场,但其最终的理想则是"功成谢人间,从此一投钓""待吾尽节报明主,然后相携卧白云"。李白不仅正式履行过入教仪式,成为受过符箓的道士,而且在生活方式和情感方式上也丝毫没有儒家的严谨和佛家的悲观,而是一派道家的洒脱、道教的狂放。道教是一种珍视个体生命并渴望现世快乐的宗教。过分自由的生活态度或许并不值得效法,但它却大大地破除了艺术的禁忌、充分地拓展了审美的空间。而所有这一切,在李白的生活和创作中都得到了淋漓尽致的体现。**第一,道家思想在生活中的表现。**李白的一

生可谓潇洒。少年时代,他便显示出惊人的天赋、罕见的才华,他"五岁诵六甲""十岁观百家",不仅诗写得好,而且能骑射、能剑能舞、能琴能书。青年时代,他选择了道教徒常走的"终南捷径",遍谒诸侯、游历天下,因风流倜傥而受到了当时的道教大师司马承祯的高度评价。中年时代,他以诗名和文才受到玄宗皇帝的破格召见,先有"降辇步迎,以七宝床赐食于前"的礼遇,后有"力士脱靴""才人研墨"的佳话。暮年时代,他的生活道路出现了坎坷,先是因"赐金放还"而再次漂泊,后又入"永王幕府"而获罪朝廷,然而即便如此,仍然以诗名受到朝野人士的广泛关注,所谓"新诗传在宫人口,佳句不离明主心",直至赋《临终歌》与世长辞,仍不改其文人的浪漫、道士的洒脱。**第二,道家思想在诗歌创作中的表现。**李白诗作深受道教的影响,他的诗歌充满了大胆的想象和奇异的夸张,常常出语惊人、行文跌宕,其中一些作品带有鲜明的游仙色彩,显然受道教的直接影响。李白诗中始终有着一个愤世嫉俗、遗世高蹈、特立独行的主体形象。这种道教的"有我之境"显然有别于佛教的"无我之境"。即使在反映世俗生活的诗歌中,李白的主体形象也是极为鲜明的。失意时,他大喊"大道如青天,我独不得出";得意时,他高唱"仰天大笑出门去,我辈岂是蓬蒿人",既不似儒家的温柔敦厚,也不似佛教的空澈澄明。道教美学对李白的影响是广泛而全方位的,除上述"游仙色彩"和"有我之境"的直接体现外,更多的情况是具有想象、夸张、神化色彩的表达方式方面的影响。①

2. 杜甫的思想

图 6.19　杜甫

●**正统儒家思想说**　历来的学者都认为杜甫思想属于儒家思想。就文化背景而言,杜甫(图 6.19)是晋代名将兼宿儒杜预的后代,其家族具有"奉儒守官,未坠素业"的传统,因而很容易使其产生"致君尧舜上,再使风俗淳"的入仕抱负。就历史境遇而言,杜甫比李白晚生 11 年,其主要的生活和创作经历均在"安史之乱"以后,因而很容易使他产生"穷年忧黎元,叹息肠内热"的济世情怀。他的诗主要不是面向自然的,而是面向社会的;不是抒发个人理想的,而是描写时事苍生的。这也是他被誉为"诗圣"的原因所在。杜甫的诗歌所反映的社会内容远比李白丰富。社会的动荡,仕途的坎坷,使诗人在颠沛流离中广泛接触到了下层生

---

① 陈炎.中国审美文化史:唐宋卷[M].济南:山东画报出版社,2000.

活,从而在《哀江头》《悲陈陶》《塞芦子》《洗兵马》以及著名的"三吏""三别"中具体而微地反映了"安史之乱"期间民间的痛苦和不幸,使这些作品具有了"诗史"的意义。更为难能可贵的是,在那个"白骨露于野,千里无鸡鸣"的时代里,他能够以一种"仁者之心"将普通人的悲欢离合化为自己的喜怒哀乐;在那个"朱门酒肉臭,路有冻死骨"的社会里,他能够以"民为贵,社稷次之,君为轻"的立场来痛斥人间的不平。①

●**儒家思想超越说** 游国恩认为杜甫不但继承了儒家思想,而且在某些方面还超越了儒家思想的束缚,达到了更高的境界。杜甫深受儒家思想的影响,但他从切身生活体验出发,对儒家的消极方面也有所批判。比如,儒家说:"穷则独善其身,达则兼济天下。"杜甫却不管穷达,都要兼济天下。儒家说:"不在其位,不谋其政。"杜甫却是不管在位不在位,都要谋其政!尽管"身已要人扶",然而他却说"拔剑拨年衰"。尽管"万国尽穷途""处处是穷途,"然而他却是"不拟哭穷途""艰危气益增"。前人说杜甫的许多五律诗都可作"奏疏"看,其实何止五律! 我们知道,儒家也谈"节用爱人""民为贵",但一面又轻视劳动,轻视劳动人民。杜甫与之不同。他接近劳动人民,也喜欢劳动,甚至愿为广大人民的幸福牺牲自己。儒家严"华夷之辨",杜甫却在一定程度上摆脱了这种狭隘性。他主张与邻族和平相处,不事杀伐,所以说:"杀人亦有限,列国自有疆。苟能制侵陵,岂在多杀伤?"因此他非常珍视民族间的和好关系:"似闻赞普更求亲,舅甥和好应难弃!"总之,用杜甫自己的话来说,"穷年忧黎元"是他的中心思想,"济时肯杀身"是他的一贯精神,"致君尧舜上,再使风俗淳"是他的最高理想和主要手段。

●**以儒为主兼有道佛说** 也有专家提出,杜甫的思想中并不完全是儒家思想,还有道家和佛教的成分。道家应分先秦道家(老、庄)和汉以后道家。杜甫的道家思想中两种因素都有。杜甫多说药,如茯苓、柴胡、乌鸡之类,可见受汉后道家影响。先秦道家思想对杜甫也有影响,《写怀二首》前一首说自己要忘情荣辱曲直,后一首向往于容成氏、中央氏的太古,而无奈后世文明兴起。是非荣利大作,使人如飞蛾扑火,不得安静。老庄思想在杜甫身上也有一定的正面影响,这就是"真"和"放(纵)"。杜甫很重"真"。自说是"近识峨眉老,知予懒是真""不爱入州府,畏人嫌我真"。评人是"嗜酒不失真""由来意气合,直取性情真"。唯真所以能放,"自笑狂夫老更狂"。"饮酣视八极,俗物都茫茫"。这种狂放的性格反映在诗中,有气盖一世、豪迈感激、感时抚事的古诗,有脱略世俗、兴趣天然的田园山水诗。也有专家认为杜甫还有佛家的思想,《秋日夔府咏怀奉寄郑监(审)李

---

① 罗宗强.李白与杜甫生活理想之比较[M]//李杜论略.呼和浩特:内蒙古人民出版社,1980.

宾客(之芳)一百韵》中有九韵谈到他的佛教信仰,知杜甫所信为禅宗北派,但对佛教"真谛"还只是像镜中影像一样。

三、中西建筑文化比较

唐代建筑达到了当时世界最先进的水平。长安城(图 6.20)就是一个典范。英国著名学者李约瑟在他的巨著《中国科学技术史》(1961 年)中对中西建筑文化进行比较,提出诸多精辟论点。

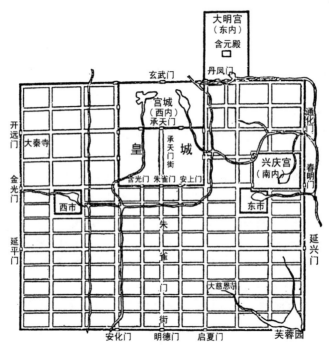

图 6.20　唐长安城图

●**中国建筑的精神**　李约瑟认为,中国的建筑忠实地表达出中国伟大的理念。首先,人类不能视为是独立于自然的;其次,人不能与社会分离。不论是在那些壮观的神庙和宫殿建筑中,还是在那些或如农宅一样分散或如城市一样聚集的民间建筑中,都存在着一种始终如一的秩序图式和有关方位、季节、风向和星象的象征意义。中国人喜欢运用相对而言并不持久的木头、瓦、竹子和泥等材料来建造所有具有灵活功能的建筑,中国的建筑利用地形、树木和群山中的每一处自然美景,这一点不仅真实地体现在北京城边颐和园这样美妙非凡的建筑中,也同样体现在普普通通的四川民居中。民居通常是周围环绕着打谷场,背倚一片竹林,在它所在的山谷上方是层层的梯形稻田。

●**中国建筑的主要特征** 中国建筑的主要特征可以概括如下：① 强调屋顶，屋顶形状呈现和缓的曲线；② 正式的建筑群围绕中心庭院布置，将重点建筑安排在轴线上；③ 结构暴露，支撑大屋顶的顶子和梁架清晰可见，即使墙中的梁柱也是如此；④ 丰富的色彩，这一点不仅仅体现在屋顶用瓦的颜色上，还表现在布满彩画的柱子和梁枋上，密密排布的檐下斗拱上以及长长伸展的粉墙上。清晰理性的特点显现在建筑的平面、立面和剖面中，并使三者达到高度的协调统一（图6.21）。

图6.21　唐含元殿

●**中西城市建筑比较** 大概从周朝开始，所有的中国城市都被规划成矩形形状，与罗马的城堡相似，城内东西向和南北向的大街成直角相交。直到今天，中国城市的主要形状还是方形或矩形，当然也有许多例外。几乎所有的城市在城墙内都留下了充足的空间，用来作为后花园甚至农场的用地。在中国城市中，有时会存在大量人口密集地聚居在一小块区域的情况。通常，建造者们不采取多层建筑的方案，而是不断用墙将不同家庭的居所分隔开来，这样一来，甚至连富裕家庭的空间都显得十分局促。但是在每一家的庭院中，虽然小，却都摆了盆栽的花木或小树，使之成为花园式的庭院。中国城市与西方文艺复兴时期的城市之间差别明显，后者以一座重要的单体建筑为中心向外扩散，如法国的凡尔赛城。而这座城中重要的建筑有时会显得与城市格格不入。中国的理念要整体化得多，也更复杂，因为在一个建筑群中会有几百幢建筑物，连宫殿自身也是带有街道和防卫墙的整个城市的更大组织的一部分。它的建造水平以北京的天坛为代表，在公元15世纪早期达到了顶峰。中国人在建筑中的诗一般的壮美融合了人与自然，形成了任何其他文化不可企及的整体和谐的建筑形式。

●**中西建筑材料比较** 为什么在整个历史发展过程中中国建筑一直用木头、瓦、竹子和泥，而不像希腊、印度和埃及那样，利用石头作建筑材料从而留下大量的遗迹呢？也许答案存在于中国和西方的文化差异中。社会结构和经济制度也是影响的一个方面。西方的奴隶制可以驱使成千上万的奴隶同时修筑一项统治者要求的艰苦工程，而中国的奴隶制在任何一个时期都无法做到这一点。在埃及和亚述古建筑的门楣上，常雕刻有大量劳工运送供建筑和雕刻用巨石的图案，在中国的文化遗迹中则没有与之相同的东西。这一点决定了中国建筑的形式特征，而中国木构架的建筑形成与当时大量奴隶的缺乏之间很可能有某种必然的联系。另一方面，木质材料的使用也与古代的机体论自然观有关，在这样一种自然哲学中,石头被看作是属于"土"的元素,对它的正确使用方式应该是在地下或者地表面,而木材是属于"木"的元素,在天地间居于沟通的中介位置,因此是唯一适合用来建构房屋的材料。但是这些仅仅是推测,问题却依然存在。

不管现在我们怎样看待"天穹理论",有一点是清楚的,即中国建筑向上翻起的屋檐使房屋能够在冬天获得最大的光照面积。而在夏天得到最大限度的阴凉。这屋顶能够降低房屋的高度,同时也减少了风对两侧的压力。凹曲线屋顶的另外一个实际功能也许在于雨水和积雪能够沿屋面快速地滑下飞落到庭院中,而不致侵蚀台基。当然,它还最大限度地满足了美学的要求。①

附:隋唐五代十国文化大事年表

隋(581—618年)

581 年

  陈宣帝太建十三年,隋文帝开皇元年 ●杨坚建隋。周相国隋王杨坚,废周静帝,自为皇帝,筑大兴城(今西安一带)为国都,国号隋,建元开皇。

584 年

  隋文帝开皇四年 ●隋命宇文恺开广通渠从大兴城东引渭水,东至潼关三百余里,以通漕运。

587 年

  隋文帝开皇七年 ●隋令诸州每年贡士三人,**或以为此即进士科之始**。

589 年

  隋文帝开皇九年 ●隋灭陈,分裂270余年后,中国复归统一。

590 年

  隋文帝开皇十年 ●学者颜之推(531—约590年以后),其《颜氏家训》约成于隋初,主张以儒家传统思想立身治家,对后世颇有影响。

604 年

  隋文帝仁寿四年 ●太子杨广杀父即位,为隋炀帝。

605 年

  隋炀帝大业元年 ●发河南、淮北百万民工开凿运河。

607 年

  隋炀帝大业三年 ●诏十科举人,中有测试文才品定优劣的规定,**此或为后世进士科举之始**。

---

① 李约瑟,柯林·罗南.中华科学文明史:第5卷[M].上海交通大学科学史系,译.上海:上海人民出版社,2003.

续表

隋(581—618年)

610年

隋炀帝大业六年 ●开江南运河,自京口(今江苏镇江)至余杭八百余里,宽十余丈。至此,**隋运河全部完成**(图6.22)。●医学家巢元方奉诏主编《诸病源候论》,**为中国现存第一部病因学专著**。

616年

隋炀帝大业十二年 ●伊斯兰教徒扎法尔由海路抵泉州,开始在当地传教。**可能为伊斯兰教传入中国的最早年代**。

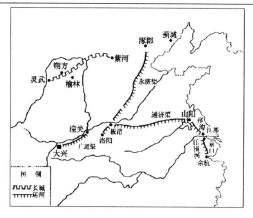

图6.22 隋代开凿运河分布图

617年

隋炀帝大业十三年 ●李渊起兵太原,11月攻克长安。●河北赵县**永济桥**(俗称赵州桥)(图6.23)由工匠李春在大业年间造成,桥美丽坚固,**拱肩加拱的"敞肩拱"造型是世界桥梁史上首创**。●隋代杰出画家展子虔生活于隋末唐初,后称"**唐画之祖**"。存世作品有《游春图》。●虞世南编成《**北堂书钞**》,为现存最早的类书。

图6.23 赵州桥

唐(618—907年)

618年

唐高祖武德元年 ●隋恭帝禅位于李渊,唐王李渊称帝,建元武德。

622年

唐武德五年 ●是年诸州共贡明经、秀才、俊士、进士若干人。尚书省由吏部考官员外郎申世宁主考,取秀才一人,进士四人,并选放为治民官。**此为唐科举之始**。

624年

唐武德七年 ●初定均田法。●定三公六省九寺等官制。●**《艺文类聚》约在此年由欧阳询等编撰成书,为中国现存最早的官修类书**。

625年

唐武德八年 ●王孝通辑成《缉古算经》,其中一元三次方程的正根解法,是对中国古代方程式论的卓越贡献。●小说家王度(585—625年)卒,其所著《古镜记》与无名氏所作《补江总白猿传》同为唐代传奇文学之先驱。

626年

唐武德九年 ●玄武门事变,唐太宗李世民即位,后贞观之治开始。

629年

唐太宗贞观三年 ●景教(基督教聂斯托利派,又称大秦教)由叙利亚人阿罗本传入中国。

续表

唐(618—907年)

641年

唐贞观十五年 ●文成公主入西藏,与吐蕃松赞干布结婚(图6.24),为汉藏民族关系与文化交流史上重大事件。

图6.24 松赞干布 文成公主

645年

唐贞观十九年 ●**李淳风所著《乙巳占》**是世界气象史上较早的专著,最早提出了十级风力的定级标准。

656年

唐高宗显庆元年 ●长孙无忌进史官所撰《五代(梁、陈、周、齐、隋)史志》三十卷。《隋书·经籍志》正式确立经、史、子、集四部分类法,此法一直沿用至清。

659年

唐显庆四年 ●苏敬等奉命撰成《新修本草》(又名《唐本草》),**这是中国第一部由政府修订的药典。**首创药物自然来源的分类方法,**绘有中国最早的药物图谱**,对此后中药学的发展颇有影响。

664年

唐高宗麟德元年 ●三藏法师**玄奘**(602—664年)卒,**玄奘**西行求法17年,行程五万里,为中国古代著名旅行家。在长安大慈恩寺译出《大般若经》《成唯识论》等大小乘经论共75部1335卷,**与鸠摩罗什、真谛为中国佛教三大翻译家。**

682年

唐开耀二年 ●**医学家孙思邈**(581—682年)卒。他收集方药、针灸等内容,撰成《千金要方》《千金翼方》,总结唐以前医学理论与临床经验,并倡立脏、腑病分类的新系统,后人尊他为"药王"。

690年

唐则天天授元年 ●武后(图6.25)亲自策问贡士于洛城殿,**殿试自此始。**

702年

周武长安二年 ●始置武举,每年准明经、进士例举送。●诗人陈子昂(661—702年)被诬拘死狱中。他标举汉魏风骨,反对柔靡之风,为唐诗革新先驱。

图6.25 武则天

710年

唐中宗景隆元年 ●刘知几著成**《史通》,为中国第一部史学评论名著。**

712年

唐睿宗太极元年,玄宗先天元年 ●太子李隆基即位,是为玄宗。

714年

唐玄宗开元二年 ●置左右教坊,设音声博士等以教舞乐,玄宗自教乐工数百人于梨园,称"梨园子弟"。

续表

唐(618—907年)

720年
　　唐开元八年　●诗人张若虚(660—720年)卒,他与贺知章、包融、张旭合称"吴中四士"。代表作有《春江花月夜》。

727年
　　唐开元十五年　●科学家僧一行(683—727年)(图6.26)。他精通历法和天文,曾主修《大衍历》及《复矩图》。曾受诏组织了一次大规模的天文大地测量工作,提供了相当精确的地球子午线一度弧的长度,**并为首次测出子午线长度做出重要贡献。**

图6.26　一行

740年
　　唐开元二十八年　●诗人、政治家张九龄(678—740年)卒。●诗人孟浩然卒(689或691—740年)。其诗与王维齐名,时称"王孟",擅咏山水田园。

755年
　　唐天宝十四年　●安禄山在范阳叛乱,安史之乱起。次年,洛阳陷落。

762年
　　唐肃宗上元三年,代宗宝应元年　●大诗人李白(701—762年)卒。生平详见正文。

770年
　　唐代宗大历五年　●大诗人杜甫(712—770年)卒,生平详见正文。●诗人岑参(715—770年)卒。

785年
　　唐德宗贞元元年　●书法家颜真卿(708—784年)为叛臣李希烈所杀。其书法被称为"颜体",开一代新风,对后世影响很大。

795年
　　唐贞元十一年　●白行简作《李娃传》,与蒋防的《霍小玉传》同为唐人传奇文学的代表作。

803年
　　唐贞元十九年　●四川乐山大佛经过90年开凿终于完成。大佛高71米,肩宽28米,**这是世界上现存最大的石刻佛像。**

819年
　　唐宪宗元和十四年　●哲学家、文学家柳宗元(773—819年)卒。为唐宋八大家之一,与韩愈共同倡导古文运动,其哲学思想见于《天问》《天说》。著有《柳河东集》。

820年
　　唐元和十五年　●飞钱约出现于宪宗时,**为中国最早的汇兑形式。**●元和年间炼丹家王四郎开设邸店,以高价将自制药专售胡商。炼丹术由此传入阿拉伯,后复传至欧洲,终促成近代化学的出现。

824年
　　唐穆宗长庆四年　●思想家、文学家韩愈(768—824年)卒。他是唐宋八大家之首,尊儒排佛,以复兴儒学与古文为己任,提出道统说与新三品说。

831年
　　唐文宗大和五年　●诗人元稹(779—831年)卒。与白居易齐名,为新乐府运动的倡导者,所作《莺莺传》为《西厢记》故事之本。

842年
　　唐武宗会昌二年　●文学家、思想家刘禹锡(772—842年)卒。其《天论》在哲学上提出"天与人交相胜""还相用"的观点。其诗富有民歌特色,《竹枝词》等较为著名。

唐(618—907 年)

846 年

唐武宗会昌六年　●道人蔺道者撰成《仙授理伤续断秘方》，**为中国最早的伤科专著**；医学家昝殷所著《产宝》三卷，**为中国现存最早的妇产科专著**。●大诗人白居易(772—846 年)卒。倡导新乐府运动，与元稹齐名，同创"元和体"，语言通俗。著有《白氏长庆集》。

852 年

唐宣宗大中六年　●文学家杜牧(803—853 年)卒，诗擅七绝，清丽隽爽，散文以《阿房宫赋》最为著名，有《樊川文集》。

858 年

唐宣宗大中十二年　●诗人李商隐(约 813—约 858 年)卒，擅爱情及咏史诗，有《李义山诗集》。

五代十国(907—960 年)

907 年

唐哀帝天祐四年　●哀帝禅位于梁。哀帝遣宰相至大梁(今开封)，将皇帝位禅于梁王朱全忠，朱建国大梁，唐亡。唐历 21 帝，凡 289 年。

920 年

辽太祖神册五年　●辽耶律突吕不等制成契丹文字，系仿汉字而制，是为契丹大字。

933 年

后唐长兴四年，辽天显八年　●**现存最早的唐代乐谱在此年抄成**。此谱属工尺谱(当时教坊通用的记谱符号)体系，为敦煌遗书一。

959 年

后周显德六年　●苏州云岩寺塔始建(俗称虎丘塔)。●景德镇瓷业已兴起。●据陶毂《清异录》载，豆腐和红曲在五代时已问世，前者为**世界最早由化学方法制造的食品**，后者首创使用微生物发酵技术制造食用色素的记录。

【思考与讨论】

1. 唐代文化空前繁荣的社会历史原因是什么？
2. 简述隋唐对外开放的意义和时代精神。
3. 就你熟悉或喜爱的唐代文化名人，收集有关资料，做些研究，写一篇人物评论或课程论文。
4. 围绕隋唐时期的文化现象，组织开展一次辩论赛。参考题目：科举制对推动中国社会文化的发展利大还是弊大？
5. 组织召开一次唐代诗歌朗诵会或鉴赏会。

第七章 宋元文化

宋元时代曾长期陷入四分五裂、战事频繁的困境。社会的大动乱，一方面给国家和人民带来了深重的灾难，另一方面日益激化的社会矛盾又激发起人们的不断思考和创造精神，并加速了各民族的融合。这正是中国文化能在宋元时代攀登上新的高峰的重要原因之一。本章简要介绍了宋元政治经济形势以及教育、科技、文学、艺术、中外文化交流等各个方面取得的巨大成就，重点论述了二程和朱熹等人建构的理学体系，以及陈亮、叶适对理学的批判。学习本章应深入思考理学的基本内容和它的积极意义与消极影响，了解宋代文化取得空前成就的原因和历史地位。

第一节 宋元文化概述

本章所说的宋元时代，包括五代十国后在中国范围内先后建立和衰落的宋、辽、夏、金、大理、元等多个政权。960年，宋太祖赵匡胤夺取后周政权，建立宋朝，史称北宋。北宋没有完成中国的统一。北宋政权建立前，北方契丹民族逐渐强大起来，916年建立了辽国；北宋建立后，西方党项民族强大起来，1038年建立了大夏；黑龙江一带的女真族兴起，1115年建立了金朝。金朝在消灭辽国统一北方后，于1127年攻克汴京，北宋王朝覆灭，同年赵构在南京应天府(今河南商丘)即位，南宋开始。南宋与金朝南北对峙，长达百余年(图7.1)。此时强悍的北方蒙古族越来越强大，1206年，成吉思汗建立了蒙古政权。这时的中国四分五裂，除了蒙古、金、宋、西夏外，还有大理、畏兀儿、西辽等政权。1219年，成吉思汗首先西征，控制了中亚各地，以及黑海、高加索及其以北的钦察草原，然后大举南下，于1227年灭西夏，同年一代天骄成吉思汗病逝。1234年他的继任者忽必烈灭金,1279年灭南宋,并先后吞并了吐蕃、大理,建立了元朝,中国再次实现了大一统。元朝历时不到百年,1368年,篡夺了农民起义果实的朱元璋攻克大都,元朝覆灭。这三个半世纪,中国曾陷入长期的割据与混战之中,一方面是生灵涂炭,另一方面是各民族的大融合。在动乱中,中国文化取得了空前成就,在很多方面登上了中国传统文化发展的顶峰。

一、宋元时代的政治经济形势

●**政治经济形势概况** 中国封建社会到北宋时代,总的政治和经济形

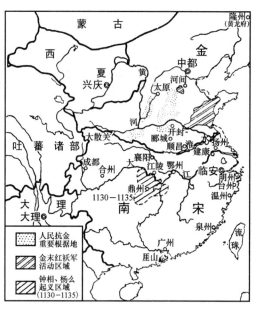

图7.1 宋金对峙时中国的形势

势已开始走下坡路。阶级矛盾和民族矛盾日益激化,农民起义此起彼伏,内忧外患日甚一日,于是有了"庆历新政"和"王安石变法"。王安石的改革虽然起了一定的积极作用,但未能改变宋王朝积贫积弱的局面。到北宋后期,以宋徽宗为首的统治集团,政治上极端腐败,相继爆发了宋江、方腊起义,北宋在内外交困中灭亡。南宋历经了150多年的统治,不但没有振作起来,而且日趋腐朽。其苛捐杂税超过北宋,土地兼并更是有过之而无不及。虽然如此,宋代经济仍有缓慢的发展。特别是在南方,农业生产水平有了很大的提高,当时谚语说"苏湖熟,天下足",又说"天上天堂,地下苏杭"。这一时期的手工业,特别是纺织业有更大的发展,此外瓷器、冶炼、造纸、印刷等也都有新的发展。最能体现这一时代经济发展特色的是商业经济的兴起以及与此相关的城市和交通业的发展。唐朝时10万户以上的大城市只有10多个,而北宋时增加到40多个,成都16家富商联合印发的纸做的"交子",是世界上发行最早的纸币(图7.2)。元代虽然统一了中国,但统治时间不

图7.2 世界上发行最早的纸币

长。它结束了中国长期战乱、分裂的局面,对经济的发展起了重要的推动作用,文化的发展也有新的突破,民族的交往、融合在历史上也是空前的。但是它实行的残酷的剥削和种族压迫以及官僚机构的贪污腐化之风愈演愈烈。它也是在农民起义的风暴中灭亡。纵观宋元时代的政治经济形势,择要介绍下面两点。

● **王安石变法** 范仲淹领导的庆历新政失败后,北宋的积弱局面丝毫未改,且继续恶化,改革议论不绝于朝野。至神宗时,王安石临危受命,推行变法。王安石,字介甫,临川(今江西抚州)人(图7.3)。中进士后长期在地方任职,对民生疾苦、社会弊病了解甚多。熙宁二年(1069年),神宗以王安石为参知政事,次年升任宰相,开展变法。王安石变法之初,便遭到强烈的反对,保守派官僚群起而攻之,司马光成了他的头号政敌;推崇他的文彦博、欧阳修以及与他终生感情甚笃的苏东坡都站到了他的对立面;连他自己的

图7.3 王安石

新政班底程颢及苏辙也都背叛了他。然而王安石不为所动,倡言"天命不足畏,祖宗不足法,人言不足恤",勉励神宗坚持改革。变法几经挫折,至熙宁九年(1076年),王安石罢相居家,神宗亲自主持变法工作,新法继续实行。元丰八年(1085年),神宗病卒,其子哲宗即位,年幼,由神宗之母太皇太后高氏摄政。高氏用司马光为相,将新法全部废除。次年,王安石病逝家中,时年66岁。

王安石变法的内容涉及很多方面,主要是在农业政策、财税政策、经济政策及军事组织方面的改革,内容如下:**第一,青苗法**。这是一种贫农救济法,在插秧时由政府低利贷借资金给自愿的农民,收获时再以两分利息还给政府。**第二,农田水利法**。鼓励民间开垦荒田,费用由收益人按户等高下出资分摊,不足者由官府依青苗钱例贷款,可延期偿还。**第三,方田均税法**。针对农村土地买卖频繁、富户多隐瞒土地数量以逃避赋税的状况,规定每年九月由县官派人丈量土地,核实每户土地的数量、质量,从而确定税额。**第四,募役法**。又称免役法,向百姓中有财力的收取免役钱,再利用这些收入雇人应役,保证贫困者的农业生产时间。**第五,均输法**。朝廷拨巨款以充发运使周转费用,防止不法商贾操纵市场,囤积居奇,获取暴利。**第六,市易法**。直接限制商人垄断市场以获取暴利。在东京等地设立"市易务",朝廷拨款作本,收购滞销货物至需要时销售,并根据市场情况评定物价。向商人提供贷款,五人以上互保,年息20%。商人也可以赊钱购货物,仍同样计息还钱。**第七,保甲法**。以兵民合一政策来补充不足的兵源。停止以往素质低劣的佣兵制,改行全民皆兵的民兵制度。此法的目的在于逐步恢复"兵农合一"的征兵制,最终取代募兵制。至熙宁九年,全国保甲"民兵"已达693万余人。

●**宋辽金元之间的征战与文化交融**　宋朝立国不久,就接连受到北方强大的游牧民族的攻击,在长期的碰撞交融的过程中,他们相互渗透,相互影响,极大地丰富了中国传统文化的内涵。*第一,少数民族文化对汉文化的影响*。从11世纪初至12世纪初,契丹、党项、女真等少数民族建立的王朝对宋朝进行了长期包围和轮番攻击,对两宋文化造成了深远的影响。宋代人因被动挨打而产生的忧患意识,渗透于宋文化的各个方面:因为忧患,两宋词坛才生出了或苍凉凄楚或慷慨激昂的优秀词人;因为忧患,爱国思想成了宋代文学的主旋律。不仅如此,游牧民族文化也将异族文化因子输入宋文化之中,北宋时民间已传唱北方异族歌曲;南宋时胡服、胡声及胡俗广为流行,大大丰富了宋代的市民文化。*第二,汉文化对少数民族文化的影响*。在向南扩张的过程中,契丹、党项、女真及蒙古等民族对汉文化的吸收、利用,表现出这一时期民族关系的新特点和汉化的新方向。在契丹的辽朝,政治上突出"以国制治契丹,以汉制待汉人"(《辽史》),但在文化上辽遵汉制,以孔门儒学为主导,《史记》《汉书》《贞观政要》及白居易的《讽谏集》等汉文名著被译为契丹文字,广为流行。苏轼的诗文为辽人所熟悉和喜好。**在党项西夏国**,由于汉人较多,所以往往番汉并称。著名的西夏文、汉文双解辞典取名《番汉合时掌中珠》。《孝经》《论语》《孟子》皆有西夏文本。**在女真金国**,以儒学为正宗道统,在上京建立孔庙。金人不仅大量购入汉籍,而且翻译了众多的汉文经典,如《易》《书》《论语》《孟子》《老子》《新唐书》等。同时,汉人流行的典章制度也在金朝得到推行。**在蒙古元朝初期**,元世祖忽必烈(图7.4)时,在汉族儒生士大夫的影响下,已着手推进"行中国事",统治体系和典章制度随之大幅度"汉化"。尤为重要的是,程朱理学从元代一跃而为官学。元仁宗皇庆二年(1313年)下诏恢复科举考试,明确规定以朱熹的《四书章句集注》为开科取士的标准,一时间,"《四书》讲章,浩如烟海"。综上所述,辽、金、元等游牧民族虽凭借铁蹄劲旅入主中原,成为军事上的征服者,但由于农耕文化对游牧文化的"反哺"作用,他们所奉的正统,毫无例外是汉民族的儒家文化,而非游牧文化。元朝全盛时期曾是世界上拥有最大领土的国家。(图7.5)

图7.4　忽必烈

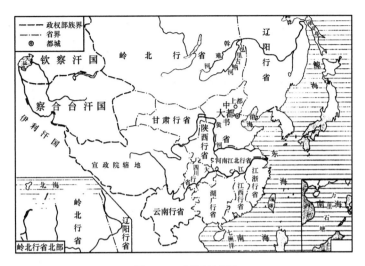

图7.5 元代疆域图

二、宋元时代的文化成就及其影响

文化的发展,并不总是同政治、经济的发展一致的。就像动乱的魏晋南北时代促成了文学、历史、科学的自觉一样,并不太平的宋元时代,在很多方面造就了中国封建社会的文化高峰。史学家陈寅恪说:"华夏民族之文化,历数千年之演进,造极于赵宋之世。"宋元文化在中国文化史上有其独特的地位。国学大师钱穆说:"唐末五代结束了中世,宋代开创了近代。"[①]从中唐开始而在宋代稳定确立的文化转向正是一种"近世化"过程。这个近世化的文化形态可以认为是中世纪精神与近代工业文明的一个中间形态,其基本精神是突出世俗性、合理性、平民性。

●**印刷业和教育事业的发展** 印刷术虽在唐代已经发明,但印刷业的繁荣却始于宋代,元代也有很大的发展(图7.6)。宋代公私刻书业的兴盛使书籍得以大量流通,不但皇家秘阁和州县学校藏书丰富,就是私家藏书也动辄上万卷,以《郡斋读书志》等为代表的私人藏书目录专书在宋代首次出现,就是一个标志。与此同时,在崇文抑武的政策下,学校的数量和种类也大量增加,除各类官办的国子监和州县学

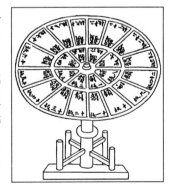

图7.6 元代王祯发明的
转轮排字架

---

① 邓广铭.北宋文化史述论·序引[M]//陈植锷.北宋文化史述论.北京:中国社会科学出版社,1992:3.

外,私立的初等教育私塾、蒙馆,高等教育的书院日益兴盛。以庐山的白鹿洞书院、湖南岳麓山的岳麓书院、河南商丘的应天府书院、衡阳石鼓书院为代表的四大书院,其规模和学术水准都堪与官办学校相媲美。宋代书院私人讲学、自由辩论、争鸣的学术氛围,直接推动了学术思想的发展,培养了大批学者型官僚和作家,理学的兴盛和书院的发展也有密切关系。

●**科举达到最合理阶段**　科举在宋代已经形成一套完备的立法,"封弥""锁院""糊名""誊录"这些做法在最大限度上革除了考试、阅卷等环节的舞弊现象,取得了明显的效果。"取士不问家世"的原则在宋代真正变为现实,从而为社会各个阶层人士进入统治阶层提供了门径。对此,邓广铭说:"科举制度在两宋所发挥出来的进步作用,所收到的社会效益,都远非唐代之所可比拟的。"①

●**科技文明居历代之首**　中国古代四大发明,除造纸术外,其他三大发明主要集中在宋代。指南针最迟在北宋末年应用于航海,毕昇(图7.7)发明的活字印刷术比欧洲早400多年,南宋发明的突火枪及"子窠"(子弹的前身)更具有划时代的意义。另外,北宋贾宪的"贾宪三角"比欧洲(法国)帕斯卡三角早600多年;医学方面,北宋唐慎微所著的《经史证类备急本草》,收录药物1558种,在《本草纲目》问世前,是公认的本草学范本;北宋的王惟一修编了《铜人腧穴针灸图经》,还制成了模仿人体的针灸铜人供学习、练习针灸之用。而北宋著名的百科全书式的科学家沈括更被誉为中国科技史上的坐标。宋代生产也曾有过持续发展和高度繁荣的时期,冶金、造船、纺织、印刷、制瓷、制盐、医药、建筑等行业都取得了前所未有的科技进步。英国的著名科学家李约瑟不无感慨地说:"每当人们在中国的文献中查考任何一种具体的科技史料时,往往会发现他的主焦点就在宋代。不管在应用科学方面或在纯粹科学方面都是如此。"②

图7.7　毕昇

●**规模盛大的中外文化交流**　忽必烈建立的元朝,是一个版图空前的大帝国。其疆域"北逾阴山,西极流沙,东尽辽左,南越海表""东南所至,不下汉、唐,而西北则过之"。在这广袤的文化场中,中国文化与外域文化以恢宏的气势展开交流与融合。*第一,伊斯兰教大规模传入。*元帝国对欧亚大陆的征服,使中国西部和北部的边界实际上处于开放状态,阿拉伯、波斯和中亚的穆斯林大规模迁居中国。*第二,基督教入华。*元代中西交通开辟,为基督教入华创造了有利的气候和土壤。元时

---

① 邓广铭. 北宋文化史述论·序引[M]//陈植锷. 北宋文化史述论. 北京:中国社会科学出版社,1992:3.
② 李约瑟. 中国科学技术史:第1卷[M].《中国科学技术史》翻译小组,译,北京:科学出版社,1975:287.

入华的基督教即元人所称的也里可温。也里可温有两大派别：其一为流播于唐代的景教，即基督教聂斯托利派；其二为初次入华的罗马天主教。景教在大江南北设教堂，其教徒遍及全国各地，达三万余人。**第三，中华文化向西方的传播。**亚欧大陆的沟通，也为东西方的旅行家远游提供了极大的方便。公元1275年至1291年，意大利旅行家马可·波罗(图7.8)来到中国，16年间，他目睹了南宋杭州、元大都等城市的繁华、富庶，回国后口述了《马可·波罗游记》，第一次向西方人描绘了中华帝国的美丽、富饶和彬彬有礼。从此，东方文明成了西方人心中遥不可及的梦想。由于蒙古人的西征，中国文化向西传播的速度大大加快，中国四大发明之一的火药，因蒙古人和阿拉伯人的战争而传入阿拉伯，再传入欧洲。中国的印刷术也经由蒙古统治下的波斯以及突厥统治下的埃及传入欧洲。中国的历法、数学、瓷器、茶叶、丝绸、绘画、算盘也通过不同途径，在俄罗斯、阿拉伯与欧洲广为传播，为世界文化的发展做出了重大贡献。

图7.8 马可·波罗

第二节 宋元文化思想述评

宋代在思想领域的最大成就，是创建了中国后期封建社会最为精致、最为完备的新儒学体系，即理学。理学又称"道学""宋学"，它是以儒学为主体，以伦理为本位，融合道、释思想的哲学理论体系。其开创时期，被称为"道学宗主"的周敦颐就提出过"无极"→"太极"→"阴阳"→"五行"→"男女"→"万物"的宇宙生成图式(图7.9)，并从中导出"无欲而静"的结论。其后，邵雍、张载都从不同方面对理学的产生做出过贡献。下面重点介绍二程和朱熹的主要思想。

一、理学奠基者程颢、程颐

1. 二程生平简介

●**程颢**(1032—1085年)，字伯淳，世称明道先生，河南洛阳人。他和自己的胞弟程颐并称"二程"。由于他

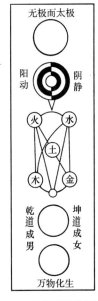

图7.9 宋周敦颐"太极图"

图 7.10　程颢

们长期在洛阳讲学,他们的学派被称为"洛学"。程颢(图 7.10)举进士后任县主簿、县令、太子中允、监察御史、监汝州酒税等职。元丰末哲宗即位,诏为宗正丞,未到任以疾终。

●**程颐**(1033—1107 年),字正叔,后人称伊川先生。程颐年少时,同兄一起受学于周敦颐,18 岁时上书仁宗,劝以王道为心,并要求召见,面见皇帝一陈所学,没有实现。当时,著名学者胡瑗在太学主教,以《颜子所好何学论》试诸生,程颐也作了一篇。胡瑗阅卷后大为惊奇,立即聘程颐为学官。程颐 27 岁时廷试未如愿,从此不再参加科举考试。他的父亲几次得到保荐儿子做官的机会,程颐都让给了族人。后至治平、熙宁年间,大臣屡荐程颐,可他自以为学识不足,不愿为官,决心在家乡办教育,把从政的希望寄托在学生身上。直到 50 多岁,程颐仍未做官,只是一介"布衣"。

程颐的性格与程颢不同,程颢温然和平,程颐则严毅庄重。古今称道的典故"程门立雪",不仅说明弟子敬师之诚,也与程颐平日的严厉有关。程颐为人谨严,即便后来被召入宫,当了小皇帝宋哲宗的老师也未曾改变。程颢平生没有著过书,只有一些"讲学录";程颐在世时间长些,著述颇丰,他二人的言论与著作统编为《二程全书》。

2. 二程的哲学思想

二程的理学思想体系是北宋时期理学初创阶段的较典型形态,它已勾勒出了理学的基本轮廓,为南宋朱熹对理学的发展提供了理论基础。

●**本体论:"天者,理也""惟理为实"**　二程兄弟的学术思想尽管也存在明显差异,但基本方面却是一致的。*第一,提出了"天理"或"理"的概念。*在哲学本体论方面,二程的最大贡献就是提出了"天理"或"理"的概念,"天理"或"理"是构成万物的终极本体,是永恒存在的、不以人的意志为转移的精神实体。《二程遗书》卷十五说"天下之物皆能穷,只是一理""理也者,实也,本也"。二程借《荀子·天论》中的"不为尧存,不为桀亡"来说明天理的性质,强调天理作为一种客观精神,不依赖于任何人而独立存在,也不因人的顺利与困顿而有所损益。*第二,强调"天理"或"理"的社会意义,注重人的精神修养。*在二程看来,"忠者,天理""礼即理也",可见,他们说的"天理"或"理",实际上就是封建伦理纲常。他们认为自己的学说将孟子之后中断了 1400 年之久的儒学道统直接承接起来了。他们以"理"为最高的道德原则,"理"是真、善、美的理想境界,强调"理"对个人与社会的意义,注重人的内心生活和精神修养。

●**认识论:"格物穷理"** 在《大学》中曾提出"格物""致知""诚意""正心"等八个条目,程颐特别重视对"格物"的解释,格物就是穷理,穷理才能致知。程颐的格物思想就其本质来说,主张以人的理性为基础,因而在为学的初期不排斥追求客观知识和研究具体事物,表现出一种明显的合理主义精神。但理学的最终目的在于把握哲学的、人生的"理",因而其格物论的发展是指向人文理性而不是科技理性。

●**辩证法:物极必反** 程颐认为,任何事物的存在和运动都处在不断的变化之中,事物运动到极点,必然要为另一对立的状态所取代,"物极必反"是世界的基本法则,"物理极而必反。故泰极则否,否极则泰"。事物的发展不断向对立面转化,这个规律是不以人的意志为转移的。

●**人性论:"性即理也"** 二程认为,人性由两类构成:一是天命之性,一是气禀之性。人性的这种两重性也表现为天理和人欲、道心和人心。道心、天理,是善的,故精微;人心、私欲是恶的,故危殆。天理和人欲水火不容,"不是天理,便是私欲"。① 正因为如此,"灭私欲,则天理明矣"。不难看出,二程以道德家身份出现,以天理遏制人欲的本质。他们甚至认为,"饿死事极小,失节事极大"。② 最后走到了人性的反面。

3. 二程的影响

二程的理学思想,是儒道佛思想的融合,它使儒家学说更哲学化,为朱熹建立严密的理学理论体系打下了坚实的基础。在中国哲学思想史上占有重要地位。但它的消极影响也是很明显的。特别是到了元代,程朱理学升格为官方意识形态,公元1331年诏封程颢为豫国公,程颐(图7.11)为洛国公。二程及理学思想占据了统治地位。明代,二程"道学"意识形态的地位已不可动摇。封建社会后期,僵化的"道学"思想以其独尊的地位,扼杀、窒息了大量可贵的启蒙思想,一切与之相违背的思想都统统被斥为"异端邪说",其思想家也被诬为狂人而惨遭迫害。程颐把《周易》"从一而终"的观念进一步发挥为"饿死事极小,失节事极大"。宗法社会后期,在"礼教"的枷锁下,寡妇再嫁受到宗法伦理道德的谴责,妇女受害之烈,尤为惨绝!

图7.11 程颐

---

① 《二程遗书》卷十五。
② 《二程遗书》卷二十二。

所以清代戴震激烈地抨击道："酷吏以法杀人,后儒以理杀人。"①一语道破理学被确立为独尊的意识形态后被统治阶级用来"吃人"的现实。

二、理学集大成者朱熹

1. 朱熹生平简介

图7.12 朱熹

朱熹(1130—1200年),字元晦,人称朱子(图7.12)。朱熹祖籍徽州婺源(今属江西),出生于福建南剑州尤溪。14岁时父亲病死。朱熹随母移居建州崇安县,依附父亲的好友刘子羽生活,并受学于胡宪、刘勉之等。朱熹后来长期在崇安、建阳讲学,因此传统称他的学派为"闽学"。

朱熹少时博览群书,广泛涉猎各种知识,他最留意的是儒家经典和佛学。朱熹青年时赴进士考试,临行前老师检查他的行李,发现朱熹全部行装中唯一的书竟是当时一个著名禅师的《大慧语录》。这说明朱熹青年时代就执著于佛教。所以,后来他的道学明显地受佛教思想的影响。朱熹19岁考中进士,做过官。他的政治思想是正君心、立纲纪、亲忠贤、远小人,移风易俗,改变社会不良风气,认为这是富国安民、恢复被金人占领的中原的根本。《宋史》载,有一回朱熹奉召入都,有人对他说,皇帝不喜欢什么"正心诚意",你见了皇帝千万别说这些!朱熹听后严肃地回答:"吾平生所学,惟此四字,岂可隐默以欺吾君乎?"

朱熹一生不喜做官,常屡召不起,所以他中进士后的50年间,只做过9年官,在朝不过40天。后复建白鹿洞书院(图7.13),聚众讲学,广收门徒,著书立说,其思想学说

图7.13 白鹿洞书院

得以广泛传播,成为当时有声望的学者。晚年朱熹卷入政治上的党派斗争,他反对当

---

① 戴震,《戴东原集》卷九《与某书》。

时的当权派韩侂胄,结果被诬为"伪学"领袖,罢免了官职,并且把他的大弟子蔡元定贬到湖南零陵。直到南宋末年,宋理宗尊崇道学,朱熹的名誉才彻底恢复。从此,他才从民间书院的讲习进入了官方教育与选拔系统,渐渐进入权力中心。

2. 朱熹的思想

朱熹的最大贡献在于,他对北宋五子(周敦颐、邵雍、张载、程颢、程颐)提出的理学思想进行了系统的创造性的总结,建构了一种以伦理为核心,融儒道释为一体,具有较严密哲学思辨结构的新儒学体系。这种新儒学,一方面使以伦理道德为本位的儒家学说上升到更加哲学化的高度;另一方面又使具有丰富辩证思想的道释学说有了更实际、更生活化的内容。下面着重从两个方面简要介绍朱熹的思想。

(1)朱熹理学的思辨结构

朱熹对理学的发展集中体现在他所创立的理学的思辨结构中,他第一次使儒学有了较严密的逻辑形式。这种思辨结构主要由以下四个有机统一的部分构成。

●**由以理为本到以气为器的本体论结构** "理"是朱熹理论体系的最高范畴,"理"是先于、高于万事万物的本原,是构成世界的本体。"理"鲜明地体现了朱熹哲学的客观唯心主义精神,它深受道家"道"的影响。朱熹说:"宇宙之间,一理而已,天得之而为天,地得之而为地,而凡生于天地之间者,又各得之以为性。"①又说:"未有天地之先,毕竟是先有此理。"②朱熹的理使儒家的伦理论与道家的宇宙论统一起来,既使道家的"道"成为一种可以捉摸的东西,又使儒家的伦理道德上升为理性的本体,成为主宰一切的力量。在朱熹看来,理要通过气才能生成万事万物,这种思想也是从道家哲学中吸取的营养。理寓于万事万物,但理毕竟不是物质的东西。于是他又提出"理为气先""理为气本"的天道观。认为任何事物都是以理为本质,以气为质料,"理"与"气"是"行而上"与"行而下""道"与"器""本质"与"现象"的关系。

●**由"格物"到"穷理""致知"的认识论结构** "物"即万事万物,它们均由气而来。当气派生万物时,"理"便随气深入"物"里,构成"物"的本质。要认识事物的本质,就要"格物"。"格"本来是探究的意思,但朱熹的"格"还不仅如此。他说:"格,至也。"他说的"格物",就是究尽事物之理,即"尽极其理"。他认为"格物"还只是认识的初级阶段,这个阶段认识的还只是具体的事物,还不是事物的整体,还没有把"外物之理"转化为"吾心之理"。因此,他又提出认识的第二阶段,即

---

① 《朱子文集》卷七十。
② 《朱子语类》卷一。

"致知"。"致知"是不断"格物"到一定阶段,由量变所引发的质变,是一种"豁然贯通"的境界,是认识的又一次飞跃。到了这一阶段才能达到吾心无所不知,不仅"穷理"而且尽心的结果。这时"理"再不是物外和身外的理,而是一种吾心之理,它已变成人的自觉的、主动的思想行为。朱熹的认识论,虽然包含着佛教思想的神秘性,但其中仍有很多合理的富有辩证法的思想。

● **由"正心"到"诚意"的修身养性结构**　把"天理"变成人的自觉行动,是朱熹理论追求的主要目的之一。要达到这一目标,关键在于修身养性。他将儒家的修身说与道释思想相结合,精心改造了汉儒编纂的《大学》,突出了"正心—诚意"的"修身"公式:"古之欲明明德于天下者,先治其国;欲治其国者,先齐其家;欲齐其家者,先修其身;欲修其身者,先正其心;欲正其心者,先诚其意;欲诚其意者,先致其知;致知在格物。"这个公式进一步把儒家提出的"修、齐、治、平"思想具体化、系统化了,并且把他的理学的哲学体系更紧密地同儒家的内圣外王理论结合为一个整体,把入世的儒家思想、道家的无为无不为思想以及佛学的专心诚意的静养思想等有机地统一起来。要积极入世,首先要重视人本身的修养;要完成这种修养,就要端正自己的思想和态度,即"正心";要端正自己的思想和态度,就要专一真诚,不能三心二意,即诚意;而要专心"诚意",就要"格物致知",即全面地认识和把握"天理"。

● **由"修身"到"齐家、治国、平天下"的"经世致用"的价值观结构**　归根结底朱熹的哲学思想是为他的政治思想服务的,在所谓"王霸义利之辩"中,他之所以主张"尊王贱霸""重义轻利",正是因为南宋时代阶级矛盾、民族矛盾越来越激烈,"外王"既难,"内圣"已乱,儒家的理想在不断地远去。于是他发出"天理至上""存理去欲"的呼唤,目的就是要挽狂澜于既倒,恢复儒家作为统治思想的崇高地位。他的办法是吸取道释的思辨性之长,以补儒家理论的不足。他的路线是由修身做起,然后达到齐家、治国、平天下的目的。朱熹的理学,本质上仍是修身哲学、伦理哲学,但与以前儒家思想不同的是,它的治国的目的性更鲜明,也更加具体化。他建立了一套逻辑结构较为严密的体系,简要地说就是"理—气—物—理"与传统儒家"修—齐—治—平"的统一。

(2) 朱熹的辩证思想

● **对矛盾普遍性的认识**　朱熹发展了二程"万物有对"的思想,认为"天下之物,未尝无对。有阴便有阳,有仁便有义,有善便有恶,有语便有默,有动便有静""东西、上下、寒暑、昼夜、生死,皆是相反而相对"。[①] 他强调矛盾对立的双方是相

---

① 《朱子语类》。

互依存的,他说:"天之生物,不能独阴,必有阳;不能独阳,必有阴,皆是对。"①而且他还认为事物"独中又自有对",他说:"统言阴阳只是两端,而阴中自分阴阳,阳中亦有阴阳。""就一言之,一中又自有对……二又各自为对。"②更可贵的是朱熹明确提出一切事物都是"一分为二"的这个概念。他说:"一分为二,节节如此,以至于无穷,皆是一生两尔。"③

●**对矛盾特殊性的认识** 朱熹说:"大抵天下事物之理,亭当均平,无无对者。惟道为无对,然以形而上下论之,则亦未尝有不对也。这所谓对者,或以左右,或以上下,或以前后,或以多寡,或以类对,或以反对。反复推之,天地之间,真无一物兀然无对而孤立者。此程子所以中夜以思,不觉手舞而足蹈也。"④朱熹在看到矛盾普遍性的同时,也看到各种矛盾的性质是不同的。对"道"的矛盾分析是他的独创,也是他较先哲们更为深刻之处。老子说"道生一","道"似乎是无法再分的。朱熹却认为,"道"也可以一分为二,这要从"道"的矛盾的特殊性去考虑。从混沌为一的状态看,"道"是最高的唯一的本体,但若把"道"看成"形而上",它就有"形而下"与它相对,"道"和"器"就是一对矛盾。虽然朱熹的思想仍然是唯心主义,但他的思辨性及其所包含的辩证法是应该值得充分肯定的。

3. 朱熹思想的影响

朱熹是"理学"的集大成者。朱熹的理学思想,把中国哲学推向一个新的高度(图 7.14)。史学家钱穆说,在中国历史上前古有孔子,近古有朱子,这两个人,都在中国学术思想及中国文化史上发出莫大声光,留下莫大的影响,旷观全史,恐无第三人堪与伦比。当然,朱熹理学体系的局限性和不良影响也毋庸讳言。宋代和宋以后不少进步思想家曾对理学有过激烈的批评,认为它"外轻经济事功""空谈而鲜用"。但其中也有许多误解。有人一谈朱熹,便想到吃人的礼教、三纲五常、贞节牌坊和道貌岸然的理学家,把很多不应由理学承担的责任,或主要不应由理学承担的责任全部推到理学身上,这是不客观、不科学的。朱熹理学的哲学思辨性大大提高了中华民族的理论思维水平;他强调以人为本,重视人自身的修养,也是可取的。朱熹本人学识渊博,精通经史,重视自然科学,稔熟佛道;他开办书院,讲学授徒,培养了许多学者。朱熹不仅对中国文化影响深远,而且对日本、韩国、越南等国的传统文化都产生过重大影响。

---

① 《朱子语类》。
② 《朱子语类》。
③ 《朱子语类》。
④ 《答胡广仲》。

图7.14　古代衙门"天理国法人情"横匾

三、陈亮、叶适对理学的批判

1. 陈亮、叶适生平简介

●**陈亮**(1143—1194年),字同甫,浙江永康人,因世居城外龙窟村,世称龙川先生。他性情豪爽,才华横溢,喜欢谈兵,议论风生。宋淳熙十五年(1188年)春,陈亮特意前往建康一带实地考察军事地形。回临安后向宋孝宗上书,重申北伐主张。但宋孝宗不予答复。陈亮义愤填膺,在朝廷上大发雷霆,结果被朝廷的官员指斥为"狂怪"。他在政治上一再遭到迫害,不仅科举考试屡次落第,还因受人诬陷几次下狱,遭到酷刑折磨,几被置于死地。出狱后仍不改初衷,热衷功名,倡导功利主义,主张抗金。

●**叶适**(1150—1223年),字正则,世称水心先生,浙江永嘉人,自幼家贫。宋淳熙五年(1178年)中进士第二名。叶适志向远大,有经国安邦的抱负,早年曾对南宋的政治、经济、军事等诸多问题进行了广泛深入的研究,写了一系列的专题论文,对宋代的法律、驻军、举荐、科举、学校、役法、外交等弊端提出了尖锐的批评及改革意见,形成了自己系统的政治改革理论,受到朝廷的重视。他力主抗金,立有战功,后因事遭人弹劾,被免职归乡。他在永嘉城外的水心村潜心著述讲学,对传统哲学的许多问题进行了深刻的反思与系统的研究。

2. 陈亮、叶适的思想

●**浙东学派及其主张**　陈亮和叶适是很好的朋友,两人同怀爱国热忱,有报国大志,学术思想和政治主张都非常一致。陈亮去世后,叶适为他编辑遗著,抚养孤儿。以陈亮为代表的"永康学派"与以叶适为代表的"永嘉学派",合称"浙东学派"。这一学派因倡导功利主义而闻名于世,陈亮与叶适的学说也被称为"功利之学"或"事功派"。"浙东学派"与朱熹的"闽学"、陆九渊兄弟的"江西之学"在南宋形成了鼎足之势。陆九渊和其兄陆九龄的思想被称为"心学",他们认为"宇宙便是吾心,吾心便是宇宙",与朱熹的客观唯心主义不同,他们是主观唯心主义者。他们虽同朱熹有分歧,但本质上是一样的,都是把封建伦理道德绝对化,永恒化,所以说"心学"也是"理学"。"浙东学派"在政治上主张改革内政,联合抗金;经济上主张"农商一事""扶持商贾";思想上提出了"务实"的口号,强调学术理论的实用,以功利作为衡量一切事物的标准。因此,事功派"左袒非朱,右袒非陆",不同于朱熹、陆九渊等"皆谈性命而避功利"的道学唯心主义,成为宋明哲学发展的一个重要环节。

●**王霸义利之辩** 1182年春,陈亮专门拜访了朱熹,两人尽管相差十多岁,仍然成了好朋友。由于吕祖谦从中斡旋,陈亮与朱熹由相识、互访、畅谈、书信往来,进一步增进了友谊。但是,由于思想学术的分歧,公开相互辩论在所难免。此后数年,双方书信来往,就"王霸义利"问题展开了激烈的辩论,这就是思想史上有名的"王霸义利之辩"。在辩论中,陈亮反对朱熹提出的所谓"道"是脱离人和物而独立存在的理论,坚持"事功派"哲学关于"明于事物之故",以奏"实事实功"之效的立场。朱熹用"理""欲"绝对对立的观点,宣扬"革尽人欲,复尽天理"的禁欲主义;陈亮则从自然人性论出发,认为只要是人,就有"衣""食""室庐"等物质欲求和利欲之心,天理就在人欲之中,人欲适度就是天理。他说:"夫道岂有他物哉?喜怒哀乐爱恶得其正而已。行道岂有他哉?审喜怒哀乐爱恶之端已。"①具体地说,他们主张:**第一,反对尊王贱霸,主张王霸统一**。陈亮认为霸道从王道而来,王道之中也夹杂着霸道,如所谓的三代"王道",也有征伐和谋位的"霸道"。在陈亮看来,"道"不是悬空独存之物,它就存在于天、地、人的历史发展过程中,"天地之间,何物非道?赫日当空,处处光明,闭眼之人,开眼即是"。叶适则以"时""势"来解释历史,把历史上的王朝兴废归之于"时""势"的必然性。在叶适看来,"势"是可以认识和掌握的,古之明君治世都代表了历史发展的趋势,所以大有作为。**第二,反对重义轻利,反对把仁义道德和功利对立起来,认为道德和功利是统一的**。当时的道学家把董仲舒"正其义不谋其利,明其道不计其功"的反功利主义思想奉为金科玉律,叶适在《习学记言》卷二十三中针锋相对地驳斥说,有道德的人并非完全不要功利,而是谋求其利,并将利益让予他人。这种讲求功利,但不恃功伐能,才是道义光明;相反,当今道学家们,满嘴仁义道德,

---

① 《龙川集》卷九。

而又不能给人丝毫实际利益,这才是虚伪到了极点。

陈亮、叶适的哲学思想是丰富多彩的,也是多方面的。尤其是他们的"功利之学",以富国强兵、"中兴""复仇"为目的,也以是否有利于抗金斗争来衡量,其进步意义是十分明显的。同时他们对朱熹等人理学非功利主义思想的批判也是切中肯綮的。

第三节 专题讨论

一、宋代理学的价值和意义[①]

●**宋明理学的精神** 第一,**求理精神**。宋明理学,特别是程朱理学,具有理性主义特征。宋明理学最切近的目标是要"格物穷理",其本质是一种归根究底的探索精神。这种求理精神是宋明时期社会文化思潮和民族精神的显著标志。它体现了中华民族最深层的生存方式和文化核心,以及这种生存方式和文化核心所转化的自觉生存智慧和价值观念。第二,**主体精神**。它是以中华民族现实生存为根基的文化群体主体精神,强调的是人与自然的和谐共存,关心的是文化"道统"的生生不息,向往的是"廓然大公"、人人圣贤的至德之境。第三,**忧患精神**。程朱忧患精神是指人处于忧患境遇时,对人性的伟大与尊严以及人之所以为人的存在意义与价值的深刻体验,并力争通过人自身的生命力量超越忧患境遇,达到真善美高度和谐的文化心态。第四,**力行精神**。它是朱熹入世品格和刚健精神的凸显,是其投身于现实社会,奋发进取,追求自己理想价值的精神的体现。朱熹既强调知的先行性,主张"知先行后",又重视行的重要性,坚持"行重知轻"。只要沿着"格物穷理"的路线走下去,就能达到知行如一的德行境地。第五,**求实精神**。程朱理学出入佛老,既吸收佛道思想精华,又批判佛教之空与道教之虚、老庄之无为。它讲实学,求实功,针砭时弊,颇有建树。

●**理学与民族人格建构** 作为思想和信仰的理学同样参与了中华民族的人格建构。理学专求"内圣"的经世路线以及"尚礼义不尚权谋"的致思倾向,将传统儒学的先义后利发展为片面的重义轻利观念。应该看到,理学强调通过道德自觉达到理想人格的建树,也强化了中华民族注重气节和德操、注重社会责任和历史使命的文化性格。张载庄严宣告:"为天地立心,为生民立命,为往圣继绝

[①] 本专题和下一个专题都是根据张岱年、张立文、葛兆光有关论著摘编。

学,为万世开太平。"顾炎武在明清易代之际发出"天下兴亡,匹夫有责"的慷慨呼号;文天祥、东林党人在异族强权或腐朽势力前,正气浩然,风骨铮铮,无不浸透了理学的精神价值与道德理想。

●**朱熹思想的历史地位及其作用** 朱熹是中国宋代儒家主要代表人物。他融合儒道释三教,建构了自然、社会、人生整体性博大的哲学逻辑结构,故全祖望称他"致广大,尽精微,综罗百代矣"。从广大和精微两个方面评价朱熹思想,颇有道理。所谓广大,就是他不仅对中国哲学史上的重要的哲学范畴做出了自己的诠释,而且发前人所未发,提出了一些重要的哲学范畴。涉及经学、哲学、礼学、易学、史学、佛学、道学、文学、乐律以至自然科学,无所不及。所谓精微,就是他对各个哲学范畴作了比前人更加严密、深入的解释,对各种自然现象和社会现象的观察也更深入、仔细。因其致广大、尽精微,所以能综罗百代,而成为儒家思想的集大成者,把中国哲学发展到新的阶段,从宋末,历元、明至清的七百多年间,一直被奉为官方意识形态。儒学发展到宋明理学,便结束了唐以来儒道释三教并行的时代,真正形成了"罢黜百家,独尊儒术"的现实,从而导致宗法社会后期的文化专制主义,视其他学说为异端。

二、理学与佛教的关系

从形式上看,宋明"新儒家"对佛道普遍采取了尖锐的拒斥态度,但就其思想本身而论,实际上受到了佛道的深刻影响。宋明的"三教合一",主要合在"新儒家"上。按照学派的主要特点和取向,国内学术界一般把宋明新儒家分为三大派别:一是由二程所开创、由朱熹集大成并成为宋明新儒家正统的"理学";二是为陆象山所开拓、为王阳明所光大并以"理学"的批评者和竞争者而出现的"心学";三是由张载和王夫之所代表的与"理学"既有关联又有不同的"气学"。宋明理学与佛教的关系,主要表现在以下几点。

●**理学的宗教禁欲倾向受佛教修持论的影响** 宋明理学的宗教痕迹大大明显于前辈学者。宋明理学的创始者周敦颐,首先改写"养心莫过于寡欲"的说法,主张"寡焉以至于无,无则诚立明通"。二程修持论强调"存天理,去人欲",正是佛教修持的目标,而朱熹则把二程的观点发展为"存天理,灭人欲"。

●**理学体系直接借鉴了佛教华严宗的逻辑建构方式** 华严宗的法界缘起、事理无碍、一多相即、重重无尽的教理;华严宗关于"一切即一,一即一切""一中有多,多中有一,理事相即,圆融无碍"的思辨关系,为二程以至朱熹理学模式的建立,提供了直接的理论源泉,这使得程朱理学体系具有了逻辑上的本体论基础。根据华严宗体系关于月映百川的譬喻,程朱理学则依此而建立起"理一分殊"的宇宙模式。

● **理学吸收了禅悟的修持方法** 程朱理学和陆王心学完全一致。程颢每与弟子门人静坐禅悟，屏息除念，以此为入门之要。朱熹令弟子"半日读书，半日静坐"，引禅门静修价值为基本功夫。心学的创始人陆九渊，其治学之本为"先立乎其大"，亦即为学之始，这种发愿—修德—做人的程序，与佛家的修行之始，必先发菩提大愿，亦即发愿—修行—成佛的程序，在方法上有着极为类似的精神内涵。

三、宋元文学艺术成就及历史地位

● **宋词的艺术成就** 有宋一代文学之胜在宋词。在词史上，宋词占据了不可动摇的巅峰地位。《全宋词》记载的词作有两万余首，词人有1400多位。词在晚唐五代尚被视为小道，到宋代才逐渐与五七言诗相提并论。宋词流派众多，名家辈出，自成一家的词人就有几十位，柳永、张先、欧阳修、苏轼（图7.15）、晏殊、晏几道、秦观、周邦彦、李清照、辛弃疾、张孝祥、陈亮、刘过、吴文英、张炎、文天祥等人都取得了独特的艺术成就。如晏殊、晏几道父子，或富贵浓丽，或婉转秀丽，都承袭了花间流风。柳永专力作词，创制慢词，表现市民大众的审美情趣，以描写男女离别相思和个人流落江湖的羁旅愁情见长，深得市民喜爱，有"凡有井水饮处，即能歌柳词"之说。苏轼是北宋最杰出的词人，他打破了诗词界限，开拓词境，扩大题材，

图7.15 苏轼

丰富了词的表现手法，使词无意不入，无事不言，成为独立的诗歌体裁，并形成豪放词风。宋词的总体成就十分突出：首先，完成了词体建设，艺术手段日益成熟；其次，宋词在题材、内容和风格倾向上，开拓了广阔的领域。在中国诗歌史上，唯一堪与唐诗媲美的就是宋词。

● **元曲的艺术成就** 元代，中国戏剧、散曲艺术走向成熟。广义的元曲包括散曲和杂剧两部分。戏剧包括杂剧和南戏，其剧本创作的成就，代表了当时文学的最高水平。**第一，元代的剧本数量多、质量高。**著名的剧作家有关汉卿（图7.16）、马致远、王实甫、白朴等人，他们既有丰富的人生阅历，又擅长诗词写作。剧作家们适应观众的需要，或擅文才，或擅本色，争奇斗艳，剧坛呈现一派繁荣局面，著名的剧作有《窦娥

图7.16 关汉卿

冤》《救风尘》《望江亭》《单刀会》《西厢记》《墙头马上》等。宋元戏剧的另一成就是在浙江温州产生的"南戏",其代表作是元末高明作的《琵琶记》。**第二,元杂剧题材广泛。**包括爱情婚姻、历史、公案、豪侠、神仙道化等方面,展示出元代丰富多彩的生活和人物复杂微妙的精神世界。**第三,元杂剧在艺术上取得了辉煌成就。**首先,他根据人物的性格特征,展开错综复杂的戏剧冲突,成功塑造了一系列栩栩如生的人物形象。如窦娥、红娘、程婴、屠岸贾等,或善或恶,或忠或奸,无不令人难忘。其次,元杂剧褒贬分明,剧中人物忠奸善恶一目了然。最后,元杂剧作家善于选择融化古代诗词里的优美诗句并提炼民间生动活泼的口语,熔铸成自然而华美的曲词,王国维认为元杂剧的语言"写情则沁人心脾,写景则在人耳目,述事则如其口出者也",实为中肯贴切的评价。**第四,元杂剧在中国文学史上有划时代的意义。**元以前占据文坛统治地位的是古文和诗词。到了元代,原来为文人所鄙视的大众文学(散曲与杂剧)逐渐抬头,取代了正统文学的地位。这表明叙事的通俗文学开始成为中国文学的主流(图7.17)。

图 7.17　元代戏台

●**宋元绘画的艺术成就**　李泽厚在《美的历程》中说:"如果说,雕塑艺术在六朝和唐达到了它的高峰;那么,绘画艺术的高峰则在宋元。"宋徽宗本人就是杰出的书法家、画家,他创立皇家绘画学院,培养书画人才。在书法上他创立"瘦金书";绘画上,其代表作有《闰中秋月帖》《芙蓉锦鸡》《池塘秋晚》等。著名的画家郭熙提出的"三远"论,在绘画史上产生了深远的影响,主要作品有《早春图》和著名画论著作《林泉高致》等。绘画以高旷雄厚著称的范宽,其代表作有《雪景寒林图》《溪山行旅图》等,画作"石破天惊、元气淋漓",天地山川雄浑凛然之气扑面而来。以中国画特有的散点透视画法作画的张择端,其代表作《清明上河图》(图7.18)则细致描绘了北宋时期汴河沿岸的繁华景象,画作场面之宏大,人物之繁多,人物形象之生动,气贯长虹之总体布局,都是亘古未有。和夏圭、李唐、刘松年合称"南宋四大家"的马远,水墨苍劲,代表作有《踏歌图》《水图》等。宋代的文人画家有苏轼、文同、米芾等。

元代著名画家赵孟頫,学术修养渊博精深,诗文、书画、经济无不精通,其绘画首开简率之风,代表作有《人骑图》《秀石疏竹图》等(图7.19);以"繁简得中"著称的黄公望有《富春山居图》;倪瓒的绘画则以结构简单、古木竹石著称,代表作有《幽涧寒松》《六君子图》等。

图7.18　清明上河图（局部）

图7.19　赵孟𫖯《鹊华秋色图》

●**宋代"话本"的产生**　有宋一代，说话与讲经极为繁盛。北宋都城汴梁与南宋偏都临安都是当时繁荣富庶的大都市，市民生活需要市民文艺，经济的繁荣，勾栏瓦舍的设立，说话艺人的增多和职业化、商业化，正符合市民的口味。元代科举时兴时废，儒生失去仕进机会，其中有相当一部分人不再依附权贵，或隐逸于泉林，或留恋于市井，人格相对独立。特别是一些"书会才人"，和市民阶层联系密切，价值取向和审美情趣也颇为相似。于是，或为生计，或为抒愤，大量涌入勾栏瓦肆，壮大了市民文艺创作队伍，提高了市民文艺的品位。当时"说话"有"四家"之说，各有门庭，自成路数。包括小说、说经、讲史、合声（生）。小说以讲烟粉、灵怪、传奇、公案、武侠等故事为主，讲烟粉的如《碾玉观音》；公案的如《错斩崔宁》等。说经,即演说佛书,在宋代,讲经多为和尚,如《大唐三藏取经诗话》;讲史,则说王朝兴废、战争风云以及《资治通鉴》中的历史故事,如《宣和遗事》《五代史平话》等。"说话"的四家中,小说与讲史最有吸引力。说小说讲究语言惟妙惟肖、形象生动,要能制造悬念,会煽情;而讲史书则讲究学问渊博、字正腔圆。在咸淳年间最荣耀的讲史艺人叫王六大夫,此人原在宫廷为皇帝讲史说话,据说他通晓诸史,学识渊博,讲说雅致不俗,常为达官贵人的座上客。随着说话活动的日益繁盛,在书场中流播的故事越来越多,而以口传故事为蓝本的文字记录本,以及说话体式影响而衍生的其他故事文本等,也日益增多,后世统称为"话本"。

附1:宋辽夏金文化大事年表

宋辽夏金(960—1279年)

960年

后周恭帝显德二年,宋太祖建隆元年 ●赵匡胤发动**"陈桥兵变"**,建立宋朝。

962年

宋建隆三年 ●画家董源卒。董工水墨山水画,创平淡天真的江南画风格。与巨然并称"董巨",是**南方山水画派之祖**,又与李成、范宽并称**"北宋三大家"**,与荆浩、巨然、关仝并称**五代、北宋"四大山水画家"**。

975年

宋开宝八年 宋灭南唐。南唐后主、著名词人李煜(937—978)降。

977年

宋太平兴国二年 ●翰林学士李昉(925—996年)等始编**《太平御览》《太平广记》《文苑英华》**。

984年

宋太平兴国九年 ●宋地理学家乐史在太平兴国年间著成综合性全国地理总志《太平寰宇记》,所述以中国为主,兼及外域,**开创了地理志书编写新体例**。

997年

宋至道三年 ●唐时已有八月十五玩月故事,至太宗时始定是日为中秋节,祭月、拜月、赏月等风俗渐行。

1004年

宋真宗景德元年,辽统和二十二年 ●宋辽议和于澶州,史称**"澶渊之盟"**,寇准拜相。

1009年

宋大中祥符二年 ●伊斯兰教徒在宋泉州建清真寺成,**为中国现存最早的伊斯兰教寺院建筑**。

续表

宋辽夏金(960—1279年)

1023年
宋仁宗天圣元年 ●宋设益州交子务,交子始由官府发行。**此为世界上政府发行纸币之始,交子为世界上最早的纸币**(图7.20)。

1043年
宋庆历三年 ●宋与西夏议和。●晏殊(991—1055年)拜相,范仲淹(989—1052年)为参知政事,**推行"庆历新政"**。

1048年
宋庆历八年 ●**布衣毕昇于庆历年间发明活字印刷术。**

1054年
宋皇祐六年,至和元年 ●宋司天监在**世界上首次观测并记录了超新星爆炸**。

图7.20 交子纸币

1060年
宋嘉祐五年 ●欧阳修等修《唐书》(《新唐书》)成。●欧阳修(1007—1072年),宋代古文运动领袖,唐宋八大家之一。《六一诗话》是中国最早的诗话著作。

1062年
宋嘉祐七年 ●宋政治家包拯(999—1062年)卒,他为官清正,执法严明,为后世广为传颂。

1067年
宋治平四年 ●宋文学家、书法家、博物学家蔡襄(1012—1067年)卒。其主持建造的万安桥在中国桥梁史上有重要的地位,**书法与苏轼、黄庭坚、米芾并称"宋四家"**(图7.21～图7.24)。

图7.21 蔡襄书《尺牍》　图7.22 苏轼书《寒食帖》　图7.23 黄庭坚书《松风阁诗》　图7.24 米芾书《苕溪诗》

1077年
宋熙宁十年 ●理学家张载(1020—1077年)卒,他是"北宋五子"之一。

1085年
宋元丰八年 ●理学家程颢(1032—1085年)卒,与其弟程颐(1033—1107年)师从周敦颐(1017—1073年),世称**"二程"**,俱讲学洛阳,故其学派被称为**"洛学"**。

1086年
宋哲宗元祐元年 ●宋思想家、政治家、文学家王安石(1021—1086年)卒。其于神宗时主持变法,善诗文,为唐宋八大家之一。●宋史学家、政治家司马光(1019—1086年)卒。著有**《资治通鉴》**,为中国编年体通史杰作。

续表

宋辽夏金(960—1279年)

1095年
宋绍圣二年 ●宋科学家**沈括**(1031—1095年)(图7.25)卒,所撰《**梦溪笔谈**》是中国古代科学巨著,在世界科技史上也有重要地位,他创制十二气历,比现行的公历在某些方面还要合理。**他最早发现地磁偏角的存在,比欧洲早400余年。**

图7.25 沈括

1101年
宋徽宗建中靖国元年 ●文学家、书画家苏轼(1037—1101年)卒。字子瞻,号东坡居士,四川眉山人,**与其父苏洵,其弟苏辙,并称"三苏"。**●天文学家、药学家苏颂(1020—1101年)卒。

1105年
宋崇宁四年 ●**文学家、书法家黄庭坚**(1045—1105年)卒。黄工诗文,为"苏门四学士"之一。

1121年
宋宣和三年 ●宋江起义失败。●方腊起义失败。

1125年
宋宣和七年 ●宋著名画家张择端在徽宗时作《**清明上河图**》,**为宋画珍品。**

1127年
宋靖康二年,宋高宗建炎元年,金天会五年 ●金兵北撤,掳掠徽、钦二帝及大量宫女、财宝而归,北宋亡。●宋康王即位于南京应天(今河南商丘),为宋高宗,南宋始此,后定都临安(今杭州)。

1141年
宋绍兴十一年,金皇统元年 ●金主亲祭孔子。●南宋爱国名将,岳飞(1103—1142年)被害。

1151年
宋绍兴二十一年 ●宋泉州**安平桥**自绍兴八年始建,是年建成,该桥长2225米,在1905年郑州黄河大桥建成以前,**一直是中国最长的桥梁。**●宋著名女词人李清照(1084—约1151年)(图7.26)约卒于是年,号易安居士,为婉约派词人代表,创"易安体"。

图7.26 李清照

1179年
宋淳熙六年 ●朱熹重建白鹿洞书院,亲自制定学规,聘请陆九渊等讲学。●大足石窟之宝顶山摩崖造像始建,历时70余年建成。**为中国现存规模最大、价值最高的宋代摩崖造像**(图7.27)。

1189年
宋淳熙十六年 ●中国四大发明之一的造纸术传入欧洲,欧洲建成第一座造纸厂。●卢沟桥于是年始建,1192年完工。**为华北最大的石拱桥。**

图7.27 普贤菩萨
(重庆大足北山石窟)

1193年
宋绍熙四年 ●宋文学家范成大(1126—1193年)卒,其诗风轻快,与陆游、杨万里(1127—1206年)、尤袤(1127—1194年)合称"南宋四大家",所作《四时田园杂兴》堪称中国古代田园诗的典范。

续表

宋辽夏金(960—1279年)

1194年
宋绍熙五年　●思想家、文学家陈亮(1143—1194年)卒,亮为浙东学派中坚,曾与朱熹作**"王霸义利之辩"**。

1200年
宋庆元六年　●宋理学家、教育家**朱熹**(1130—1200年)卒,他**集理学之大成**,建立了完整的体系,世称**程朱理学**,是中国封建社会后期影响最大的思想家。主要著有《四书章句集注》等。

1202年
宋嘉泰二年　●意大利数学家斐波纳奇写成《算术书》,介绍了中国《孙子算经》,**他是第一个将中国数学系统地介绍到欧洲的数学家。**

1207年
宋开禧三年　●宋词人辛弃疾(1140—1207年)卒。辛弃疾字幼安,号稼轩居士,善诗文,尤工词,风格悲壮激烈,为豪放派词的杰出代表,与苏轼并称"苏辛"。有《稼轩长短句》。

1210年
宋嘉定三年　●宋文学家陆游(1125—1210年)卒。陆游字务观,号放翁,越州山阴人(今浙江绍兴),南宋四大家之一,其诗多写爱国之情,一生诗作传世不下万首。●画家刘松年是年尚在世。与李唐、马远、夏圭合称**"南宋四大山水画家"**。

1223年
宋嘉定十六年　●思想家叶适(1150—1223年)卒,他反对理学空谈义理性命,是浙东学派代表。

1227年
宋宝庆三年　蒙古成吉思汗二十二年　●成吉思汗(1162—1227年)卒,名铁木真,统一蒙古各部,建立蒙国。

1232年
宋绍定五年　蒙古窝阔台汗四年　●蒙古始建永乐宫。为全真教道观。宫中有**元代壁画960平方米,是中国古代壁画瑰宝。**(图7.28)

1247年
宋淳祐七年　●王致远在苏州刻恒星位置图,共刻星1430余颗,**是为闻名世界的"苏州石刻天文图"。**●宋数学家秦九韶著《数书九章》成,解决了高次方程的数值解法及"大衍求一术"(一次联立同余式解法),**早于欧洲500多年,被称为"中国的剩余定理"。**

图7.28　奉宝玉女
(永乐宫壁画局部)

1261年
宋景定二年　●宋数学家杨辉著成《详解九章算法》,提出**"杨辉三角"**。

1267年
宋咸淳三年,蒙古至元四年　●蒙古始建中都新城于故燕京(今北京)东北,历时十年,1276年建成。后改称大都,成为元代政治文化的中心,并**奠定了北京作为历史文化名城的基础。**

· 234 ·

宋辽夏金(960—1279年)

1271年
　　宋咸淳七年,元至元八年　●蒙世祖忽必烈用刘秉忠议,取《易》"大哉乾元"之意,改国号"大元"。

1275年
　　宋德祐元年,元至元十二年　●意大利人马可·波罗携罗马教皇致忽必烈的书信及委任状,于是年五月达上都,受世祖接见。

元(1279—1368年)

1279年
　　宋祥兴二年,元至元十六年　●宋元崖山之战,陆秀夫负宋帝蹈海死,宋亡。●文天祥拒降,作《过零丁洋》,后被押至大都,慷慨就义。●古代杰出科学家郭守敬所造天文仪器十余种。后主持全国范围测地工作,现存河南登封观星台(图7.29),即当时全国观测中心,郭曾在此测过暑景。**是中国现存最完整的天文观测建筑**。

图7.29　河南登封古代观星、测景台

1280年
　　元至元十七年　●颁行郭守敬、王恂、许衡等制定的《授时历》,**为中国历法史上最优秀的历法**。

1292年
　　元至元二十九年　●货币理论家叶李(1242—1292年)卒,著《宝钞条画》为世祖采纳,于1287年公布,**为世界上最早的不兑换纸币条例**,涉及发行不兑换纸币的所有理论原则。

1297年
　　元元贞三年,大德元年　●戏剧家**关汉卿**(1221—1297年)卒。汉卿号已斋叟,大都人。其创作杂剧数量为元杂剧家之首。除《窦娥冤》外,《救风尘》《拜月亭》《单刀会》等均为其名作。

1298年
　　元大德二年　●马可·波罗(约1254—1324年)在威尼斯被俘入狱,讲述东方见闻,由同狱小说家比萨人鲁思梯谦诺笔录,是年成书《东方见闻录》,又名《马可·波罗行纪》。**他的旅行与游记在东西方文化交流史上有划时代的意义**。

1300年
　　元大德四年　●中国**算盘**传至俄罗斯与波兰。

1306年
　　元大德十年　●剧作家白朴卒于是年(1226—1306年以后)。白朴与关汉卿、马致远、郑光祖同称**"元曲四大家"**,作杂剧《梧桐雨》等16种。

1307年
　　元大德十一年　●剧作家**王实甫**活动于大德年间,曾作杂剧14种,现存作品以**《西厢记》**最为著名。

元(1279—1368年)

1313年

元皇庆二年 ●农学家王祯总结宋元时期黄河流域农业生产技术,著成《农书》,其中《农器图谱》被后代农书、类书据为范本(图7.30)。

1316年

元延祐三年 ●科学家郭守敬(图7.31)(1231—1316年)卒,他与沈括同为宋元时代的两大科学巨匠,他以海平面为标准测量地形高低,**是世界"海拔"概念的始创**。

1322年

元至治二年 ●书画家、文学家**赵孟頫**(1254—1322年)卒。赵孟頫为元代艺术史上开一代风气的大师,书法圆润道媚,世称"赵体"。

1359年

元至正十九年 ●画家、诗人王冕(1287—1359年)卒,王最善画梅,诗作质朴自然。●剧作家高明(约1307—约1371年)卒,他的代表作有南戏《琵琶记》,元末《荆钗记》《白兔记》《拜月亭》《杀狗记》,并称元代**"四大传奇"**。

图 7.30　牛转翻车

图 7.31　郭守敬

附2:宋代理学家名言选编

程颢、程颐名言

吾学虽有授受,天理二字却是自家体贴出来。 (我的学问虽有师承来源,但天理两个字却是自己体验得来的。)	《外书》十二
道之外无物,物之外无道,是天地之间无适而非道也。 (道之外没有具体的物,物之外没有具体的道,这就是天地之间没有什么不是道。)	《二程遗书》卷四
万物皆有理,顺之则易,逆之则难。 (万事万物都包含了理,顺应它做事则容易,违背它做事则难。)	《二程遗书》卷十一
理胜则事明,气胜则招怫。 (理占上风则事态明朗,气占上风则抑郁不畅。)	《二程遗书》卷十一
以物待物,不以己待物,则无我也。 (用物来对待物,不用自己来对待物,就是无我的境界。)	《二程遗书》卷十一
今志于义理而心不安乐者,何也?此则正是剩一个助之长。虽则心操之则存,舍之则亡,然而持之太甚,便是必有事焉而正之也。 (如今有人有志于学习义理而内心并不安乐,这是为什么?这就剩一种情况,助长造成的。虽然操心就有,不操心就没有,但是操心太过,就必须有东西来纠正。)	《二程遗书》卷二
人心惟危,人欲也。道心惟微,天理也。惟精惟一,允执厥中。 (人心诡诈,这是人的欲望使然。道心则是精微的,这是天理,最精微的只有一个,所以执中公允。)	《二程遗书》卷十一
气是形而下者,道是行而上者。 (气是行而下的,道是行而上的。)	《二程遗书》卷十五

程颢、程颐名言

动静相因而成变化。 (动和静相互作用而发生变化。)	《二程集》
物理极而必反,故泰极则否,否极则泰。 (事物发展到极致就会向相反的方向转化,所以好到极致则变坏,坏到极致则变好。)	《周易程氏传》
物极则反,事极则变,困既极也,理当变也。 (事物发展到极端则向相反的方向发展,事物发展到极端则会变化,窘困到了极至,按理应该转变。)	《周易程氏传》
万物莫不有对,一阴一阳、一善一恶,阳长则阴消,善增则恶减。斯理也,推之其远乎! (万物都有对立面,阴和阳、善和恶,阳气增长则阴气消亡,善增则恶减。这就是天理,要将它推广开来。)	《二程遗书》卷十一
言不庄不敬,则鄙诈之心生矣。貌不庄不敬,则怠慢之心生矣。 (语言不庄重恭敬,则会产生诡诈之心;神态不庄重恭敬,则会产生怠慢之心。)	《二程遗书》卷一
涵养须用敬,进学则在致知。 (加强涵养必须要庄重恭敬,做学问则要格物致知。)	《二程遗书》卷十八
"致知在格物",格物之理,不若察之于身,其得尤切。 (获得知识的关键在格物,格物的道理,从自身的体察得来,尤显得恰当。)	《二程遗书》卷十七

朱熹名言

天地之间,有理有气。理也者,行而上之道也,生物之本也。气也者,行而下之器也,生物之具也。是以人物之生,必禀此理,然后有性;必禀此气,然后有形。 (天地之间,有理和气。理是抽象的道,是产生万物的本原。气是具象的器,是产生物的属性。所以人和物的产生,秉承这一道理,然后才有本原,秉承这一性情,然后才有形体。)	《朱文公文集》卷五十八
此心之灵,其觉于理者,道心也;其觉于欲者,人心也。 (心的灵魂,觉悟到理的是道心,觉悟到欲的是人心。)	《朱文公文集》卷五十六
只是这一个心,知觉从耳目之欲上去,便是人心;知觉从义理上去,便是道心。 (只有一个心,从耳目的欲望上去知觉,就是人心;从义理上去知觉,就是道心。)	《朱子语类》卷七十八
知行常相须,如目无足不行,足无目不见。论先后,知为先;论轻重,行为重。 (知和行常相互等待,就像眼睛离开足不能行走,足离开眼睛什么美景也见不着一样。如果从先后看,知在先;从轻重看,行更重)。	《朱子语类》卷九
知与行须是齐头作,方能互发。 (知和行要齐头并进,才能相互启发。)	《朱子语类》卷一百一十七
未有天地之先,毕竟也只是理。有此理,便有此天地;若无此理,便亦无天地、无人无物,都无该载了。 (没有天地之前,就只有一个理。有了这个理就有了天地;如果没有理,便没有天地,没有承载人和物的一切。)	《朱子语类》卷一

朱熹名言

气则能酝酿凝聚生物也。但有此气,则理在其中。 (气能凝聚产生万物,只要有气在,理就在其中。)	《朱子语类》卷一
太极,理也。动静,气也。气行则理亦行,二者常相依而未尝离也。 (太极就是理,动静变化是气的作用,气运行理也运行,二者相互依存,不可分割。)	《朱文公文集》 卷九十四
"一"是一个道理,却有两端,用处不同,譬如阴阳,阴中有阳,阳中有阴,阳极生阴,阴极生阳,所以神化无穷。 ("一"中的道理,有两个极端,用处不一样,就好像阴和阳,阴中包含阳,阳中又包含阴,阳发展到极限产生阴,阴发展到极限产生阳,所以变化无穷无尽。)	《朱子语类》 卷九十八
万个是一个,一个是万个。 (一万个可归纳为一个,一个可统摄一万个。)	《朱子语类》 卷九十四
遏人欲于将萌,而不使其潜滋暗长于隐微之中,以至离道之远也。 (要阻止人的欲望的发展,不要让它在隐微处滋长,以至离道越来越远。)	《朱子语类》 卷七十

【思考与讨论】

1. 英国著名汉学家李约瑟博士花费十年精力研究中国科学技术史,他发现中国的科技水平在宋代已经相当于英国工业革命前夕的水平,但是为什么工业革命没有发生在中国宋代,而发生在几百年后的英国?这就是著名的"李约瑟难题"(Joseph Needham's Puzzle),试就这一问题谈谈你的看法。

2. 著名史学家邓广铭说,宋代的文化,在中国封建社会截至明清之际的西学东渐的时期为止,可以说,已经达到了登峰造极的高度,试说明原因。

3. 试分析说明朱熹所建立的理学体系的逻辑结构。

4. 宋代文化有划时代的意义。国学大师钱穆说:"不识宋学,即无以认识近代也。"从中唐开始而在宋代稳定确立的文化转向正是一种"近世化"过程。这个近世化的文化形态可以认为是中世纪精神与近代工业文明的一个中间形态,其基本精神是突出世俗性、合理性、平民性。试谈谈你对这段话的理解。

5. 就义利关系问题展开一次辩论。

   正方:社会发展中"义"是第一位的;

   反方:社会发展中"利"是第一位的。

第八章 明清文化

> 明清文化是早期启蒙思潮发展到近代启蒙运动的桥梁。本章介绍了明清文化产生的社会条件、经济条件,以及科学技术、文学艺术、对外文化交流等各方面的成就,论述了早期启蒙思潮的代表人物及基本特点。学习本章应着重弄清市民阶层兴起、资本主义萌芽、"西学东渐"等对明清文化的影响,正确认识早期启蒙思想的重大意义和不足,以及这一时期小说、戏剧等文学艺术所反映的市民阶层的利益和情趣。

第一节 明清文化概述

从1368年朱元璋建立明朝到1840年鸦片战争以前,是中国社会的重大转折时期。在这470多年里,旧的封建制度日渐衰落,新的资本主义生产关系已经萌芽。政治、经济、文化领域,如"天崩地裂""海徙山移"的巨大变化由此开始。经历了几千年的封建社会,正一步一步无可挽回地走向它的终点。正是在这样的基础上形成了明清早期启蒙运动思潮。

一、明清时代的政治经济形势

1. 明代的政治和经济

●**封建专制统治的加强** 被农民起义推上明朝开国皇帝宝座的朱元璋,当政之初也认识到"居上之道,正当用宽",不然"弦急则断,民急则乱"。[①] 他也采取过一些"安养生息"的措施,使明初社会生产有所发展。但他和他的继任者比以往

[①] 《明太祖实录》卷三十,洪武二年正月。

统治者采取了更严酷的封建专制统治。**第一，强化专制统治机构。** 首先是废黜中书省和丞相，一切权力集中到皇帝一人手中。这是造成明代阉党专权的重要原因之一。故黄宗羲说："有明无善治，自高皇帝罢宰相始也。"**第二，制定"黄册"和"鱼鳞册"**（"黄册"是户口册，"鱼鳞册"是耕地清册），**加强对人民的控制。** 凡查出反对官府的人，连同他的祖父、父亲和16岁以上的儿子、孙子、兄弟一并处死。**第三，建立厂卫制度，实行特务政治。** 1382年，明太祖设锦衣卫，以侍卫皇帝，它有侦察、逮捕、审讯等特权，是皇帝亲自指挥的特务机构。1420年明成祖设东厂，由宦官统领，权力在锦衣卫之上。**第四，加强思想钳制和文化专制。** 以程朱理学为科举考试唯一内容，以"八股"取士。大兴文字狱，对一切不利封建专制的思想言行，一律视为"异端邪说"，连孟子也因有"民贵君轻"的思想，而被"罢享"，并命令删节《孟子》。此外，还采取了一系列措施加强了对少数民族的控制。（图8.1）

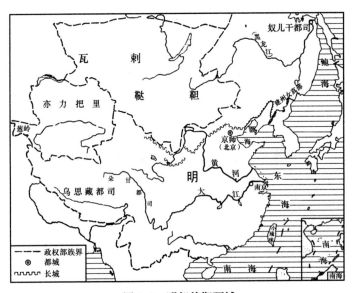

图 8.1　明朝前期疆域

●**张居正的改革**　张居正（1525—1582年），字叔大，号太岳，湖广江陵人（图8.2）。穆宗时入阁。1573年，神宗即位，位居首辅。他是统治阶级内部有眼光的政治家。看到仅靠强权和高压不能拯救封建统治，因此积极主张改革，以缓和日益严重的社会矛盾。**第一，改革的主要内容。** 张居正的改革涉及政治、军事和经济等各个方面。其中最主要的是经济改革，即丈量土地，实行一条鞭法。丈量土地的结果是清出了大量权贵豪绅隐瞒不报、不交税的田产。一条鞭法，就是把田赋、徭役和各项杂税合并为一条，按田亩和人丁的多少折合银子交租。**第二，改革的结果和意义。** 张居正的改革在一定程度上减轻了农民负担，减少了官吏和豪绅勾结在一起对农民的剥削和压迫。由于规定把赋税折成银子交纳,对商品货币经济和资本主义因素的发展也有一定促进作用。他的改革激起了官僚地主的不满,他死后不久其家产被抄,改革措施也遭破坏。

●**资本主义萌芽** 明朝中期,农业和手工业的生产水平都超过前代。日益发展起来的农业经济作物为手工业的发展提供了丰富的原料。纺织、冶铁、制瓷等手工业的规模不断扩大,工商业城镇增多。有的城镇明初只有几十户人家,明末已成为有

图 8.2 张居正

几万人口的大镇。在一些城镇出现了资本主义性质的手工工场。据史料记载,有的工场停工,"织工散者又数千人",这些"织工"成为出卖劳动力的无产者,这种工场的生产关系与封建作坊的主仆、师徒关系不同,已是一种萌芽中的资本主义生产关系。当然这还不是普遍的现象,还很微弱,并且在封建统治者抑商政策的阻碍下,它的发展也是很艰难缓慢的。

●**抗击外国侵略** 明代以前中国从未遇到真正意义的外国入侵,明代开始,外国的侵略不断发生,其规模愈来愈大。**第一,东南沿海的抗倭斗争。** 14 世纪以来,日本西南部封建诸侯组织的海盗集团对中国东南沿海进行大规模骚扰,当时

图 8.3 戚继光

称他们为"倭寇"。戚继光(图 8.3)(1528—1587 年)组成的"戚家军",给倭寇以沉重打击。后他与俞大猷等联合作战,到 1565 年,倭寇被肃清。**第二,中朝人民联合抗倭战争。** 1585 年以后,日本关白(丞相)丰臣秀吉实行扩张政策,发动了两次大规模的侵略朝鲜的战争,企图占领朝鲜。朝鲜国向明朝求援,1593 年明政府派兵赴朝与朝鲜军民联合作战,最后打败侵略者,取得抗日战争的胜利。**第三,抗击西方殖民主义者侵略的斗争。** 15 世纪末,正进入资本原始积累过程的一些欧洲国家,开始了他们的海外掠夺活动。1553 年,葡萄牙殖民者向明地方官行贿,入侵澳门;1571 年,西班牙殖民者对中国进行掠夺性贸易;1604 年,荷兰殖民者侵犯澎湖岛,被中国军民击败;1642 年,荷兰殖民者霸占中国台湾。1652 年,台湾人民在郭怀一领导下,举行武装起义,终因寡不敌众而失败。直到 1662 年,郑成功才收复台湾,驱逐荷兰侵略者。

●**李自成的农民革命及其历史意义** 明朝末年在陕西爆发大规模农民起义。其领袖称"闯王"。起义军领袖高迎祥牺牲后,李自成(图 8.4)(1606—1645 年)被

图 8.4 李自成

推举为"闯王"。1644年,李自成在西安建立政权,国号大顺,改西安为西京。同年攻克北京,崇祯皇帝于煤山(景山)上吊自杀,明朝灭亡。后吴三桂投降满族贵族,引清兵入关。农民军的部分领导被胜利冲昏头脑,蜕化变质,农民军战斗力大减。清军很快占领北京。李自成退守陕西。1645年,潼关失守,又转战湖北,在通山县九宫山突遇地主武装袭击,李自成牺牲。余部继续战斗,直到1664年被清朝政府镇压下去。明末农民起义长达近20年,他们在历史上第一次提出"均田免粮"的土地革命要求,矛头直指封建土地所有制,是近代农民革命要求解决土地问题的先导,有重要的历史意义。

2. 清代的政治、经济和外交

●**文字狱和"康乾盛世"** 清朝建立之初,其贵族集团大肆烧杀劫掠,强占土地,激起汉民族长达二三十年的反抗。为了镇压人民的反抗斗争,统治者加强了思想文化专制,大兴"文字狱"。康熙(图8.5)年间庄廷鑨《明史》案和戴名世《南山集》案就是典型。庄廷鑨因补写《明史》中南明史事,被掘墓碎尸,家中16岁以上男子悉数被斩,妻女遭发配,参阅的官吏、藏书、卖书、刻书者都被处死,数百人遭发配充军。戴名世也因所写《南山集》记有抗清活动而遭到与庄廷鑨一家同样的命运。雍正、乾隆的文化专制更严酷。在实行高压政策的同时,清朝统治者也采取了一些缓和民族矛盾和阶级矛盾的政治和经济政策,以及文化方面的笼络

图 8.5 康熙

政策,使经济得到了恢复和发展,使多民族统一的大帝国进一步巩固,出现了所谓"康乾盛世",其标志主要是:**第一,统一清帝国的建立和疆域的巩固**。康熙二十二年(1683),清政府大举进攻台湾,郑成功之孙战败投降,汉族坚持了40年的反清斗争至此结束。此后清政府便向边疆发展,康、雍、乾(图8.6)三朝连续向西北等地用兵,最后统一了全国。清朝疆域辽阔,北接西伯利亚,南至海南岛,是亚洲最大的统一多民族国家(图8.7)。疆域的巩固对防止西方殖民者的入侵,促进经济、文化的发展起到了积极作用。**第二,社会经济和资本主义萌芽的发展**。康、雍、乾时,农业生

图 8.6 乾隆

产有了显著的发展,手工业和商业比以前有了更大发展。对外贸易也出现繁荣局面。资本主义萌芽随之发展起来。康熙年间出现了最早的"账房"。"账房"拥有大量资本和资产,成为"大包买商"。行会兴起。史载,康熙时,行会组织踹工,先后进行过四次"盈万成千"的工人向作坊主要求增加工资的斗争。这证明早期工人有组织的同工场主的斗争已在此时开始。**第三,文化事业的发展**。这一点将在下面专门介绍。

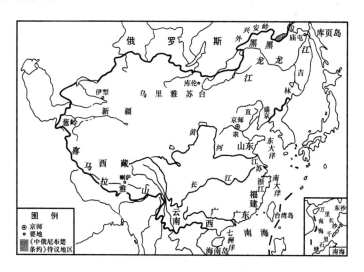

图 8.7　清朝疆域

●**殖民者的侵略和清朝的对外关系**　在葡萄牙、西班牙和荷兰之后,英国、法国也积极向中国扩张,他们先后派商船来到中国。同时大量传教士进入中国。对此,清朝政府采取了"闭关""禁教"等政策,企图以此阻止殖民者的入侵。这时英国资产阶级已完全掌握政权,为了向海外寻求市场和殖民地,先向清政府进行交涉,要求打开国门,最后用武力轰开中国的大门,这就是鸦片战争。此时北方的沙皇俄国也窜入中国黑龙江流域,先后侵占了雅克萨、尼布楚等地。中俄经过激烈的战争,于 1689 年签订了《中俄尼布楚条约》。中国的大片土地割让给俄国。开了近代帝国主义列强瓜分中国的先例。

●**民族矛盾和阶级矛盾激化**　乾隆末年,土地集中现象极为严重,统治阶级奢侈腐化,贪污成风,农民起义不断爆发。嘉庆元年(1796)爆发的白莲教起义长达九年。此后相继发生了湘西苗民的起义、天理教的起义、维吾尔族人民的起义,以及张格尔的叛乱。清朝政府积贫积弱的局面日趋严重。

二、明清文化成就及影响

明清文化的突出成就表现在反封建的启蒙思想的兴起,下节将对此做专门介绍。本节对其他方面的文化成就概括说明如下。

●**郑和下西洋及中西文化的交流** 从明代永乐三年(1405年)至宣德八年(1433年),郑和(图8.8)前后七次下西洋。郑和下西洋不仅促进了中国和世界的往来,促进了经济的发展和文化的交流,同时也显示了中国在造船、航海等技术领域中的先进水平。郑和(1375—1435年),云南昆阳州(今晋宁)人,回族,其祖父和父亲曾朝拜过麦加,后明太祖攻打云南时被俘,充作太监,所以又叫三保太监。郑和远航船队规模很大,其中一次乘员达27800余人。最大的船44丈4尺,船内可容纳千人,是当时世界上最大的海船,航行使用了先进的罗盘导航。郑和是15世纪中国和世界上杰出的航海家。他的航队到达南洋群岛、印

图8.8 郑和

度、伊朗、阿拉伯、非洲东海岸,历经30多个国家。他比哥伦布从欧洲航行至印度早半个世纪以上,规模也大得多。明清两代,中西方交流频繁,除通商活动外,西方传教士也大量来到中国。利玛窦是明万历十年(1582)到达澳门的,他是沟通中西文化的第一人。万历二十九年(1601)他到北京建立天主教堂,同时把西方文化传入中国,徐光启、李之藻等人都深受其影响。他在中国生活近30年,为沟通中西文化做出了贡献。

●**科学技术的发展** 第一,李时珍(图8.9)与《本草纲目》。李时珍(1518—1593年)是明代杰出的医学家和药物学家,他编著的《本草纲目》,收录药物1892种,药方10000多个。在中国和世界上产生巨大影响,被称为"东方医学巨典",已译成日、英、德、法等各种文字。《本草纲目》不仅是重要的药物学和医学著作,也是一部关于植物学、动物学、矿物学的重要典籍。第二,徐光启与《农政全书》。徐光启(1562—1633年)是明末礼部尚书,71岁时任文渊阁大学士。为解决国计民生的许多实际问题,他虚心向利玛窦学习西方的科学技术,结合

图8.9 李时珍

中国实际,写出了农业科学巨著《农政全书》。他不仅对农业科学技术的发展做出了突出贡献,在天文学、数学等方面也创造了具有划时代意义的业绩。他主编

了《恒星历指》,译校了《几何原本》《同文指算》两书,这些书成为明末清初天文、数学工作者必读的书。**第三,宋应星与《天工开物》。** 宋应星(1587—?)也是明清之际的杰出科学家,著述颇丰,《天工开物》是他的代表作。这部书系统总结了当时手工业生产技术,全书用图和文字说明了纺织、制盐、制糖、酿酒、榨油、陶瓷、造纸、造船、采煤、冶铸及制造兵器等生产技术。17世纪传到日本,日本形成"开物学派",促进了日本明治维新;19世纪传到欧洲,引起轰动,被誉为中国的"技术百科全书"。现代英国科学家李约瑟称宋应星是"中国的狄德罗"。**第四,徐霞客(图 8.10)与《徐霞客游记》。** 徐霞客(1587—1641年)名弘祖,是中国历史上伟大的地理学家。他对中国西南地区石灰岩地貌的考察与研究,比西方同类考察与研究早近200年。《徐霞客游记》是他一生对中国地理考察研究的总结。徐霞客同时还是文学家、探险家。此外,这一时期在医学、天文学以及地图测绘等方面也有很多成果。在建筑方面,保存至今的北京宫殿园囿大部分创建于明代,清代修建的北京雍和宫、拉萨的布达拉宫以及承德的八大庙等都是中国建筑史上的杰作。

图 8.10 徐霞客

●**考据学兴起以及史学和文献的编辑整理** **第一,考据学的兴起。** 考据学是一门考订古书的学问,顾炎武被称为考据学的开山始祖。到了乾嘉时代,考据之风大盛,并形成不同的学派。著名的考据学家有段玉裁(1735—1815年)、王念孙(1744—1832年)等,段氏《说文解字注》,被称为"千七百年来无此作"。**第二,史学。明清时期的历史研究也很有成就。** 除了官修的一系列史学著作外,私人的历史著述也大大多过前代。明清时各地编修地方志成风,今传6000余种,也是史学研究的突出成就之一。**第三,古代文献的整理。** 明清两朝政府,都曾经组织大批学者,编辑了很多卷帙浩繁的类书和丛书。明永乐时编辑的《永乐大典》共22937卷,11095册,是中国最大的一部类书。不幸的是在英法联军和八国联军侵入北京时大部分被烧毁劫掠,目前国内外仅存300余册。康熙、雍正时,清政府又组织编辑了《古今图书集成》一万卷,是又一大型类书。乾隆时,清政府又选派纪昀等著名学者160余人编辑成《四库全书》,分经、史、子、集四大类,共收书3460种,79300余卷,36000余册,是中国最大的一部丛书,书中保存了大量珍贵的文献。目前《四库全书》完整保存下来的还有4部。

●**文学艺术成就** **第一,小说成就。** 明清时代文学上最辉煌的成就是小说。产生了许多名著。元末明初有施耐庵的杰作《水浒传》(图 8.11),明初有罗贯中的《三国演义》。明中叶有吴承恩的《西游记》。明后期,随着城市经济的发展,出

图 8.11 武松醉打蒋门神

现大量反映市民生活和志趣的小说,表现了对程朱理学思想的反叛。这一时期仅长篇小说就有 100 余种,著名的有《金瓶梅》《东周列国志》《封神演义》《杨家将》《英烈传》等,短篇小说有"三言二拍"。"三言"即《喻世明言》《警世通言》《醒世恒言》,冯梦龙编。"二拍"指《初刻拍案惊奇》《二刻拍案惊奇》。清初有蒲松龄(1640—1715 年)所著的《聊斋志异》,清乾隆时期有曹雪芹(约 1715—约 1763 年)的不朽名著《红楼梦》,吴敬梓(1701—1754 年)的《儒林外史》以及李汝珍的《镜花缘》等。**第二,明清戏剧成就。** 戏剧在明清时代也取得辉煌成就,它是市民文化发展的必然结果。明代著名作家有汤显祖(1550—1616 年),其代表作是《牡丹亭》。清代有洪昇(1645—1704 年),其代表作是《长生殿》。此外,京剧的诞生和发展也是这一时期戏剧发展具有里程碑意义的成就。京剧是嘉庆以后徽调吸取昆曲、秦腔的优点,传入北京后,经过不断创造和改进形成的新剧种,堪称中国戏剧的集大成者。**第三,绘画成就。** 明代绘画沿着南宋画院风格有所发展,代表人物有戴进、吴伟等。沈周、文徵明等,则是文人画的领袖。清初有王时敏、王鉴、王原祁等山水画家,而明代遗民石涛、石溪、八大山人和扬州画家,则更具创造精神。(图 8.12,图 8.13)

图 8.12 明代壁画中的舞仙

图 8.13 清王鉴《庐山十景图》

第八章 明清文化

第二节 明清文化思想述评

一、早期启蒙思潮的兴起及一般特征

●**早期启蒙思潮** 受农民革命风暴的影响和市民反封建要求的启示,并吸收"泰西之学"以及本民族自然科学成果的思想营养,明清之际从理学分化出一种新的思潮。这就是后来发展为启蒙运动的具有反封建、反专制的民主意识的早期启蒙思潮。

明朝初期,程朱理学盛极一时。明朝中期,王守仁(图 8.14)的心学以程朱理学反对派的面孔出现。王守仁(1472—1529 年),字伯安,余姚(今属浙江)人,世称阳明先生,他继承发展了陆九渊的"心即理"的思想,认为每个人心中的理就是"良知",主张人人"致良知",只要从自己的心上用功夫,不必像朱熹那样穷格天下之物,就可达到对内心良知的体认和扩充。他的思想是程朱理学批判浪潮兴起的先导。继之而起的被称为王学左派的人物王艮、李贽等,则将斗争的矛头直指封建专制政体和封建

图 8.14 王守仁

礼教,被统治者视为异端之尤。李贽(1527—1602 年),福建晋江人。他虽然是王学传人,但他更具批判精神。他认为追求正当的物质生活有"理",穿衣吃饭就是"道",他骂那些高喊"去人欲,存天理"的理学家是"阳为道家,阴为富贵,行若狗彘"。他认为不能以孔子之是非为是非。① 他在通州讲学,引起统治者震恐。被捕入狱,在狱中自割喉而死。他的书被清朝屡次下令烧毁。明清之际是早期启蒙思想形成的高潮。有以黄宗羲、唐甄为代表的反对君主专制的政治思想和"工商皆本"的经济思想;有以顾炎武、颜元为代表的"明道救世"的实学思想;有以方以智、梅文鼎为代表的"缘数以寻理"的科学思想;有以傅山为代表的个性解放思想。而集大成者则是王夫之的"变化日新"的具有朴素唯物辩证观的哲学思想。清代中叶以后,在考据之风的影响下,启蒙思想转入对学术研究中知性精神的探索,戴震则是这一时期的重要人物。

●**早期启蒙思潮的一般特征** 早期启蒙思想表现出以下特征:**第一,它是封**

---

① 李贽,《焚书》卷三,《藏书》卷一。

建统治阶级内部开展的"自我批判"。他们的目的在于"补天",即补封建统治之天。他们大都是打着注释群经和维护孔、孟等圣人思想纯洁的旗帜来反对程朱理学。如黄宗羲引"三代之法"反对后世"一家之法"的君主统治;顾炎武(图8.15)借"经学即理学"的口号反对"以明心见性之空"的理学;王夫之对传统"理气""道器"所作唯物主义的新解;戴震用"疏证"《孟子》来表达他对理学的批判。**第二,强调"崇实黜虚""经世致用"**。顾炎武(1613—1682年)就痛斥宋明理学家,特别是程朱以后的那些理学家"空谈性理"的腐朽学风。他针对那些"足不出户""游谈无根""置四海困穷而不言,而终日讲'危微精一'之说"的理学家,大声呼唤"天下兴亡,匹夫有责"。他本人也以实际行动来践行自己的经世致用思想。他注重调查研究,努力向社会学习,他的实事求是的学风又因与他的爱国精神结合在一起而更放光彩。在国家危难时他表现出了一个正直的知识分子的高风亮节。**第三,初期的民主与科学精神**。这也是我们称他们为早期启蒙思想者的主要原因。这首先表现在他们对君主专制的批判。黄宗羲在《明夷待访录》中说:"为天下之大害者,君而已矣。"他认为"天子之所是未必是,天子之所非未必非"。唐甄更尖锐地指出:"自秦以来,凡为帝王,皆贼也。"其次,表现在他们对"人欲"的肯定,对封建纲常的批判。他们提出以朋友关系来衡量君臣、父子、兄弟、夫妇关系,这其中所包含的民主、平等意识是显而易见的。最后,还表现在对一种重验证、重实例的新的科学精神的肯定。这种新思想,孕育并产生了徐光启等一批科学巨匠以及《本草纲目》等一批具有划时代意义的科学杰作。

图8.15　顾炎武

二、早期启蒙思潮的代表人物

1. 黄宗羲

● **黄宗羲生平简介**　黄宗羲(1610—1695年),字太冲,号南雷,又名梨洲,浙江余姚人(图8.16)。明清之际思想家、哲学家、史学家。自幼深受东林党人影响,积极参加反对阉党的政治斗争。明灭之后,他招募义兵进行武装抗清,起兵浙东,失败后全力投入著述活动,学识渊博,著作宏富,与顾炎武、王船山并称为"明清之际三大思想家"。他积极提倡"经世致用"之学,并且坚持"躬行实践"原则。主要著作约有120种,其中代表作有《明夷待访录》《孟子师说》《明儒学案》。

● **气本论的自然观和"学贵适用"的认识论**　第一,在理气关系上,黄宗羲继承了张载的气一元论,驳斥了朱熹的"理生气"的观点。他说:"天地之间只有一气充周,生人,生物。"即使"空虚",其实也是气。①指出:"盈宇宙间一气也。即使天地混沌,人物销尽,只一空虚,亦属气耳。"②他批评朱熹的"理在气先""理能生气"。他说:"若谓别有先天在形气之外,不知此理安顿何处?……世儒分理气为二,而求理于气之先,遂堕佛氏障中。"③这就是说,离气求理,与佛教无别,必然把客观世界说成虚幻不实,否认气理的客观性。因此,他总结说:"理为气之理,无气则无理。"④坚持了唯物主义的气本论。

图8.16 黄宗羲

第二,在认识论上,他认为知识来源于实践,主张"耳主于听,目主于视,皆不离事上",并力倡"学贵践履""学贵适用""经术所以经世",以"实践为主"。他还认为"学问之道,以各人自用得著者为真","大者以治天下,小者以为民用"等,这些就是黄宗羲在《明夷待访录》中经世致用思想的集中体现。当然,黄宗羲在本体论和认识论上也有局限性。

● **"君臣共治""工商皆本"的启蒙思想** 黄宗羲在《明夷待访录》中提出了超过他人的启蒙思想,这就是他对封建君主制的揭露和批判,对民主思想作了阐发,在中国思想史和哲学史上都具有划时代的意义。**第一,他系统地批判了封建专制的君权论。** 他在《原君》《原臣》中指斥君主是"屠毒天下之肝脑""敲剥天下之骨髓,离散天下之子女"的惨无人道的压迫者、剥削者,是祸乱之源。他抓住君主"以我之大私为天下之大公"这个要害,大声疾呼:"岂天地之大,于兆人万姓之中,独私其一人一姓乎!"呼唤着反封建独裁专制的革命。**第二,阐发了民主主义的政治法律思想。** 他在《原君》中提出"以天下为主,君为客"的"民主君客"说。这里"以天下为主"即以人民为主。他在《原臣》中认为"君"应"为天下,非为君也"。也就是说,君臣都应是万民的公仆,这是一种民主主义的政治主张。在法律思想上,黄宗羲在《原法》中主张废除专制的"一家之法",而改立"天下之法"。他认为"一家之法"是"非法之法",只有"天下之法"才能保护私有财产和法律上的平等。**第三,提出了"工商皆本"的经济思想。** 黄宗羲向"崇本抑末"的"农本商末"的传统观念提出挑战,在中国第一次提出"工商皆本"的思想。指出:"世儒不察,以工商为末,妄议抑之;夫工固圣王之所欲来,商又使其愿出于途者,盖皆本

---

① 《孟子师说》卷二。
② 《明儒学案》卷二〇。
③ 《明儒学案》卷二〇。
④ 《明儒学案》卷二〇。

也。"①而且主张货币流通,要"使封域之内常有千万财用,流转无穷,此久远之利也"。② 还主张发行"钞与钱货不可相离"的纸币③。他的统一货币使"千万财用,流转无穷"的观点,很接近近代资本主义经济思想。

2. 王夫之

图8.17　王夫之

●**王夫之生平简介**　王夫之(1619—1692年)是清代最杰出的唯物主义哲学家、思想家(图 8.17)。字而农,号薑斋,又称船山,湖南衡阳人。出身中小地主阶层,年轻时考取过举人,以博学多识著称,敌视农民起义,曾长期坚持抗清斗争。哲学上他创立了较为完整的元气一元论、发展变化观、知行观和"理势合一"论。著有大量文史哲著作,后人编为《船山遗书》。《张子正蒙注》是其唯物论和辩证法达到高峰的代表作。

●**"太虚即气,纲缊之本体"的唯物论**　王夫之在自然观上持的是唯物主义的元气本体论。王夫之认为理气是统一的,气是世界的物质本质,是宇宙的唯一实体,理是气本身的规律。他说:"太虚即气,纲缊之本体。"为了说明这一唯物主义的本体论,王夫之提出了一系列的理论:**第一,他认为元气是宇宙的唯一存在**。他说:"阴阳二气充满太虚,此更无他物,亦无间隙,天之象,地之形,皆其所范围也。"④**第二,他认为宇宙的元气只有聚、散和显、隐的区别,不存在有、无的区别**。他说:"凡虚空皆气也,聚则显,显则人谓之有;散则隐,隐则人谓之无。"⑤这就是说,绝对的无形之物是不存在的。**第三,他认为元气只有形态之变,无生灭之变**。他说:"聚散变化,而其本体不为之损益。""散而归于太虚,复其纲缊之本体,非消灭也。"⑥这就是元气转化而不灭的见解。**第四,他认为元气的客观实在的本质属性是"诚"**。"诚"是有体、用的客观实在。他说:"夫诚者,实有者也。"⑦**第五,他认为元气的变化运动的规律为理,理在气中,理气是统一的**。他说:"理者,物之固然,事之所以然也。"⑧这就是说,理要依赖于

---

① 《明夷待访录·财计》三。
② 《明夷待访录·财计》二。
③ 《明夷待访录·财计》二。
④ 《张子正蒙注》卷一。
⑤ 《张子正蒙注》卷一。
⑥ 《张子正蒙注》卷一。
⑦ 《尚书引义》卷三。
⑧ 《张子正蒙注》卷五。

气而存在,他批判了朱熹的"理在气先"的唯心论。**第六,在道器的关系上,他认为"道"依赖于器**。他说:"天下唯器。"①"道者,天地人物之通理。"②所谓"器",就是各种具体事物的实体,宇宙中实际存在的无一不是具体的实物。所谓道,就是具体事物的规律,它只能存在于具体事物之中。

● **"分一为二"和"合二为一"的朴素辩证法** "一"和"二"的关系,中国古代哲学家早有论述。王夫之进一步提出了"分一为二"和"合二为一"统一的辩证命题,发展了古代哲学对立统一思想。他说:"一气之中,二端既肇。"③亦即一中有二的意思。在他看来,元气本身就包含着阴阳二气的对立统一,"二气之动,交感而生",由此形成万物万象。这就是说,统一物分成两个对立面,这"两端"是"相对立""相为仇"的,④又是"相峙以并立"的,⑤他把这一思想概括为"一分为二"的命题。也就是有一同为两,"如水惟一体,则寒可为冰,热可为汤,于冰汤之异,足知水之常体"。

● **"物之理""心之灵""行之先"的认识论** 王夫之认为,**第一,"物之理"是讲身外事物之理**。他说:"物之有象,理即在焉。"⑥"理者,物之固然,事之所以然也。"⑦这里的"理"是指事物的道理、规律;"物"是指客观认识的对象。也就是说,认识就是反映事物的规律,道理是主观对客观对象的反映,规律是事物所固有的。**第二,"心之灵"讲的是人的主观精神和意志**。这里的"心",是指灵敏的思维器官。"心"有"性",即认识和反映事物的思维能力。**第三,"行先知后"观**。王夫之反对朱熹的"知先行后"说。他十分重视行在认识中的作用,提出"行先知后""行则知之"的创见。在他看来,"行"才是认识的基础。只有通过"行",才能获得"知""由行而行则知之"。⑧

3. 戴震及其哲学思想

● **戴震生平简介** 戴震(1724—1777 年),清代哲学家、思想家(图 8.18)。家贫,曾随父经商,后博通经史、训诂、音韵,对天文、地理、数学、水利等亦有深造,一生著述颇丰,后人编为《戴氏遗书》,主要哲学著作有《原善》《孟子字义疏证》等。在哲学观上,他是清代批判宋明理学的激进代表,其自然观是"气化即道",

---

① 《周易外传》卷五。
② 《张子正蒙注》卷一。
③ 《张子正蒙注》卷一。
④ 《周易内传》卷五上。
⑤ 《周易内传》卷一。
⑥ 《张子正蒙注·大心》。
⑦ 《张子正蒙注·大至当》。
⑧ 《读四书大全说》卷四。

其认识论是"血气心知",其社会观是"理存乎欲"。

●**"气化即道"的自然观** "道"是戴震哲学的基本范畴,它有两层含义:**其一是说"道"为宇宙的物质实体。**他说:"道指其实体实事之名。"①所谓实体实事,就是阴阳五行之气,即"阴阳五行,道之实体也"。② **其二是说"道"为物质世界运动变化的规律。**他说:"道,犹行也;气化流行,生生不息,是故谓道。"③由此可见,戴震自然观的基本思想是"气化即道"。

●**"有血气才有心知"的反映论** 戴震反对程朱"理

图 8.18 戴震

具于心"的先验论,认为自然界先于人而存在,人之所以能够认识世界,具有认识能力,是由于人有阴阳五行之气,组成了活的形体"血气""有血气,夫然后有心知"。④ 戴震明确指出,物质性的"血气"是精神性的"心知"的基础。戴震很重视理性认识,指出"义理在事而接于我之心知",只有"心能辨夫理义"。⑤ 由此可见,戴震的认识论既坚持"血气心知"的唯物主义反映论,又有着重视理性认识的辩证因素。

●**"理存乎欲"的理欲观** 戴震的哲学思想是为他的社会政治伦理观服务的。因此,理欲关系成为他思想体系的核心。**第一,戴震认为理欲不可分割,强调有欲才有理。**他说:"人生而后有欲,有情,有知,三者,血气心知之自然也。"⑥所谓欲,是指对声色臭味的物质欲望;所谓情,是指喜、怒、哀、乐的情感;所谓知,是指对是非、美丑、善恶的辨别能力。所有这些人生来具有的自然本性,也就是人性,"口之于味也,目之于色也,耳之于声也,鼻之于臭也,四肢之于安佚也,性也"⑦,是自然而合理的。因为"喜怒哀乐之情,声色臭味之欲,是非美恶之知,皆根于性而原于天"。⑧ "原于天",就是出于自然。而且,只有正当地解决人们所需的情欲,才能生存,才能兴业。人有形体存在,就要吃饭、穿衣,这是人的自然的生理需求,如果人没有欲望,也就没有形体生命了。而且人生存、立业的动力,也与情欲相关。他说:"生养之道,存乎欲者也;感通之道,存乎情者也;二者,自然之符,

---

① 《孟子字义疏证》卷下。
② 《孟子字义疏证》卷中。
③ 《原善》卷上。
④ 《原善》卷中。
⑤ 《原善》卷中。
⑥ 《原善》卷中。
⑦ 《原善》卷中。
⑧ 《绪言》卷上,见《戴震全书》,黄山书社,1994.

天下之事举矣。"①这与德国古典哲学大师黑格尔所说的"没有情欲，世界上任何伟大事业都不会成功"是一致的。

当然，戴震把人性归结为自然情欲，看不到人性的社会性，这在理论上是片面的。然而，他对"存天理，灭人欲"和"以理杀人"的批判，在一定程度上起了思想启蒙和思想解放的作用，有重大的历史意义。

第三节　专题讨论

一、市民文艺②

●**市民文艺产生的时代背景**　如果说汉代文艺反映了事功、行动，魏晋风度、北朝雕塑表现了精神、思辨，唐诗宋词、宋元山水展示了襟怀、意绪，那么，以小说戏曲为代表的明清文艺所描绘的却是世俗人情。这是又一个广阔的对象世界，但已不是汉代艺术中的自然征服，不是那古代蛮勇力量的凯旋，而完全是近代市井的生活散文，是一幅幅平淡无奇却五花八门、多彩多姿的社会风习图画。

从《清明上河图》，便可以看出宋代城市的繁盛。以汴京为中心，以原五代十国京都为基础的地方城市，在当时已构成了一个相当发达的国内商业、交通网。商人地主、市民阶级已在逐渐形成。虽然经元代的逆转，但到明中叶，这一资本主义的因素（或萌芽）却更加确定。表现在意识形态各领域，尤为明显。唐代寺院的"俗讲"，演变和普及为宋代民间的"平话"。而从嘉靖到乾隆，则无论在哲学、文学、艺术还是社会政治思想上，都波澜起伏、流派众多，一环接一环地在发展、变迁或萎缩。其中的规律颇值深探。这是一个异常复杂困难而又极有趣味的问题。

●**哲学思想的影响**　哲学是时代的灵魂，反映时代这一重大的内在脉搏，从讲究事功的陈亮、叶适到提出"工商皆本"的黄梨洲和反对"以理杀人"的戴震，其中包括从李贽（图8.19）到唐甄许多进步的思想家，

图8.19　李贽

---

①　《原善》卷上。
②　本专题根据李泽厚的《美的历程》有关章节摘编。
李泽厚. 美的历程[M]. 北京：中国社会科学出版社，1984.

这是一股作为儒学异端出现、具有近代解放因素的民主思想。另一条线则从张载到罗钦顺到王夫之、颜元，这是以儒学正宗面目出现、具有更多哲理思辨性质的进步学派。这两条线有某种差异甚至矛盾，但客观上却不谋而合地或毁坏、或批判封建统治传统，它们在明清之际共同构成了巨大的启蒙思潮。后者(可以王夫之为代表)大抵以地主阶级反对派为背景，具有某种总结历史的深刻意味；前者(可以李贽为代表)则更鲜明地具有市民——资本主义的性质(它在经济领域是否存在尚可研究，但在意识形态似很明显)，它的破坏封建旧制度的作用和力量也更为巨大。在文艺领域里，前者也具有更为直接更为重要的影响。它们与当时的文学艺术是在同一块土壤基础上开出的花朵。

●**小说反映的市民精神** 文艺毕竟走在前头，开时代风气之先，宋代平话，就已有所谓"烟粉""灵怪""传奇""公案"以及"讲史"等类别，说明这种以广大市民为对象的近代说唱文学已拥有广阔的题材园地。它与六朝志怪或唐人小说已经很少相同了。它不是以单纯的猎奇或文笔的华丽来供少数贵族们思辨或阅读，而是以描述真实的生活来供广大听众消闲。尽管从文词的文学水平和成就看，似乎并无可取，然而，其实际的艺术效果却相当可观，应该说已经超过了以前任何贵族文艺。例如，宋平话就已经是："说国贼怀奸从佞，遣愚夫等辈生嗔；说忠臣负屈衔冤，铁心肠也须下泪。讲鬼怪，令羽士心寒胆战；论闺怨，遣佳人绿惨红愁。说人头厮挺，令羽士快心，言两阵对圆，使雄夫壮志。"(《新编醉翁谈录卷之一》)这种世俗文学的审美效果显然与传统的诗词歌赋有了性质上的重大差异，艺术形式的美感逊色于生活内容的欣赏，高雅的趣味让路于世俗的真实。这条文艺河谷发展到明中叶，便由涓涓细流汇为江河湖海，由口头的说唱发展为正式的书面语言。以《喻世明言》《警世通言》《醒世恒言》和《初刻拍案惊奇》《二刻拍案惊奇》为代表，标志着这种市民文学所达到的繁荣顶点，具有了自己的面貌、性格和特征，对近代影响甚巨。它们的选本《今古奇观》便流传三百余年而历久不衰。正如这个选本的序言所说，这些作品确乎是"极摹人情世态之歧，备写悲欢离合之致"，把当时由商业繁荣所带给封建秩序的侵蚀中的社会作了多方面的广泛描绘。多种多样的人物、故事、情节都被揭示展览出来，尽管它们像汉代浮雕似的那样薄而浅，然而它们所呈现给人们的，却已不是粗线条勾勒的神人同一、叫人膜拜的古典世界，而是有现实人情味的世俗日常生活了。对人情世俗的津津玩味，对荣华富贵的钦羡渴望，对性的解放的企望欲求，对"公案"、神怪的广泛兴趣……尽管这里充满了小市民种种庸俗、低级、浅薄、无聊，尽管这远不及上层文人、士大夫艺术趣味那么高级、纯粹和优雅，但它们倒是有生命活力的新生意识，是对长期封建王国和儒学正统的侵袭破坏。它们犹如《十日谈》之类的作品出现于欧洲文艺复兴时代一样。

其中一个流行而突出的题材或主题，是普通男女之间的性爱。这种题材在唐诗和以前文艺中并无重要地位,在宋词中则主要是作为与勾栏妓女有关的咏叹(例如柳永的某些作品),但在明清小说中,已开始表现出某种平等而真挚的男女情爱,特别是青年女性对爱情的热情、留恋、执著和忠诚,得到了肯定性的抒写和描画,反映出妇女不只是作为贵族们的玩物,而有了人的地位。随着商业经济空前发达和城市生活的高度繁荣,自然生理的性爱题材日益取得社会性的意义和内容,自愿的、平等的、互爱的男女情热,具有冲破重重封建礼俗去争取自由的价值和意义。或者是一见倾心而生死不渝,或者是历经曲折终成眷属,或者是始乱终弃结局悲惨,或者肉欲横流追求淫荡,从《卖油郎独占花魁》《杜十娘怒沉百宝箱》到《乔太守乱点鸳鸯谱》《玉堂春落难寻夫》到《任君用恣乐深闺》……形形色色,五光十彩。其中,有对献身纯真爱情的歌颂赞扬,有对封建婚姻的讽刺嘲笑,有对负心男子的鞭挞谴责,也有对色情荒淫的欣赏玩味……总之某种近代现实性、世俗性与腐朽庸俗的传统落后意识的渗透、交错与混合,是这种初兴市民文学的一个基本特征。

由于它们由说唱演化而来,为了满足听众的要求,重视情节的曲折和细节的丰富,成为这一文学在艺术上的重要发展。具有曲折的情节吸引力量和具有如临其境、如见其人的细节真实性,构成说唱者及其作品成败的关键。从而如何构思、选择、安排情节,使之具有戏剧性,在人意料中又出人意料;如何概括地模拟、描写事物,听来逼真而又不嫌烦琐;不是去追求人物性格的典型性而是追求情节的合理、述说的逼真,不是去刻画事物而是去重视故事,在人情世态、悲欢离合的场合境遇中,显出故事的合理和真实来引人入胜,便成为目标所在。也正是这些奠定了中国小说的民族风格和艺术特点。

●**戏曲反映的市民精神**　与宋明话本、拟话本并行发展的是戏曲。元代少数民族入主中原造成了经济、文化的倒退,却也创造了文人士大夫阶层与民间文学结合的环境。它的成果就是反映生活、内容丰满的著名的元代杂剧。关汉卿、王实甫、白朴、马致远四大家成为一代文学正宗,《窦娥冤》《西厢记》(图 8.20)、《墙头马上》等成为至今流传的传统剧目。到明中叶以后,传奇的大量涌现,把戏曲推上一个新的阶段。除了文学上的意义外,更重要的是,它已发展和定型为一种由说唱、表演、音乐、舞蹈相结合的综合艺术,创造了中国民族特色的戏曲形式的艺术美。直到昆曲和京剧,在所谓唱、念、做、打中,把这种美推到了炉火纯青、无与伦比的典范高度。

这是一种经过高度提炼的美的精华。这已不是简单的均衡对称、变化统一的外在形式美,而是与内容、意义交织在一起。如京剧的吐字,就不光是一个外在形式美问题,而且要求与内容含义的表达有所交融(所谓"声情"与"词情"等等)。但其中,外在形式美仍然占有极重要的地位。中国戏曲尽管以再现的文学

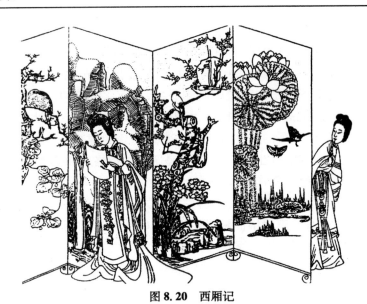

图 8.20 西厢记

剧本为内容,却通过音乐、舞蹈、唱腔、表演,把作为中国文艺的灵魂的抒情特性和线的艺术,发展到又一个空前绝后、独一无二的综合境界。它实际上并不以文学内容而是以艺术形式取胜,也就是说以美取胜。

图 8.21 明万历刻本
《牡丹亭·还魂记》插图

●**版画反映的市民精神** 把这种市民文艺展现为单纯视觉艺术的,是明中叶以来沛然兴起的木刻版画(图 8.21)。它们正是作为上述戏曲、小说的插图而成为商品广泛流传,市场销路极好。它也是到明末达到顶峰,像著名的画家陈洪绶和徽刻便是重要代表。中国木刻有如中国戏曲一样,重视选择具有戏剧性的情节,不受时空限制,在一幅不大的图版上,表现不同空间和不同时间的整个过程,但交代清楚,并不使观者糊涂,仍然显示了中国艺术的理性精神。它与小说、戏曲一样,并不只逼真地创造感觉的真实,而更多诉之于理解、想象的真实。它从不拘束于"三一律"之类的时空框套,而直接服从于整体生活和理性的逻辑。

这样,小说、戏曲、版画,相当全面地构成了明代中叶以来的文艺的真正基础;以此为基础,与思想解放相一致,在上层士大夫文艺里,则出现与正统古典主义("文必秦汉,诗必盛唐"的前后七子)相对抗的浪漫主义文艺洪流,这股时代之流也遍及了各个方面。

二、四部中国古典小说名著评介

1. 罗贯中与《三国演义》

●**作者简介** 罗贯中,山西太原人,号湖海散人。是封建社会里一个有抱负、有理想并有一定的军事、政治斗争经验的人物。罗氏的创作才能也是多方面的,他写过戏曲和乐府隐语,但主要成就在小说方面。今存署名罗贯中的小说,除《三国志通俗演义》外,还有《隋唐两朝志传》《残唐五代史演传》和《三遂平妖传》。

●**思想内容** 《三国演义》描写了公元184年到280年间的历史故事,起自黄巾起义,终于西晋统一(图8.22)。它集中地描绘了三国时代各封建统治集团之间军事的、政治的、外交的种种斗争,斗争的方式有公开的,有隐蔽的。通过这些斗争,作者揭示了当时社会的黑暗和腐朽;谴责了统治者的残暴和丑恶;反映了人民在动乱时代的灾难和痛苦,也表现了他们对统治集团的爱憎和向背,以及他们反对战争分裂,要求和平统一的愿望。

●**艺术成就** 《三国演义》的艺术成就是多方面的。它在中国文学史、特别是小说发展史上是一个重要的里程碑。**第一,从结构看**,《三国演义》的艺术结构,既宏伟壮阔,又不失严密和精巧。作者以蜀汉为中心,抓住

图 8.22 《三国演义》插图

三国矛盾斗争的主线,井然有序地展开故事情节。既曲折变化,又前后贯串,宾主照应,脉络分明,构成了一个基本完美的艺术整体,较少有琐碎支离的情况。这在古典小说中是少有的。**第二,从情节看**,《三国演义》善于通过错综复杂的故事情节,巧妙地表现封建统治集团之间以及各统治集团内部的种种复杂、尖锐的矛盾和斗争,尤其善于描写各种战争。**第三,从人物形象刻画看**,《三国演义》通过惊心动魄的政治、军事斗争,塑造了一系列鲜明生动的人物形象,构成了一幅绚烂多彩的画卷,丰富了中国艺术的宝库。**第四,从语言看**,《三国演义》吸收了传记文学的语言成就,并加以适当的通俗化,"文不甚深,言不甚俗",雅俗共赏,具有简洁、明快而又生动的特色。但是,《三国演义》在艺术上也有比较明显的缺点,所谓"夸过其理,则名实两乖",鲁迅说的"欲显刘备之长厚而似伪,状诸葛之

多智而近妖",这是有道理的。

2. 施耐庵与《水浒传》

●**作者简介** 关于施耐庵,没有什么可靠的历史记载。他生长于淮北,元末轰轰烈烈的农民大起义,当是他亲身经历过的。

图8.23 三打祝家庄(《水浒传》插图)

●**思想内容** 《水浒传》通过生动的艺术描写反映了中国历史上农民起义发生、发展至失败的整个过程(图8.23)。它的思想内容大致可概括为下列四个方面:一是着重揭露了封建统治的罪恶,挖掘了农民起义的社会根源;二是成功地塑造了许多起义英雄的光辉形象;三是细致而生动地描写了农民起义如何由零碎的复仇星火发展到燎原之势的过程;四是写出了起义的悲剧结局,揭示出了起义失败的内在原因。

●**艺术成就** 第一,*最突出地表现在英雄人物的塑造上*。全书巨大的历史主题,主要是通过对起义英雄的歌颂和对他们斗争的描绘表现出来的。因而英雄形象塑造成功,是作品具有光辉艺术生命的重要因素。在《水浒传》中,至少出现了几十位个性鲜明的典型形象,这些形象有血有肉,栩栩如生,跃然纸上。在人物塑造方面,最大特点是作者善于把人物置身于真实的历史环境中扣紧人物的身份、经历和遭遇来刻画他们的性格,并且在人物的对比中,突出他们各自的特性。《水浒传》在人物塑造上不仅表现了现实主义艺术的高度成就,同时也体现了浪漫主义的优秀传统。*第二,《水浒传》的全部结构基本上是完整的,同时又是富有变化的。*书中人物与情节的安排,主要是单线发展,每组情节既有相对的独立性,又是一环紧扣一环,互相勾连的。*第三,《水浒传》的语言成就也是极为突出的。*由于它从话本发展而来的,因此先天就有口语化的特点。施耐庵又在人民口语的基础上进行了巨大的艺术加工,使其成为优秀的文学语言。语言明快、洗练、生动、准确、富有表现力。

3. 吴承恩与《西游记》

●**作者简介** 吴承恩(约1500—约1582年),字汝忠,号射阳山人,淮安山阳(今江苏淮安)人,出身于一个从"两世相继为学官",终于没落为商人的家庭。他长期过着卖文自给的清贫生活,这使他比较容易接受当时广大人民迫切要求变革的思想感情。而他的"善谐剧"的风趣,酷爱野史奇闻的癖好,便很自然地引起他继承"志怪"传统,讽刺社会黑暗的创作动机。

●**思想内容** 吴承恩的《西游记》以整整七回"大闹天宫"的故事开始,突出了全书战斗性的主题,同时把孙悟空的形象提到全书的首要地位。孙悟空原系破石而生的美猴王,无父无母。他纵身一跳,在那水帘洞中、铁板桥下发现了一个"洞天福地",领着群猴过着自由自在的生活;他只身泛海,访师求道,学得七十二般变化,一个跟斗十万八千里;他向龙宫强索得宝盔金箍棒,去冥府硬勾掉生死簿上名,终于也超越自然规律的局限,而"绝对自由"。这一美妙的遐想,体现着苦难深重的人民企图摆脱封建压迫,要求征服自然,掌握自己命运的强烈愿望。因此从这种意义上说,《西游记》的主题思想早在前七回就已经奠定了。孙悟空生气勃勃的反抗斗争,在厂卫横行、民不聊生的嘉靖朝代,无疑是黑暗中的一线光明,给了人们意味深长的启示;同时也体现了作者憎恨秦汉以来的专制王朝,并把希望深深寄予"豪杰之士"的思想。但是,孙悟空的大闹天宫最后仍以失败告终。它寓言般地概括了封建社会人民斗争失败的历史悲剧。

第八回至十二回写如来说法,观音访僧,唐僧出世等故事,交代取经的缘由。从十三回到全书结束,写孙悟空被迫皈依佛教,保护唐僧取经,在八戒、沙僧协助下,一路斩妖除怪(图 8.24),到西天修成了"正果"。作品转入了另一个主题。孙悟空和妖魔的斗争不只是为了保护唐僧,而且也是为民除害。作者在无数充满斗争的幻想情节中,意味深长地寄寓了广大人民反抗恶势力,要求战胜自然、克服困难的乐观精神,相当曲折地反映了封建时代的社会现实。

图 8.24 《西游记》插图

●**艺术成就** 第一,*现实与幻想的结合*。《西游记》所描写的幻想世界和神话人物,大都有现实生活作基础,同时在神奇的形态下体现了作家与人民的某些美好愿望。《西游记》这一艺术特征也反映在人物形象的塑造上。在各色神魔身上,既有社会化的个性,又有超自然的神性,甚至被赋予了某些动物的特性。第二,*寓庄于谐*。《西游记》不仅集取经故事之大成,而且有不少加工创造。《西游记》中,善意的嘲笑、辛辣的讽刺和严峻的批判艺术地结合起来,使不少章回妙趣横生,圆满地表达了深刻的思想内容和作者的鲜明爱憎。第三,*口语化*。《西游记》的语言有散文,有韵语,它汲取了民间说唱和方言口语的精华。第四,*结构泾渭分明*。

在结构上,《西游记》以取经人物的活动为中心,逐次展开情节。无论是某段故事之内,还是各段故事之间,都泾渭分明,表现出作者在结构组织上的匠心。

4. 曹雪芹与《红楼梦》

图 8.25　曹雪芹

●**作者简介**　曹雪芹(约 1715—约 1763 年)名霑,字梦阮,号雪芹、芹圃、芹溪(图 8.25),先世本汉人,但很早就成了正白旗内务府"包衣",康熙朝,已是煊赫一时的贵族世家。从曾祖父曹玺起,经祖父曹寅,父辈曹禺颙、曹頫,三代世袭江宁织造,祖父曹寅一代是曹家鼎盛时期,曹寅的两个女儿都被选作王妃。雍正五年(1727)曹雪芹父亲曹頫因事被株连,获罪落职,家产抄没,次年全家北返,家道遂衰。到了乾隆初年,曹家似乎又遭另一次更大的祸变,从此就一败涂地了。曹雪芹一生恰好经历了曹家盛极而衰的过程。

《红楼梦》写于曹雪芹凄凉困苦的晚年,创作过程十分艰苦。可惜没有完稿,就因幼子夭折、感伤成疾,还不到 50 岁,就在贫病交迫中搁笔长逝了。曹雪芹的未完稿题名为《石头记》,基本定稿只有八十回。后四十回一般认为是高鹗续成的。高鹗,字兰墅,别号"红楼外史",乾隆时进士,做过内阁侍读、刑科给事中等官。他根据原书线索,把宝、黛爱情写成悲剧结局,使小说成了一部结构完整、故事首尾齐全的文学巨著,从此在社会上产生了巨大的影响。

●**思想内容**　《红楼梦》产生于"乾隆盛世"。这一时期从表面看来,好像太平无事,但骨子里各种社会矛盾正在加剧发展,整个王朝已到了盛极而衰的转折点。曹雪芹敏锐地感到时代风雨的来临,在自己丰富生活经验的基础上,创作了不朽的巨著——《红楼梦》,全面而深刻地反映了这个时代的特征。小说巨大的社会意义在于它不是孤立地去描写爱情悲剧,而是以恋爱、婚姻悲剧为中心,写出了当时具有代表性的贾、王、史、薛四大家族的兴衰,其中又以贾府为中心,揭露了封建社会后期的种种黑暗和罪恶,及其不可克服的内在矛盾,对腐朽的封建统治阶级和行将崩溃的封建制度作了有力的批判,使读者预感到它必然要走向覆灭的命运。同时小说还通过对贵族叛逆者的歌颂,表达了新的朦胧的理想。在中国文学史上,还没有一部作品能把爱情的悲剧写得像《红楼梦》那样富有激动人心的力量;也没有一部作品能像它那样把爱情悲剧的社会根源揭示得如此全面、深刻。

●**艺术成就**　第一,人物形象的刻画艺术达到中国古典小说的**最高峰**。曹雪芹在广阔的社会背景下,以精雕细琢的工夫,描绘了一大批活生生的典型形象,他们有正面的也有反面的,有主要的也有次要的。曹雪芹在描写人物时,根据他们所处的不同地位,分别采用不同手法。对一些主要人物,通过不同情节,从不同的角度层层深入地镂刻出他们最主要的性格特征。**第二,炉火纯青的语言艺术。**《红楼梦》善于把人物放在特定的艺术气氛里,来烘托出人物的内心情绪,给读者以强烈的感染。《红楼梦》的语言最成熟,最优美。其特点是简洁而纯净,准确而传神,朴素而多彩,达到了炉火纯青的境界。《红楼梦》中的诗词能和人物、故事紧紧糅合在一起,它们被熔铸在整个艺术形象中,从而对人物性格的塑造,起了相当重要的作用。**第三,在艺术结构方面所取得的成就也是非常突出的。**小说为了表现十分丰富复杂的社会生活以及服从作品中矛盾斗争和人物性格发展的要求,全书以贾宝玉和林黛玉的爱情和贾府的由盛而衰为线索,把众多人物和复杂、纷繁的事件组织在一起;这些人物、事件交错发展,彼此制约,构成了一个巨大的艺术之网。这个结构的内部百面贯通,筋络相连,纵横交错,但又主次分明,有条不紊;它使我们感到生活的河流在那里波澜壮阔、汹涌澎湃地前进!

附:明清文化大事年表

明(1368—1643年)

1368年
  洪武元年 ●朱元璋(图8.26)在应天府即皇帝位,国号明,年号洪武。

1370年
  洪武三年 ●设科举,**以"经义""四书"义试之初场,**为一代永制,后遂为"八股",通名"制义"。●**推行户帖制,派军队协助清查户帖登记的有关项目,**西方学者认为此举系世界上最早的人口普查。

图8.26 朱元璋

1400年
  建文二年 ●文学家**罗贯中**卒(大约在此前后),号湖海散人,有《三国志通俗演义》《隋唐两朝志传》等著作。●**施耐庵**与罗贯中同时或稍早去世,著有《水浒传》。

1405年
  永乐三年 ●十二月,宦官郑和与王景弘等使"西洋",率水手、官、兵27800余人,从苏州刘家港出海。**为郑和下西洋之始**(图8.27)

1407年
  永乐五年 ●郑和第一次远航结束,同年十二月再度出使。●《永乐大典》成书,22937卷,11095册,**为世界上最大的类书。**

图8.27 郑和三桅大船

1415年
  永乐十三年 ●**麻林**(国名,故地在今非洲东岸肯尼亚的马林迪一带)遣使至明赠送麒麟(长颈鹿),**为非洲与中国通使之始。**

续表

明(1368—1643年)

1420年

永乐十八年 ●明皇宫建成,宣布定都北京。此皇宫即北京故宫,旧称"**紫禁城**",集中体现了中国建筑艺术的独特风格与高超水平,**为中国现存最宏大完整的古建筑群**。故宫(图8.28)保存历代文物亦为全国之冠。

图8.28 北京故宫太和殿

1426年

宣德元年 ●**中国现存最早的铁炮造于是年。**

1435年

宣德十年 ●郑和(1375—1435年)卒。郑和七下西洋是继张骞两通西域后古代中国对中西文化交流又一次开创性的伟大贡献。

1509年

正德四年 ●王守仁在贵阳书院讲"知行合一""致良知"学说,王学影响逐渐扩大。

1521年

正德十六年 ●嘉州(今四川乐山)凿成第一口石油竖井,深达数百米。比西方早300余年。

1523年

嘉靖二年 ●画家、诗人唐寅卒,字伯虎,号六如居士,为吴派代表,著有《六如居士全集》(图8.29)。

1530年

嘉靖九年 ●文学家李梦阳(1473—1530年)卒,著《空同集》,与徐祯卿、边贡、康海、王九思、王廷相、何景明称"前七子",李为其首,主张"文必秦汉,诗必盛唐"。

图8.29 明唐寅《古木幽篁》图

1535年

嘉靖十四年 ●开壕镜(澳门)为葡萄牙通商地,年租银二万两。

1546年

嘉靖二十五年 ●锁南嘉错被认为是根敦嘉错的转世,迎至哲蚌寺坐床,**藏传佛教活佛转世继承制度始此。**

1557年

嘉靖三十六年 ●葡萄牙政府于这年开始在澳门设置官吏。不久,**耶稣会学校也在澳门成立,是为中国境内第一所教会学校。**

1578年

万历六年 ●李时珍著成**《本草纲目》**,是世界公认的药物学和医学巨著。又据此书,美洲玉米已传入中国。

明(1368—1643年)

1582年

万历十年 ●张居正(1525—1582年)卒,字叔大,号太岳,江陵人。著有《张文忠公全集》。●吴承恩(约 1500—约 1582)卒,所著长篇小说**《西游记》是中国古典神话小说的最高成就。**●意大利耶稣会传教士利玛窦(图 8.30)、罗明坚来华。●番薯由华侨陈益自越南传入。●**约是年前后,葡萄牙人将烟草、望远镜等首次介绍到中国。**

1583年

万历十一年 ●利玛窦始传教肇庆,将自制地图及浑天仪等天文仪器,连同携带来华的自鸣钟、三棱镜等均陈列室内,供人参观。**为先进的西洋科学仪器传入中国之始。**

图 8.30 利玛窦

1584年

万历十二年 ●罗明坚用中文写作的天主教教理《天主实录》(一名《圣教实录》),在肇庆印出,**为最早西方人用中文写作并印行的书籍。**

1587年

万历十五年 ●抗倭名将戚继光(1528—1587年)卒,字元敬,号南塘、孟诸,山东登州(今蓬莱)人。对练兵、治械、阵图等均有创见。

1590年

万历十八年 ●文学家王世贞(1526—1590年)卒,王与李攀龙、谢榛、宗臣、梁有誉、徐中行、吴国伦称"后七子",提倡复古。王为当时文坛领袖。

1591年

万历十九年 ●**数学家程大位著成《直指算法统宗》,最早使用珠算开平方、立方法,为流传广泛的珠算书。**

1593年

万历二十一年 ●医药学家李时珍(1518—1593年)卒。时珍字东璧,号濒湖,蕲州人,历 20 余年著成**《本草纲目》**,收药 1892 种,为中医药物学总结性的巨著。●文学家、书画家徐渭(1521—1593年)卒。●利玛窦将"四书"译成拉丁文,寄回意大利,**为"四书"最早译本。**

1594年

万历二十二年 ●东林党始。顾宪成修东林书院,与高攀龙等讲学,讽议朝政,评论人物。

1602年

万历三十年 ●思想家、文学家李贽(1527—1602年)以"惑乱人心"罪被捕,自杀于狱中。

1606年

万历三十四年 ●科学家徐光启与利玛窦译出**《几何原本》**前六卷。在明末清初科学界影响很大(图 8.31)。●**《金瓶梅》**成书刊行,为明代世情小说代表作。

1610年

万历三十八年 ●意大利传教士利玛窦(1552—1610年)卒。利玛窦号西泰,**为明末来华传教士中影响最大者。**

图 8.31 徐光启与利玛窦

续表

明(1368—1643 年)

1613 年
万历四十一年　●李之藻编著《同文算指》成书,1614 年刊行,**是介绍西方笔算的第一部著作,亦为中西算术融会之始。**

1616 年
万历四十四年　●正月,努尔哈赤称汗,国号金,史称后金。●文学家汤显祖(1550—1616 年)卒。字义仍,号海若,江西临川(今江西抚州)人。著有《牡丹亭》,卒年与英国戏剧家莎士比亚同。

1623 年
天启三年　●魏忠贤提督东厂。●荷兰占据中国台湾、澎湖,犯厦门。

1633 年
崇祯六年　●科学家徐光启卒,字子先,号玄扈,上海人,著有《农政全书》。

1636 年
崇祯九年　●高迎祥为陕西巡抚孙传庭所败,被俘牺牲,李自成(1606—1645 年)为闯王,成为农民起义领袖。

1637 年
崇祯十年　清崇德二年　●宋应星(1587—?)所著《天工开物》刊行,为中国古代工农业技术总结性巨著。**发明炼锌术,比西方早百余年。**

1641 年
崇祯十四年　清崇德六年　●地理学家、旅行家徐霞客(1587—1641 年)卒,名弘祖,字振之,以号名世,江阴人。著有《徐霞客游记》。其书对石灰岩的考察研究为世界最早记录。

清(1644—1839 年)

1644 年
崇祯十七年　清世祖顺治元年　●李自成在西安建立大顺政权。●明总兵吴三桂引清兵入关。李自成退守陕西,于 1645 年遇害。清世祖即皇帝位,尊多尔衮为皇父摄政王。●张献忠在成都建立大西政权。

1662 年
康熙元年　●郑成功(1624—1662 年)卒。本名森,字大木,福建南安人。收复台湾对维护台湾与祖国的政治、经济、文化联系做出卓越的贡献。

图 8.32　郑成功

1682 年
康熙二十一年　●思想家、学者顾炎武(1613—1682 年)卒,顾为明清之际三大思想家之一。

1683 年
康熙二十二年　●清统一台湾,至此,清完成全国统一。●中国针灸术传入欧洲。

1689 年
康熙二十八年　●《中俄尼布楚条约》订立,为中国与外国订立的第一个条约。

1692 年
康熙三十一年　●王夫之(1619—1692 年)卒,杰出的思想家,人称"船山先生",在哲学上总结和发展了中国传统的唯物主义。他的哲学思想是中国古代传统唯物主义发展的顶峰。

续表

清(1644—1839年)

1695年
　　康熙三十四年　●黄宗羲(1610—1695年)卒,与顾炎武、王夫之并称"清初三大儒",杰出的思想家,人称"梨洲先生",认为"盈宇宙间一气也",提出"工商皆本"。

1715年
　　康熙五十四年　●蒲松龄(图8.33)(1640—1715年)卒,别号柳泉居士,也称聊斋先生,淄川人。有著名短篇小说集《聊斋志异》。

1716年
　　康熙五十五年　●《**康熙字典**》成书,张玉书等编,42卷,每字详其声音、训诂,共收字47035个。

图8.33　蒲松龄

1719年
　　康熙五十八年　●《**皇舆全览图**》成书,历时30余年,经大规模实测后绘成。内地各省记注用汉字,满、蒙地名用满文,**是中国第一部通过实测、采用经纬图法、梯形投影绘成的全国地图集**。

1726年
　　雍正四年　●立保甲法。●铜活字排印《古今图书集成》,为中国大型类书之一,仅印64部。

1727年
　　雍正五年　●中俄《布连斯奇界约》《恰克图界约》签订,规定了中俄中段边界。●**英国首次向中国输入鸦片200箱**。

1754年
　　乾隆十九年　●吴敬梓(1701—1754年)卒,所作《儒林外史》是中国古典讽刺小说中的杰出作品。

1755年
　　乾隆二十年　●颐和园"金殿"落成,为中国现存四大铜殿之一。●普宁寺建成,占地23 000平方米,有**中国现存最大木雕佛像**。

1764年
　　乾隆二十九年　●曹雪芹(约1715—约1763年)卒,其著《红楼梦》是中国古典小说中伟大的现实主义杰作,其著八十回,后四十回由高鹗续作。

1765年
　　乾隆三十年　●郑燮(1693—1765年)卒,号板桥,擅写兰竹,长于书法,为"扬州八怪"之一,又工诗文,有《板桥全集》。

1773年
　　乾隆三十八年　●开四库全书馆,编纂《四库全书》,于乾隆四十七年告成。**为中国现存最大的丛书**。

1778年
　　乾隆四十三年　●戴震(1724—1777年)卒,创皖派考据学,抨击理学"以理杀人"。

续表

清(1644—1839年)

1805 年
嘉庆十年　●学者、文学家纪昀(1724—1805年)卒。字晓岚,直隶献县人,曾主持纂修《四库全书》。

1822 年
道光二年　●中国出版最早外文报纸*《蜜蜂华报》*(葡萄牙文)在澳门发行。

1827 年
道光七年　●在广州出版中国最早的英文报纸《广州纪录报》。

1839 年
道光十九年。●林则徐至广东,查缴英商鸦片两万余箱,公开在虎门销烟。成为第一次鸦片战争的导火索。●林则徐于广州创办*《澳门新闻报》《澳门月报》*,为中国最早带有参考消息性质之报刊。

【思考与讨论】

1. 西学输入对中国传统文化有什么影响?
2. 早期启蒙思想家有哪些特征?
3. 明清小说创作空前繁荣的原因是什么?
4. 谈谈市民的通俗文学与文人的高雅文学的联系与区别。
5. 组织一次中国古典小说的欣赏活动。

第九章 近代前期文化

鸦片战争以后,近代中国沦为半殖民地半封建社会,中国人民反帝反封建斗争波澜壮阔,最终推翻了封建专制制度,建立了中华民国。在这一历史转折时期,中西方文化有过激烈的冲突,但更重要的是它们以前所未有的规模融会着、沟通着。本章较全面地展示了近代前期这一既屈辱又伟大的历史过程。学习本章要了解近代前期的文化特点及其产生的历史背景,重点理解和掌握资产阶级改良运动和民主革命运动的文化思想基础以及它们之间的联系与区别。

第一节 近代前期文化概述

从1840年鸦片战争到1949年中华人民共和国成立,其间110年,史称近代。这是一个具有特殊性质的时代,即半殖民地半封建的时代。这一时代一般分为两个时期,即近代前期的"旧民主主义革命时期"(指鸦片战争至辛亥革命)和近代后期的"新民主主义革命时期"("五四运动"前后至1949年中华人民共和国诞生)。本章主要讲近代前期的文化。

一、近代中国社会性质和近代前期革命的三次高潮

1. 近代中国社会性质

●**鸦片战争及其后的"洋人的朝廷"** 第一,第一次鸦片战争。1840年爆发了第一次鸦片战争,这是中国近代史的开端。从18世纪后半期起,英国为了在政治和经济上进一步控制中国,疯狂地向中国输入毒害中国人民的鸦片。美国、俄

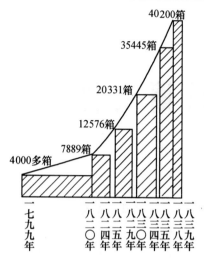

图 9.1 英国输入中国的鸦片数量

国见有利可图,也加入这一罪恶活动。到 1838 年,每年输入中国的鸦片 4 万多箱(图 9.1)。在鸦片战争爆发前 20 年里,中国外流白银达 1 亿两。国库存银日少,国家财政经济出现严重危机。清政府不得不派湖广总督林则徐严厉禁烟。1839 年 6 月 3 日起,林则徐将收缴的 237 万斤鸦片在虎门销毁。1840 年中英第一次鸦片战争爆发。英军首先攻打广东,在遭到林则徐和中国军民的英勇抵抗后,又进攻厦门,也没有得逞。接着英军北上,开到大沽口。清朝政府害怕了,道光皇帝急忙派琦善与英军谈判,并将林则徐撤职,充军新疆。但人民没有停止反抗,广州附近的三元里人民仍顽强地反击侵略者。1842 年英军攻占镇江,8 月到达南京。清政府与英国侵华军签订了丧权辱国的《南京条约》,赔款 2100 万银元,割让香港岛,开放广州等五个通商口岸。英国还获得其他多种"优惠权利"。欧美各国列强看到清政府软弱可欺,于是紧跟其后,1844 年美国胁迫清政府签订《望厦条约》,所获得的特权,比《南京条约》有过之而无不及。同年法国强迫清政府签订《黄埔条约》。此后,很多欧洲国家都同清政府签订不平等条约。中国从此丧失了独立的地位,沦为半殖民地半封建社会。

第二,第二次鸦片战争。 第一次鸦片战争后,中国人民反帝反封建的斗争更加激烈,1851 年太平天国革命爆发。正当太平天国节节胜利时,英法等侵略者又对中国发动了第二次鸦片战争,从 1856 年开始到 1860 年结束。这次战争起因是广州水师在珠江扣留了一艘走私鸦片的中国船"亚罗号"。英国借口挑起战火。英、法、美、俄结成侵华同盟,1858 年攻占大沽。俄国趁机进攻瑷珲城(今黑龙江黑河市瑷珲区),并强迫清朝签订《瑷珲条约》,外兴安岭以南 60 多万平方千米土地被划归沙俄。与此同时清政府又先后与俄、美、英、法签订了卖国的《天津条约》。条约公然规定允许鸦片在中国公开买卖。1860 年强迫清政府签订了《北京条约》。第二次鸦片战争中,中国丧失了 100 多万平方千米的领土和更多的主权(图 9.2)。**第三,中日甲午海战。** 第二次鸦片战争后,日本也加入了瓜分中国的队伍。日本明治维新后,资本主义有了大的发展,急于向外扩张。1894 年中日甲午海战爆发,中国战败,1895 年 4 月,李鸿章代表清政府与日本签订《马关条约》,割让了台湾及其所属岛屿,赔款 2 亿两白银,包括台湾在内的全国人民群起反抗。**第四,《辛丑条约》与"洋人的朝廷"。** 1900 年 4 月义和团运动在直隶蓬勃发展。英、美、日、俄、法、德、

第九章 近代前期文化

图 9.2 第二次鸦片战争中被侵略者焚毁的圆明园遗址

奥、意等八国侵略军联合向义军和清政府发起进攻。最后西太后（图 9.3）出卖义和团，签订了屈辱的《辛丑条约》，赔款总数达 9.8 亿两白银，并规定不许中国人反抗帝国主义侵略。此时的清朝政府已成为"洋人的朝廷"，实际上已被国外列强操纵。西太后在一个上谕中，竟无耻地向中外宣告要"量中华之物力，结与国之欢心"。

●**半殖民地半封建经济** 从第一次鸦片战争到八国联军入侵的 60 年间，清朝对外应付赔款总额高达 17.6 亿两白银，实际支付总额为 13.35 亿两白银。仅《马关条约》后支付给日本的白银就达 2.3 亿两，相当于日本全国 4 年的财政收入。这些赔款，一方面加强了帝国

图 9.3 西太后

主义对中国掠夺和控制的实力，另一方面严重阻碍了中国经济的发展。这一时期，全国铁路大部分为外国人投资修建，内河航运大部分为外国人掌握，许多重要矿场为外国人开办，很多影响国计民生的大企业为外国所有，外国银行控制了中国金融命脉（图 9.4），国内外贸易也被外国列强控制。还没有来得及发展起来的中国民族资产阶级，这时虽然艰难地生存着，但它们受到封建主义、官僚资本主义和帝国主义的三方面的夹击，其势力很弱小。控制中国经济的帝国主义列强，所关心的只是占领中国市场，从中国掠夺原料、资金，而不希望看到中国独立的民族资产阶级发展和中国实现工业化。因此，

中国近代没有也不可能实现资本主义工业化。以上就是中国近代以来半殖民地半封建经济的基本特点。

图9.4　德国在汉口设立的德华银行

2. 洋务运动与近代前期民主主义革命的三次高潮

●**洋务运动**　第二次鸦片战争后,清廷内部的一些封疆大吏,为了拯救岌岌可危的封建统治,发起了洋务运动。以奕䜣(图9.5)为首的一些大臣,1861年1月20日奏请朝廷批准成立"总理各国事务衙门",其中掌管南方口岸的称南洋大臣,先驻上海,后驻南京;掌管北方口岸事务的称北洋大臣,驻天津。总理衙门除管通商、关税外,还管购买洋枪洋炮,以及办工厂、筑铁路、开矿山等事务。这些事务统称"洋务"。从事洋务的主要人物有奕䜣、曾国藩、左宗棠、李鸿章、张之洞等,他们被称为洋务派。洋务运动大规模地引进了"西学""西艺",在朝野引起了强烈反响,攻击者称它为"捐弃礼义廉耻的大本大原";赞扬者称它为"三千余年一大变局"。洋务运动者的主观目的是为了巩固封建统治,镇压人民的反抗斗争,但在客观上有助于社会的觉醒,使国人

图9.5　恭亲王奕䜣

在中西文化的交流中,更深刻地认识到封建专制的腐朽性,对在中国发展资本主义工业、农业、教育等起了一定的促进作用。但它既不反封建也不反帝,这就注定它必然失败。在近代,真正的民主主义革命是太平天国革命运动、戊戌变法和义和团运动、孙中山领导的辛亥革命,史称近代民主主义革命的三次高潮。

●**太平天国革命运动**　鸦片战争后,中国社会矛盾空前激化,各地农民起义频繁爆发。1851年1月,洪秀全(图9.6)在广西桂平县金田村起义,建号太平天国,起义军称太平军。1853年3月太平军占领南京,改南京为天京。清朝政府迅速调集全国军队镇压。1854年4月起义军大败曾国藩的湘军,曾自杀未成,仓皇撤退。1853年捻军在淮河一带起义,小刀会在上海起义,与太平天国相呼应。1853年太平天国定都天京后,颁布了《天朝田亩制度》,提出"有田同耕,有饭同

图9.6　洪秀全

食,有衣同穿,有钱同使,无处不均匀,无人不饱暖"的社会理想,并实施男女平等、自由婚姻政策;在对外关系上则奉行平等、自主的原则,拒绝承认《南京条约》等一切不平等条约。太平军表现了鲜明的反帝反封建的特点。随着太平天国革命的节节胜利,农民军固有的弱点暴露出来,一些领导人滋长了严重的享乐思想、腐化之风、权力之争渐起。在中外反动派的强大进攻面前,太平军开始走向困守。1859年洪秀全的族弟洪仁玕从香港到天京,向洪秀全提交了《资政新篇》,建议效法资本主义国家,开办资本主义企业,革新政治,同资本主义国家平等、自由通商。他的建议颁发后并没有实行,但却反映了太平军与历来农民起义军的不同。1864年初,天京被围,同年6月洪秀全病逝,7月湘军攻占天京。太平军和捻军继续战斗达4年之久。1868年最终失败。这次革命历时14年,沉重地打击了清朝统治,是中国历史上最大规模的反帝反封建的人民革命运动,也是中国农民革命战争发展的高峰。

●**戊戌变法与义和团运动**　鸦片战争以后,由于外国资本主义的经济侵略,中国封建社会自给自足的自然经济开始解体。中国近代工业产生,开始主要是洋务派官僚办的军工厂,后来又办了一些民用工业。在外国资本主义和洋务派官僚的影响下,中国民族资产阶级也办了一些企业。他们大多由官僚、地主、买办和大商人转化而来,力量弱小,这就决定了他们反帝反封建的软弱性和妥协性。但是《马关条约》后的形势激发了中国各阶层进步人士的愤慨,出现了代表新兴中国资产阶级的改良主义思潮,并发展为戊戌变法运动。其代表人物有康有为(1858—1927年)、谭嗣同(1865—1898年)、严复(1854—1921年)等。1889年1月29日康有为(图9.7)呈上《应诏统筹全局折》,提出了改良派的施政纲领,

图9.7 康有为

主张效仿日本明治维新,走君主立宪道路,实行变法。1898年6月11日,光绪下诏变法,命令改良派骨干谭嗣同、林旭、杨锐、刘光第参与新政。1898年6月15日,以西太后为首的顽固势力,首先限制了光绪皇帝的用人大权,于9月21日发动政变,西太后"垂帘听政",将光绪帝囚禁在中南海瀛台里,9月28日谭嗣同等"戊戌六君子"被杀,康有为逃到日本,"百日维新"宣告失败。

与此同时,另一股革命势力发展起来。这就是活跃在山东、直隶交界地方的义和拳。他们原是反清秘密组织白莲教的一支,公开活动方式是设厂、招徒、练拳。开始的口号是"反清复明",后改为"扶清灭洋"。因此一度被清政府利用。1899年,义和拳改名"义和团"。他们在山东的斗争,引起各国驻华公使惊恐,袁世凯奉命镇压。1900年6月义和团实际控制了整个北京城,并进入天津。八国联军大举向义和团进攻,西太后决定利用义和团打击洋人,仓促对外宣战,下令攻打各国使馆。7月天津失陷。8月初八国联军进犯北京,西太后仓皇出逃。联军进入北京后烧杀抢掠,无所不为。1901年清政府采取彻底投降政策,与美、英、法等11国签订了臭名昭著的《辛丑条约》(图9.8)。义和团运动失败。

图9.8 奕劻、李鸿章与列强代表签订《辛丑条约》

●**辛亥革命** 在各阶层人民反帝反封建斗争的浪潮中,由孙中山领导的资产阶级民主革命运动迅速发展起来。孙中山(1866—1925年),名文,字逸仙,化名中山。出身于广东香山(今中山)一个农民家庭,13岁时随母迁居檀香山经营农场的哥哥家,接受西方教育。后回国。1894年组织成立"兴中会",正式开展革命活动。1895年发动广州起义失败;1900年在惠州发动起义又失败。1904—1905

年到欧美宣传革命主张,争取到广大华侨的支持。1905年7月到日本,联合黄兴等人创办的华兴会、章炳麟等人创立的光复会,成立了统一的中国同盟会。8月召开成立大会,孙中山被选为总理。大会通过了《总章》《宣言》,把孙中山提出的"驱除鞑虏,恢复中华,建立民国,平均地权"作为革命纲领。此后同盟会在国内各地举行了一系列的起义。著名的浙江女革命家秋瑾(1875—1907年)于1907年在一次起义中被捕牺牲(图9.9)。1911年先后爆发广州起义和保路运动。1911年10月10日晚,武昌起义爆发,次日革命军攻占总督衙门,成立了军政府。这时各省革命军纷纷起义响应。1911年12月25日

图9.9　秋瑾及其遗诗墨迹

孙中山从美国回国,29日各省代表在南京选举孙中山为中华民国临时大总统(图9.10)。1912年1月1日中华民国成立。同年袁世凯在迫使清政府让他当上内阁总理大臣后,向革命军加紧了进攻。但他看到革命已成燎原之势,凭他的力量是消灭不了的,于是暗中派亲信向革命军政权提出"议和"试探。这时革命军内部的妥协势力占上风,在内外压力下,孙中山于1912年1月发表声明:只要清帝退位,袁世凯宣布赞成共和,就让袁当临时大总统。1912年2月12日袁世凯迫使清宣统皇帝退位,中国封建王朝结束。2月15日袁世凯当上临时大总统。辛亥革命的最大功绩是推翻了清王朝统治,大大促进了中国人民民主主义觉悟的提高。但辛亥革命的成果却被封建官僚袁世凯夺取。这说明了中国资产阶级的弱小,以及本次革命的不彻底性。

图9.10　孙中山《大总统誓词》墨迹

二、近代前期的文化成就

● **广泛吸收西方资本主义文化** 这一时期取得的文化成就同新的政治和经济形势密切相关,它的显著特点是广泛地吸收了西方资本主义文化的新鲜养料。**第一,新学堂的开办。** 1890年"中华教育会成立"。清朝政府首先办了"同文馆"(图9.11),培养翻译人才,以应外交急需。1901年明令废除八股、改试策论、废除武试。1903年张之洞、张百熙等奏拟的《奏定学堂章程》颁布,仿照西方的学校系统全面推行并建立起各级新学堂。**第二,报刊和出版业的发展。** 鸦片战争以后西方列强获得在华办报特权,较有影响的是《万国公报》。随后外国商办报刊也发

图9.11 清代最早的洋务学堂
同文馆旧址(北京)

展起来,最著名的是1872年创刊、于上海出版的《申报》。中国人自己办的最早的报纸是1839年林则徐办的《澳门月报》。1858年伍廷芳在香港创办《中外新报》。以后各种报纸纷纷问世。较有名的有1896年创办、由梁启超任主笔的《时务报》,1897年由严复创办的《国闻报》等。与此同时各种出版机构也相继诞生。最有名的是1897年创办的"商务印书馆"和1912年创办的"中华书局"。**第三,图书馆事业的兴起。** "开办图书馆"是维新变法的重要内容之一。1902年,徐树兰在绍兴建"古越藏书楼",这是近代图书馆的开端。1909年建立"京师图书馆"(今北京图书馆的前身),同年颁布《京师及各省图书馆通行章程》,各地图书馆迅速发展起来。此外,博物馆也逐渐发展起来。

● **科学和文学艺术成就** **第一,在科学方面,** 数学家李善兰(1811—1882年)1864年著成《方圆阐幽》,阐述了微积分的初步概念。化学家徐寿(1818—1884年)翻译了大量国外化学著作,并与人合作于1862年制成一台蒸汽机。工程师詹天佑(1861—1919年)(图9.12)于1909年建成中国第一条由中国人自己设计的京张(北京至张家口)铁路。飞机设计师冯如(1883—1912年),1908年制造成试验性飞机,又于1910年制成一架具有当时世界先进水平的飞机,1910年10月参加了国际飞行比赛,获得第一名,轰动全世界。后来他不幸在一次试飞中遇难,年仅30岁。这一时期大量外国社会科学著作也被翻译介绍到中国。如严复

翻译的赫胥黎的《天演论》、亚当·斯密的《原富》、孟德斯鸠的《法意》等。**第二，在文学艺术方面**，以小说成就较为突出。著名的有李宝嘉的《官场现形记》，曾朴的《孽海花》，刘鹗的《老残游记》，吴沃尧的《二十年目睹之怪现状》。这几部小说被称为晚清"四大谴责小说"，它们从不同方面揭露了封建专制社会末期政治和社会的黑暗，在中国文学史上占有一定地位。**第三，诗歌改革方面也有一定成就**。适应资产阶级政治改良的需要，文学领域出现了诗歌改良运动，谭嗣同被称为"诗界革命"。其中爱国诗人黄遵宪的成就最突出（图9.13）。他的诗表现了不受旧体诗的束缚的清新风格。1898年正式出版的《马氏文通》，对中国汉语语法研究有深远影响。

图9.12　詹天佑

图9.13　黄遵宪

第二节　近代前期文化思想述评

一、改良主义思想家

●**龚自珍与魏源**　清朝至道光咸丰年间，由于封建统治阶级日益腐败和帝国主义大规模入侵，社会危机全面爆发，思想文化界的风气发生了重要转变，即由乾嘉时代重"训诂考据"转向重"经世致用"。龚自珍、魏源（图9.14）是其代表。龚自珍（1792—1841年），浙江仁和（今杭州）人，做过十几年小京官，晚年在江苏云阳书院讲学。他极力反对死守儒家经典和程朱理学，主张研究国计民生的实际问题，例如他主张实行"农宗"之法，即按宗法关系分配土地，解决耕者无其田的问题。他对封建专制进行了猛烈批判，主张必须改革封建制度。他指责当时

图9.14 魏源

的封建官僚集团"尽奄然而无有生气",好像一群吸吮人民血汗的狗、蝇、蚊、虻和凶狠的熊、罴、豺、狼;他主张破格提拔人才,他在一首诗中写道:"九州生气恃风雷,万马齐喑究可哀!我劝天公重抖擞,不拘一格降人才。"他和魏源都是林则徐的好友,全力支持林则徐禁烟,他希望林则徐切莫"游移万一"。魏源(1794—1857年)的思想比龚自珍更激进。他鲜明地提出"师夷之长技以制夷"的口号。他的《海国图志》就是"为师夷长技以制夷而作"。他指出:"不善师夷者,外夷制之。"他是第一个公开提出要学习西方所长的人。他认为在当时的社会状况下,凡以国家为己任的人士都应该抛弃不关军国重务、无视民族存亡的考据及辞章之学,转向经世致用之途。他认真研究过漕运、海运等"大政",主张以海运取代漕运,以节约费用,杜绝贪污。他还主张官府和商民都办工厂,以及用新式武器装备军队。龚自珍、魏源的思想在当时很有影响,成为康有为、梁启超维新变法的重要思想武器。

●**康有为与梁启超** 康有为(1858—1927年),字广厦,号长素,广东南海人。他是近代改良运动的主要代表。他出身于封建官僚地主家庭,早年受过严格的封建正统教育,其后又潜心研究西学。西方资本主义的社会政治学和自然科学,以及中国儒家学说,是康有为思想的两大支柱。他的思想集中表现在他的主要著作《新学伪经考》《孔子改制考》《大同书》以及"公车上书"中。***第一,变革现实的政治主张。***1891年他写成《新学伪经考》,一时引起轰动。他经过考证证明被视为圣典的经书经学,均系刘歆伪造,故称"伪经"。虽然他的有些观点论据并不充分,但他对"卫封建之道"的古代经典的否定,极大地冲击了封建传统,打击了顽固的守旧势力,表现了启蒙思想的战斗精神。1892年,他又写成《孔子改制考》,提出孔子以前的历史,都是孔子为了改制救世而假托的宣传品,推翻了孔子"信而好古""述而不作"的传统说法。更重要的是,他认为孔子改制以《春秋公羊传》最为精妙。他对《春秋公羊传》的"三世"说作了全新的解释。他认为"据乱世"就是君主专制时代,"升平世"就是君主立宪时代,"太平世"就是民主共和时代。三世循序渐进正是人类进化的公理,近代中国正处于"据乱世",须经变法维新才能进入"升平世",即由君主专制走向君主立宪。《孔子改制考》如"火山爆发",震动了当时的思想界。1895年康有为、梁启超(图9.15)等在北京参加会试,听到《马关条约》快要签约的消息,群情激愤,康有为起草了上皇帝书,提出一系列变法救亡的主张。内容是推行君主立宪、发展资本主义经济、改革文化教育、改革科举考试科目等。这份联合一千多名举人的签名请愿书被称为"公车上书",是维新变法的纲领。**第二,*大同思想*。**康有为在《大同书》中所阐发的社会思想,即大同理想,是他提出变法的基础。他所提出的大同观虽然只是一种中国式的"乌托邦",但它所包含的文化精神和启蒙思想是值得重视的。首先是它对几千年封建宗法家族制度的否定。它提出了"无国家""无家族"的主张,确定了"独人"(个人)的尊严;其次它把西方的"人道主义"与中国的"人本主义"结合,成为一种新的哲学,即"仁道主义",以支撑他的理想社会;最后它强烈表达了作

图9.15 梁启超

者对封建专制的厌恶和批判。梁启超(1873—1929年),字卓如,号任公。广东新会人。著作编入《饮冰室合集》。他是康有为的学生,也是维新运动的主将。他在宣传康有为及其维新思想方面做出重大贡献。他的文章具有强烈的感染力和煽动性,正如黄遵宪1902年4月致他的信中所说,梁的文章"惊心动魄,一字千金,人人笔下所无,却为人人意中所有,虽铁石人亦应感动。从古至今文字之力之大,无过于此者矣"。康有为思想和主张的影响力和号召力,在很大程度上是梁启超创造性的发挥和强有力宣传的结果。

图9.16 严复

● **严复** 严复(1854—1921年),字幾道,是近代著名的启蒙思想家、翻译家、政论家(图9.16)。幼年就学于新式学堂,后留学英国,康有为称他为"中国西学第一者"。他在思想上的突出贡献是:**第一,提出"以自由为体,以民主为用"**。[①] 他对自由的解释是:"惟天生民,各具赋畀,得自由者乃为全受。……侵人自由者,斯为逆天理,贼人道。"[②]他又说:"夫民主之所以为民主者,以平等。"[③]他进一步分析,平等实质是人的权利和义务的平等,封建纲常规定君、父、夫有权利而无义务,臣、子、妇有义务而无权利,这就没有平等自由可言。这是当时运用资产阶级民主政治原理对传统封建思想最有说服力的批判。**第二,提出功

---

① 《原强》。
② 《论世变之亟》。
③ 《法意·按语》。

利与道义统一。他说:"今人则谓生学之理,舍自营无以为存。但民智既开之后,则知非明道则无以计功,非正谊则无以谋利,功利何足病?"①**第三,提出人的发展应具备德、智、体"三强"**。他说:"盖生民之大要三,而强弱存亡莫不视此:一曰血气体力之强,二曰聪明智虑之强,三曰德行仁义之强。……未有三者备而民生不优,亦未有三者备而国威不奋者也"。② **第四,倡导以实验和实用为特征的科学方法论**。他积极宣传经验论,提倡归纳法,讲求逻辑学,反对师心自用,闭门造车。**第五,反对西方社会达尔文主义**。他赞同达尔文进化论,但他反对机械地将生物进化论套用于人类社会的进化,认为人类社会的进化非自然的选择,人的历史主动精神与动物完全不同。他译著的《天演论》对中国文化发展产生过极为广泛深刻的影响。

二、孙中山及其哲学思想

近代中国的改良主义思想,虽然目的是为了拯救民族危亡,发展资本主义,但结果都没有达到目的,原因之一是他们的立场是为了"补天",是为了有一个好

图9.17 孙中山

的皇帝,由好皇帝自上而下推行改革,而这是不可能的;另一个重要原因是他们没有把挽救民族危亡与反对帝国主义联系起来,他们害怕革命,害怕人民群众的觉醒与斗争。在一定程度上改变了这种局限性的是辛亥革命。辛亥革命提出了反帝反封建,建立资产阶级共和国的纲领,这是真正的资产阶级民主革命。孙中山是这场革命的领袖人物。孙中山(图9.17)的思想已形成一套完整理论体系。

●**孙中山的政治思想** 孙中山的政治思想集中体现在他为《民报》所写的发刊词中。他在发刊词中明确提出了资产阶级革命纲领,即民族主义、民权主义、民生主义。民族主义的主要内容是"驱除鞑虏,恢复中华"。他强调这句话的意思绝不是排斥满族,只是反抗满族贵族的民族压迫,推翻满族贵族的统治;这句话也没有排外的思想,而是要联合一切平等待我之民族,反对帝国主义瓜分中国的政策和行径。民权主义,就是"建立民国",建立资产阶级共和国,他主张"一国之人皆有自由、平等、博爱之精神",充分享有"民权"。民生主义的主要内容是"平均地权",以解决国计民生问题。这一政治纲领比较充分地反映了民族资产阶级和小资产阶级的利

---

① 《天演论·按语》。

② 《原强》。

益,反映了中国人民要求民族独立和民主权利的愿望。

●**孙中山的社会历史观**　孙中山的社会历史观是民生史观。**第一,他提出历史的动因是"人为的力"。**即人的求生存的需要和努力,是社会历史进化的主要原因。把社会历史的进化同人民的革命联系起来,这是对渐进论的可贵突破。孙中山所说的"人为的力",就是"人心""民心"。而"心"又是由"求生存"的欲望与要求产生的,在孙中山看来,这才是历史发展的"原动力",是"社会进化的原因"。①他所讲的"求生存"之"心",就是民生思想,就是"平均地权""土地国有"和"节制资本",而且他认为"三大主义皆基于民"。这体现了孙中山的"重民"思想(图 9.18)。**第二,他还提出"互助进化论"。**所谓"人心"互助,"共同努力",本质上就是要广泛动员民众参与。在他看来,社会历史的进化发展,必须由三种人共同努力,即"发明家""宣传家""实行家"共创历史。这就是"互助进化论"。孙中山的互助进化论,是他的社会历史观的理论前提,民生思想是他的社会历史观核心。

图 9.18　孙中山墨迹

●**孙中山唯物主义一元论的自然观**　孙中山在自然观上也是唯物主义进化论者。他把中国传统的唯物主义思想与西方近代科学思想结合,提出了一种"太极""生元"说。在孙中山看来,现在的宇宙是因"太极"的运动,由简单到复杂逐渐进化而成的。他认为,地球的形成,是由于太极的"动",演化成电子、元素、物质,最后出现地球。孙中山还提出"太极"进化三个时期的理论,他说:"其一为物质进化之时期,其二为物种进化之时期,其三则为人类进化之时期。"他还提出"生元"说,所谓"生元"说,也就是细胞说。它的基本思想有三点:其一,生元是物质的产物,其本原是"太极"("以太"或气体)。其二,生元是"生物之元子",是植物及人类有机体的"构造物",是"造成人类及动植物"的基本单位。其三,"生元之知",是生元构成有机物的属性和作用,并非物质形态本身所固有的,而是物质派生出的精神现象。由此可见,孙中山的自然观,是唯物主义的一元论。

●**孙中山唯物主义的知行观**　孙中山的认识论,继承了中国哲学史上从物到

---

① 孙中山选集[M]. 北京:人民出版社,1956:779,781.

思想的唯物论的认识路线,并且把实践引进了认识论,发展了中国古代知行观的合理内核,有了一定的辩证唯物主义认识论思想,可以说是在马克思主义认识论传到中国之前,中国哲学史上知行学说的高峰。其先进的知行观主要表现在"行先知后"学说上(图9.19)。他说:"其始则不知而行之,其继则行之而后知之,其终则因已知而更进于行。"①又说:"宇宙间的道理,都是先有事实,然后发生言论,而不是先有言论,然后发生事实。"②这就是从物到思想、从行到知的唯物主义的认识路线,这是把"行"作为认识的基础和来源的"行以致知"论。孙中山强调的"行",是革命之行和社会之行。他还主张"知难行易"说,"知难行易"说的内容,可以概括为如下四点:其一,以"行先知后"说的唯物主义反映论作为"知难行易"说的基础。其二,"知"之所以难,"行"之所以易,还在于只有"行"才能证"知"。其三,"知"之所以难,原因是"智"的范围极广,而且极其重要。其四,"知难行易"说还体现了丰富的唯物辩证法的思想。他把人类的知行进化分为三个时期,即不知而行的蒙昧时期;行而后知的文明时期;知而后行的科学时期。他在经验论上,同时强调了直接经验与间接经验对知识的重要性。他用"以行而求知,因知以进行"③来概括知行关系,在知行关系上他朦胧地意识到认识过程的辩证途径。

图9.19 1918年孙中山在上海及《孙文学说序》手迹

①②③ 孙中山选集[M].北京:人民出版社,1956:145、671、145.

第三节　专题讨论

一、洋务运动的积极意义[①]

●**洋务运动开展是对封建保守观念的有力冲击**　近代的中国,在社会发展水平上和西方国家出现巨大的反差。17世纪中叶至19世纪中叶,西方主要国家相继确立了资本主义制度,从农业文明步入工业文明,新发明、新技术不断出现,生产力以惊人的速度增长,社会面貌日新月异。而中国,却处在封建社会江河日下的阶段,政治腐朽,经济、军事落后。落后招致受欺,在两次鸦片战争中的失败使中国蒙受了空前的民族屈辱。清朝统治集团中的大部分人在连续遭到两次鸦片战争失败的情况下仍然不能正确地认识这个事实。仍然沉迷在"天朝上国"的梦幻里,自我欣赏,夜郎自大,拒不承认落后。这些人是中国封建社会中落后、腐朽势力的代表。这些封建顽固派的思想行为,一方面是闭塞愚昧所致,另一方面也是中国传统文化中惰性保守成分积淀而成。在中国传统文化中,大量存在着重伦理,轻科技;重政术,轻生产;重传统,轻创新的思想成分。传统文化在培育人们民族自豪感的同时,也培育了盲目自大的民族心理。在这种心理作用下,对外则首重所谓"华夏夷狄之辩",强调"以华变夷",严防"以夷变夏"。封建顽固派的这种思想成为中国社会发展的巨大障碍。

图9.20　李鸿章

从中国近代伊始,封建士大夫阶层中林则徐、魏源等有远见者即从洋人的船坚炮利中认识到了中国在技术方面的落后,发出了"师夷长技"的呼喊。第二次鸦片战争以后,统治阶级实权人物中有些人,如奕䜣、曾国藩、李鸿章(图9.20)、张之洞(图9.21)等终于从连续的失败中对中国贫弱的状况有了认识,看到了西方国家在科技方面的进步,于是发起了学习西方科技,旨在"求强""求富"的洋务运动,对传统保守观念形成了有力的冲击。

[①] 本专题根据高仁立《洋务运动与思想启蒙》一文摘编。高仁立.洋务运动与思想启蒙[J].长白学刊,1997(2):78-81.

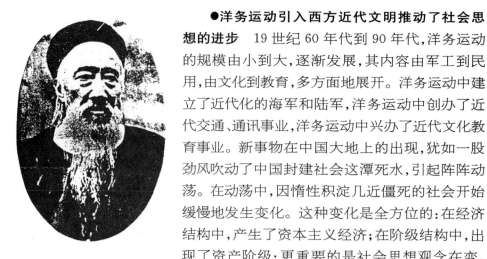

图 9.21　张之洞

●**洋务运动引入西方近代文明推动了社会思想的进步**　19世纪60年代到90年代,洋务运动的规模由小到大,逐渐发展,其内容由军工到民用,由文化到教育,多方面地展开。洋务运动中建立了近代化的海军和陆军,洋务运动中创办了近代交通、通讯事业,洋务运动中兴办了近代文化教育事业。新事物在中国大地上的出现,犹如一股劲风吹动了中国封建社会这潭死水,引起阵阵动荡。在动荡中,因惰性积淀几近僵死的社会开始缓慢地发生变化。这种变化是全方位的:在经济结构中,产生了资本主义经济;在阶级结构中,出现了资产阶级;更重要的是社会思想观念在变。第一,**人们逐渐改变了对西方文明一律排斥的观念**。盲目自大的观念日见萎缩,越来越多的人能客观地面对现实,承认西方科技的进步,不再反对把西方进步文明引入中国。人们也渐渐认识到资本主义生产方式的进步,在兴办的新式企业中,不仅使用西方的技术、设备,也应用西方的生产方式。生产方式的变化,必然对人们的思想观念以至整个社会文化产生深远的影响。第二,**人们逐渐改变了轻工商、轻科技、耻言利的旧观念**。认识到国家要"求强""求富",必须振兴工商、发展科技、经营工商、讲求获利。在新观念的催动下,一批拥有资本的官僚和地主改变了传统的投资于土地的做法,而投资于近代工商业;一些资本雄厚的手工作坊主也转而兴办新式工厂。一些士子们也放下了线装书,进入各类新式学堂学习声、光、电、化等自然科学(即所谓"格致"之学)和军事科学。科技之学从此在中国知识分子崇尚的"学问"中占有了一席之地。

●**洋务运动为新知识分子群的形成创造了条件**　中国近代的思想启蒙,首先是在知识分子阶层进行的,知识分子是近代中国社会变革的先锋。19世纪末20世纪初,中国形成了一个新的知识分子群(图9.22)。这些新式知识分子,既是社会思想启蒙的产物,也是推动思想启蒙进一步发展的主力军。新知识分子群的形成,对中国社会后来发生的变化至关重要。洋务运动为新知识分子群的形成创造了条件。第一,**洋务运动中**

图 9.22　北京"京师大学堂"校牌

兴办的新式学堂培养出一批新知识分子。办洋务需要具有新知识的洋务人才,所以,洋务派很重视洋务人才的培养。他们兴办了一批新式学堂,在这些学堂里培养外语人才、军事人才、科技人才。**第二,洋务运动中领导者派遣留学生,培养出一批新知识分子。**洋务运动的领导者认识到,要培养足够的、合格的新式人才,光靠在国内培养不行,必须派人到外国去学。于是,他们开始向海外派留学生。这是近代中国人迈出国门,走向世界的开始。**第三,在洋务运动中,一些封建士大夫发展为新知识分子。**在洋务运动对外开放的实践中,一些参与洋务运动的封建士大夫通过接触西方资本主义文明,开阔了视野,逐渐对西方近代社会制度及文化的长处有所认识,对中国封建制度的缺陷有所批判,产生了新思想,由封建官员发展为具有早期维新思想的新型知识分子。

总之,洋务运动开启了向西方学习之门,开阔了人们的眼界,此后才有了维新思想、革命思想。洋务运动所产生的思想启蒙作用是洋务运动的发动者始料不及的,这正体现了历史发展不以人的主观意志为转移的客观规律。

二、晚清"四大谴责小说"评介

1. 李宝嘉与《官场现形记》

●**作者简介** 李宝嘉(1867—1906年),字伯元,江苏武进(今江苏常州)人。少时曾以第一名考取秀才,之后屡试不第,30岁时至上海,先后创办了《指南报》《游戏报》《世界繁华报》,这几种报纸是有较浓文艺气的消闲性小报,为后来的文艺报刊的先导。另外,他还担任过著名的小说期刊《绣像小说》的主编。1902年起开始写小说,《官场现形记》是李宝嘉最著名的作品。此外,他还作有《文明小史》《活地狱》等长篇小说。1906年,李宝嘉积劳成疾,终因肺结核一病不起,死时年仅40岁。

●**思想内容** 《官场现形记》共60回,写作于1901年以后的数年中,书未完稿作者病故,最后极小部分是由他的朋友补缀而成的。这部小说创作时正处于八国联军入侵中国之后、辛亥革命之前,中国已由封建社会完全沦为半殖民地半封建社会。作者面对的是"邦国殄瘁,瓜分之祸亟"的疮痍满目的社会现实。作者清醒地认识到了造成大厦将倾的社会危机的重要根源,因此以手中的笔作为锋利的武器创作了《官场现形记》,站在改良主义的立场上对晚清官场的黑暗、腐朽,进行了彻底的、痛快淋漓的暴露和批判,对封建统治作了剥皮刮骨似的解析。

《官场现形记》"整部书从头至尾都是在诅咒官场。全书是官的丑史,没有一个好官,没有一个好人"(胡适《官场现形记·序》)。从最下级的典吏到最高的军机大臣,其出身包括由科举考上来的,由军功提拔的,出钱捐来的,还有冒名顶替的,文的武的,无所不包。总之,凡是沾一个"官"字,作者都要让他们"现形"。如信奉理学的傅理堂却与妓女生了私生子,而且人家吵上门来还不认账;炮船管带为保官位,竟以死相逼,胁迫亲生女儿献出肉体供上司洋统领糟蹋;何藩台卖缺得贿,因与胞弟分赃不均竟至于耍赖斗殴;知州王柏臣为多捞一季钱粮漕米的外快,不惜瞒父丧,下跪求情于属僚。封建社会所宣扬的仁义道德,在作者笔下的这些道貌岸然、翎顶辉煌的官老爷身上,荡然无存。作品中还以夸张和讽刺的手法,艺术地、真实地再现了清末统治阶级在洋人面前卑躬屈膝的丑态。

●**艺术特色** 第一,《官场现形记》**深刻之中有含蓄,嘲讽之中有诙谐**。书中许多章节,写得相当生动。特别是那些描写州县佐杂小官的部分,有声有色。**第二,结构紧凑而流畅**。《官场现形记》的结构大抵如《儒林外史》,由一系列相对独立的短篇故事连缀而成。全书从西北写到东南,写到北京,在读者面前呈现的是整个中国官僚制度的缩影。读来流畅生动,兴味横生,结构既显得紧凑,刻画人物也称得入木三分。1999年,《官场现形记》被人民文学出版社和北京图书大厦联合邀请的专家学者以满票入选"百年百种优秀中国文学图书"。

2. 曾朴与《孽海花》

●**作者简介** 曾朴(1872—1935年),字孟朴,号铭珊,笔名东亚病夫,江苏常熟人,近代文学家、出版家。出身于官僚家庭,1891年中举。早年受西方资本主义思想的影响,鼓吹改良主义,曾参与康、梁的维新变法运动。变法失败后,潜心著作,翻译过雨果等人的作品。1904年创办小说林书店。1907年发行《小说林》月刊。辛亥革命后进入政界,做过江苏省财政厅长。1926年退出政界后,主要在上海从事书刊出版方面的文化活动。1935年病逝于常州。《孽海花》是其代表作。

●**思想内容** 《孽海花》是一幅全面展现晚清社会生活的历史画卷。全书以状元金雯青与名妓傅彩云的故事为线索,串联其他人物的活动,通过写实的方式,记述了清末同治初年到甲午战争时期晚清上层社会士大夫的琐闻轶事,联系清末的政治、经济、外交和社会风气,形象地再现了三十年间"政治的变动"和"文化的推移",强烈批判了封建统治阶级的腐朽和没落,暴露了帝国主义的野心,宣扬了资产阶级民主主义思想。

小说用大量篇幅,描写了当时上层社会的风尚,广泛地反映了京城内外官僚名士、封建文人在内外忧患之际,却整日考据版本、赏鉴古玩、饮酒狎妓、争名夺利、钩心斗角,身居要职而全无救亡图治的热情与才能。小说男主人公金雯青就是这类人物的代表。他出身状元,后任外交使节,是国家的"方面大员",表面上道貌岸然,实质上虚伪丑恶、腐朽无能。他在母亲热丧中纳妓为妾;在出洋的轮船上见俄国虚无党党员夏雅丽漂亮就指使毕叶用魔术暗中戏弄她;他自命懂得历史舆地之学,却用重金买了一张画错疆界的中俄交界图献给总理衙门,白白断送了国家八百里土地。作品在揭露封建官僚的罪恶丑态时,甚至把批判的矛头直指向最高封建统治者。小说第一回就大胆指斥清代帝王们,并勾画出慈禧阴险专横、凶顽贪暴的嘴脸,揭露她公然受贿,荒淫享乐,以至把"一国命脉所系"的海军经费修了颐和园。对帝国主义侵略意图的揭露也是小说的一个内容。作者通过薛淑云之口驳斥了"列强无野心"的谬论,指出帝国主义的侵略是"出自天然"的本性。同时,小说中还出现了不少民主革命的志士仁人为推翻清政府而奔走呼号不惜饮弹喋血的形象,歌颂了孙中山、陈千秋等资产阶级革命活动家。

与其他谴责小说不同的是,《孽海花》是作为一部政治历史小说来写的,小说中的官僚、政客、学者等人物多是在真人真事的基础上稍作加工点染而成的,且无不有所影射。例如:金雯青影射当时的戊辰科状元、后奉命出使德国的洪钧;傅彩云影射名妓赛金花;威毅伯影射李鸿章;唐辉影射康有为;梁超如影射梁启超,等等,甚至有些人物直接用真名。

●**艺术特色** 《孽海花》在艺术上的卓越成就:**第一,作品结构精妙。**全书采用以线贯珠法,把许多短篇故事连缀成长篇,但又与《儒林外史》《官场现形记》并不完全相同。作者说:"《儒林外史》等是直线穿珠,是一根珠链;而自己则是盘曲回旋地穿,时收时放,东交西错,不离中心,从而连缀成一朵珠花。"即通过金雯青和傅彩云两个人物来展开故事,串联相关的人与事,借此"烘托出大事的背景",从而使读者从中对整个晚清社会,特别是对封建知识分子、士大夫阶层的精神状态和生活形态等获得较为完整而又具体鲜明的印象。**第二,在刻画人物方面极富技巧。**尽管作品人物驳杂,事件纷繁,但因作者出身名门,交游甚广,对清末士大夫的生活极为熟悉,所以写来总能得心应手、左右逢源。作者对作态的名士的刻画可谓入木三分、活灵活现。尤其是对线索人物傅彩云的描摹更为出色。她由妓女而成为金雯青的小妾,充过一阵公使夫人,最后仍成为妓女。她在其特殊生涯中形成的既温顺又泼辣、既多情又放荡的个性被刻画得淋漓尽致、栩栩如生。**第三,小说行文典雅,讲究辞藻。**作者以其深厚的文学素养,旁征博引,多经推敲,令小说的语言既华美又诙谐,极具特色,曾为鲁迅赞许为"文采斐然"。

3. 刘鹗与《老残游记》

●**作者简介** 刘鹗(1857—1909年),字铁云,江苏丹徒(今镇江)人,近代文学家。出身于封建官僚家庭,他学识博杂,精于考古,有深厚的家学渊源,从青年时代起就继承和钻研他父亲所专长的算学、医学、兵法和治河等实际知识,旁及释氏和基督教义。曾当过医生和商人,均不得意。后因在河南巡抚门下协助治理黄河有功,官至知府。刘鹗的一生不守绳墨、勇于作为。胡适在他的《老残游记·序》中给予了他很高而恰当的评价:"他是一个很有见识的学者""同时,他又是一个很有识力和胆力的政客。"八国联军侵占北京时,他用贱价向俄军购买太仓储粮以赈济饥民,后因此事被冠以私购仓米等罪名遣戍新疆,次年病逝于迪化(今乌鲁木齐)。

●**思想内容**　《老残游记》共20回,续集9回,发表时署名"洪都百炼生",后改署"鸿都百炼生"。全书为游记式的写法,以一个摇串铃的江湖医生"老残"为中心,通过他游程中的见闻和活动,串联一系列故事,反映了当时的政治、经济以及社会生活,抒写了对自己的身世、家国、社会等各方面的感触和体会,表达了作者对时局的见解和政治主张。

小说主要塑造了晚清社会上层一系列封建官僚的群像,着重刻画了三种不同类型的封建官僚。第一种是"急于做大官",因而不惜诬良为盗的下流酷吏,以玉贤和刚弼为代表。作品通过这两个人物的塑造,揭发了玉贤颠倒是非、凶残狠毒的性格;揭示出刚弼主观武断、刚愎自用的个性,从而提出"清官勿以不要钱便可任性妄为"的观点。第二种是以庄宫宝和史钧甫两个人为代表的不学无术的庸吏。第三种是白子寿和申东造、黄人瑞等"干员"和"循吏"。其中,重点描写白子寿的清正廉明,在人们面前树立起真正的"清官""能员"的高大形象。此外,小说还描写了一些社会下层的"小人物"。如说鼓书艺人王小玉(白妞),董家口客店掌柜老董,马村集店伙计等人。作品通过种种具体事例,赞扬了他们的聪明、善良、正直和关心别人的优秀品质。

●**艺术特色**　胡适在《老残游记·序》中对小说的艺术成就概括道:"《老残游记》最擅长的是描写的技术:无论写人写景,作者都不肯用套语滥调,总想熔铸新词,作实地的描画。在这一点上,这本书可算是前无古人了。"小说中许多片段,都可以当作优秀的散文阅读。如写大明湖的风景、桃花山的月夜、黄河的冰雪、黑妞和白妞的说书等,文字简洁流畅、描写鲜明逼真、刻画细腻生动,为同时期的小说所不及,极具艺术价值。尤其是作品的音乐描写堪称一绝。作者将丰富的想象,用贴切的比喻、清新的词汇,从不同角度把虚无缥缈的音响化作鲜明生动的形象再现出来。1999年,《老残游记》被人民文学出版社和北京图书大厦联合邀请的专家学者以满票入选"百年百种优秀中国文学图书"。

4. 吴沃尧与《二十年目睹之怪现状》

●**作者简介**　吴沃尧(1866—1910年),原名宝震,号趼人,广东南海(今广州市)人,因家住佛山镇(今佛山市),别署我佛山人,吴沃尧出身于破落的世宦书香之家。18岁赴上海谋生,做江南制造局抄写工作,时常发表文章。后曾任多种报刊的编辑。戊戌政变后,应约给梁启超在日本创办的《新小说》写稿。曾一度客居山东,远游日本。1905年春,赴武汉任美商所办《楚报》的中文版编辑,适逢反对美帝国主义迫害华人的反华工禁约运动兴起,激于爱国义愤,毅然辞职返沪。1906年,主编《月月小说》。后应广东同乡会推荐主持广志小学。1910年,病逝于上海。吴沃尧在诗、文、小说、戏剧及小说理论上均颇有建树。其中,他的小说成就尤为突出,大大推动了小说创作的发展。他一生著述约计有长、中、短篇小说30余部,以《二十年目睹之怪现状》最为著名。

●**思想内容** 《二十年目睹之怪现状》是继《官场现形记》之后又一部著名的暴露封建专制制度末期政治和社会黑暗的长篇小说。是一部具有强烈现实主义的小说。全书共108回,从1903年始在《新小说》上连载45回,全书于1909年完成。小说以九死一生为主人公,通过叙写他从1884年到1904年前后20年所见所闻的各种"怪现状",描绘出一幅朝不保夕、行将崩溃的清王朝社会画卷。**第一,小说的重要内容是暴露官场的黑暗。**一方面,作者从"州县官实价开来"淋漓尽致地揭露买卖官职的丑恶现象。另一方面,作者笔下大大小小的官吏都是贪污腐化、贪赃枉法、寡廉鲜耻、肮脏龌龊、屈膝媚外、出卖祖国、出卖灵魂的无恶不作的家伙。全书对清末统治阶级的劣迹、罪恶作了较全面而集中的描写,并着力鞭挞了洋场才子和斗方名士,揭露他们胸无点墨,却到处卖弄才情、附庸风雅的丑态。**第二,小说还揭露和批判了封建道德的虚伪和社会风尚的败坏。**如作品中那些官吏竞相横征暴敛、贪污受贿、尔虞我诈;市侩则见利忘义、男盗女娼、奴颜婢膝;家庭里孙子虐祖父、公公卖儿媳、大伯占弟媳、族人抢财产、儿子害父亲等等。作品通过对这些衣冠禽兽的刻画和描写,反映了人性蜕变和扭曲的社会现象,揭示了当时封建宗法制度和伦常关系已到了崩溃的边缘。此外,小说在塑造反面人物时,也塑造了九死一生、吴继之等正面人物形象来寄托自己的改良主义思想。

●**艺术特色** 《二十年目睹之怪现状》作为近代一部颇具影响的长篇小说,在艺术上也有着鲜明的特色。**第一,作品结构连贯完整。**作者采用的是屏风式的结构艺术,即以九死一生的见闻为线索,把一个个人物的经历,一个个事件的过程叙述出来;这些经历、这些过程,犹如一扇扇屏风,虽个个独立成篇,却又**丝丝缠绕、牵制、互为因果**,并通过九死一生的经历做枢纽连接起来,给读者一种浑然一体的感觉。**第二,作品文笔精练,描写细腻生动。**作者善于运用细节描绘或漫画化的笔触和讽刺的手法来刻画人物形象,从而成功塑造了典型环境中的典型人物。例如,全书重点刻画了"行止龌龊,无耻之尤"的苟才。作品通过苟才形象的成功塑造,表明濒临灭亡的封建统治阶级道德沦丧,精神堕落。1999年,《二十年目睹之怪现状》被人民文学出版社和北京图书大厦联合邀请的专家学者以满票入选"百年百种优秀中国文学图书"。

附：近代前期文化大事年表

1840 年
　　道光二十年　●中英鸦片战争爆发。

1841 年
　　道光二十一年　●三元里人民爆发抗英斗争。●林则徐被谪戍伊犁。●文学家、经学家龚自珍(1792—1841 年)卒。

1842 年
　　道光二十二年　●清政府在鸦片战争中失败，被迫签订《南京条约》，是中国近代史上第一个不平等条约。●魏源《海国图志》50 卷完成，1852 年增补为 100 卷，该书叙述世界各国历史、地理、先进科学技术，主张"师夷之长技以制夷"，是当时东亚最完备的世界史地知识集成。

1845 年
　　道光二十五年　●英商丽如银行在香港建立分行，同年在广州也设立机构，为外人在华开设银行之始。●英国驻沪领事巴富尔与苏松太道宫慕久公布《上海租地章程》，中国始有租界。

1851 年
　　咸丰元年　●洪秀全在广西桂平金田村起义，建号太平天国。

1853 年
　　咸丰三年　●太平天国建都天京。颁布《天朝田亩制度》，从根本上否定封建地主阶级土地制度。

1856 年
　　咸丰六年　●"亚罗号事件"发生，广东水师拘捕曾在香港领过船舶登记证的中国走私船"亚罗号"上的海盗及水手 12 人，英国以此为借口，联合法国发动了第二次鸦片战争。●太平天国发生"天京事变"，东王杨秀清被杀。

1858 年
　　咸丰八年　●中俄《瑷珲条约》签订，俄国割去黑龙江以北、外兴安岭以南中国领土 60 多万平方千米。●中美、中英、中法《天津条约》签订，耶稣教、天主教教士入内地自由传教。●伍廷芳主办的《中外新报》在香港创刊，至 1918 年停刊，是近代中国人自办的第一份报纸。

1859 年
　　咸丰九年　●洪仁玕抵天京，颁《改历诏》，改革文教和考试制度，提倡"以文纪实"，刊印其著《资政新篇》(图 9.23)，为中国第一部发展资本主义的政治文献。

1860 年
　　咸丰十年　●英法等八国联军侵入北京，火烧圆明园。●中英、中法、中俄《北京条约》签订。

1864 年
　　同治三年　●天王洪秀全(1814—1864 年)在天京病逝。●天京为清军攻破，太平天国失败。

1865 年
　　同治四年　●江南机器制造总局建立，制造枪炮，生产军火，是清政府官办洋务的最大军事企业。●华蘅芳和徐寿在内军械所制成"黄鹄"号木壳轮船，这是中国自行设计制造的第一艘轮船。

图 9.23　太平天国颁行《资政新篇》

1872 年

同治十一年 ●《**申报**》由英商美查创办，**为近代中国历史最久之报纸**。●曾国藩(1811—1872 年)卒(图 9.24)。字伯涵，号涤生，湖南湘乡人。创办湘军，镇压太平军，官至大学士。洋务运动代表人物之一。

图 9.24 曾国藩

1873 年

同治十二年 ●继昌隆缫丝厂由侨商陈启源于广东南海开设，**是近代中国最早之私营机器缫丝厂，也是中国近代民族资本最早的工业企业之一**。●侨商王承荣由法国归国，与王斌制造出中国第一台自造的电报机。

1888 年

光绪十四年 ●北洋海军成立，李鸿章派丁汝昌为北洋海军提督，林泰曾为左翼总兵，刘步蟾为右翼总兵。

1894 年

光绪二十年 ●丰岛事件，日军不宣而战，在牙山口外丰岛海面偷袭中国军舰和运输船，揭开甲午中日战争序幕。●孙中山在檀香山建立兴中会。

1895 年

光绪二十一年 ●威海卫之战，北洋海军覆灭(图 9.25)。●《马关条约》签订，割让台湾、澎湖列岛、辽东半岛，是继《南京条约》以后最严重的卖国条约。●公车上书。●兴中会广州起义失败，陆皓东等被捕就义，孙中山逃亡日本。

图 9.25 甲午海战中"致远"舰管带邓世昌

1897 年

光绪二十三年 ●商务印书馆创立，**是中国近代历史最久的出版社**。

1898 年

光绪二十四年 ●严复译述英国自然科学家赫胥黎的《**天演论**》出版，系统介绍了进化论。●光绪帝颁"明定国是"诏，宣布变法，历时一百零三日，史称"**百日维新**"，又称"**戊戌变法**"。●上海女学会创办《**女学报**》，**为中国最早的妇女期刊**。●谭嗣同(图 9.26)、刘光第、康广仁、杨深秀、杨锐、林旭六君子赴难。

1899 年

光绪二十五年 ●义和团在山东兴起。●古文学家王懿荣发现**甲骨文字**，后经罗振玉寻访，发现甲骨系由河南安阳殷墟出土。这次发现与**敦煌藏经**、**内阁大库案和汉晋木简**的发现同被称为近代历史学的"**四大发现**"。

图 9.26 谭嗣同

1900 年

光绪二十六年 ●兴中会在香港发刊《**中国日报**》，同时发行《**中国旬报**》，**这是中国资产阶级革命派的第一份报纸**。●八国联军侵华战争爆发(图 9.27)。

1901 年

光绪二十七年 ●《辛丑条约》签订。●李鸿章(1823—1901年)卒。李鸿章字少荃，安徽合肥人。引进西方军事装备、机器设备和科学技术，创办洋务军工和民用企业，是洋务派最有实权的代表人物。

图 9.27 八国联军头子瓦德西

续表

1903年
　　光绪二十九年　●上海《世界繁华报》开始刊登李宝嘉的《官场现形记》，**吴沃尧**的《二十年目睹之怪现状》、刘鹗的《老残游记》均在这年首次发表。●邹容写成《**革命军**》，歌颂民主，歌颂革命，被誉为**中国的"人权宣言"**。

1905年
　　光绪三十一年　●中国同盟会在日本东京正式成立，选举孙中山为总理。●废科举，设学堂。●复旦大学在上海江湾成立。●**中国第一条自己设计修建的铁路——京张铁路开工，詹天佑为总工程师**。

1907年
　　光绪三十三年　●光复会发动皖浙起义失败，秋瑾遇害。●中国独立完成了第一版全国百万分之一地图。

1909年
　　宣统元年　●**旅美华工冯如在华侨资助下，驾驶自制飞机上天，成为中国第一个飞行家**。●苏曼殊译的《**拜伦诗选**》出版，为外国诗歌的最早中文译本。●张之洞(1837—1909年)卒。字孝达，号香涛，直隶南皮人。洋务运动代表人物，在近代钢铁工业的创办、推进中国教育事业和清末币制改革等方面有过重要贡献，著有《张文襄公全集》。

1910年
　　宣统二年　●**第一次全国运动会于上海开幕**，历时七天。●**旅美华工冯如所制飞机在旧金山国际飞行比赛上获第一名**。●华侨谭根设计制成水上飞机，夺得国际飞机制造赛冠军，后在菲律宾创造了当时世界上飞机飞行高度的最高纪录。

1911年
　　宣统三年　●同盟会在广州发动起义，起义失败后，烈士林觉民等合葬于城郊黄花岗，史称"黄花岗七十二烈士"。● 10月10日，武昌起义爆发，各省纷纷响应，形成了全国规模的辛亥革命。●中华民国成立，选举孙中山为临时大总统(图9.28)。

图9.28　孙中山主持中华民国第一次国务会议

1912年
　　民国元年　●孙中山就任南京临时政府大总统。●孙中山通告各省改用阳历。●清帝溥仪退位。●孙中山辞职，袁世凯任临时大总统。●**临时政府将新编历书颁行全国，为中国第一部阴阳合历历书**。●《临时约法》公布。●定10月10日为中华民国国庆纪念日。●国民党成立，举孙中山为理事长。

1914年
　　民国三年　●袁世凯(图9.29)公布《中华民国约法》，废除《临时约法》。●第一次世界大战爆发。

图9.29　袁世凯

【思考与讨论】

1. 如何认识近代中国社会的性质？
2. 谈谈鸦片战争与列强瓜分中国的过程以及历史教训。
3. 试比较戊戌变法与辛亥革命的异同。
4. 怎样看待洋务运动的进步性和局限性？
5. 组织一次辩论：
　　正方：近代帝国主义的入侵促进了中国传统文化走向现代化；
　　反方：近代帝国主义的入侵阻碍了中国传统文化走向现代化。

第十章　近代后期和现当代文化

中国近代后期和现当代文化的主流是中国共产党领导下的新民主主义文化和社会主义文化。本章较系统地介绍了这一时期的政治、经济、文化发展过程及其特点,对这一时期文化思想的主流及代表人物进行了评述。学习本章要重点理解和掌握"五四"新文化运动的伟大功绩和毛泽东思想与中国特色社会主义理论体系的基本内容及其历史地位,同时还应正确理解现当代文化的特点和发展趋势。

第一节　近代后期和现当代文化概述

一般把自"五四运动"前后到中华人民共和国成立这段时间,仍称为近代,因为这个时期中国社会半殖民地半封建的近代社会的基本性质没有变,中国人民反帝反封建的近代革命的主要任务没有变。与近代前期的民主革命不同的是,它是在马克思主义思想指导下,由工人阶级及其政党——中国共产党领导的新民主主义革命,它的主流文化是新民主主义文化。中华人民共和国成立后,中国逐步由新民主主义社会过渡到社会主义社会,社会主义文化或称现当代文化,本质上是文化的现代化。社会主义文化的发展,又可分为改革开放前和改革开放后两个历史时期,这是两个相互联系又有重大区别的时期。

一、近代后期的经济、政治与文化

1. 新民主主义革命时期的经济与政治

●**新民主主义革命时期的伟大历史贡献与意义**　伟大历史贡献,就是我们党团结带领中国人民进行 28 年浴血奋战,打败日本帝国主义,推翻国民党反动统治,完成新民主主义革命,建立了中华人民共和国。这一伟大历史贡献的意义在于,彻底结束了旧中国半殖民地半封建社会的历史,彻底结束了旧中国一盘散沙的局面,彻底废除了列强强加给中国的不平等条约和帝国主义在中国的一切特权,实现了中国从几千年封建专制政治向人民民主的伟大飞跃。

● **中国资本主义的发展和无产阶级的壮大** 辛亥革命推翻了封建专制制度,其后爆发的第一次世界大战,使帝国主义国家之间矛盾激化;它们暂时放松了对中国的经济侵略,给中国民族资产阶级带来了新的发展机遇。中国民族资本主义工业有了比较迅速的发展。1912—1919年,中国民族工业新增资本相当于此前50年的总和。随着资本主义的发展,无产阶级队伍迅速壮大起来。1913年约有产业工人50万至60万人,1919年增加到200万人。中国无产阶级受着帝国主义、封建主义、资本主义的三重压迫和剥削,劳动条件恶劣,生活困苦不堪。他们不得不团结起来进行斗争。在一些城市,工会相继成立。1912—1919年发生了130多次罢工。1915年,为反对袁世凯接受日本"二十一条",上海、长沙等城市工人发动罢工,抵制日货。工人阶级登上历史舞台,给中国革命带来新的希望。

图10.1 李大钊

● **"五四运动"和中国共产党成立** 1917年11月7日,俄国十月革命爆发,建立了世界上第一个工人阶级政党领导的国家政权。马克思主义迅速传入中国。1919年1月,陈独秀创办的《新青年》发表了李大钊《庶民的胜利》《布尔什维克的胜利》等文章,介绍并歌颂了十月革命,并指出:"1917年的俄国革命,是20世纪中世界革命的先声。"同年李大钊(图10.1)组织成立了"马克思主义研究会"。1917年毛泽东在长沙创办了工人夜校,宣传劳苦大众才是真正的"社会中坚"。1918年,他同蔡和森等人成立"新民学会",探求救国救民的真理。正当中国知识分子在十月革命影响下,重新思考世界和中国革命前途的时候,"五四运动"爆发。1918年第一次世界大战以"同盟国集团"失败而宣告结束。然而,1919年1月中国作为战胜国参加巴黎和会,要求废除袁世凯和战败国日本政府签订的"二十一条"不平等条约,却被帝国主义国家横加阻挠。消息传来,全国震怒。5月4日北京大学3000多名学生举行了罢课、游行,学生的斗争受到了全国各阶层人士的支持与声援。6月28日迫使北洋政府拒绝在和约上签字,"五四运动"的直接目标胜利实现。这场伟大的运动加速了马克思主义在中国的传播。具有马克思主义思想的知识分子同工人运动相结合,为中国无产阶级政党的诞生创造了条件。1921年,由陈独秀、李大钊等人发起,在上海成立了中国共产党(图10.2)。1922年中国共产党召开了第二次全国代表大会,明确提出了反帝反封建的民主革命纲领。"五四运动"和中国共产党的成立,标志着中国旧民主主义革命结束和新民主主义革命开始。

图10.2 中国共产党第一次代表大会部分代表
(自左至右,上面为毛泽东、何叔衡、董必武;下面为李达、邓恩铭、陈潭秋)

●孙中山的"二次革命"和国共合作后的"大革命" 1912年袁世凯篡夺民国大总统职位后,立即依靠北洋军阀建立了卖国独裁的军阀统治。孙中山看清了袁世凯的反动面目,决定发动"二次革命",进行"武力讨袁"。"二次革命"很快失败。1914年孙中山在日本组织成立中华革命党,随后在国内发动多次武装起义。1915年12月12日,袁世凯复辟帝制,从1916年元旦起废除民国年号,改为洪宪元年。这种倒行逆施激起全国人民的讨袁运动,1916年3月22袁世凯被迫取消帝制。1916年6月做了83天皇帝的袁世凯病死北京。从此中国出现军阀割据和混乱的局面。1917年再次掌握北京政府大权的段祺瑞,打出拥护共和的旗号,却拒绝恢复《临时约法》和国会。同年孙中山联合各省军阀,开展"护法运动"。护法运动又以失败告终。孙中山总结了历次失败的教训,于1924年接受共产国际和中国共产党的帮助,改组国民党,召开了中国国民党第一次全国代表大会(图10.3)。孙中山对三民主义重新进行了解释,强调了反对帝国主义的内容,并提出"联俄、联共、扶助农工"三大政策,形成了中国历史上第一次国共合作,以北伐战争为先声的大革命从此开始。正当反对北洋军阀的北伐战争取得决定性胜利的时候,1925年孙中山不幸在北京去世。此后国民党右翼势力抬头。1927年蒋介石发动反革命政变,大肆屠杀共产党人,第一次国共合作破裂,大革命失败。

图 10.3 国民党第一次代表大会会场(1924年1月20日在广州召开)

●**从土地革命到抗日战争和解放战争的胜利** 1927年国民党在南京建立国民政府,并通过军阀战争,在形式上统一了中国。与此同时,1927年中国共产党发动南昌起义、秋收起义,建立了红色武装。中国进入十年内战时期。中国共产党先后建立了井冈山等革命根据地,并在根据地开展土地革命,建立红色政权,粉碎了蒋介石的多次围剿。由于"左"倾冒险主义路线的错误领导,1934年10月中央红军被迫放弃中央根据地,进行了二万五千里长征。1935年1月,在遵义召开的中共中央政治局扩大会议上,批判了错误路线,确立了毛泽东正确路线的领导(图10.4,图10.5)。1931年,日本发动"九一八"事变,强占中国东北三省,企图吞并中国的野心暴露无遗。中国的民族矛盾上升为主要矛盾。1936年到达陕北的中共中央,正确处理了西安事变,促成第二次国共合作。1937年7月7日,日本侵略军发动卢沟桥事变,迅速扩大侵华战争。在经过8年艰苦卓绝的抗日

图 10.4 毛泽东(1893—1976年)

图 10.5 朱德(1886—1976年)

战争后,1945年8月日本宣布投降。抗日战争胜利后,中国又面临何去何从的问题,再经过4年解放战争,1949年10月1日,中华人民共和国诞生,这标志着新民主主义革命的胜利。

2. 新民主主义革命时期的文化成就

新民主主义文化是"民族的科学的大众的文化",民族性表现在它坚决反对帝国主义,维护中华民族的独立、自由和尊严;科学性表现在它坚决反对一切封建思想,反对愚昧和迷信;大众性表现在它代表广大人民群众利益,为广大工农大众服务。自"五四"到中华人民共和国成立,新民主主义文化取得丰硕成果。

●**哲学社会科学成就**　这一时期哲学成果的最杰出代表是1937年毛泽东《实践论》《矛盾论》的发表。这两部著作是马克思主义哲学中国化的重大成果,是中国人民革命斗争的哲学总结,是毛泽东思想成熟的重要标志。与此同时,宣传马克思主义哲学的重要著作还有李达与雷仲坚合译的苏联哲学名著《辩证法唯物论教程》,以及1937年出版的李达撰写的《社会学大纲》,1936年出版的艾思奇的《哲学讲话》(后改名为《大众哲学》)等。在历史研究方面,1930年出版的郭沫若《中国古代社会研究》,是中国马克思主义历史学的奠基之作。1942年范文澜在延安出版的《中国通史简编》,则是中国第一部运用马克思主义观点系统研究中国古代历史的通史。在思想史方面,有侯外庐等人撰写的《中国思想通史》。在社会学研究方面,有孙本文组织编写的《社会学丛书》,共15种。费孝通等人在农村调查、社区研究方面都取得重要成果,出版了专著。

●**文学艺术成就**　第一,在小说创作方面,1932年茅盾(图10.6)的名著《子夜》完成,这是"中国第一部写实主义的成功的长篇小说"(瞿秋白),是第一部描写和反映中国民族资产阶级企业家与买办金融资本家的矛盾、资产阶级与工人阶级矛盾的长篇小说。它奠定了茅盾在中国文学史上的显要地位。20世纪30年代至40年代,巴金(图10.7)"激流三部曲":《家》《春》《秋》先后出版,其强烈反封建的主题,曾经感动激励了几代青年人。1936年老舍发表长篇小说《骆驼祥子》,他独特的语言风格对中国小说发展产生过重要影响。在革命根据地,一大批直接反映反帝反封建政治和军事斗争的小说也纷纷问世,

图10.6　1930年茅盾在上海

图10.7　巴金

如赵树理的《小二黑结婚》、丁玲的《太阳照在桑干河上》、周立波的《暴风骤雨》等。第二，**在戏剧创作方面**，曹禺于1934年写的《雷雨》和两年后写的《日出》，都达到很高的思想和艺术水平。郭沫若的历史剧也硕果累累，1941年至1943年他先后写成《屈原》《虎符》等六部历史剧。其间在解放区产生了著名的影响深远的新歌剧《白毛女》，它由延安鲁迅艺术学院集体创作，贺敬之、丁毅执笔，1945年完成。**第三，在诗歌创作方面**。最突出的成就是新体诗的发展。1933年艾青写了《大堰河——我的保姆》，1937年田间写了《给战斗者》。他们的一系列诗作在现代文学诗歌发展史上有很高的地位。在20世纪40年代，新诗的内容和形式都有重大创新，1946年发表的李季的长篇叙事诗《王贵与李香香》(图10.8)是其代表作品。**第四，在电影创作方面**。一批揭露国统区的黑暗政治，宣传抗日救亡，讴歌民主自由的影片，如《桃李劫》《渔光曲》《马路天使》《一江春水向东流》等，都是新民主主义文化的丰硕成果。

图10.8 《王贵与李香香》插图

●**科学教育成就** 第一，**在科学技术方面**，李四光对第四纪冰川的研究和对地质力学的研究，取得世界领先地位。桥梁专家茅以升发明造桥"射水法""沉箱法"等新工艺，成功建造了中国第一座铁路、公路两用双层大型杭州钱塘江大桥。1940年化工专家侯德榜研究成功当时世界上最先进的制碱工艺流程，后来这种工艺被命名为"侯氏联合制碱法"。数学家华罗庚、苏步青，生理学家张香桐、蔡翘，物理学家吴有训、周培源、王竹溪、张文裕，建筑学家梁思成，都取得具有当时世界先进水平的重大成果。第二，**在教育方面**，被毛泽东誉为"伟大的人民教育家"陶行知，是"五四"以后最有影响的进步教育家；他的教育理论在中国教育史上占有重要地位。

二、现当代经济、政治与文化

1. 改革开放前的经济、政治与文化

●**改革开放前中国社会主义革命和建设的伟大历史贡献及意义** 伟大历史贡献是，我们党团结带领中国人民完成社会主义革命，确立社会主义基本制度，消灭一切剥削制度，推进了社会主义建设。这一伟大历史贡献的意义在于，完成了中华民族有史以来最为广泛而深刻的社会变革，为当代中国一切发展进步奠定了根本政治前提和制度基础，为中国发展富强、中国人民生活富裕奠定了坚实基础，实现了中华民族由不断衰落到根本扭转命运，持续走向繁荣富强的伟大

飞跃。

●**改革开放前社会主义革命、军事和外交成就** 第一，*革命成就*。建立和巩固了社会主义制度和中国历史上从来没有过的人民当家做主的新型政权，这是建设社会主义的富强民主文明的现代化国家的根本保证。*第二，加强和扩大了中国共产党领导的统一战线*。实现和巩固了全国范围(除台湾岛屿以外)的国家统一，根本改变了旧中国四分五裂的局面。实现和巩固了全国各族人民的大团结，形成和发展了50多个民族平等互助的社会主义民族关系。实现和巩固了全国工人、农民、知识分子和其他各阶层人民的大团结。*第三，军事成就*。人民解放军在新的历史条件下得到壮大和提高。由单一的陆军发展成为包括海军、空军和其他技术兵种在内的合成军队。战胜了帝国主义、霸权主义的侵略、破坏和武装挑衅，维护了国家的安全和独立。在保卫和参加社会主义革命和社会主义建设中，人民解放军发挥了坚强柱石作用。*第四，外交成就*。在国际上，始终不渝地奉行社会主义的独立自主的外交方针，倡导和坚持了和平共处五项原则，同全世界124个国家建立了外交关系，同更多的国家和地区发展了经济、贸易和文化往来。中国在联合国和安理会的席位得到恢复。支持和援助被压迫民族的解放事业、新独立国家的建设事业和各国人民的正义斗争，维护世界和平，在国际事务中发挥着越来越重大的积极作用。这一切为中国的社会主义建设创造了有利的国际条件，促进了国际形势朝着有利于世界人民的方向发展。

●**改革开放前社会主义经济建设成就** 第一，*建立和发展了社会主义经济*。基本上完成了对生产资料私有制的社会主义改造，基本上实现了生产资料公有制和按劳分配，剥削制度消灭了，剥削阶级作为阶级已经不再存在，他们中的绝大多数人已经改造成为自食其力的劳动者。*第二，国民经济总量的大幅度增长*。中国的GDP，1952年为680.9亿元，到1978年增加为3488.6亿元，增长4.12倍，年均增长6.5％，远远超过了战后世界GDP每年平均增长速度。*第三，工业生产快速增长*。逐步建立了独立的比较完整的工业体系和国民经济体系。1980年同1952年相比，全国工业固定资产按原价计算，增长26倍多，达到4100多亿元；棉纱产量增长3.5倍，达到293万吨；原煤产量增长8.4倍，达到62000万吨；发电量增长40倍，达到3000多亿度；原油产量达到10500多万吨；钢产量达到3700多万吨；机械工业产值增长53倍，达到1270多亿元。在辽阔的内地和少数民族地区，兴建了一批新的工业基地。国防工业从无到有地逐步建设起来。资源勘探工作成绩很大。铁路、公路、水运、空运和邮电事业，都有很大的发展。*第四，农业生产取得巨大成就*。通过土地改革和互助合作运动，不断调整和改善了农业经济制度，推动了农业生产建设和发展。按可比价格计算，农业总产值指数增长速度，以1952年为100，到1978年增至229.6，26年间增长2.3倍，年均增长 3.25%。农业生产条件发生显著改变,生产水平有了很大提高。全国灌溉面积由 1952 年的 3 亿亩扩大到 1980 的 6.7 多亿亩,长江、黄河、淮河、海河、珠江、辽河、松花江等大江大河的一般洪水灾害得到初步控制。中华人民共和国成立前中国农村几乎没有农业机械、化肥和电力,到改革开放前,农用拖拉机、排灌机械和化肥施用量都大大增加,用电量等于中华人民共和国成立初全国发电量的 7.5 倍。1980 年同 1952 年相比,全国粮食增长近一倍,棉花增长一倍多。尽管人口增长过快,我们仍然依靠自己的力量基本上保证了人民吃饭穿衣的需要。

●**改革开放前社会主义文化和其他战线取得的成就**　教育、科学、文化、卫生、体育事业有很大发展。1980 年,全国各类全日制学校在校学生 20400 万人,比 1952 年增长 2.7 倍。高等学校和中等专业学校培养出近 900 万专门人才。核技术、人造卫星和运载火箭等方面的成就,表现出中国的科学技术水平有很大的提高。文艺方面创作了一大批为人民服务、为社会主义服务的优秀作品。群众性体育事业蓬勃发展,不少运动项目取得出色的成绩。烈性传染病被消灭或基本消灭,城乡人民的健康水平大大提高,平均寿命大大延长。

中华人民共和国建立的时间不长,我们取得的成就只是初步的。由于我们党领导社会主义事业的经验不多,党的领导对形势的分析和对国情的认识有主观主义的偏差,"文化大革命"前就有过把阶级斗争扩大化和在经济建设上急躁冒进的错误。后来,又发生了"文化大革命"那样全局性的、长时间的严重错误。这就使得我们没有取得本来应该取得的更大成就。①

2. 改革开放以来的经济、政治与文化

●**改革开放以来中国社会主义建设与改革事业的伟大历史贡献及意义**　伟大历史贡献就是,我们党团结带领中国人民进行改革开放新的伟大革命,极大激发广大人民群众的创造性,极大解放和发展社会生产力,极大增强社会发展活力,人民生活显著改善,综合国力显著增强,国际地位显著提高。这一伟大历史贡献的意义在于,开辟了中国特色社会主义道路,形成了中国特色社会主义理论体系,确立了中国特色社会主义制度,使中国赶上了时代,实现了中国人民从站起来到富起来、强起来的伟大飞跃。

●**改革开放以来中国特色社会主义理论体系的建构**　中国特色社会主义理论体系的建构,是改革开放 40 年来最突出的成就。它实现了马克思主义中国化的又一次飞跃。从邓小平理论、"三个代表"重要思想,以及科学发展观,到习近平新时代中国特色社会主义思想,都是马克思主义中国化的最新成果和中国特色社会主

---

① 《关于建国以来党的若干历史问题的决议》(一九八一年六月二十七日中国共产党第十一届中央委员会第六次全体会议通过)。

义理论体系的重要组成部分。这一理论体系是中国经济社会发展的重要指导思想,是全国各族人民团结奋斗的共同思想基础。

● **改革开放以来各个领域取得的总成就** 改革开放以来,分区位、分层次、有步骤全方位的改革开放,打破了旧体制不适应生产力发展的各种障碍,极大地激发了人民群众的创造活力。**第一,确立并进一步发展了中国特色社会主义各项制度。** 包括根本政治制度(人民代表大会)、基本政治制度(中国共产党领导的多党合作和政治协商制度、民族区域自治制度以及基层群众自治制度等)、基本经济制度(公有制为主体、多种所有制经济共同发展)以及各方面体制机制等具体制度。这些制度的有机结合,体现了符合中国国情和中国特色社会主义特点与优势,为中国发展提供了根本制度保障。**第二,40年来,从农村改革到城市改革,从经济领域改革,到政治、文化、军事等各个领域的改革都取得了伟大成就,极大调动了亿万人民的积极性,极大焕发了社会的生机和活力。** 具体表现在:全面加强了党的领导;坚定不移贯彻了科学发展观和五大发展新理念;坚定不移全面深化改革;坚定不移全面推进了依法治国;加强了党对意识形态工作的领导;坚定不移推进了生态文明建设;坚持了社会主义市场经济改革方向;坚定不移推进了"一国两制"的实践和推进了祖国统一;坚定不移推进了国防和军队现代化建设,国防和军队改革取得历史性突破;坚定不移推进了中国特色大国外交,走出了一条和衷共济、合作共赢的新路子;坚定不移推进了全面从严治党,形成了反腐败斗争的压倒态势,党的执政基础和群众基础更加巩固,为各项事业发展提供了坚强的政治保证。

● **改革开放以来经济建设成就和人民生活的改善** **第一,经济快速增长,综合国力显著增强。** 1978年至2006年的28年间,中国GDP平均增长9.67%,远远高于改革开放前30年平均增速,居同期世界各国年均增速之首。2012年中国国内生产总值为51.9万亿元,经济总量跃居成为世界第二大经济体。外汇储备高居世界之首,2012年末达33116亿美元。中国主要农产品产量均居世界第一。全世界约500种工业产品中,有220多种产品产量中国占据第一位。中国已成为世界制造业大国。1999年中国的综合实力居世界第10位,2012年提升至第5位。**第二,人民生活快速改善。** 完成了从总体上进入小康社会的历史性跨越,并将在2020年全面建成小康社会。一是从居民收入看,中国城市居民,人均可支配收入由1978年343元增长至2012年的24565元,农民人均纯收入由133元增长至7917元。居民财产普遍增加。2011年年底城乡居民人民币储蓄存款余额由1978年的210.6亿元增加到34.4万亿元。二是从恩格尔系数(食品消费占消费支出的比重)来看,城镇居民由1978年的57.5%下降到2012年的36.2%;农村居民由67.7%下降到39.3%。三是从贫困人口看,1978年中国农村绝对贫困人口有2.5亿人,约占全部人口的四分之一,到2010年末,农村绝对贫困人口已快速下降到2688万人。2011年国家提高扶贫标准,按新标准算,2009年农村贫困人口为12238万人,到2012年末降至9899万人,减贫2339万人。党的十八大以来,全国范围全面打响了脱贫攻坚战。4年多,又有5564万贫困人口摆脱贫困,中央庄严承诺到2020年要让剩余的全部贫困人口4335万人全部脱贫,这是中国的伟大奇迹,也是全世界的伟大奇迹。**第三,经济结构调整成效显著,供给侧结构性改革扎实推进,城乡逐步走向一体化。**第三产业所占比重日益上升,服务结构不断改善;工业整体素质大幅度提高,竞争力明显增强,一批企业开始走向世界,农业供给侧结构性改革不断走向深入。城市和乡村建设都发生了一系列历史性变化。城乡差别、工农差别正在不断缩小。**第四,劳动生产率不断提高,可持续发展能力不断增强。**人口从"高出生、低死亡、高增长"转变为"低出生、低死亡、低增长"。环境保护和生态文明,以及资源的全面开发利用与保护都取得显著成绩。

● **改革开放以来文化、科技和各项事业发展成就** 改革开放以来,遵循中央制订的"优先发展教育"的战略计划,在促进教育事业发展和全面提高国民素质方面采取了一系列加速发展的政策措施,并取得显著成绩。九年义务教育已在城乡普遍实现,其水平不断提高。普及高中阶段教育和职业技术教育有了很大发展。高等教育大众化水平进一步提高,办学质量不断提高。科学事业突飞猛进,载人航天事业、深海探测事业、互联网事业,以及杂交水稻、计算机、量子卫星、大飞机制造、航空母舰制造等一大批科技成就已经达到或领先于世界先进水平。社会保障制度建设加快,覆盖城乡居民的保障体系初步形成。公共卫生服务体系和基本医疗服务体系不断健全,新型农村合作医疗制度覆盖全国。2012年年末,2566个县(市、区)有了新型农村合作医疗服务,参合率达到98.1%。中国体育事业成就非凡,2008年成功举办了奥运会,取得了金牌榜第一,奖牌榜第二的历史最佳成绩。全民健身运动蓬勃发展,预期寿命不断提高。文化事业也有了长足发展。文化基础设施得到加强,初步形成了覆盖全国的公共文化服务体系。2007年年末,全国广播综合人口覆盖率达95.4%,电视综合人口覆盖率达96.6%。2012年,中国互联网上网人数已达5.46亿,互联网普及率达42.1%。

三、现当代文化的发展趋势与现当代文化的特点

1. 现当代文化的发展趋势

中国现当代文化,是指中华人民共和国成立以来,以社会主义文化为主流的新时期的文化,是诞生不久、正在发展中的文化。它的发展趋势可概括为下列两个方面。

● **三大文化体系的融会贯通** 中国现当代文化是社会主义文化、中国传统文

化与西方文化三大体系的融会贯通。在当今中国,三大文化各有特点,各有优势。**第一,社会主义文化。**社会主义文化源于马克思主义,其基本精神是马克思主义的三个组成部分和毛泽东思想,以及中国特色社会主义理论。社会主义文化流行半个多世纪,为实现国家独立、统一和富强做出了卓越的贡献。虽然有"左"的路线和"文化大革命"的干扰,有来自苏联社会主义模式的许多弊端,但中国的社会主义能够摆脱教条主义,不断总结经验教训,根据中国的实际和人类发展趋势,进行理论上和实践上的大胆突破,形成了自己的特色,成为推动中国现代化建设的主导精神力量。**第二,中国传统文化。**中国传统文化的基本精神是儒道互补的精神。这种文化所铸造的生生不息、刚毅诚信、博厚悠远、仁爱贵和的中华精神永远是推动中国前进的力量。特别是中国传统文化中的思维模式、哲学观念、宗教信仰、伦理道德、教育思想和艺术审美思想,都深深地在中国人身上打上了烙印。优秀传统文化精神仍有着它不可替代的作用,在现代文化的建设中是必不可少的。**第三,西方文化。**西方文化(主要是近现代以来的科学技术及现代性理论),造就了以科学理性为突出特征的无与伦比的现代物质文明,极大地改善了人类的生存活动条件。它在中国现代化实践中,特别是在物质文化的建设中居于十分重要的地位。在当代世界经济一体化的格局中它已迅速渗透并改变着中国当代文化。中国的现代化事业在许多方面必须学习、吸收并改造西方文化的积极成果。中国当代三元会通的文化是中国基于当代社会发展的需要而对古代和西方文化进行选择吸纳,进而融合重铸的过程。它既不是传统意义上的中体,也不是原本意义上的西体了。这三大文化以社会主义文化为主导,彼此既冲突又融合,既相互制约又相互补充,是中国文化发展的必然趋向。

●**民族性与世界性结合** 无论21世纪的中国文化如何发展,但民族性与世界性结合,仍是中国文化发展的主流方向。21世纪的中国必将成为一个全方位开放的社会,外国文化会迅猛地涌进,对中国文化形成冲击和影响;而中国文化也会走出国门,流向世界,参与世界文化的建构。有人认为,世界性就是民族性的淡化或退出,就是西方文化统一中国文化,这种认识是违背文化发展规律的。民族性与世界性恰恰是文化发展的两极,文化的世界性趋势越是加强,文化的民族性也就愈明显。不是文化的同一构成了文化的世界性,而是文化的民族差异构成了文化的世界性。中国文化的发展,应采取立足于本民族文化,向世界文化开放的战略。本民族文化既是历史文化之魂,也是未来文化之根,这是我们与世界文化对话交流的基础。当然,如果我们不是把中国文化同时视为世界文化的组成部分,吸取世界各国的优秀文化,发展我们民族文化,中国文化就会失去其创造的活力与对话的权力,而且从现代社会的发展潮流来看,文化上的闭关锁国已经是不可能的了。

正如张岱年等人所说:"中国文化的现代化,只能走'古今中外,综合创新'的道路,这就是以中国古典传统文化作为源远流长的母体文化,以西方近现代文化作为激发现代化活力的异体文化,以马克思主义指导下的社会主义文化作为起主导作用的主体文化,在马克思主义和建设中国特色社会主义理论指导下,以中国现代化为主体目标,借鉴中西文化的精华,创造出中国特色社会主义的新型文化。从20世纪40年代毛泽东提出的古今中外法和新民主主义论,到20世纪80年代邓小平提出的改革开放论和建设中国特色社会主义理论,中国共产党人一直高举着马克思主义综合创新论的文化大旗,代表着中国文化现代化的正确方向和思想主潮。"[1]

2. 现当代文化的特点

20世纪90年代以来,经济转型创造了富有特色的当代新文化,概括而言,其特点主要表现在以下几个方面:

●**文化市场化和大众文化兴起** 第一,**文化市场化**。居民文化消费在总消费中的比例高速增加。文化市场发展已经成熟。就总体而言,文化的生产和消费已经由国家自上而下全面地支配和管理转变为市场化条件下的多元形态。由不同文化领域的市场构筑的文化市场体系业已形成。第二,**文化大众化**。一方面,一种以大众文化为中心的文化生产和消费机制已经形成,"大众"的文化消费取向在一定程度上有支配文化的趋势,大众文化的崛起已经成为事实;另一方面,随着市场化带来的社会分层,文化方面的分层也已经出现,各个不同阶层和利益主体的文化趣味也开始在文化发展中发挥影响和作用。

●**电视、网络媒体渐成文化生活的主流形式** 第一,**电视文化**。从20世纪80年代开始的电视普及过程,到90年代已真正完成。1990年冬,北京电视艺术中心制作的电视剧《渴望》的巨大成功无疑开创了一个新的文化空间,也从此有了中国电视剧制作市场化的可能性。此后电视剧一直是一种主要的大众文化形式,其类型丰富,制作水平提高很快,是相当成功的本土艺术类型,具有保持本国市场主流位置的强劲竞争力。1993年5月1日,《东方时空》在中央电视台开播,以晨间节目的形态引导了新闻评论类电视节目改革的潮流。1994年4月1日,《焦点访谈》在中央电视台黄金时段开播,这些新的新闻类电视节目贴近百姓生活,表达民众心声,快速反映新闻焦点,受到了热烈的欢迎。同时,地方电视台突破了原来的地域局限,也进一步激发了活力,如在90年代以综艺节目为中心的"湖南卫视"的著名节目《快乐大本营》,曾经带动了国内综艺节目普遍的改版转

---

[1] 张岱年,王东. 中华文明的现代复兴和综合创新[J]. 教学与研究,1997(5):9-14.

型。**第二，网络文化。**新经济创造了网络文化，互联网的发展提供了文化产业和信息产业结合的巨大前景。中国因特网的发展不过20多年时间，但其发展的速度令人震惊。网络已经开始全面地介入和改变我们的生活。网络为新的文化形式的发展提供了平台。如网络文学的发展和Flash(动漫)的流行就是典型的例子。雪村的歌曲《东北人都是活雷锋》成为2001年引人注目的文化现象，它就是通过网络中的Flash不胫而走，广为流传的。网络文学则给许多无名作者的文学才能的展现提供了条件。另外，网络也改变了人们交流和沟通的方式。E-mail提供了人们之间更加迅速便捷地相互沟通和传递信息的途径。而QQ、微信等则提供了网上聊天的新的工具，这些中国本地成长起来的网络工具不仅仅吸收和模仿ICQ的网上聊天的形式，而且为适应中国用户的需求进行了本土性的再创造，形成了具有当下中国文化特征的交流模式。此外，多种多样网络传播方式的形成也为文化发展注入了强大动力。

●**文学艺术的全面转型** 文学、戏剧、美术、音乐、电影等原有艺术形式在最近的20年中都有引人注目的变化和发展。原来被国家"包"起来的许多文艺部门，已经历了市场化的挑战。这些艺术类型都面临市场化带来的新形势，以及新媒体、新艺术形态的挤压和冲击。这些艺术形式往往出现了"两极化"的发展，通俗的、市场化的艺术形态与前卫的、实验性的形态之间的分流，是引人注目的现象。这些艺术也取得显著成绩。以文学为例，目前全国每年出版长篇小说1000部左右，就数量而言是历史上前所未有的。许多20世纪80年代崛起的新时期作家仍然保持旺盛的写作能力。而一批新生代作家也在迅速成长，"70年代出生的作家"已经成为文学写作的重要力量。文学书籍的热点始终不断，而实验探索的努力也引人注目。像话剧的小剧场艺术的兴盛，美术领域的艺术品市场的发育和前卫艺术与传统艺术的均衡发展，电影领域的以"贺岁片"为代表的市场化的走向、主旋律电影的纵深开掘和"第六代"电影的探索，等等，这些文化亮点都为未来的进一步发展提供了可能。

●**中国传统文化的传承和再创造** 中华民族的传统文化不仅仅是中国人的精神遗产，也是人类的共同财富。国家在近20年来投入了大量的资源进行传统文化的保护和研究。1992年全国投入文物事业的资金达9亿多元，1997年达到了25亿元，1998年投入这一领域的资金已达到63亿元。文物的保护和考古发掘以及博物馆的建设都达到了很高的水平。同时，20世纪90年代以来，以"国学"的复兴为标志的传统文化的研究也进入了新的阶段。如在"九五"期间实施的"夏商周断代工程"，就通过对中国文明的起源夏商周的综合研究，确定了具体的编年。这一成果对于中国文明史的研究具有重要的意义。1993年10月在湖北省荆门市四方铺乡郭店村出土的"郭店楚简"，是引起学术界重视的重大考古发现。这批竹简对于研究道家和儒家思想发展有重要价值。文化遗产的保护和传承还包括传统艺术和民间文化的保护和传承。历时10余年,有1.5万人参加的京剧"音配像"工程,将300余部由京剧重要表演艺术家演出的京剧经典剧目的录音配上图像。这一工程将中国京剧艺术的精华活化,使精彩的唱腔配上年富力强的演员表演,更全面地体现了京剧艺术的精髓。2002年启动的"中国民间文化遗产抢救工程"是对民间文化遗产进行全面抢救、普查和整理的工程。它包括宏大的出版计划、多媒体计划和遗产收集保护计划。这个工程对于在高速的经济发展中越来越濒于消逝的乡土艺术、民间艺术等进行全面的整理和保护,具有巨大的文化意义。

●**文化法规体系逐步建立** 改革开放以来,如何在市场环境下规范文化发展是一个新的课题。政府的职能越来越由原来全面提供文化产品的计划经济模式转向了以文化管理和调控为中心的市场经济模式。改革开放以来,中国建立和制定了对外文化交流管理、文化娱乐业管理、演出管理、艺术品管理和历史文化遗产保护等各种法律法规。各种法律法规都已发挥了重要的作用。文化管理部门和机构也进一步得到健全。据统计,文化市场管理机构有3372个,文化市场稽查机构有1257个,形成了从中央到省、区(市)、县的管理网络。国家文化事业费在2001年达到70亿,近10年则更是飞速增长。

第二节 近代后期和现当代文化思想述评

一、"五四"新文化运动的代表人物及其思想

图10.9 陈独秀
(1879—1942年)

●**主要代表人物** "五四运动"是新文化运动、启蒙运动、思想解放运动,它是集爱国救亡、思想启蒙、文化革新于一体的中国文化思想发展过程的一座丰碑。"五四精神"就是爱国精神、创新精神、民主精神和科学精神。体现这些精神的代表人物有陈独秀(图10.9)、李大钊、鲁迅、胡适、刘半农、钱玄同、吴虞、沈尹默、蔡元培、周作人、郭沫若等一大批新知识分子。他们的进步思想集中体现在以下几个方面。

●**高扬"民主""科学"的大旗** "五四运动"的精神,最鲜明最恰当的概括就是"民主与科学"。这种精神集中体现在陈独秀创办的《新青年》杂志中,它因此成为新文

化启蒙运动的旗帜。《新青年》的问世,遭到封建保守势力的种种攻击,陈独秀在《"新青年"罪案之答辩书》一文中,给予反击,他说:"本志同人本来无罪,只因为拥护那德莫克拉西(Democracy)和赛因斯(Science)两位先生,才犯了这几条滔天的大罪。要拥护那德先生,便不得不反对孔教、礼法、贞节、旧伦理、旧政治。要拥护那赛先生,便不得不反对旧艺术、旧宗教。要拥护德先生又要拥护赛先生,便不得不反对国粹和旧文学。……我们现在认定,只有这两位先生可以救治中国政治上、道德上、学术上、思想上一切的黑暗,若因为拥护这两位先生,一切的压迫,社会的攻击笑骂,就是断头流血都不推辞。"①陈独秀这段话表达了"五四运动"时期新知识分子的共同心声。提倡民主,反对封建专制,反对北洋军阀的独裁统治;提倡科学,反对封建复古的潮流和顽固盘踞在各个领域的封建迷信、封建伦理思想,是"五四运动"的不朽功绩。

●**"打倒孔家店",反对文化专制** "五四运动"时期的反孔是有明确针对性的,是特定历史条件下的思想解放运动。激烈批判孔子的人们,绝大多数都不是全盘否定传统文化和以孔子为代表的儒家思想。他们的目的是以此为突破口,打破专制主义的思想统治,争取普遍的思想解放。当时正是袁世凯复辟帝制,打出行"孔子之道"的旗号,大搞"整饬纲纪""祀孔""读经",叫嚷"定孔教为国教"的时期,新文化运动针对这股反动逆流,给予封建统治者宣扬的孔子学说以尖锐的揭露和批判,是适时的。孔子创立的儒家学说本身的局限性,特别是后来宋明理学的局限性,正是后期封建统治者借以维持其统治的适宜的思想武器,"五四运动"批孔,彻底清算传统文化中的那些为统治阶级用来维护其统治的封建性糟粕,是十分必要的。这场声势浩大的批孔运动表现出一些非历史唯物主义的倾向,说了一些过头话,是难免的。"五四运动"高举反孔的旗,对推动全民族的思想解放而言,其伟大意义是难以估量的。

●**倡导并实践着文学的革命** 新文化运动的最大成果之一是直接促进了文学革命。"五四运动"时期的文学革命是中国历史上从未有过的一次彻底的新民主主义的文学革命运动,它带来文学思想观念、内容形式以及创作实践全方位的巨大变革。**第一,在文学观点方面**,表现出彻底的反封建反传统的倾向,提出了反映时代、反映社会、反映人生的积极进取的文学革命主张。胡适说:"若想有一种新内容和新精神,不能不先打破那些束缚精神的枷锁镣铐。"②陈独秀则在《文学革命论》一文中说:"际兹文学革新之时代,凡属贵族文学、古典文学、山林文学,均在排斥之列。……所谓宇宙,所谓人生,所谓社会,举非其构思所及,此三

---

① 《新青年》6卷1号,1919年1月15日。
② 胡适,《谈新诗》。

种文学公同之缺点也。此种文学,盖与吾阿谀、夸张、虚伪、迂阔之国民性互为因果。"他提出"建设平易的、抒情的国民文学""建设新鲜的、立诚的写实文学""建设明了的、通俗的社会文学"的主张。这正是"五四运动"时期文学革命的基本思想。**第二,在内容和形式方面,**为了体现现代民主主义、人道主义思想,采用白话和多种多样文学形式,成为这一时期文学革命的潮流。刘半农指出:"吾辈欲建造新文学之基础,不得不首先打破此崇拜旧时文体之迷信,使文学的形式上速放一异彩也。"①**第三,在文学创作方面,**与文学革命主张相呼应,出现了一大批具有划时代意义的作家和作品,成就最光辉的是鲁迅(图 10.10)和他的白话小说、郭沫若(图 10.11)和他的新诗。鲁迅是文学革命的巨匠,是革命文学运动的旗手,文学革命思想和主张,首先体现在他的白话小说中。1918 年 5 月他在《新青年》发表的著名小说《狂人日记》,是新文学运动的开山之作。此后他写了一系列具有鲜明反帝反封建民主革命精神的小说、杂文。毛泽东说,他是"在文化战线上,代表全民族的大多数,向着敌人冲锋陷阵的最正确、最英勇、最坚决、最忠实、最热情的空前的民族英雄"。1921 年,郭沫若诗集《女神》的出版,标志着革命文学在诗歌创作实践方面已取得光辉战绩。它是新诗创作的第一块丰碑。

图 10.10　鲁迅(1881—1936 年)

图 10.11　郭沫若(1892—1978 年)

二、毛泽东思想及其历史地位

1. 毛泽东思想产生的条件及发展过程

●**毛泽东思想产生的条件**　毛泽东思想是马克思列宁主义的普遍真理同中国革命的具体实践相结合的产物,是马克思主义民族化的优秀典型。它的产生离不开以下四个基本条件:**第一,马克思列宁主义在中国的传播。**俄国十月革命

---

① 刘半农.我之文学改良观[J].新青年,1917,3(2).

成功后,马克思主义传入中国。先进的中国知识分子最先接受了这一思想,并于1921年成立了以马克思主义为指导思想的中国共产党。毛泽东思想就是中国的马克思列宁主义,中国的布尔什维克主义,中国的共产主义。**第二,中国人民的伟大革命实践。**毛泽东思想是在中国人民争取民族独立、人民解放和国家富强、人民富裕的伟大斗争中产生的,它是无产阶级领导的新民主主义革命和社会主义革命与建设实践经验的科学总结,是马克思主义与中国革命实践相结合之统一思想。**第三,*中国民族文化的土壤*。**毛泽东思想批判地继承和发展了中国传统文化,并创造性地赋予其现代科学的内涵和外延,因此它才具有了"新鲜活泼的、为中国老百姓所喜闻乐见的中国作风和中国气派",成为"马克思主义民族化的优秀典型"。**第四,毛泽东思想是中国共产党第一代领导人集体智慧的结晶。**毛泽东思想的诞生和发展走过了从党的成立到中华人民共和国成立后社会主义建设时期的漫长道路。它是毛泽东、刘少奇、周恩来、朱德等一大批共产党人在中国革命实践中共同创立的。当然也离不开毛泽东独特的贡献。长期革命实践证明,毛泽东不愧是中国共产党最杰出的领袖,他的丰富的革命实践、渊博的学识、深刻的思维能力以及为党为国为民呕心沥血的崇高精神,使他成为毛泽东思想的集中代表,以他的名字命名这一中国化的马克思主义思想体系,他是当之无愧的。

●**毛泽东思想的发展过程** 毛泽东思想的发展,大体可分为四个时期。***第一,从中国共产党成立至大革命失败。***这是毛泽东思想的萌芽时期。这一时期初步形成了新民主主义革命的一些基本思想(图10.12)。毛泽东《中国社会各阶级的分析》《湖南农民运动考察报告》等论著是这一时期毛泽东思想的集中体现。***第二,从南昌起义到遵义会议。***这是毛泽东思想形成时期。以毛泽东为首的中国共产党人,这一时期对中国革命有了更深刻、全面的认识,基本上形成了完整的、正确的政治、军事、土地革命、党的建设等各个方面的正确路线、方针、政策,毛泽东撰写的《井冈山的斗争》《星星之火,可以燎原》《反对本本主义》等著作,是这一时期毛泽东思想的集中体现。***第三,从土地革命后期到抗日战争结束。这是毛泽东思想成熟期。***其主要标志是,毛泽东系统阐明了新民主主义革命理论,建立了中国化的马克思主义哲学理论体系,进一步完善了党的建设理论,创立了关于文艺工作和文化建设的思想等。《矛盾论》《实践论》《中国革命和中国共产党》《新民主主义论》等重要著作是毛泽

图10.12 "五四"时期毛泽东创办的《湘江评论》

东思想之成熟的标志。*第四,从解放战争到中华人民共和国成立以后。*这是毛泽东思想继续发展的阶段。毛泽东有关三年解放战争的一系指示和文件,以及《正确处理人民内部矛盾》等著作是这一时期毛泽东思想的集中体现。

2. 毛泽东思想的基本内容

●**毛泽东思想的哲学基础**　马克思说过:"人民最精致、最珍贵和看不见的精髓都集中在哲学思想里。""哲学不是世界之外的遐想。"[①]马克思主义哲学是马克思主义的基础,也是毛泽东思想的基础。马克思主义哲学同以往哲学的主要区别在于:*第一,它是彻底的唯物主义,即辩证唯物主义。*它认为人类社会的基本矛盾是生产力与生产关系、经济基础与上层建筑的矛盾,生产力的发展是社会发展的根本动力。*第二,它是彻底的社会发展理论。*它认为社会形态是不断发展、变化的,资本主义的产生、发展和灭亡是历史的必然。资本主义制度极大地促进了社会生产力的发展,但随着这种发展,它固有的矛盾必然越来越突出,无产阶级的革命必然到来。*第三,它是彻底的人的发展理论。*马克思主义十分强调人的全面自由的发展。并由此提出人类彻底解放的思想。马克思认为"每个人的自由发展是一切人的自由发展的条件",[②]无产阶级只有解放全人类,才能最终解放自己。马克思主义哲学为人类实现自己的最高价值指明了方向,它所代表的不仅仅是无产阶级,而且是全人类的根本利益。*第四,它以实现共产主义为最终目标。*马克思强调指出,共产主义"是人和自然之间、人和人之间的矛盾的真正解决,是存在和本质、对象化和自我确证、自由和必然、个体和类之间斗争的真正解决"。[③]他坚信共产主义必将实现,这是不以人们意志为转移的客观规律。崇高性、科学性和真理性是马克思主义哲学和马克思主义思想的基本特征。

毛泽东思想既以马克思主义哲学为基础,同时又发展了马克思主义哲学,使马克思主义哲学中国化。这集中体现在毛泽东思想的灵魂,即实事求是、群众路线、独立自主思想的提出。*第一,实事求是思想。*它体现了辩证唯物主义的科学精神,是认识与实践相统一观点的最明晰而通俗的表达。毛泽东解释说:"'实事'就是客观存在着的一切事物,'是'就是客观事物的内部联系,即规律性,'求'就是我们去研究。我们要从国内外、省内外、县内外、区内外的实际情况出发,从其中引出固有的而不是臆造的规律,即找出周围事变的内部联系,作为我们行动的向导。"[④]实事求是是毛泽东思想的精髓,贯穿于毛泽东思想的整个体系中。*第*

[①] 马克思,恩格斯.马克思恩格斯全集[M].北京:人民出版社,1965:120.
[②] 马克思,恩格斯.马克思恩格斯全集[M].北京:人民出版社,1965:273.
[③] 马克思.马克思1844年经济学哲学手稿[M].北京:人民出版社,1985:77.
[④] 毛泽东.毛泽东选集:第三卷[M].北京:人民出版社,1991:801.

二，**群众路线思想**。它表面看好像只是一种工作方法，实际上它体现了我们党全心全意为人民服务的宗旨，它是一切工作的基本方针，它是实事求是思想的具体化深入化，是"实践—认识—再实践"的辩证唯物主义认识路线的有机组成部分(图10.13)。**第三，独立自主思想**。它的基本内容是，立足本国实际，走自己的道路，反对把马克思主义和一切真理教条化。它符合马克思主义唯物辩证法的基本原理，即事物内因是事物发展的根本原因，它也体现了历史唯物主义的基

图10.13　毛泽东和钱学森交谈

本原理，即人民群众是历史的创造者，必须相信本国人民群众进行革命和建设的主动精神；它还体现了马克思主义认识论，即从自己民族、国家的实际情况出发，具体情况具体分析，通过实践去探索适合自己的发展道路。

●**新民主主义革命理论**　毛泽东思想包括一整套科学的、系统的、完整统一的新民主主义革命理论，实践已证明这一理论体系是完全正确的。**第一，新民主主义的总路线**。这就是毛泽东所指出的："新民主主义的革命，不是任何别的革命，它只能是和必须是无产阶级领导的，人民大众的，反对帝国主义、封建主义和官僚资本主义的革命。"①**第二，新民主主义政治纲领**。即彻底推翻帝国主义和封建主义，建立一个无产阶级领导的，以工农联盟为基础的，各革命阶级联合专政的民主共和国。**第三，新民主主义经济纲领**。即新民主主义共和国的经济，既不是资本主义的，也不是社会主义的，而只能是民主主义的。其主要任务是发展国有经济和合作经济；没收封建地主土地归农民所有；没收官僚资本归国家所有；保护民族工商业等。**第四，新民主主义文化纲领**。即无产阶级领导的人民大众的反帝反封建的文化，也就是民族的科学的大众的文化。新民主主义革命理论还包括除上述路线纲领外一切不同时期的指导思想、方针、政策、策略，还包括毛泽东提出的革命的三大法宝：统一战线、武装斗争、中国共产党的建设等内容。

●**社会主义革命与建设理论**　新民主主义革命完成后，在以毛泽东为首的中国共产党人领导下，中国又有计划有步骤地实现了由新民主主义向社会主义过渡的历史性转变，并开展了社会主义建设。在这个过程中，毛泽东思想又有了新的发展，创造了适合中国国情的社会主义改造的道路，提出了人民民主专政的理

---

① 毛泽东.毛泽东选集：第四卷[M].北京：人民出版社，1991：1313.

图 10.14 毛泽东在最高国务会议上作《关于正确处理人民内部矛盾的问题》的报告

论,探索并逐步走上有中国特色的社会主义经济建设的道路,建立和不断完善了人民代表大会制度、民族区域自治制度,形成了"百家争鸣,百花齐放""古为今用,洋为中用"等思想文化建设方针(图 10.14)。

3. 毛泽东思想的历史地位

● **毛泽东思想是马克思主义中国化的第一次历史性飞跃** 江泽民在中国共产党的第十五次全国代表大会报告中指出:"马克思列宁主义同中国实际相结合有两次历史性飞跃,产生了两个理论成果。第一次飞跃的理论成果是被实践证明了的关于中国革命和建设的正确的理论原则和经验总结,它的主要创立者是毛泽东,我们党把它称为毛泽东思想。"毛泽东思想以及邓小平理论都一再证明,把马克思主义教条化,必定失败,将马克思主义的基本原理与中国实际相结合,使马克思主义中国化,才是唯一正确的道路。

● **毛泽东思想是指导中国革命和建设取得胜利的旗帜** 长期革命和建设实践证明,没有毛泽东思想的指导,就没有中华人民共和国。中国人民能在社会主义革命和建设中取得举世瞩目的伟大成就,正是因为有毛泽东思想和发展了毛泽东思想的邓小平理论、"三个代表"思想的指引。在当前我们正在进行的振兴中华民族、建设社会主义现代化的伟大事业中,毛泽东思想将仍然是我们能取得更大胜利的强大的精神支柱。

● **毛泽东思想的世界意义** 毛泽东思想开辟了一条根据各国实际情况运用马克思主义基本原理,通向社会主义的道路,使产生于欧洲的马克思主义具有了不限于欧洲的世界意义。毛泽东思想对亚非拉广大殖民地半殖民地人民的革命斗争产生了巨大影响,也影响了西方国家的马克思主义者。

毛泽东思想不是教条,我们必须以科学的态度对待毛泽东思想。既不能因为毛泽东晚年犯了错误,就企图否认毛泽东思想的科学价值,也不能把毛泽东思想僵化,或无视毛泽东晚年错误,而应该在新的历史条件下,坚持和发展毛泽东思想。邓小平理论、"三个代表"思想、科学发展观和习近平新时代中国特色社会主义思想,就是对马克思主义和毛泽东思想的发展和创新。

三、中国特色社会主义理论体系及其历史地位

中国特色社会主义是植根于中国大地，反映中国人民意愿，适应中国和时代发展进步要求的科学社会主义，由道路、理论体系、制度三位一体构成。道路是实现途径，理论体系是行动指南，制度是根本保障。中国特色社会主义理论体系是马克思列宁主义、毛泽东思想在中国当代的继承、发展和创新。

1. 中国特色社会主义理论体系的形成条件和发展过程

●**中国特色社会主义理论体系形成的条件**　*第一，中国的最大国情。*中国特色社会主义理论体系形成的最大依据是中国的最大国情、最大实际，即中国尚处于社会主义初级阶段。所谓初级阶段，特指中国逐步摆脱不发达状态，基本实现社会主义现代化的历史阶段。这个阶段将是一个长期发展过程，如果从中华人民共和国成立算起，至少需要一百年。现阶段必须把坚定共产主义远大理想同践行中国特色社会主义的共同理想，以及不同发展阶段的具体目标统一起来。*第二，中国社会主义建设正反两方面的经验。*中华人民共和国成立近70年来的实践经验证明，只有社会主义才能救中国，只有中国特色社会主义才能发展中国。*第三，国际形势的新发展。*当今世界正处在大变革、大调整之中，和平与发展成为时代的主要特征。为了在日益激烈竞争环境中，不断提高中国的综合国力，必须坚持在争取世界和平的前提下，一心一意搞现代化建设，一心一意为实现两个一百年的目标和中华民族伟大复兴的中国梦而奋斗。*第四，与日俱进不断开辟马克思主义新境界的需要。*马克思列宁主义、毛泽东思想是中国特色社会主义理论体系形成的理论渊源。在新的历史时期，如何从不断发展变化的实际情况出发，与时俱进，发展和创新马克思列宁主义和毛泽东思想，是一个极为重要的理论和实践问题。中国特色社会主义理论体系的创立，开辟了马克思主义新境界，为解决这一问题找到了不仅对中国而且对世界都具有深远历史意义的答案。

●**中国特色社会主义理论体系的发展过程**　中国特色社会主义理论体系经历了由创立到发展的过程，从十一届三中全会算起，至今它已有30多年的历史。

*第一，邓小平理论：中国特色社会主义理论体系的开创与形成。*从十一届三中全会到十三大后，邓小平一系列重要讲话，集中体现了邓小平理论是中国特色社会主义理论体系的基本思想，体现了邓小平对中国特色社会主义理论体系的开创性贡献。一是确立了思想解放、实事求是的思想路线。二是在党的十二大开幕词中他首先提出了"走自己的道路，建设中国特色社会主义"这一由长期历史经验获得的基本结论。三是确立了中国特色社会主义理论体系的基本理论

框架。包括提出了中国社会主义制度还处在社会主义初级阶段的重要论断;社会主义本质的重要思想;改革开放论和对改革开放的总体设计;社会主义市场经济的论述等。

第二,"三个代表"重要思想:把中国特色社会主义理论体系向21世纪推进的重要成果。这是以江泽民为核心的党中央领导集体对发展中国特色社会主义理论体系所作出的最主要贡献。体现在:一是把邓小平理论确定为全党的指导思想。党的十五大正式提出"邓小平理论"的科学概念,并把它与马克思列宁主义、毛泽东思想一起,作为党的指导思想写进党章。二是以邓小平理论为指导,把握国内外形势变化的新特点,提出了"三个代表"重要思想,深化了对中国特色社会主义的认识,与时俱进地推进了马克思主义的中国化。三是紧密联系实际,为贯彻落实"三个代表"重要思想,提出了关于建设中国特色社会主义的思想路线、发展道路、发展战略、根本任务、发展动力等许多新思想、新观点,丰富了中国特色社会主义理论体系的基本框架。四是首次提出把实现中华民族伟大复兴作为中国特色社会主义事业建设成功的主要标志之一。

第三,科学发展观:新世纪中国特色社会主义理论体系具有里程碑性的创新。这是从2002年党的十六大到2007年党的十七大,以胡锦涛为核心的中央领导集体对中国特色社会主义理论体系的最主要贡献。体现在:一是十七大第一次明确提出"中国特色社会主义理论体系"这一科学概念,明确指出必须把这一理论体系,包括邓小平理论、"三个代表"重要思想以及科学发展观等作为党和国家一切工作的基本指导思想。二是提出了马克思主义中国化的"科学发展观"。指出科学发展观的实质是"坚持以人为本,树立全面、协调、可持续的发展观,促进经济社会和人的全面发展"。进一步深化了对社会主义本质的认识,开辟了中国特色社会主义理论的新境界。三是根据新世纪国内外经济社会发展的新形势、新问题、新要求,以科学发展观为指导,提出了一系列推进城市和乡村、农业和工业,以及经济、政治、文化、社会"四位一体"协调发展的建设社会主义和谐社会指导方针和政策措施。四是以科学发展观为指导,提出了"党的先进化建设是马克思主义政党建设的根本任务""是关系马克思主义生存发展的根本性问题"。

第四,习近平新时代中国特色社会主义思想:马克思主义中国化的最新成果,中国特色社会主义理论的新篇章。中国共产党第十八大以来,在以习近平为首的党中央领导下,中国改革开放事业取得了一系列突破性新成就,中国特色社会主义进入了新时代。正是在这一关键的历史时期,产生了习近平新时代中国特色社会主义思想。中国共产党十九大通过的《中国共产党章程(修正案)》明确规定:"习近平新时代中国特色社会主义思想是对马克思列宁主义、毛泽东思想、邓小平理论、"三个代表"重要思想、科学发展观的继承和发展,是马克思主义中国化最新成果,是党和人民实践经验和集体智慧的结晶,是中国特色社会主义理论体系的重要组成部分,是全党全国人民为实现中华民族伟大复兴而奋斗的行动指南,必须长期坚持并不断发展。"*(1) 这一思想的基本精神和丰富内涵,可以概括为"八个明确"*：① 明确坚持和发展中国特色社会主义,总任务是实现社会主义现代化和中华民族伟大复兴,在全面建成小康社会的基础上,分两步走在本世纪中叶建成富强、民主、文明、和谐、美丽的社会主义现代化强国;② 明确新时代我国社会主要矛盾是人民日益增长的美好生活需要和不平衡不充分的发展之间的矛盾,必须坚持以人民为中心的发展思想,不断促进人的全面发展、全体人民共同富裕;③ 明确中国特色社会主义事业总体布局是"五位一体"、战略布局是"四个全面",强调坚定道路自信、理论自信、制度自信、文化自信;④ 明确全面深化改革总目标是完善和发展中国特色社会主义制度、推进国家治理体系和治理能力现代化;⑤ 明确全面推进依法治国总目标是建设中国特色社会主义法治体系、建设社会主义法治国家;⑥ 明确党在新时代的强军目标是建设一支听党指挥、能打胜仗、作风优良的人民军队,把人民军队建设成为世界一流军队;⑦ 明确中国特色大国外交要推动构建新型国际关系,推动构建人类命运共同体;⑧ 明确中国特色社会主义最本质的特征是中国共产党领导,中国特色社会主义制度的最大优势是中国共产党领导,党是最高政治领导力量,提出新时代党的建设总要求,突出政治建设在党的建设中的重要地位。*(2) 这一思想的基本方略可以概括为"十四条坚持"*：① 坚持党对一切工作的领导;② 坚持以人民为中心;③ 坚持全面深化改革;④ 坚持新发展理念;⑤ 坚持人民当家作主;⑥ 坚持全面依法治国;⑦ 坚持社会主义核心价值体系;⑧ 坚持在发展中保障和改善民生;⑨ 坚持人与自然和谐共生;⑩ 坚持总体国家安全观;⑪ 坚持党对人民军队的绝对领导;⑫ 坚持"一国两制"和推进祖国统一;⑬ 坚持推动构建人类命运共同体;⑭ 坚持全面从严治党。*(3) 这一思想的重要意义*：一是开启了全面建设社会主义现代化国家新征程的奋斗目标;二是为新时代中国共产党人立起了新的历史坐标,为党和国家各项事业指明了方向、提供了依据;三是实现了马克思主义普遍原理同中国实际相结合的又一次历史性飞跃。

2. 中国特色社会主义理论体系的主要内容

邓小平理论、"三个代表"重要思想、科学发展观和习近平新时代中国特色社会主义思想,是中国特色社会主义理论体系的组成部分,是不同发展阶段所取得的重大成果。这些成果的共同之点,可概括为以下主要内容:*第一,最高原则*。即以人为本,以人民为中心,以人的全面发展为根本目标。一切发展为了人民,一切发展依靠人民,一切发展成果由人民共享。*第二,理论基石*。即解放思想,实事求是。

这是中国特色社会主义理论体系的精髓和核心内容。**第三，基本路线。** 一是"一个中心"，即以经济建设为中心；二是两个基本点，一个基本点是坚持"四项基本原则"，即坚持社会主义道路，坚持人民民主专政，坚持中国共产党的领导，坚持马克思主义和毛泽东思想；另一个基本点是坚持改革开放，这是发展和进步的活力源泉。**第四，总依据总布局总任务。** 总依据是社会主义初级阶段这一最大国情。总布局是统筹推进"五位一体"（经济建设、政治建设、文化建设、社会建设、生态文明建设）的总布局；协调推进"四个全面"（全面建成小康社会、全面深化改革、全面依法治国、全面从严治党）的战略布局。总任务是实现社会主义现代化和中华民族伟大复兴。**第五，发展道路与根本制度。** 即中国特色社会主义道路和制度。主要包括坚持把根本政治制度（人民代表大会制度），基本政治制度（中国共产党领导的多党合作和政治协商制度、民族区域自治制度以及基层群众的自治制度等）、基本经济制度（以公有制为主体，多种所有制共同发展）以及各方面体制机制的具体制度有机结合起来，坚持把国家层面民主制度同基层民主制度结合起来，坚持把党的领导、人民当家做主、依法治国有机结合起来，建立推进发展和进步的根本制度保证。**第六，发展观与发展理念。** 坚持科学发展观和创新、协调、绿色、开放、共享发展新理念。**第七，确保党始终是坚强的领导核心。** 治国必先治党，治党务必从严。必须从各方面加强党的建设。**第八，坚持历史唯物主义和辩证唯物主义的基本原理和方法。** 推进生产力和生产关系、经济基础和上层建筑以及经济、政治、文化、社会和自然与人的全面协调发展；坚持实事求是、坚持群众路线、坚持独立自主、坚持统筹兼顾、坚持实践是检验真理的唯一标准。

3. 中国特色社会主义理论体系的历史地位

中国特色社会主义理论体系的产生和发展，是党和人民历尽千辛万苦、付出各种代价取得的根本成就，其历史地位突出表现在以下方面：**第一，实现了马克思主义中国化的历史性飞跃。** 社会主义诞生500年来，历经多次飞跃。第一次飞跃，是19世纪中叶，马克思和恩格斯完成了空想社会主义向科学社会主义的飞跃。第二次飞跃，是20世纪初，列宁将马克思主义基本原理和方法同俄国具体实际相结合，实现了把科学社会主义学说由理论变成了苏联社会主义制度的飞跃。第三次飞跃，是20世纪中叶，以毛泽东为核心的党的第一代领导集体，将马克思主义的基本原理和方法，同中国革命和建设的具体实际相结合，实现了把科学社会主义学说由理论变成了中国社会主义制度的飞跃。第四次飞跃，则是改革开放以来，以邓小平、江泽民、胡锦涛、习近平为核心各代领导集体，把马克思列宁主义、毛泽东思想同新时代中国实际相结合，开创和发展了中国特色社会主义，实现了马克思主义中国化的又一次飞跃。**第二，创立和发展了实现现代化**

和中华民族伟大复兴的科学理论与指导思想。中华人民共和国成立之初如何建设社会主义,由于没有经验,受国际和国内的复杂因素的影响,只能学习和照搬苏联的一些做法。后来毛泽东开始探寻如何独立自主地走中国自己的发展道路。虽然在理论上也有所建树,但是受"左"的错误影响,片面强调阶级斗争,忽视了生产力发展,结果严重影响了社会主义事业的发展。改革开放以来,邓小平认真总结了中国社会主义建设正反两方面的经验,开创性地提出了中国特色社会主义理论,后经各代党中央领导集体的深化、发展和创新,形成了一整套中国特色社会主义理论体系。实践证明,这是一条实现现代化和中华民族伟大复兴的科学理论。**第三,为人类探寻更好的社会制度提供了中国方案。** 自20世纪80年代以来,资本主义社会矛盾日益激化,经济和社会发展开始走下坡路。越来越多的人认识到走西方发达国家的老路,不是可行选择。改革开放以来,在中国特色社会主义理论指导下,中国所取得的伟大成就、"中国道路""中国模式"吸引了越来越多人的关注。中国特色社会主义道路、理论体系和制度,将为人类探寻更好的社会制度提供了中国方案。

第三节　专题讨论

一、毛泽东思想与中国传统文化[①]

毛泽东思想是马列主义与中国实际相结合的产物,是马列主义在中国的运用和发展。所谓中国实际,首先是指毛泽东自己长期参加、长期领导中国人民进行的富有独创性的丰富的革命实践经验。同时,中国实际也包括中国的历史实际、历史经验及其在中国传统文化中的反映。

●**中国传统文化中带有人民性即民主性和科学性的那些成分,是毛泽东思想的重要来源**　毛泽东首先接受的是中国传统文化的教育,即他自己所说的"六年孔夫子",也就是从1900年到1906年在私塾所受的教育。从1910年秋至1911年春,他就读于湘乡东山高等小学,后来又到长沙的湘乡驻省中学就读。这一时期和在这以后他在北京图书馆自修的一年,以及在湖南一师学习的时期,接触了西方新学。1915年以后,又读到《新青年》,接受陈独秀、胡适提倡的科学、民主、民族救亡、反对封建的新思潮的影响,并曾认真阅读了严复译的八种西方名著,

---

[①] 本专题根据廖盖隆同名文章摘编。原文是作者在1993年12月8日纪念毛泽东诞辰学术讨论会上的发言,1994年12月《光明日报》发表。

摄取了西方新学的精华。他又读了当时改良派和革命派的报刊。这就是毛泽东自己所说的他接受的"资本主义的教育"。毛泽东从1919年到1920年,在陈独秀、李大钊的影响下,逐步理解和接受了马克思主义,并在1920年秋天的10月前后完成从激进民主主义者到马克思主义者、共产主义者的转变。

  有人说,马克思主义的科学社会主义是从外国强行移植于中国的,它在中国传统文化中是没有根基的。这是完全不正确的说法。恰恰相反,中国传统文化中不仅有丰富的民主主义的和社会主义的成分,还有丰富的唯物主义和辩证法的科学成分,这种人民性的即民主主义和科学性的成分,是与马克思主义的科学社会主义相衔接的,马克思主义的科学社会主义在中国传统文化中是有很深的根源的。这种根源就在于,在中国正如欧洲一样,存在剥削制度,存在剥削阶级和被剥削阶级的对立。列宁在1913年写的《关于民族问题的批评意见》一文中说:"每个民族的文化,都有一些民主主义的和社会主义的即使是还不发达的民主成分,因为每个民族都有被剥削的劳动群众,他们的生活条件必然会产生民主主义的和社会主义的意识形态。"[①]也正因此,中国人民才能够那样迅速地接受、热爱和掌握马克思主义,马克思主义才能够在中国迅速地生根、开花、结果。

  中国传统文化中,首先是丰富的民主主义的和社会主义的成分。孔子的《礼运·大同》论述的大同社会思想、墨子的"兼爱""非攻"思想、孟子的"民为贵"思想等,就是我们民族文化中最早的民主主义和社会主义思想。从汉末的黄巾起义(包括张鲁的五斗米道)到清末的太平天国,都打着农民平均主义的社会主义旗帜,这是人所共知的事实。马克思和恩格斯在论述太平天国的文章中,曾转述西方在中国的传教士的话说,欧洲近来流行的社会主义思想,中国很久以前就有了。

  我们民族的传统文化中的唯物主义成分和辩证法成分非常丰富。无论是儒家、墨家、道家、法家、兵家、医家等的经典中,乃至中国旧小说中,都有许多这样的科学性的思想成分。毛泽东曾称赞墨子是"古代辩证法唯物论大家",指出"孔子在认识论上与社会论上的基本的形而上学之外,有它的辩证法的许多因素",孔子的"观念论哲学有一个长处,就是强调主观能动性"。[②] 毛泽东在他的著作中,曾广泛地征引了中国传统文化中这些科学的思想成分。

  毛泽东所说的我们的历史文化遗产中"有许多珍贵品",就是指这些丰富的民主主义的和社会主义的文化成分,以及唯物主义和辩证法的文化成分而言的。

  ●**毛泽东著作从内容到形式都是中华民族的,是富有中国特色的** 中国传统文化中的精华部分是毛泽东思想的重要来源的最好证明,就是毛泽东著作从内

---

  ① 列宁全集:第二十五卷[M].北京:人民出版社,1972:125-126.
  ② 中共中央文献研究室.毛泽东书信选集[M].北京:人民出版社,1983:150.

容到形式都是中华民族的、富有中国特色的。换句话说,毛泽东著作在内容上是包含有我们民族的许多历史经验和智慧的,在形式上则表现在毛泽东著作中洋溢着毛泽东自己所说的"为中国人民大众所喜闻乐见的中国作风和中国气派"。毛泽东著作之所以具有特殊的说服力和非凡的魅力,原因就在这个地方;在这方面可以说,毛泽东是巧妙地把马克思主义的普遍真理同我们民族智慧的精华融为一体了(图10.15)。

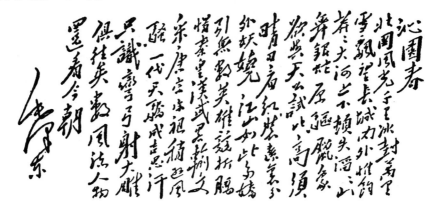

图 10.15 毛泽东《沁园春·雪》手迹

在毛泽东的哲学著作、军事著作和政治著作中,从内容上到形式上,都把马克思主义的普遍真理同中国传统文化的精华紧紧结合在一起。例如他在《论人民民主专政》一文中,用孔子所说的大同社会来解释马克思主义的共产主义社会,说我们将经过人民共和国到达社会主义和共产主义,到达阶级的消灭和世界的大同。他引用出自《汉书·河间献王传》中"实事求是"这句成语来巧妙而正确地概括马克思主义的辩证唯物主义和历史唯物主义的思想路线,而这就是毛泽东思想的主要精髓。他还指出,马克思主义中理论和实践的关系就是儒家学说中知和行的关系;他把中国的"惩前毖后,治病救人""知无不言,言无不尽""言者无罪,闻者足戒""有则改之,无则加勉""任人唯贤,德才兼备"等成语用于建党学说中,使之成为毛泽东建党思想的重要组成部分。因此,就使得这些著作到处闪烁着我们民族的智慧和哲理的光辉,到处表现出中国人民语言的形象生动、比喻丰富、诙谐幽默和具有音乐美的特色,使人越读越想读。读毛泽东著作是一种特殊的享受,使人胸襟开阔,耳聪目明,精神振作,意气风发。

●**毛泽东要求我们有分析有批判地总结和继承发扬我们民族文化的珍贵遗产** 毛泽东指出,除了学习革命理论之外,"学习我们的历史遗产,用马克思主义的方法给以批判的总结,是我们学习的另一任务。我们这个民族有数千年的历史,有它的特点,有它的许多珍贵品,对这些,我们还是小学生。今天的中国是历史的中国的一个发展,我们是马克思主义的历史主义者,我们不应当割断历史。从孔夫子到孙中山,我们应当给以总结,承继这一份珍贵的遗产。这对于指导当前的伟大的运动,是有重要的帮助的。"①

毛泽东在1940年1月所写的《新民主主义论》中,对于如何批判地总结和继承我们民族的文化遗产,作了进一步的阐述。他指出,对中国灿烂的古代文化,要剔除其封建性的糟粕,吸收其民主性的精华;绝不能无批判地兼收并蓄,也不是颂古非今,赞扬任何封建的毒素。

中国古代的民族文化遗产的丰富深邃,是世界上罕见的,并且是人类文明的宝贵财富,它和欧洲古代的希腊罗马文化相比绝不逊色,只是它直到现在还不为世界人民所广泛了解;当然,近代以来,由于资本主义没有得到充分发展,中国在经济上、政治上、文化上是落后了。学习和研究中国的传统文化,吸取其中的许多珍贵品,同时借鉴和吸取外国古代和现代文化中有益的东西,以推进我们当前建设有中国特色的社会主义的事业,并继续发展我们党的革命理论——毛泽东思想和邓小平建设有中国特色的社会主义理论,这就是我们的光荣而艰巨的任务。

●**毛泽东晚年错误同他晚年在对待中国传统文化问题上的失误有关** 我们都知道,毛泽东在从1921年到1957年的37年过程中,在理论上把马克思主义成功地运用于中国并丰富和发展了马克思主义。这种贡献,是同他正确地对待中国传统文化,用马克思主义的立场、观点、方法来批判地总结和继承我们的民族文化遗产分不开的。我们也都知道,毛泽东从1957年起到1976年逝世时共计20年的晚年时期,犯了"左"的错误,这种错误,也是同他晚年在对待中国传统文化问题上的失误分不开的。邓小平1980年10月在《答意大利记者奥琳埃娜·法拉奇问》中说:"毛主席后期有些不健康的思想,就是说有家长制这些封建主义性质的东西。""民主集中制被破坏了,集体领导被破坏了。否则,就不能理解为什么会爆发'文化大革命'"。

毛泽东是伟大的马克思主义者,是伟大的无产阶级革命家、战略家和理论家。虽然他在晚年犯了严重的"左"倾错误,但是正如1981年6月中国共产党中央委员会《关于建国以来党的若干历史问题的决议》所指出:"就他的一生来看,他对中国革命的功绩远远大于他的过失。他的功绩是第一位的,错误是第二位的。他为我们党和中国人民解放军的创立和发展,为中国各族人民的解放事业的胜利,为中华人民和共和国的缔造和中国社会主义事业的发展,建立了永远不可磨灭的功勋。他为世界被压迫民族的解放和人类进步事业作了重大的贡献。"

---

① 毛泽东选集:第二卷[M].北京:人民出版社,1991:533-534.

二、习近平论中国传统文化①

党的十八大以来,习近平就中国传统文化发表了一系列重要讲话,系统深入地阐述了我们党在新的历史时期对传统文化的基本看法。习近平的中国传统文化观是在继承毛泽东的传统文化观基础上的创新和发展。

●**论中国传统文化的历史地位** 习近平指出:五千年的中华文明、绵延数千年之久的中国传统文化,具有十分重要的历史地位和宝贵的社会价值。**第一,中国传统文化是中华民族永远不能离别的精神家园。** 习近平指出,优秀传统文化书籍作为古今中外精华的传世之作,思考和表达了人类生存与发展的根本问题,其智慧光芒穿透历史,思想价值跨越时空,历久弥新,成为人类共有的精神财富。特别是我们中华民族有着五千年的文明史,传统文化中的许多优秀文化典籍蕴涵着做人做事和治国理政的大道理。优秀传统文化可以说是中华民族永远不能离别的精神家园。**第二,中国传统文化是中华民族的精神命脉。** 习近平指出,丢掉传统、丢掉根本,就等于割断了自己的精神命脉。优秀传统文化是一个国家、一个民族传承和发展的根本,如果丢掉了,就割断了精神命脉。只有坚持从历史走向未来,从延续民族文化血脉中开拓前进,我们才能做好今天的事业。**第三,中国传统文化是国家文化软实力的根基与基因。** 习近平指出,中华优秀传统文化是中华民族突出优势,是我们最深厚的文化软实力。中国传统文化中最核心的内容已经成为中华民族最基本的文化基因。这些最基本的文化基因,是中华民族和中国人民在修齐治平、尊时守位、知常达变、开物成务、建功立业过程中逐渐形成有别于其他民族的独特标识。**第四,中国传统文化是涵养社会主义核心价值观的重要源泉。** 习近平指出,一个民族、一个国家的核心价值观必须同这个民族、这个国家的历史文化相契合,同这个民族、这个国家的人民正在进行的奋斗相结合,同这个民族、这个国家需要解决的时代问题相适应。培养和弘扬社会主义核心价值观必须立足于中华优秀传统文化。要把培育和弘扬社会主义核心价值观作为凝魂聚气、强基固本的基本工程,就必须继承和发扬中华优秀传统文化和传统美德,使中华优秀传统文化成为涵养社会主义核心价值观的重要源泉。**第五,中国传统文化是中国国家形象和中华民族伟大复兴的重要支撑和独特标识。** 习近平认为,一个国家、一个民族的强盛,总是以文化的兴盛作为支撑的。中华民族的伟大复兴需要以中国优秀传统文化的发展繁荣为前提条件,这是由中国传统文化的遗传基因决定的。民族文化是一个民族区别于其他民族的独特

---

① 本专题根据张德喜《试论习近平的中国传统文化观》一文摘编。
张德喜.试论习近平的中国传统文化观[J].中国延安干部学院学报,2016,9(5):31-41.

标识。要加强对中华优秀传统文化的挖掘和阐发。**第六，中国传统文化是中国走和平发展道路的重要文化渊源。** 习近平指出，中华民族几千年来形成了兼爱非攻、亲仁善邻、以和为贵、和而不同的理念。中国奉行与邻为善、以邻为伴的周边外交方针，对亚洲繁荣稳定作出了贡献。中国文化有力消除了中国"威胁"论，中国传统文化表明"中国人从骨子底里没有侵略别国的文化基因"。走和平发展道路，是中国对国际社会关注中国发展走向的回应，更是中国人民对实现自身发展目标的自信和自觉。这种自信和自觉，来源于中华文明的深厚渊源。**第七，中国传统文化包含着许多人类文明的生存智慧，为人们认识和改造世界提供了精神财富。** 习近平指出，优秀传统文化书籍作为古今中外精华的传世之作，思考和表达了人生存与发展的根本问题，其智慧光芒穿透历史，思想价值跨越时空，历久弥新，成为人类共有的精神财富。经常接受优秀传统文化熏陶，可以提高人文素养，增强对人与人、人与社会、人与自然关系的认识和把握能力，正确处理义与利、己与他、权与民、物质享受与精神享受等重要关系。

●论中国传统文化的当代价值　**第一，中国传统文化的当代政治价值。** 习近平指出，每个国家和民族的历史传统、文化积淀、基本国情不同，其发展道路必然有着自己的特色，中国特色社会主义植根于中华文化沃土，反映中国人民意愿，适应中国和时代发展进步要求，有着深厚历史渊源和广泛现实基础。独特的文化传统，独特的历史命运，独特的基本国情，注定了我们必然要走适合自己特点的发展道路。**第二，中国传统文化的当代文化价值。** 中国当代文化价值问题，说到底就是体现在建设社会主义文化强国和提高国家文化软实力过程中中国传统文化发挥作用、展示独特魅力、培育和践行社会主义核心价值观的问题。习近平认为，提高国家文化软实力，要努力展示中华文化独特魅力。**第三，中国传统文化的当代精神价值。** 中国传统文化的内涵从精神层面上讲有自强不息的奋斗精神，有知行合一的实践精神，有注重修养的人文精神，有天下兴亡、匹夫有责的担当精神，有追求真理、勇于奉献的牺牲精神，有与时俱进、自强不息的进取精神，有团结互助、尊老爱幼的伦理精神等。习近平指出，实现中国梦，必须弘扬中国精神。用以爱国主义为核心的民族精神和以改革创新为核心的时代精神振奋起全民族的"精气神"。**第四，中国传统文化的当代道德价值。** 中国传统文化的核心精髓是道德。所以，中国传统文化的道德观对于当代道德素质的培育、养成、提高，其价值不可低估、小视。习近平指出，中华传统文化中很多思想理念和道德规范，不论过去还是现在，都有其永不褪色的价值。**第五，中国传统文化为解决当前人类面临的难题提供了很多修身治国的思想精华。** 习近平将这种思想精华归纳为15个方面的思想内涵：一是关于道法自然、天人合一的思想；二是关于天下为公、大同世界的思想；三是关于自强不息、厚德载物的思想；四是关于以民为本、安民富民乐民的思想；五是关于为政以德、政者正也的思想；六是关于苟日新日日新、革故鼎新、与时俱进的思想；七是关于脚踏实地、实事求是的思想；八是关于经世致用、知行合一、躬行实践的思想；九是关于集思广益、博施众利、群策群力的思想；十是关于仁者爱人、以德立人的思想；十一是关于以诚待人、讲信修睦的思想；十二是关于清廉从政、勤勉奉公的思想；十三是关于俭约自守、力戒奢华的思想；十四是关于中和、泰和、求同存异、和而不同、和谐相处的思想；十五是关于安不忘危、存不忘亡、治不忘乱、居安思危的思想等等。他在全国文艺工作座谈会上还将这种精华更简要地归纳为 12 个方面：崇仁爱、重民本、守诚信、讲辩证、尚和合、求大同等思想，以及自强不息、敬业乐群、扶正扬善、扶危济困、见义勇为、孝老爱亲等传统美德。对于中国传统文化中的美学内涵，习近平归纳为"讲求托物言志、寓理于情，讲求言简意赅、凝练节制，讲求形神兼备、意境深远，强调知、情、意、行相统一"。他还强调各级领导干部应向传统文化中学习七道：修身之道、廉政之道、天人之道、用人之道、法治之道、民本之道、义利之道等等。

●**论中国传统文化的继承、弘扬和创新** 第一，**正确认识传统文化同科学社会主义学说与中国特色社会主义的关系。**习近平指出，中国共产党人是马克思主义者，坚持马克思主义的科学学说，坚持和发展中国特色社会主义，但中国共产党人不是历史虚无主义者，也不是文化虚无主义者。我们从来认为，马克思主义基本原理必须同中国具体实际紧密结合起来，应该科学对待民族传统文化，科学对待世界各国文化，用人类创造的一切优秀思想文化成果武装自己。在带领中国人民进行革命、建设、改革的长期历史实践中，中国共产党人始终是中国优秀传统文化的忠实继承者和弘扬者，从孔夫子到孙中山，他们都注意汲取其中积极的养分。**第二，阐发、挖掘中国传统文化，实现对中国传统文化的创造性转化和创新性发展。**习近平指出，要加强对中华优秀传统文化的挖掘和阐发，努力实现中华传统美德的创造性转化、创新性发展，要深入挖掘和阐发中华优秀传统文化讲仁爱、守诚信、崇正义、求大同的时代价值，使中华优秀传统文化成为涵养社会主义核心价值观的重要源泉。要处理好继承和创造性发展的关系，重点做好创造性转化和创新性发展。**第三，领导干部要带头学习和弘扬中国优秀传统文化。**习近平指出，领导干部学习历史，要学习中国历史，了解和懂得自古以来中国人民创造的灿烂历史文化，从中汲取有益于加强修养、做好工作的智慧和营养。各种文史知识，中国优秀传统文化，领导干部也要学习，以学益智，以学修身。中国传统文化博大精深，学习和掌握其中的各种思想精华，对树立正确的世界观、人生观、价值观很有益处。**第四，加大正面宣传力度，充分展示中国优秀传统文化独特魅力。**习近平指出，对中国人民和中华民族的优秀文化和光荣历史，要加大正面宣传力度,通过学校教育、理论研究、历史研究、影视作品、文学作品等多种方式,加强爱国主义、集体主义、社会主义教育,引导中国人民树立和坚持正确的历史观、民族观、国家观、文化观,增强做中国人的骨气和底气。**第五,坚持对中国传统文化去粗取精、去伪存真、古为今用、推陈出新、以古鉴今的方针。**习近平指出,我们不仅要了解中国的历史和文化,还要睁眼看世界,了解世界上不同民族的历史文化,去其糟粕,取其精华,从中获得启发,为我所用。对待历史文化特别是先人传承下来的道德规范,要坚持古为今用、推陈出新,有鉴别地加以对待,有扬弃地予以继承。坚持古为今用、去粗取精、去伪存真、因势利导、深入研究,使其在新时代下发挥积极作用。对存在合理内核,又具有旧时代要素的内容,要取其精华、去其糟粕。对明显不符合当今时代要求的内容,要加以扬弃。我们要增强文化自觉和文化自信,那种热衷于"去思想化""去价值化""去历史化""去中国化""去主流化"那一套,绝对是没有前途的。传承中华文化,绝不是简单复古,也不是盲目排外,而是古为今用、洋为中用,辩证取舍、推陈出新,摒弃消极因素,继承积极思想,以古人之规矩,开自己之生面,实现中华文化的创造性转化和创新性发展。

附:近代后期和现当代文化大事年表

近代后期文化大事年表

1915 年

民国四年 ●1月18日,日本政府向北洋政府提出"二十一条"。5月9日,北洋政府正式承认"二十一条"。●中国科学社在美国康奈尔大学创刊《**科学**》月刊,**为近代历史最久、影响最大的科学期刊**。●陈独秀创办的《**青年杂志**》在上海出版(第二卷起,易名为《**新青年**》(图 10.16),在北京出版),标志着新文化运动的兴起。●云南护国军成立,蔡锷等人宣布云南独立。●袁世凯称帝。

图 10.16 《**新青年**》1919 年 5 月马克思主义研究专号

1916 年

民国五年 ●云南军政府成立,护国战争爆发。●袁世凯死,黎元洪代理大总统,宣布遵守《临时约法》。

1917 年

民国六年 ●张勋复辟。●孙中山在广州组织护法军政府,他当选为中华民国军政府大元帅。●冯国璋代理总统。●俄国发生十月社会主义革命。

1918 年

民国七年 ●1月,《新青年》第4卷第1号出版,开始采用白话与新式标点符号。●鲁迅的第一篇白话小说《狂人日记》在《新青年》上发表,鲁迅这一笔名第一次问世。●《新青年》发表李大钊《**庶民的胜利**》和《**布尔什维克的胜利**》,为中国最早的马克思列宁主义文献。

近代后期文化大事年表

1919 年

民国八年 ●"五四运动"爆发(图 10.17),标志着新民主主义革命的开始。●周恩来等人在天津发起成立"觉悟社"。●上海工人举行大罢工,**中国工人阶级开始登上历史舞台**。●孙中山改组中华革命党为中国国民党。●詹天佑(1861—1919 年)卒。号眷诚,生于广东南海。曾主持设计建造滦河大桥、京张铁路。

1920 年

民国九年 ●3 月,胡适的《**尝试集**》出版,**这是"五四"新文化运动时期第一部白话新诗集**。●同月,李大钊在北大发起组织"马克思主义研究会"。●陈望道翻译的《共产党宣言》第一本中文全译本由上海社会主义研究室出版。●周恩来等 400 余人赴法勤工俭学。

图 10.17 "五四运动"时北京学生在街头演讲

1921 年

民国十年 ●1 月,沈雁冰等人在北京成立文学研究会。●7 月,中国共产党第一次全国代表大会在上海召开,与会代表 13 人。●7 月,郭沫若等人在东京成立创造社,8 月,郭沫若的代表作《女神》由泰东书局出版。●9 月,人民出版社创立。●陈嘉庚创办的厦门大学设报学系,**为中国人开办的第一个高等新闻教育专业**,该校又设历史社会学系,**为中国人自办的大学设立社会学之始**。

1922 年

民国十一年 ●北京政府公布"壬戌学制",学习美国的"六三三学制",一直沿用到中华人民共和国成立后。●国际奥委会选出王廷为中国委员,中国与国际奥委会由此正式建立联系。

1923 年

民国十二年 ●中国无线电公司广播电台成立,并于 1 月 23 日晚首次播音。**为国内第一座广播电台**。●京汉铁路工人总罢工,"二七惨案"发生。●印度诗人泰戈尔来华。●鲁迅著《**中国小说史略**》印行,**为中国首部小说史专著**。

1924 年

民国十三年 ●中国国民党"一大"在广州召开。第一次国共合作形成。

1925 年

民国十四年 ●孙中山(1866—1925 年)逝世。名文,号逸仙,广东香山人,提出三民主义,创建中华民国。●侯德榜生产的纯碱在 1925 年美国费城万国博览会上获金质奖章。●"五卅运动"爆发。

1926 年

民国十五年 ●"三一八"惨案发生。●北伐战争开始。

1927 年

民国十六年 ●上海工人举行第三次武装起义。●蒋介石发动"四一二"政变(图 10.18)。●中国共产党发动南昌起义和秋收起义。

1928 年

民国十七年 ●全国人口统计数字发表,为 4.85 亿人。●毛泽东、朱德会师井冈山,创建了井冈山革命根据地。●胡适《白话文学史》(上册)出版。

图 10.18 自左起:蒋介石、宋子文、孔祥熙、陈果夫

续表

近代后期文化大事年表

1929 年
民国十八年 ●中央研究院地质研究所裴文中在北京山顶洞发现"北京人"完整的头盖骨,引起全世界科学家的重视。●华罗庚发表第一篇数学论文《苏家驹之代数的五次方程不能成立的理由》,后华罗庚成为中国解析数论、典型群、矩阵几何学、自守函数论与多复变函数论的创立者和开拓者。●数学家陈建功在日本写成**《三角级数论》,为世界上最早的三角级数论专著之一**。

1930 年
民国十九年 ●蒋、冯、阎、桂"中原大战"爆发,蒋胜,为国民党统治时期规模最大的军阀混战。●**明星影片公司与法国百代公司合作开拍了中国第一部有声故事片《红牡丹》**。

1931 年
民国二十年 ●日本入侵东北,"九一八事变"发生。●徐志摩遇难(1896—1931 年),浙江海宁人。有《徐志摩选集》等。●**上海《时报》刊载三色套印"威尼斯图",为亚洲第一张三色套印报纸**。●第十届奥林匹克运动会在美国洛杉矶举行,**教练员宋君复、运动员刘长春首次代表中国参赛**。

1933 年
民国二十二年 ●聂耳、任光等人在上海成立了中国新兴音乐研究会。● 2 月,英国作家萧伯纳抵上海,会见宋庆龄、鲁迅、林语堂等。●数学家熊庆来获法国国家理学博士学位,**他所定义的函数无穷极在国际上称"熊氏无穷极"**。

1934 年
民国二十三年 ●伪"满洲国"称"满洲帝国",溥仪即帝位,年号康德。●春,在上海成立"中国左翼戏剧家联盟音乐小组"。这期间,任光创作了《渔光曲》,聂耳创作了《义勇军进行曲》。

1935 年
民国二十四年 ●"华北事变"发生。●著名编导蔡楚生编剧的**《渔光曲》**在 1935 年莫斯科国际电影节上获"荣誉奖",**是中国获得国际奖的第一部影片**。

1936 年
民国二十五年 ●鲁迅(1881—1936 年)逝世。鲁迅原名周树人,字豫才,浙江绍兴人。一生著述极丰,有《狂人日记》《阿Q正传》等。●红军一、二、四方面军在甘肃会宁会师,胜利结束了二万五千里长征。●西安事变发生(图 10.19)。

图 10.19 西安事变时的张学良

1937 年
民国二十六年 ●毛泽东写成《实践论》《矛盾论》。●李达《社会学大纲》一书出版,它是一部系统阐述马克思主义哲学的著作,在中国哲学发展史上占有十分重要的地位,**为中国人自己写的第一部马克思主义哲学教科书**。●"卢沟桥事变"发生(又称"七七事变")。●中国工农红军主力正式改编为八路军。●由茅以升设计并主持建造的**中国第一座铁路、公路两用双层大桥钱塘江大桥建成通车**。●南方红军改编为新四军。

1939 年
民国二十八年 ●英国洛特莱吉书局出版中国社会学家费孝通的博士论文《江村经济》。●物理学家钱学森在美国与其导师、近代力学奠基人卡门共同创立壳体非线性稳定性理论,并共同提出高超声速流的概念,命名为**卡门—钱学森公式**。

续表

近代后期文化大事年表

1940 年
民国二十九年 ●毛泽东在延安《中国文化》创刊号发表《新民主主义论》。●物理学家钱伟长在美国提出弹性板壳的内禀统一理论。

1941 年
民国三十年。●皖南事变发生。

1942 年
民国三十一年 ●延安文艺整风运动开始。●毛泽东发表《在延安文艺座谈会上的讲话》(图 10.20) ●病毒学家黄祯祥在美国哥伦比亚大学发现定量测定病毒及抗体的体外方法,**首创病毒体外培养法新技术,被誉为"当代医学病毒学之父"**。●陈独秀(1879—1942 年)卒。字仲甫,安徽怀宁人。"五四"新文化运动领袖人物。著有《独秀文存》等。

图 10.20　1942 年毛泽东在延安文艺座谈会上

1944 年
民国三十三年 ●**物理学家钱三强首先得出了低能电子的射程与能量关系的曲线。同时,他还发现了轴核三裂变的现象。**

1945 年
民国三十四年 ●抗日战争胜利。台湾重归中国版图。●**《白毛女》(图 10.21)在延安演出,为解放区第一部大型歌剧。**●国共双方代表在重庆签订《国共代表会谈纪要》(即"双十协定")。●"一二·一"昆明惨案发生。●英国科学家李约瑟出版《中国科学技术史》。

图 10.21　《白毛女》剧照
(田华饰喜儿,陈强饰黄世仁)

1948 年
民国三十七年 ●辽沈战役,东北解放。●平津战役,北平和平解放。●**华艺影片公司制成故事片《生死恨》,为中国首部彩色影片。**

现当代文化大事年表

1949 年
●3 月 25 日,延安新华广播电台开始在北平播音,12 月 5 日定名为中央人民广播电台。●10 月 1 日,中华人民共和国成立(图 10.22)。●11 月 1 日,中国科学院正式成立。

1950 年
●6 月 30 日,《中华人民共和国土地改革法》公布施行。到 1953 年,土改在全国大陆基本完成。●10 月 19 日,中国人民志愿军入朝作战,1953 年 7 月 27 日签订《关于朝鲜军事停战的协定》。

图 10.22　1949 年 10 月 1 日毛泽东在天安门宣告中华人民共和国成立

1951 年
●9 月 20 日至 30 日,中共中央召开全国第一次互助合作会议,通过《关于农业生产互助合作的决议(草案)》,1953 年通过为正式决议。

续表

现当代文化大事年表

1952 年
● 6月中旬至9月下旬,全国高等学校进行院系调整。● 6月20日至24日,中华全国体育总会成立大会召开。

1953 年
● 1月1日,中国开始执行发展国民经济的第一个五年计划。● 10月,中华人民共和国第一部彩色电影片《梁山伯与祝英台》由上海电影制片厂拍摄完成。

1954 年
● 9月15日至28日,第一届全国人民代表大会第一次会议召开,并通过《中华人民共和国宪法》。● 12月25日,康藏公路、青藏公路同时全线通车。

1955 年
● 4月18日至24日,周恩来率中国代表团出席在印度尼西亚万隆召开的有29个国家参加的亚非会议。● 8月31日,国务院发布《中国科学院科学奖金暂行条例》,1957年中国科学院举行1956年科学奖金(自然科学部分)授奖仪式。华罗庚、吴文俊和钱学森获一等奖。

1956 年
● 2月9日,中国文字改革委员发布《汉语拼音方案(草案)》。● 9月15日至27日,中国共产党第八次全国代表大会举行。大会宣布社会主义改造已取得决定性胜利,社会主义社会制度在中国已经基本建立起来。

1957 年
● 2月27日,毛泽东在最高国务会议第十一次扩大会议上发表《关于正确处理人民内部矛盾的问题》的讲话。● 3月1日,中国农业科学院成立。● 10月15日,武汉长江大桥建成通车。

1958 年
● 9月2日,中国第一座电视台——北京电视台正式开播。1978年5月1日改称中央电视台。

1959 年
● 8月底,人民大会堂、中国历史博物馆、中国人民军事博物馆、北京火车站等首都"十大建筑"相继建成。● 9月3日至10月3日,第一届全国运动会在北京举行。● 11月1日,第一拖拉机制造厂在河南洛阳建成投产。

1960 年
● 4月,中华人民共和国自行设计、建造的第一座大型水电站——新安江水电站第一台机组开始发电。● 9月,黄河三门峡水利枢纽工程建成蓄水。1978年底,三门峡水利枢纽改建工程竣工。

1961 年
● 7月16日,中共中央作出《关于加强原子能工业建设若干问题的决定》,决定组织力量,突破原子能技术。

1962 年
● 1月11日—2月7日,中共中央召开扩大的工作会议(即七千人大会),总结经验,统一认识,强调加强民主集中制,切实贯彻调整国民经济的方针,迅速扭转国民经济困难的局面。● 5月22日,中国影协举行首届大众电影"百花奖"颁奖大会。● 6月,1.2万吨自由锻造水压机在上海研制成功。

续表

现当代文化大事年表

1963 年
● 1 月 2 日,上海市第六人民医院为一位右手完全断离的病人成功实施世界首例断肢再植手术。● 3 月 5 日,《人民日报》发表毛泽东"向雷锋同志学习"的题词。全国掀起学习雷锋先进事迹的热潮。

1964 年
● 10 月 2 日,为庆祝中华人民共和国成立 15 周年,大型音乐舞蹈史诗《东方红》在人民大会堂正式演出。● 10 月 16 日,中国第一颗原子弹爆炸成功。

1965 年
● 9 月 17 日,中国在世界上首次人工合成牛胰岛素。

1966 年
● 3 月 8 日、22 日,河北邢台地区相继发生里氏 6.8 级和 7.2 级强烈地震。● 8 月 1 日至 12 日,中共八届十一中全会召开,通过《中国共产党中央委员会关于无产阶级文化大革命的决定》。"文化大革命"历经 10 年,使党、国家和人民遭到最严重的挫折和损失。● 10 月 27 日,中国第一颗装有核弹头的地地导弹飞行爆炸成功。

1967 年
● 6 月 17 日中国第一颗氢弹试验成功。

1968 年
● 6 月,河北满城汉墓出土了西汉中山靖王刘胜及其妻窦绾的两套金缕玉衣和大批珍贵文物。

1969 年
● 10 月 7 日,中华人民共和国第一套全自动长途电话设备诞生。● 10 月,中华人民共和国第一条地下铁道线路(北京火车站至石景山区苹果园)建成。

1970 年
● 4 月 24 日,中国第一颗人造地球卫星发射成功。● 7 月 1 日,成昆铁路(成都至昆明)建成通车。● 12 月 25 日,中共中央批准兴建长江葛洲坝水利枢纽工程。1988 年 12 月建成。

1971 年
● 9 月 13 日,林彪、叶群等人叛国外逃。● 10 月 25 日,第二十六届联合国大会以压倒多数通过恢复中华人民共和国在联合国的一切合法权利。

1972 年
● 2 月 21 日至 28 日,美国总统尼克松访问中国。并于 2 月 28 日,中美双方在上海发表了《联合公报》。● 7 月,湖南省长沙市郊的马王堆出土一座距今 2100 多年的西汉早期墓葬。

1973 年
● 8 月 26 日,中国第一台每秒钟运算 100 万次的集成电路电子计算机在北京试制成功。● 中国杂交水稻科研协作组的袁隆平等人,在世界上首次培育成功杂交稻。

1974 年
● 7 月,中国考古工作者开始对陕西临潼县秦始皇陵东侧的秦代兵马俑坑进行发掘工作。● 8 月 1 日,中央军委发布命令,将中国自行设计制造的第一艘核潜艇命名为"长征一号",正式编入海军战斗序列。● 9 月 15 日,黄河青铜峡水利枢纽工程基本建成。● 9 月 29 日,胜利油田在山东渤海湾地区建成。

续表

现当代文化大事年表

1975年
- 2月4日,中国当时发电能力最大的水力发电站——刘家峡水电站建成发电。● 7月1日,中华人民共和国第一条电气化铁路——宝成铁路(宝鸡至成都)建成通车。● 11月26日,中国成功发射一颗返回式遥感人造地球卫星。

1976年
- 1月8日,周恩来逝世。● 6月6日,中国第一座10万吨级现代化的深水油港——大连新港建成。● 7月6日,朱德逝世。● 7月28日,河北省唐山、丰南地区发生里氏7.8级强烈地震。● 9月9日,毛泽东逝世。● 10月6日,中共中央政治局执行党和人民的意志,一举粉碎"四人帮"。

1977年
- 9月18日,中央作出恢复技术职称的决定。中国科学院决定分别晋升陈景润、杨乐、张广厚的职称。● 10月12日,国务院决定从本年起恢复"文化大革命"中被废弃的高考制度。

1978年
- 3月18日至31日,全国科学大会召开,邓小平在开幕词中强调科学技术是生产力,指出为社会主义服务的脑力劳动者是劳动人民的一部分。● 12月16日,《中美建交公报》发表。同日,美国宣布断绝同台湾的外交关系。● 12月18日,中共十一届三中全会在北京召开。全会作出把党和国家工作重点转移到经济建设上来,以及改革开放的历史性决策。● 12月23日,上海宝山钢铁总厂举行动工典礼。● 12月28日,国务院决定在全国恢复和增设169所普通高等学校。

1979年
- 1月1日,《中华人民共和国全国人民代表大会常务委员会告台湾同胞书》正式发表,郑重宣布和平统一祖国的大政方针。● 10月30日至11月16日,中国文学艺术工作者第四次代表大会召开。

1980年
- 12月3日,中共中央、国务院发出《关于普及小学教育若干问题决定》,要求在80年代全国基本实现普及小学教育,有条件的地方进而普及初中教育。

1981年
- 6月27日至29日,中共十一届六中全会召开,通过中国共产党中央委员会《关于建国以来党的若干历史问题的决议》。● 9月20日,中国首次用一枚运载火箭发射三颗卫星。● 12月3日,中国第一个生产彩色显像管的现代化大型企业——陕西显像管厂正式投产。

1982年
- 9月1日至11日,中国共产党第十二次全国代表大会举行。邓小平在开幕词中提出:建设有中国特色的社会主义。● 11月26日至12月10日,第五届全国人大五次会议召开,通过新的《中华人民共和国宪法》。

1983年
- 4月5日,中国人民武装警察部队总部成立。● 10月1日,邓小平为景山学校题词:教育要面向现代化,面向世界,面向未来。

1984年
- 9月26日,中英两国政府在北京草签关于香港问题的联合声明,确认中国政府于1997年7月1日对香港恢复行使主权。

续表

现当代文化大事年表

1985 年
● 2 月 15 日,中国第一个南极科学考察站——中国南极长城站胜利建成,标志着中国南极科学考察进入了一个新阶段。● 3 月 13 日,中共中央发出《关于科学技术体制改革的决定》。

1986 年
● 1 月 8 日,中国第二汽车制造厂在湖北省十堰市建成投产。● 3 月 3 日,著名科学家王大珩、王淦昌、陈芳允、杨嘉墀上书中共中央,提出发展高技术的建议。● 11 月 18 日,中共中央、国务院转发《高技术研究发展计划纲要》。高技术研究发展计划后被称为"863"计划。

1987 年
● 10 月 25 日,中国共产党第十三次全国代表大会在北京召开,大会阐述了社会主义初级阶段的理论,提出了党在社会主义初级阶段的"一个中心、两个基本点"的基本路线,制定了到 21 世纪中叶分三步走、实现现代化的发展战略。

1988 年
● 9 月 5 日,邓小平在会见外宾时提出"科学技术是第一生产力"的重要论断。● 9 月 14 日至 27 日,中国自行研制的导弹核潜艇在东海海域进行水下发射运载火箭试验并取得成功。● 10 月 16 日,中国第一座高能加速器——北京正负电子对撞机首次对撞成功。

1989 年
● 9 月 29 日,庆祝中华人民共和国成立 40 周年大会举行,江泽民发表讲话,全面阐述邓小平关于建设有中国特色的社会主义理论的指导意义。

1990 年
● 3 月 20 日至 4 月 4 日,七届全国人大三次会议召开,通过《关于设立香港特别行政区的决定》《中华人民共和国香港特别行政区基本法》等。● 9 月 1 日,中国大陆兴建最早的高速公路——沈大高速公路(沈阳至大连)正式通车。● 9 月 22 日至 10 月 7 日,第十一届亚洲运动会在北京举行。

1991 年
● 7 月 1 日,中共中央举行庆祝中国共产党成立 70 周年大会,江泽民发表讲话,阐述了建设中国特色社会主义的经济、政治、文化的基本特征和主要内容。● 12 月 15 日,秦山核电站并网发电。● 12 月 16 日,海峡两岸关系协会成立。海峡两岸在两岸事务性商谈中达成"九二共识"。

1992 年
● 1 月 18 日至 2 月 21 日,邓小平视察武昌、深圳、珠海、上海等地并发表谈话。● 3 月 8 日,国务院颁布《国家中长期科学技术发展纲领》。● 12 月 1 日,新亚欧大陆桥(江苏连云港至荷兰鹿特丹铁路线)开通运营,全程 1.09 万千米。

1993 年
● 7 月 1 日,国家教委发出《关于重点建设一批高等学校和重点学科点的若干意见》。● 8 月 12 日,《中国大百科全书》除索引卷外,全部出齐。● 12 月 26 日,毛泽东诞辰一百周年纪念大会举行。江泽民发表讲话,高度评价毛泽东思想的重要地位。

1994 年
● 2 月 1 日,广东大亚湾核电站一号机组投入商业运行。● 3 月 25 日,国务院常务会议通过《中国 21 世纪议程(草案)》,确定实施可持续发展战略。● 6 月 3 日,中国工程院成立。

续表
现当代文化大事年表

1995 年
● 5 月 6 日,中共中央、国务院作出《关于加速科学技术进步的决定》,提出实施科教兴国战略。● 9 月 4 日至 15 日,联合国第四次世界妇女大会在北京举行。● 11 月 16 日,京九铁路全线铺通。

1996 年
● 10 月 7 日,中央发布《中共中央关于加强社会主义精神文明建设若干重要问题的决议》● 12 月 9 日,全国卫生工作会议召开。

1997 年
● 2 月 19 日,邓小平逝世。● 3 月 18 日,南昆铁路(南宁至昆明)全线铺通。● 6 月 30 日午夜至 7 月 1 日凌晨,中英两国政府香港政权交接仪式在香港举行,宣告中国政府对香港恢复行使主权,中华人民共和国香港特别行政区成立。

1998 年
● 6 月中旬至 9 月上旬,中国南方特别是长江流域及北方的嫩江、松花江流域出现历史上罕见的特大洪灾。

1999 年
● 9 月 18 日,中共中央、国务院、中央军委举行大会,隆重表彰为研制"两弹一星"作出突出贡献的科学专家。● 11 月 20 日,中国第一艘载人航天试验飞船"神舟"号发射成功。● 12 月 20 日,中国政府对澳门恢复行使主权。

2000 年
● 2 月 20 日至 25 日,江泽民在广东考察工作时,提出"三个代表"重要思想。● 9 月 15 日至 10 月 1 日,中国体育代表团在澳大利亚悉尼举行的第二十七届奥运会上获金牌榜和奖牌榜第三名。● 11 月 9 日,夏商周断代工程提出的新《夏商周年表》正式公布,把中国历史纪年由西周晚期的共和元年即公元前 841 年向前延伸了 1200 多年。

2001 年
● 2 月 19 日,中共中央、国务院举行国家科学技术奖励大会,授予吴文俊、袁隆平 2000 年度国家最高科学技术奖。● 12 月 11 日,中国正式成为世界贸易组织成员,标志着中国对外开放进入新的阶段。

2002 年
● 8 月 24 日国务院作出《关于大力推进职业教育改革与发展的决定》。● 10 月 19 日,中共中央、国务院发出《关于进一步加强农村卫生工作的决定》。

2003 年
● 7 月 28 日,胡锦涛在全国防治非典工作会议上发表讲话,提出要坚持全面的发展观。● 8 月 28 日至 9 月 1 日,胡锦涛在江西考察工作时提出要牢固树立协调发展、全面发展、可持续发展的科学发展观。● 10 月 15 日至 16 日,"神舟五号"载人飞船成功着陆,中国成为第三个载人航天国家。

2004 年
● 8 月 22 日,邓小平诞辰一百周年纪念大会举行。胡锦涛发表讲话,全面阐述了邓小平理论和"三个代表"重要思想的指导意义。● 12 月 30 日,西气东输工程(新疆轮南至上海)全线建成并正式运营。

续表

现当代文化大事年表

2005 年
● 1 月 18 日,中国南极内陆冰盖昆仑科考队确认找到南极内陆冰盖的最高点,这是人类首次登上南极内陆冰盖最高点。● 12 月 29 日,十届全国人大常委会第十九次会议决定自 2006 年 1 月 1 日起,废止第一届全国人大常委会于 1958 年 6 月 3 日通过的《中华人民共和国农业税条例》。● 12 月 31 日,中共中央、国务院发出《关于推进社会主义新农村建设的若干意见》。

2006 年
● 1 月 26 日,中共中央、国务院作出《关于实施科技规划纲要增强自主创新能力的决定》。● 7 月 1 日,青藏铁路全线建成通车。

2007 年
● 5 月 3 日,在渤海湾滩海地区发现储量规模 10 亿吨的冀东南堡油田。● 10 月 15 日至 21 日,中国共产党第十七次全国代表大会举行。大会通过关于《中国共产党章程(修正案)》的决议,将科学发展观写入党章。● 10 月 24 日,中国第一颗绕月探测卫星——"嫦娥一号"发射成功并进入预定地球轨道。

2008 年
● 5 月 12 日,四川汶川发生里氏 8 级特大地震,造成 69227 人遇难,17923 人失踪,受灾群众 1510 万人。● 8 月 8 日至 24 日和 9 月 6 日至 17 日,北京成功举办第二十九届奥运会和第十三届残奥会。● 9 月 16 日,中国首台超百万亿次超级计算机曙光 5000A 在天津下线。● 9 月 25 日至 28 日,"神舟七号"载人航天飞行获得圆满成功。中国航天员首次实施空间出舱活动。

2009 年
● 3 月 17 日,中共中央、国务院发布《关于深化医药卫生体制改革的意见》。

2010 年
● 5 月 1 日至 10 月 31 日期间,第 41 届世界博览会在上海市举行。● 中国 GDP 超过日本,成为世界第二大经济体。

2011 年
● 10 月,中国计划发射"天宫一号"目标飞行器、中国第一个火星探测器"萤火一号"和中国首台太空望远镜。

2012 年
● 6 月 27 日,"蛟龙号"载人潜水器最大下潜深度达到 7062 米,实现了中国深海装备和深海技术的重大突破。● 9 月 25 日,中国第一艘航空母舰辽宁舰正式交付海军。● 10 月 11 日,莫言获 2012 年诺贝尔文学奖。

2013 年
● 10 月,屠呦呦获得诺贝尔生理学或医学奖。● 12 月 14 日,"嫦娥三号"在月球正面实现软着陆,实现月球车漫步。

2014 年
● 2 月 28 日,中央发布《深化文化体制改革实施方案》。● 3 月 24 日,中石化页岩气勘探开发取得重大突破。● 10 月 14 日,习近平在文艺座谈会上发表重要讲话。● 11 月 19 日至 21 日,首届世界互联网大会在千年古镇浙江乌镇举行。

续表

现当代文化大事年表

2015 年
● 3 月,习近平在出席博鳌亚洲论坛时详细阐述了"一带一路"倡议。● 9 月 20 日,"长征六号"首飞,成功将 20 颗微小卫星送入太空。● 10 月 29 日,十八届五中全会审议通过《中共中央关于制定国民经济和社会发展第十三个五年计划的建议》,并提出必须贯彻落实创新、协调、绿色、开放、共享五大发展理念。

2016 年
● 7 月 1 日,习近平在庆祝中国共产党成立 95 周年大会上发表重要讲话。● 8 月 16 日,中国研制的世界首颗量子科学实验卫星"墨子号"成功发射。● 9 月 25 日,500 米口径球面射电望远镜(FAST)落成启用。● 10 月 19 日,"神舟十一号"载人飞船与"天宫二号"空间实验室成功对接。

2017 年
● 5 月 3 日,中国研制的"世界首台"量子计算机诞生。● 5 月 5 日,中国自主研制的新一代大型客机 C919 在上海浦东机场起飞。● 6 月 15 日,中国第一颗卫星太空望远镜——X 射线天文卫星成功发射。● 10 月 18 日至 10 月 24 日,中国共产党十九次全国代表大会在北京召开。大会通过《中国共产党章程(修正案)》的决议,将习近平新时代中国特色社会主义思想正式写入中国共产党章程。

【思考与讨论】

1. "五四运动"的基本精神和历史意义是什么?
2. 毛泽东思想主要有哪些内容?毛泽东思想与中国传统文化有何关系?
3. 中国特色社会主义理论体系主要有哪些内容?有何历史地位?
4. 什么是习近平新时代中国特色社会主义思想?
5. 中国现当代文化的发展趋势与特点是什么?你怎样看当代文化转型的种种表现?
6. 习近平如何看待中国传统文化的当代价值?
7. 联系现实,讨论精英文化与大众文化的异同,并举例说明各自存在的必要性。

第十一章 文化遗产的保护与传承

中国文化历程,就是中国文化遗产不断保护传承、丰富发展的过程。文化作为一个国家的核心软实力,越来越彰显出它影响经济和社会发展的先导意义与基础性作用。保护传承文化遗产已成为当代世界各国面临的一项十分重要而紧迫的使命。习近平总书记在中共中央十九大报告中指出,要加强文物保护利用和文化遗产保护传承。为了切实做好中国文化遗产的保护传承工作,中国政府采取了一系列政策措施,并取得卓越成就。本章介绍了保护文化遗产主要国际公约的基本内容,着重讨论了中国物质文化遗产和非物质文化遗产保护传承的现状与对策。

第一节 国际保护文化遗产概述

"遗产"作为一个法律概念,本指死者留下来的物质和精神财产,它只涉及家庭代际关系。后来,"遗产"由家庭代际关系扩大为社会代际关系,也指历史上遗留下来的各种社会物质财富和精神财富。广义而言,人类所有物质的、精神的财富都是文化遗产。但本章所讲的文化遗产是一种狭义的文化遗产,专指由联合国教科文组织以及各国政府所规定的必须依法保护的两类文化遗产:一类是物质文化遗产;一类是非物质文化遗产。做好这些文化遗产的保护与传承工作,具有导向和示范意义,有助于对其他一切有价值的人类遗产的保护与传承。

一、物质文化遗产和非物质文化遗产的联系与区别

"文化遗产"不是一个固定不变的概念。它不仅有广义和狭义的各种理解,而且它的含义随着社会发展和人们认识的提高而不断变化。20世纪下半叶,人

们关注的文化遗产主要指"有形文化遗产",或称"文物",或称"物质文化遗产"。它的最显著的特点在于,它是历史遗留下来的有艺术性和价值性,其本身就是实体物性的无法再生的"文化遗产"。21世纪以来,人们关注文化遗产的重点不仅是物质文化遗产,还增加了一类"非物质文化遗产",或称"无形文化遗产"。它的显著特点在于,它不仅有历史的艺术性和价值性,而且自身是历史遗留下来的非实体物性并且现在还"活着"的"文化遗产"。

物质文化遗产和非物质文化遗产的联系与区别一直是困扰人们对文化遗产认识的一个问题。原因是联合国教科文组织关于非物质文化遗产的定义中除了语言、文学、音乐、舞蹈、游戏、神话、礼仪、习惯、手工艺、建筑术及其他艺术等非实体物性的遗产外,还有"相关的工具、实物、手工艺品和文化场所"等实体物性的遗产。因此,仅从物质性是难以完全说清什么是物质文化遗产和非物质文化遗产的。这两者的联系是清楚的:一是它们都是历史留存下来的"遗产";二是都具有普遍的艺术性和价值性;三是都与"物"和"非物"有一定联系。因为世界上不存在绝对抽象的"物"和"非物"。它们的区别在于:**第一,要看其本身的性质主要是"物性"的还是"非物性"的。**如"古琴",作为遗产评判对象主体"古琴"而言,其本身主要是"物性"的,因此它是"物质文化遗产";而"古琴的曲谱""制作工艺"等,作为遗产评判对象主体的古琴的曲谱与制作工艺,其本身主要是"非物性"的,因此是"非物质文化遗产"。建筑物与建筑术、铜鼓与铜鼓艺术等都是如此。对物质文化遗产的评价、认定、传承要以实体物性遗产对象为主;对非物质文化遗产的评价、认定、传承要以非实体物性遗产对象为主。两者不能混为一谈。**第二,非物质文化遗产是"活着"的并还在人们生产生活中"实践"着的文化遗产。**2003年教科文组织《关于建立国家"活的文化财富"保护大纲》指出,非物质文化遗产,或活的文化财富,是指被共同体和群体认为是人们文化遗产组成部分的实践和表现形式,也包括相关的知识、技能和价值体系。这类遗产代代传承,并且大部分是口头传统。它们为适应社会环境和文化环境的变化而不断地被创新,它提供了个体、群体和社区的认同感和连续性,成为可持续发展的保证。正是由于这一特点,保护、传承非物质文化遗产对推进当代经济、社会、文化发展具有更直接和更现实的意义。

二、国际保护物质文化遗产公约概述

国际保护物质文化遗产公约是1972年11月16日,联合国教科文组织大会第17届会议在巴黎通过的《保护世界文化和自然遗产公约》(以下简称《1972年公约》)。中国是该公约的缔约国。在1978年世界遗产委员会第二届大会上确定了世界遗产标志(图11.1和图11.2)。该公约所定义的"文化遗产"和"自然遗产"是典型的"物质文化遗产"或"有形文化遗产"。这类有形的物质文化遗产还包括"文化与自然双重遗产"和"文化景观遗产"。下面首先介绍《1972年公约》的基本内容。

图11.1 世界遗产标志　　图11.2 中国世界遗产标志

●**提出保护文化和自然遗产国际公约的背景**　《1972年公约》指出,之所以制定保护世界文化和自然遗产公约是因为:*第一,遭遇破坏*。文化和自然遗产正在遭遇前所未有的破坏和威胁。一方面因年久腐变而损坏,另一方面因社会和经济条件使情况恶化,造成更加难以对付的破坏。*第二,无力保护*。一些国家对这些文化遗产保护不力,或不具备充足的经济、科学和技术力量来保护。*第三,缺乏保护制度*。有些文化和自然遗产具有突出的重要性,因此需要作为人类世界遗产,通过国际性公约等法规形式,建立根据现代科学办法制定的永久性和有效的保护制度。

●**《1972年公约》规定的"文化遗产"的种类、定义与评价标准**　*第一,种类与定义*。该公约所指的"文化遗产"即"物质文化遗产",它包括"文物""建筑群""遗址"等三大类型。其定义分别是:(1)文物:从历史、艺术或科学角度看具有突出的普遍价值的建筑物、碑雕和碑画、具有考古性质成分或结构、铭文、窟洞以及联合体;(2)建筑群:从历史、艺术或科学角度看,在建筑式样、分布均匀或与环境景色结合方面,具有突出的普遍价值的单独或相互联系的建筑群;(3)遗址:从历史、审美、人种学或人类学角度看,具有突出的普遍价值的人造工程或自然与人的共同杰作以及考古地址等区域。*第二,评价标准*。提名列入《世界遗产名录》的文化遗产项目,必须符合下列6项中的一项或几项标准:(1)代表一种独特的艺术成就,一种创造性的天才杰作;(2)能在一定时期内或世界某一文化区域内,对建筑艺术、纪念物艺术、城镇规划或景观设计方面的发展产生极大影响;(3)能为一种已消逝的文明或文化传统提供一种独特的至少是特殊的见证;(4)可作为一种建筑或建筑群或景观的杰出范例,展示出人类历史上一个或几个重要阶段;

(5)可作为传统的人类居住地或使用地的杰出范例,代表一种(或几种)文化,尤其在不可逆转之变化的影响下变得易于损坏;(6)与具特殊普遍意义的事件或现行传统或思想或信仰或文学艺术作品有直接或实质的联系,只有在某些特殊情况下或该项标准与其他标准一起作用时,此款才能成为列入《世界遗产名录》的理由。

●**《1972年公约》规定的"自然遗产"的种类、定义与评价标准** *第一,种类和定义。*"自然遗产"也是一种"物质文化遗产"。它包括三种类型:一是自然面貌;二是动植物生存环境区域;三是天然名胜等自然区域。这三类的定义分别是:(1)从审美或科学角度看具有突出的普遍价值的由物质和生物结构或这类结构群组成的自然面貌;(2)从科学或保护角度看具有突出的普遍价值的地质和自然地理结构以及明确划为受威胁的动物和植物生境区;(3)从科学、保护或自然美角度看具有突出的普遍价值的天然名胜或明确划分的自然区域。*第二,评价标准。*提名列入《世界遗产名录》的自然遗产项目,必须符合下列4项中的一项或几项标准:(1)构成代表地球演化史中重要阶段的突出例证;(2)构成代表进行中的重要地质过程、生物演化过程以及人类与自然环境相互关系的突出例证;(3)独特、稀有或绝妙的自然现象、地貌或具有罕见自然美的地带;(4)尚存的珍稀或濒危动植物种的栖息地。

●**"文化与自然双重遗产"及其评价标准** "文化与自然双重遗产"或译为"文化遗产与自然遗产混合体"。其评价标准是,必须同时符合"文化遗产"与"自然遗产"评定标准中的一项或几项,必须体现其兼具文化和自然遗产的某些特性。

●**"文化景观"与"濒危世界遗产"的种类、定义与评价标准** 第一,"文化景观"。这一概念是1992年12月在美国新墨西哥州圣菲召开的联合国教科文组织世界遗产委员会第16届会议时提出并纳入《世界遗产名录》中的。"文化景观"代表《保护世界文化和自然遗产公约》所表述的"自然与人类的共同作品"。文化景观的选择应基于它们自身的突出、普遍的价值,其明确划定的地理——文化区域的代表性及其体现此类区域的基本而具有独特文化因素的能力。它通常体现持久的土地使用的现代化技术及保持或提高景观的自然价值。保护文化景观有助于保护生物多样。文化景观有以下3个主要类型:(1)由人类有意设计和建筑的景观。包括出于美学原因建造的园林和公园景观,它们经常(但并不总是)与宗教或其他纪念性建筑物或建筑群有联系。(2)有机进化的景观。它产生于最初始的一种社会、经济、行政以及宗教需要,并通过与周围自然环境相联系或相适应而发展到目前的形式。它又包括两种次类别:一是残遗物(或化石)景观。代表一种过去某段时间已经完结的进化过程,不管是突发的或是渐进的。它们之所以具有突出、普遍价值,还在于显著特点依然体现在实物上。二是持续性景观。它在当今与传统生活方式相联系的社会中,保持一种积极的社会作用,而且其自身演变过程仍在进行之中,同时又是展示了历史上其演变发展的物证。(3)关联性文化景观。这类景观列入《世界遗产名录》,以与自然因素、强烈的宗教、艺术或文化相联系为特征,而不是以文化物证为特征。**第二,"濒危世界遗产"**。又译为"处于危险的世界遗产"。凡列入《世界遗产名录》的文化古迹遗址、自然景观一旦受到某种严重威胁,经过世界遗产委员会调查和审议,可列入《濒危世界遗产名录》,以待采取紧急抢救措施。

●**世界遗产委员会和《世界遗产名录》《濒危世界遗产名录》(或称《处于危险的世界遗产目录》)** 第一,*世界遗产委员会*。联合国教科文组织设立世界遗产委员会负责公约的实施。委员会每年举行一次世界遗产大会,主要任务是评审缔约国申报的遗产,决定哪些遗产可以录入《世界遗产名录》,并对已列入名录的世界遗产的保护工作进行监督指导,在必要时委员会负责根据缔约国报的材料制订、更新和出版《濒危世界遗产名录》,为采取重大活动和援助这类遗产提供依据。*第二,《世界遗产名录》《濒危世界遗产名录》*。"名录"制度是国际公约制定的一项保护文化遗产的基本制度。被选入"名录"的"文化遗产",所有缔约国都有保护的义务。如何申报评审"世界文化遗产名录"项目,世界遗产委员会世界遗产中心编写并出版了《实施世界遗产的操作指南》①,其中有很详细的说明。简言之,列入世界遗产名录的识别和申报程序是:(1)签署公约成为缔约国;(2)缔约国按公约的有关要求选择并确定具有突出普遍价值的文化与自然遗产预备名单;(3)从预备名单中选出申报列入《世界遗产名录》的项目;(4)填写申报表格报送联合国教科文组织世界遗产中心;(5)中心检查有关材料是否完备后,送交国际第三方有关组织评审;(6)组织专家到现场评估;(7)做出评估报告;(8)由世界遗产委员会主审团审查后向委员会推荐;(9)委员会通过后,交教科文组织批准发布。

●**文化和自然遗产的国家保护和国际保护** 第一,*国家保护*。《1972年公约》的基本精神是,国家保护为主,国际社会合作予以保护为辅。关于国家保护,公约规定:"本国领土内的文化和自然遗产的确定、保护、保存、展出和遗传后代,主要是有关国家的责任。该国将为此竭尽全力,最大限度地利用本国资源,必要时利用所能获得的国际援助和合作,特别是财政、艺术、科学及技术方面的援助和合作。"缔约国应视本国具体情况尽力做到以下几点:(1)通过一项旨在使文化和自然遗产在社会生活中起一定作用并把遗产保护工作纳入全国规划计划的总政策;(2)如本国内尚未建立负责文化和自然遗产的保护、保存和展出的机构,则建

---

① 世界遗产中心.实施世界遗产公约的操作指南[M].杨爱英,王毅,刘霖雨,译.北京:文物出版社,2014.

立一个或几个此类机构,配备适当的工作人员和为履行其职能所需的手段;(3)发展科学和技术研究,并制订出能够抵抗威胁本国文化或自然遗产的危险的实际方法;(4)采取为确定、保护、保存、展出和恢复这类遗产所需的适当的法律、科学、技术、行政和财政措施;(5)促进建立或发展有关保护、保存和展出文化和自然遗产的国家或地区培训中心,并鼓励这方面的科学研究。**第二,国际保护**。公约规定:所有缔约国在充分尊重"文化和自然遗产的所在国的主权,并不使国家立法规定的财产权受到损害的同时,承认这类遗产是世界遗产的一部分,因此,整个国际社会有责任合作予以保护"。各缔约国不得故意采取任何可直接或间接损害公约领土内的文化和自然遗产的措施。公约规定了国际资金、技术、项目等援助的条件和安排。

三、国际保护非物质文化遗产公约概述

随着社会发展和人们认识水平的提高,进入21世纪后,联合国教科文组织规定保护的文化遗产的范围有了新的重要的拓展。这就是提出了"非物质文化遗产"概念,并于2003年9月在巴黎举行的第32届大会上制定了《保护非物质文化遗产公约》(以下简称《2003年公约》)。早在1998年10月联合国教科文组织执行局第155届会上就通过了《教科文组织宣布"人类口头和非物质遗产代表作"条例》。2001年联合国教科文组织公布了首批"人类口头和非物质遗产"代表作。《2003年公约》是国际社会经过多年努力所取得的又一个里程碑式的成果。中国参加了制定该公约的全过程,并成为最早的缔约国之一。

●**提出保护非物质文化遗产公约的背景** 《2003年公约》认为,提出保护非物质文化遗产的原因有以下几方面:**第一,为了保护和发展文化多样性**。随着经济、社会、文化的发展,人们的物质生活需要不断提高的同时,人们对文化的多样性需求也更加迫切,为此,2001年发布了《教科文组织世界文化多样性宣言》;2002年第三次各国文化部长圆桌会议通过了《伊斯坦布尔宣言》,强调非物质文化遗产的重要性,认为它是文化多样性的熔炉,又是可持续发展的保证。从根本上说,提出保护非物质文化遗产就是为了保护和发展文化的多样性,满足人们对文化多样性的需要。**第二,非物质文化遗产面临消失、破坏的威胁**。全球化和社会转型进程中,有必要为各群体之间开展新的对话创造条件,但一个不可忽视的现象是非物质文化遗产面临损坏、消失和破坏的威胁,这种威胁在缺乏保护资源的情况下,越来越严重。**第三,必须提高人们特别是年青一代对非物质文化遗产及其保护重要意义的认识**。**第四,对《1972年公约》的补充、完善**。虽然已有《1972年公约》,但国际组织尚无保护非物质文化遗产的多边文件,《2003年公

约》的制定,有效地予以了补充。

●**"非物质文化遗产"的定义、特点与类型以及评价标准** 第一,*定义*。该公约认为,"非物质文化遗产"指被各社区、群体,有时是个人,视为其文化遗产组成部分的各种社会实践、观念表述、表现形式、知识、技能以及相关的工具、实物、手工艺品和文化场所。这种非物质文化遗产世代相传,在各社区和群体适应周围环境以及与自然和历史的互动中,被不断地再创造,为这些社区和群体提供认同感和持续感,从而增强对文化多样性和人类创造力的尊重。该公约只考虑符合现有的国际人权文件,各社区、群体和个人之间相互尊重的需要和顺应可持续发展的非物质文化遗产。*第二,特点与类型*。非物质文化遗产的最大特点是不脱离民族特殊的生活生产方式,是民族个性、民族审美习惯的"活"的显现。它依托于人本身而存在,以声音、形象和技艺为表现手段,并以身口相传作为文化链而得以延续,是"活"的文化及其传统中最脆弱的部分。因此,对于非物质文化遗产传承的过程来说,人就显得尤为重要。"非物质文化遗产"包括以下类型:(1) 口头传统和表现形式,包括作为非物质文化遗产媒介的语言;(2) 表演艺术;(3) 社会实践、仪式、节庆活动;(4) 有关自然界和宇宙的知识和实践;(5) 传统手工艺。*第三,评价标准*。"非物质文化遗产"项目因其所属名录的要求不同,其评价内容、方法和标准各异。公约规定,同物质文化遗产一样,申报国际非物质文化遗产项目,也要依特定程序上报材料进行评估、审批。国际非物质文化遗产项目按其内容和评价标准的不同分为三类:一是申报"非物质文化遗产代表作名录"项目,凡具有历史意义和普遍的艺术性、价值性,并有利于文化多样性的保护和发展的非物质文化遗产均可申报。二是申报"急需保护的非物质文化遗产名录"项目,只有处于濒危状况的非物质文化遗产项目才可申报列入该名录。三是申报"非物质文化遗产优秀实践名册"项目,是专为那些在保护和传承现有非物质文化遗产实践中做出重大贡献的项目设立的,如中国申报并获教科文组织批准列入"非物质文化遗产优秀实践名册"的"福建木偶戏传承人培养计划"。

●**"政府间保护非物质文化遗产委员会"** 在教科文组织内设立"政府间保护非物质文化遗产委员会"。其职能如下:(1) 宣传公约的目标,鼓励并监督其实施情况;(2) 就好的做法和保护非物质文化遗产的措施提出建议;(3) 拟订利用基金资金的计划并提交大会批准;(4) 努力寻求增加其资金的方式方法,并为此采取必要的措施;(5) 拟订实施公约的业务指南并提交大会批准;(6) 审议缔约国的报告并将报告综述提交大会;(7) 根据委员会制定的、大会批准的客观遴选标准,审议缔约国提出的申请并就以下事项做出决定:列入"人类非物质文化遗产代表作名录""急需保护的非物质文化遗产名录"以及"非物质文化遗产优秀实践名册"的提名;(8) 按照规定提供国际援助。

●**非物质文化遗产的国家保护和国际保护**　该公约规定："保护"指确保非物质文化遗产生命力的各种措施,包括这种遗产各个方面的确认、立档、研究、保存、保护、宣传、弘扬、传承(特别是通过正规和非正规教育)和振兴。***第一,国家保护。***这是保护的基础和主要方式。该公约规定:缔约国首先要做好保护非物质文化遗产的调查和清单的确定工作,以及向教科文组织申报保护项目的工作。同时,为了确保其领土上的非物质文化遗产得到保护、弘扬和展示,各缔约国应努力做到:(1)制定一项总的政策,使非物质文化遗产在社会中发挥应有的作用,并将这种遗产的保护纳入规划工作;(2)指定或建立一个或数个主管保护其领土上的非物质文化遗产的机构;(3)鼓励开展有效保护非物质文化遗产,特别是濒危非物质文化遗产的科学、技术和艺术研究以及方法研究;(4)采取适当的法律、技术、行政和财政措施,以便促进建立或加强培训管理非物质文化遗产的机构以及通过为这种遗产提供活动和表现的场所和空间,促进这种遗产的传承;确保对非物质文化遗产的享用,同时对享用这种遗产的特殊方面的习俗做法予以尊重;建立非物质文化遗产文献机构并创造条件促进对它的利用。此外,公约还规定缔约国应采取各种必要的手段,使非物质文化遗产在社会中得到确认、尊重和弘扬;应最大限度地动员社区、群体和个人积极参与非物质文化遗产的保护、传承以及有关管理工作。***第二,国际保护。***国际保护非物质文化遗产的主要职责是:(1)建立"人类非物质文化遗产代表作名录""急需保护的非物质文化遗产名录"以及"非物质文化遗产优秀实践名册"。一是为了扩大非物质文化遗产的影响,提高对其重要意义的认识和从尊重文化多样性的角度促进对话,委员会根据有关缔约国的提名编辑、更新和公布人类非物质文化遗产代表作名录,并拟订有关编辑、更新和公布此代表作名录的标准提交大会批准。二是为了采取适当的保护措施,委员会编辑、更新和公布急需保护的非物质文化遗产名录,并根据有关缔约国的要求将此类遗产列入该名录。委员会拟订有关编辑、更新和公布此名录的标准并提交大会批准。委员会在极其紧急的情况(其具体标准由大会根据委员会的建议加以批准)下,可与有关缔约国协商将有关的遗产列入"急需保护的非物质文化遗产名录"。此外,在以后的相关文件中又规定了建立"非物质文化遗产优秀实践名册",以促进这种遗产保护传承工作更有力的开展。(2)国际委员会应制订并开展有关保护非物质文化遗产的计划、项目与活动。(3)实施国际合作与援助:对保护这种遗产的各个方面进行研究;提供专家和专业人员;培训各类所需人员;制订准则性措施或其他措施基础设施的建立和营运,提供设备和技能其他财政和技术援助形式,包括在必要时提供低息贷款和捐助等。

四、世界文化遗产的申报与评选

这里所说的世界文化遗产,包括世界物质文化遗产和世界非物质文化遗产,是指列入联合国教科文组织公布的保护世界文化遗产名录、名册的各类文化遗产,以及对保护这些遗产做出突出贡献的项目。而要列入名录、名册的项目,必须首先由缔约国向教科文组织设立的有关组织申报。申报的要求、标准以及审批程序等上文已介绍了两个公约的基本规定。具体操作过程和要求,联合国教科文组织世界遗产中心编写的《实施世界遗产公约的操作指南》《世界遗产资源手册——世界遗产申报准备》,以及中国国家文物局制定发布的《世界文化遗产申报工作规程(试行)》均有详细说明。这里仅就文化遗产申报评选中常见问题,强调如下注意事项。

● **申报工作的基本要求** 第一,**严格按有关国际公约的要求办**。首先必须做好国内文化遗产的普查、调查工作,建立国家文化遗产清单,即《中国世界遗产预备名单》并报联合国教科文组织备案。其次,要有计划、有步骤地制定和实施对文化遗产的保护与传承,建立和完善相关的法规体系和保护传承机制。第二,**正确把握申报的目的**。根本目的在于提升国家软实力,推进文化事业与政治、经济以及社会统筹、协调、全面发展,满足人们对文化多样性的需求,不要为了申报而申报。第三,**精选申报项目**。国际委员会规定每年每个缔约国只能申报两项,其中一项还必须是自然遗产。因此申报的世界文化遗产项目一定要精选。对申报项目的价值认定、保护状况、管理措施、传承要求等主要内容的报告要真实、完整、细致和规范。对价值的认定,重点不在于保存了多少东西、年代有多久,而在对其遗产在人类文明进化过程中所起的突出的代表性作用,即它在全球的普遍价值的论述。第四,**充分发挥专家的集体智慧,提高申报项目的专业水平**。特别是系统申报(也叫打捆系列申报),往往具有跨地区、跨专业等特点,只有各方面的专家协调合作才能完成。系列项目要有内在联系与统一性,其组合要有完整性、系统性。

● **文本撰写中应注意的问题** 在申报中,写好申请报告是关键的一环。除了要明确内容、格式的一般写法外,要特别注意以下几点:第一,**要写好管理规划**。一般习惯于重点写保护规划,忽视管理规划。管理规划要细致地划清保护区域内各个方面、各个部门的权利和义务,以及他们之间发生冲突时,进行协调的规则和办法。第二,**要注意划分保护区和缓冲区**。一般对缓冲区的作用不明确或被忽视。缓冲区虽然不是世界遗产的组成部分,但是设置一定范围的缓冲区,是保护遗产区的重要措施。设立缓冲区,就是要让遗产区生存在较好的环境里,是对遗产区环境的保护和建设。**第三,要有一套切实可行的监测制度。**要特别重视建立监测的指标体系,实施监测的具体措施和安排,以及监测发现问题的处理办法等。**第四,不要忽视展示工作。**保护遗产要动员公众广泛的参与,要满足公众对文化的需求,就必须做好文化遗产的宣传、展示工作。文化遗产的宣传、展示是保护传承文化遗产的一项基本要求。

●申报评选与保护工作有机结合　世界遗产申报与评选往往不是一次就能完成的。一般过程是,每年2月初提交申报文本,经遗产委员会初审后材料被送到第三方评估组织(国际古迹遗址理事会)评估。当年下半年八、九月份国际评估组织派专家到现场考察并提交书面评估报告。11月份将评估结果分四类处理:第一类是同意推荐列入;第二类是基本同意列入,但是还有一些小的地方要补充、完善(比如说专业人员的设置是不是够;保护规划有哪些地方没有说清楚等)。11月份会退回材料进行补充。第二年的3月份,国际古迹遗址理事会召开第二次评估会议审议修改后的报告,如果认为补充的材料充分了,就会直接将其列入第一档次。第三类是退回重报。虽不否认申报的遗产具备潜在价值,但是认为文本没有分析清楚,需要做比较大的调整。这就意味着在第二年2月初重新撰写文本后再重新申报。第四类是认为申报的遗产的价值不够,不予列入。一般来说,以后也不必再申报。第三方组织评估后,将结果报世界遗产委员会评审。所以即使评估组织已同意推荐为第一类项目也还有可能退回修改、重报。遗产委员会评审通过后于第二年六、七月份报世界遗产大会审议。审议决议也有四个档次:列入、补充材料、退回重报、不予列入。可见,世界遗产的申报、审批是一个很长的过程,其中很多项目都要经过反复修改和重审。申报评选工作本身就是遗产保护和传承工作的继续。因此,必须把申报评选工作与保护传承工作有机结合起来,要高度重视第三方评估组织、遗产委员会和世界遗产大会反馈的信息,无论是好的建议或是不好的批评,都有利于更好地改进、完善对文化遗产的保护和传承。

第二节　中国文化遗产保护与传承工作述评

中国历史悠久,在漫长岁月中,中华民族创造了璀璨的文化,为中国和世界做出了辉煌的贡献。中国共产党和中国政府历来高度重视文化遗产的保护传承工作,在全社会的共同努力下,中国文化遗产保护传承工作取得了显著成就。为了加强中国文化遗产的保护,继承和弘扬中华民族优秀传统文化,推动社会主义先进文化建设,中国政府决定从2006年起,每年6月的第二个星期六为中国的

"文化遗产日"。文化遗产的保护与传承是一项长期的任务,我们首先必须充分认识保护传承文化遗产的重要性和紧迫性。图 11.3 是中国文化遗产标志;图 11.4 是中国非物质文化遗产标志。

图 11.3　中国文化遗产标志

图 11.4　中国非物质文化遗产标志

一、加强文化遗产保护与传承工作的重要性和紧迫性

2016 年 3 月 8 日发布的《国务院关于进一步加强文物工作的指导意见》以及 2005 年 12 月 22 日发布的《国务院关于加强文化遗产保护的通知》《国务院办公厅关于加强中国非物质文化遗产保护工作的意见》等文件都深刻阐明了加强文化遗产保护传承工作的重要性和紧迫性。

●**保护文化遗产的重要性**　第一,*中国文化遗产是中华民族智慧的结晶*。它蕴含着中华民族特有的精神价值、思维方式、想象力,体现着中华民族的生命力和创造力,是各民族智慧的结晶,也是全人类文明的瑰宝。第二,*保护文化遗产有利于增进民族团结和维护国家统一*。保持民族文化是联结民族情感纽带、增进民族团结和维护国家统一及社会稳定的重要文化基础,也是维护世界文化多样性和创造性,促进人类共同发展的前提。第三,*加强文化遗产保护是建设社会主义先进文化的需要*。有利于贯彻落实科学发展观和五大发展理念,以及构建社会主义和谐社会。

●**保护文化遗产的紧迫性**　第一,*文化遗产是不可再生的珍贵资源*。随着经济全球化趋势和现代化进程的加快,中国的文化生态正在发生巨大变化,文化遗产及其生存环境受到严重威胁。不少历史文化名城(街区、村镇)、古建筑、古遗址及风景名胜区整体风貌遭到破坏。此外,文物非法交易、盗窃和盗掘古遗址古墓葬以及走私文物的违法犯罪活动在一些地区还没有得到有效遏制,大量珍贵文物流失境外。第二,*由于过度开发和不合理利用,许多重要文化遗产面临消亡或失传的危机*。第三,*民族文化特色消失加快*。在文化遗产相对丰富的少数民族聚居地区,由于人们生活环境和条件的变迁,民族或区域文化特色消失加快。因此,加强文化遗产保护刻不容缓。地方各级人民政府和有关部门要从对国家和历史负责的高度,从维护国家文化安全的高度,充分认识保护文化遗产的重要性,进一步增强责任感和紧迫感,切实做好文化遗产保护工作。

二、中国保护文化遗产工作的创新与特点

中国是国际保护物质文化遗产和非物质文化遗产公约的缔约国,一向严格遵守国际有关公约的各项规定,同时又坚持从实际出发,根据中国国情,对保护文化遗产的指导思想、体制机制等各个方面不断创新,并已具有一整套中国特色的保护文化遗产的制度与管理体系。

●**加强文化遗产保护的指导思想、基本方针和总体目标** *第一,指导思想。*坚持以邓小平理论、"三个代表"重要思想和习近平新时代中国特色社会主义思想为指导,全面贯彻落实科学发展观及创新、协调、绿色、开放、共享五大发展理念,加大文化遗产保护力度,构建科学有效的文化遗产保护体系,提高全社会文化遗产保护意识,充分发挥文化遗产传承中华优秀文化,提高人民群众思想道德素质和科学文化素质,增强民族凝聚力,促进社会主义先进文化建设和构建社会主义和谐社会的重要作用。*第二,基本方针。* 物质文化遗产保护要贯彻"保护为主、抢救第一、合理利用、加强管理"的方针。非物质文化遗产保护要贯彻"保护为主、抢救第一、合理利用、传承发展"的方针。坚持保护文化遗产的真实性和完整性,坚持依法和科学保护,正确处理经济社会发展与文化遗产保护的关系,统筹规划、分类指导、突出重点、分步实施。*第三,总体目标。*通过采取有效措施,使文化遗产保护得到全面加强。逐步建立、完善比较完备的文化遗产保护制度和文化遗产保护体系;具有历史、文化和科学价值的文化遗产得到全面保护;使保护文化遗产事业在传承中华优秀传统文化、弘扬社会主义核心价值观、推进中华文化走出去,提高国民素质和社会文明程度中进一步发挥重要作用。

●**中国特色保护文化遗产法律体系形成** *第一,从保护物质文化遗产看。*李晓东在《中国文物法律体系概谈》[①]一文中认为:"文物法律体系,从法律渊源的体系来讲,可分为法律、行政法规、地方法规、行政规章等。它们是文物法学的基本内容。中国的文物法律法规正在不断完善,初步形成了具有中国特色的文物法律体系。"1982年以前中国政府就已制定发布了一系列保护文物的办法、条例、意见。1982年,全国人大常委会通过并公布了中国文化遗产保护方面第一部大法,即《中华人民共和国文物保护法》。该法从诞生至2015年先后进行了四次修正,不断充实、完善、创新、发展,成为其他有关法律、规章、规范性文件制定的上位法

---

① 李晓东.中国文物法律体系概谈[J].中国文物报,1995-12-24:第二版.

依据。此后相继制定公布了一系列相关法规,如《中华人民共和国水下文物保护管理条例》(1989)、《中华人民共和国考古涉外工作管理办法》(1991)、《中华人民共和国文物保护法实施细则》(1992)等等。同时,各省、自治区、直辖市人大常委会依据文物保护法制定了一系列地方性的实施条例或办法。国家有关部委也发布或经国务院批转下发了一系列法规,如《关于保护中国历史文化名城的请示》的通知(1982)、《关于加强历史文化名城规划工作的通知》(1983)、《关于使用文物古迹拍摄电影、电视故事片的暂行规定》(1984)、《博物馆藏品管理办法》(1986)、《文物保护工程管理办法》(2003)、《文物进出境审核管理办法》(2007)、《文物认定管理暂行办法》(2009)等等。**第二,从保护非物质文化遗产看。**虽然这方面的法规建设起步比物质文化遗产晚,但是通过10多年的努力,已建立起比较完整的包括法律、行政法规、地方性法规以及行政规章的体系。国家大法有2011年2月25日发布的《中华人民共和国非物质文化遗产法》(前身为《中华人民共和国民族民间传统文化保护法(草案)》);行政法规和行政规章有《国家级非物质文化遗产保护与管理暂行办法》(2006)、《国家级非物质文化遗产代表作申报评定暂行办法》(2005)、《国家级非物质文化遗产项目代表性传承人认定与管理暂行办法》(2008)、《国务院办公厅关于加强中国非物质文化遗产保护工作的意见》(2005)、《国家非物质文化遗产保护专项资金管理办法》(2012)、《传统工艺美术保护条例》(2013年修订)等等。地方法规很多,如早在2000年5月26日云南第九届人大常务委员会审议通过了《云南省民族民间传统文化保护条例》,此后很多省都有了相关法规,特别是2011年后,各省、自治区、直辖市都相继有了省一级非物质文化保护条例或实施办法。截至2015年底已有22个省(自治区、直辖市)出台了相关保护条例或办法。县一级保护非物质文化遗产法规也逐步建立起来。较早建立这类法规的县大多是少数民族自治县,如《(湖北)长阳土家族自治县民族民间传统文化保护条例》(2006)、《(湖南)土家族苗族自治州民族民间文化遗产保护条例》等等。所有这些法律、法规的共同特点就是鲜明体现了中国特色社会主义的本质要求,体现了改革开放和社会主义现代化建设的时代要求,体现了结构统一而又多层次的科学要求,体现了动态、开放、与时俱进的发展要求。

● **文化遗产保护内容的创新与特点** 第一,从**物质文化遗产看**。中华人民共和国成立之初,即1950年5月24日政务院下发的《禁止珍贵文物图书出口暂行办法》及《古文化遗址及古墓葬之调查发掘暂行办法》等两部重要的保护文化遗产的法规,就与国际上关于物质文化遗产的内容有所不同,中国对物质文化遗产的保护主要体现为对"文物"的保护。除了自然遗产外,其他物质文化遗产都包含在"文物"中。"文物"概念的内涵,大大超出《1972年公约》的内涵。"文物"不仅包括《1972年公约》规定的"文物""建筑群""文化遗址"三大类,而且还包括"革命文物",包括"与重大历史事件、革命运动或者著名人物有关的以及具有重要纪念意义、教育意义或史料价值的近代现代重要史迹、实物、代表性建筑"。保护现当代文物即保护同时代文物,"这是一种新理念和价值取向,开辟了中华人民共和国保护同一时代文物的历史。这种保护理念及其实践,在世界保护文化遗产的历史上是罕见的,具有鲜明的时代特点和中国特色"①。中国保护同时代文物的理念和对文物的认定与其他国家和国际公约中对文物做出一般年限规定不同,它们往往规定100年以上或50年以上的遗存才是文化遗产。虽然近些年有一种声音提出保护20世纪遗产,但与中国保护同时代文物的理念仍有不同。**第二,从非物质文化遗产看**。中国关于保护非物质文化遗产的内容具有以下特点:一是突出对各民族非物质文化遗产的保护,特别重视对少数民族非物质文化遗产的保护。最早形成的非物质文化遗产保护法是《中华人民共和国民族民间文化保护法(草案)》(2003)。21世纪初不少地方依据这部《中华人民共和国民族民间文化保护法(草案)》形成了省、市、县级民族民间文化保护案例或办法。二是强调传统性,其内容更具体、丰富。明确地将非物质文化遗产分为两大类:一类是传统的文化表现形式,包括传统的口头文学以及作为其载体的语言;传统美术、书法、音乐、舞蹈、戏剧、曲艺和杂技;传统技艺、医药和功法;传统礼仪、节庆等民俗;传统体育和游艺。另一类是文化空间,即与传统文化表现形式相关的实物和场所。三是增加了一项"其他非物质文化遗产"。这是因为,非物质文化遗产是"活"的文化遗产,它本身还在实践着、发展着,人们对它的认识还在不断丰富、变化,新的还没有被发现的非物质文化遗产还会被继续发现。四是明确规定非物质文化遗产中具有"实体特性"特点的实物和场所,具有两重性:其中一些与非物质文化遗产表现形式密切相关的部分属"非物质文化遗产";而有些具有价值的"实物和场所",也可归属"文物",适用于文物保护法。

●**文化遗产保护体制机制的创新与特点** **第一,从物质文化遗产看**。一是有健全、严格的管理部门和管理规范。国务院设有文物行政管理部门(文物局)主管全国文物保护工作,县以上人民政府也设有行政管理部门(文物局)在各自责任范围内负责有关文物保护工作。二是对不可移动文物实行国家级、省级、市和县级"文物保护单位"制度。国家级为"全国重点文物保护单位",由国务院审核批准后公布。省级"文物保护单位",由省、自治区、直辖市人民政府核定公布,报国务院备案。市级和县级"文化保护单位"分别由设区的市、自治州和县级人民政府核定公布,并报省、自治区、直辖市人民政府备案。尚未核定公布为文物保

---

① 李晓东.中国特色文物保护与文化自信[J].中国文物科学研究,2010(2).

护单位的不可移动文物,由县级人民政府文物行政部门予以登记并公布。对于可移动文物的管理,包括对考古发掘的文物、馆藏的文物、民间收藏的文物,以及出入境文物等管理,文物保护法都有明确的具体的规定,形成了一套完整的监督管理制度体系。三是有一套完善的保障机制,如经费投入、科技支撑、人才培养等都有规范性的要求与措施。**第二,从非物质文化遗产看。**一是国务院文化主管部门(文化部)负责全国非物质文化遗产的保护工作;县级以上地方人民政府文化主管部门(文化厅、文化局)负责本行政区域内非物质文化遗产的保护工作。同时,为了加强领导、落实责任,由文化部牵头,建立了中国非物质文化遗产保护工作部际联席会议制度,统一协调非物质文化遗产保护工作。参加部际联席会议的部门有:文化部、发展改革委、教育部、国家民委、财政部、住建部、旅游局、宗教局、文物局。部际联席会议的重要职能,除了拟订方针政策、审定保护规划等外,其中一项重要职能就是审核"国家级非物质文化遗产代表作国家名录"名单,上报国务院批准公布。二是建立了名录体系,初步形成了具有中国特色的非物质文化遗产保护制度。具体表现在:(1)强调认真开展普查工作。要求在广泛、深入的调查研究基础上,对非物质文化遗产进行真实、系统、全面记录,建立档案和数据库。(2)建立了非物质文化遗产代表作名录体系。通过严格评审和科学认定,建立了国家、省、市、县四级非物质文化遗产代表作名录体系。国家级非物质文化遗产代表作名录由国务院批准公布。省、市、县级非物质文化遗产代表作名录由同级政府批准公布,并报上一级政府备案。(3)强调必须重视非物质文化遗产的研究、认定、保存和传播。(4)建立了科学有效的非物质文化遗产传承机制。对列入各级名录的非物质文化遗产代表作,可采取命名、授予称号、表彰奖励、资助扶持等方式,鼓励代表作传承人(团体)进行传承活动。在传统文化特色鲜明、具有广泛群众基础的社区、乡村,开展创建民间传统文化之乡的活动。三是保障措施逐步完善。从中央到地方建立了协调有效的工作机制,各级政府都将保护工作列入重要工作议程,纳入国民经济和社会发展整体规划,纳入文化发展纲要,并不断加大保护和传承经费的投入以及人才培养力度。文化部于2008年颁布了《国家级非物质文化遗产项目代表性传承人认定与管理暂行办法》。规范了认定传承人的原则、程序、标准。传承人制度对非物质文化遗产的保护正发挥着越来越重要的作用。

三、中国世界文化遗产名录

中国自1985年12月加入《1972年公约》和2004年8月加入《2003年公约》至2017年7月,经联合国教科文组织批准的已列入世界物质文化遗产和非物质

图 11.5 国家级非物质文化遗产：打花鼓 朱宣咸作

文化遗产名录总共 91 项，其数量已名列世界第一。其中物质文化遗产 53 项，包括世界"文化遗产"31 项，世界"自然遗产"13 项，世界"文化与自然双重遗产"4 项，世界"文化景观遗产"5 项；非物质文化遗产 39 项，包括《人类非物质文化遗产代表作名录》30 项，《急需保护的非物质文化遗产名录》7 项，《非物质文化遗产优秀实践名册》1 项。此外，中国国家级非物质文化遗产名录截至 2014 年 7 月，先后发布四批，共有 1372 项。图 11.5 是中国首批国家级非物质文化遗产：打花鼓。下面主要介绍中国已有的世界文化遗产名录。

附 1：中国世界物质文化遗产(53 项)

第一，世界文化遗产 31 项

（1）长城（黑龙江、吉林、辽宁、河北、天津、北京、山东、河南、山西、陕西、甘肃、宁夏、青海、内蒙古、新疆，1987 年 12 月）。

（2）莫高窟（甘肃，1987 年 12 月）。（见图 11.6）

（3）明清故宫（北京故宫，北京，1987 年 12 月；沈阳故宫，辽宁，2004 年 7 月）。

（4）秦始皇陵及兵马俑坑（陕西，1987 年 12 月）。

（5）周口店北京人遗址（北京，1987 年 12 月）。

（6）拉萨布达拉宫历史建筑群（大昭寺、罗布林卡）（西藏，1994 年 12 月）。（见图 11.7）

图 11.6 中国世界文化遗产：长城

图 11.7 中国世界文化遗产：布达拉宫历史建筑群

（7）承德避暑山庄及其周围寺庙（河北，1994 年 12 月）。

（8）曲阜孔庙、孔林和孔府（山东，1994 年 12 月）。

（9）武当山古建筑群（湖北，1994 年 12 月）。

（10）丽江古城（云南，1997 年 12 月）。

（11）平遥古城（山西，1997 年 12 月）。

（12）苏州古典园林（江苏，1997 年 12 月）。

（13）天坛（北京，1998 年 11 月）。（见图 11.8）

（14）颐和园（北京，1998 年 11 月）。

（15）大足石刻（重庆，1999 年 12 月）。

（16）龙门石窟（河南，2000 年 11 月）。

图 11.8 中国世界文化遗产：天坛

第一,世界文化遗产 31 项

（17）明清皇家陵寝:明显陵(湖北)、清东陵(河北)、清西陵(河北),2000 年 11 月;明孝陵(江苏)、明十三陵(北京),2003 年 7 月;盛京三陵(辽宁),2004 年 7 月。

（18）青城山-都江堰(四川,2000 年 11 月)。

（19）皖南古村落-西递、宏村(安徽,2000 年 11 月)。

（20）云冈石窟(山西,2001 年 12 月)。(见图 11.9)

（21）高句丽王城、王陵及贵族墓葬(吉林、辽宁,2004 年 7 月)。

（22）澳门历史城区(澳门,2005 年 7 月)。

（23）安阳殷墟(河南,2006 年 7 月)。

（24）开平碉楼与村落(广东,2007 年 6 月)。

（25）福建土楼(福建,2008 年 7 月)。

（26）登封"天地之中"历史古迹(河南,2010 年 8 月)。

（27）元上都遗址(内蒙古,2012 年 6 月)。

（28）大运河(北京、天津、河北、山东、河南、安徽、江苏、浙江,2014 年 6 月)。(见图 11.10)

（29）丝绸之路:长安-天山廊道路网(河南、陕西、甘肃、新疆,2014 年 6 月)。(见图 11.11)

（30）土司遗址(湖南、湖北、贵州,2015 年 7 月)。

（31）鼓浪屿:历史国际社区(福建,2017 年 7 月)。

图 11.9　中国世界文化遗产:云冈石窟

图 11.10　中国世界文化遗产:大运河

图 11.11　中国世界文化遗产:丝绸之路——长安-天山廊道路网

第二,世界文化与自然双重遗产(4 项)

（1）泰山(山东,1987 年 12 月)。

（2）黄山(安徽,1990 年 12 月)。(见图 11.12)

（3）峨眉山-乐山大佛(四川,1996 年 12 月)。(见图 11.13)

（4）武夷山(福建,1999 年 12 月)

图 11.12　中国世界文化与自然双重遗产:黄山

图 11.13　中国世界文化与自然双重遗产:峨眉山－乐山大佛

续表

第三,世界自然遗产(13项)

(1) 黄龙风景名胜区(四川,1992年12月)。
(2) 九寨沟风景名胜区(四川,1992年12月)。
(3) 武陵源风景名胜区(湖南,1992年12月)。(见图11.14)
(4) 三江并流保护区(云南,2003年7月)。
(5) 四川大熊猫栖息地(四川,2006年7月)。(见图11.15)

图11.14　中国世界自然遗产:武陵源风景名胜区　　图11.15　中国世界自然遗产:四川大熊猫栖息地

(6) 中国南方喀斯特(云南、贵州、重庆、广西,2007年6月27日一期;2014年6月二期)。
(7) 江西三清山世界地质公园(江西,2008年7月)。
(8) 中国丹霞(贵州、福建、湖南、广东、江西、浙江,2010年8月)。
(9) 澄江化石遗址(云南,2012年7月1日)。
(10) 新疆天山(新疆,2013年6月21日)。
(11) 湖北神农架(湖北,2016年7月)。(见图11.16)
(12) 青海可可西里(青海,2017年7月)。
(13) 贵州梵净山(贵州,2018年7月)。

图11.16　中国世界自然遗产:神农架

第四,世界文化景观遗产(5项)

(1) 庐山国家地质公园(江西,1996年12月)。
(2) 五台山(山西,2009年6月)。
(3) 杭州西湖文化景观(浙江,2011年6月)。(见图11.17)
(4) 红河哈尼梯田文化景观(云南,2013年6月)。(见图11.18)
(5) 左江花山岩画文化景观(广西壮族自治区,2016年7月)。

图11.17　中国世界文化景观:杭州西湖　　图11.18　中国世界文化景观:红河哈尼梯田

附2：中国世界非物质文化遗产名录

第一，人类非物质文化遗产代表作名录(30项)

1. 昆曲(2001年5月)。(见图11.19)
2. 中国古琴艺术(2003年11月)。(见图11.20)

图11.19 中国世界非物质文化遗产：昆曲　　图11.20 中国世界非物质文化遗产：古琴艺术

3. 新疆维吾尔木卡姆艺术(2005年11月)。
4. 蒙古族长调民歌(与蒙古国联合申报)(2005年11月)。(见图11.21)
5. 中国传统蚕桑丝织技艺(2009年10月)。
6. 福建南音(2009年10月)。
7. 南京云锦织造技艺(2009年10月)。
8. 宣纸传统制作技艺(2009年10月)。
9. 贵州侗族大歌(2009年10月)。
10. 粤剧(2009年10月)。

图11.21 中国世界非物质文化遗产：蒙古族长调民歌

11. 《格萨(斯)尔》史诗(2009年10月)。
12. 浙江龙泉青瓷传统烧制技艺(2009年10月)。
13. 青海热贡艺术(2009年10月)。
14. 藏戏(2009年10月)。(见图11.22)
15. 新疆《玛纳斯》(2009年10月)。
16. 甘肃花儿(2009年10月)。
17. 西安鼓乐(2009年10月)。
18. 朝鲜族农乐舞(2009年10月)。

图11.22 中国世界非物质文化遗产：藏戏

19. 中国书法(2009年10月)。
20. 中国篆刻(2009年10月)。
21. 中国剪纸(2009年10月)。
22. 中国传统木结构营造技艺(2009年10月)。
22. 端午节(2009年10月)。
23. 妈祖信俗(2009年10月)。
24. 中国雕版印刷技艺(2009年10月)。
25. 蒙古族呼麦(2009年10月)。
26. 中医针灸(2010年11月)。(见图11.23)
27. 京剧(2010年11月)。
28. 皮影戏(2011年11月)。(见图11.24)
29. 珠算(2013年12月)。
30. 二十四节气(2016年11月)。

图11.23 中国世界非物质文化遗产：中医针灸

图11.24 中国世界非物质文化遗产：皮影戏

第二,急需保护的非物质文化遗产名录(7项)

1. 羌年庆祝习俗(2009年10月)。
2. 黎族传统纺染织绣技艺(2009年10月)。
3. 中国木拱桥传统营造技艺(2009年10月)。(见图11.25)
4. 新疆维吾尔族麦西来普(2009年11月)。
5. 水密隔舱福船制造技艺(2009年11月)。
6. 中国活字印刷术(2010年11月)。
7. 赫哲族伊玛堪说唱(2011年11月)。

图11.25 中国世界非物质文化遗产：中国木拱桥传统营造技术

第三,非物质文化遗产优秀实践名册(1项)

1. 福建木偶戏后继人才培养计划(2012年12月)

第三节　专 题 讨 论

一、保护文化遗产背后发展观念的变革①

关注文化遗产的保护与传承,已然成为世界性人类历史的大趋势。这趋势背后是极为深刻的发展观念的变革。如全球性现代化观、文化生产力观、大众文化观、文化产业观,以及创新、协调、绿色、开放、共享发展理念等的提出,都对推进文化遗产保护和传承发挥了重要的作用。

●**保护文化遗产与全球性现代化观**　世界文化遗产保护的提出,从根本上说,是全球性现代化运动引发的全球性文化危机的必然结果。全球性现代化观,是一种不同于传统现代化观的新型现代化观,它是为了克服全球性现代化过程出现的种种矛盾,人们在观念上发生的变革。它强调,当代社会在处理各种经济、社会、文化问题时必须持开放的态度,具有全球性眼光和不断推进现代化的长远发展战略思维。保护文化遗产同它的关系可以从以下三个方面看:**第一,全球性现代化观,首先要求立足于全球,看待每一个民族创造的文化价值**。每个民族的文化都是同人类命运息息相关的。正是有了它们才有了世界文化的多样

---

① 本专题根据萧洪恩等人的《世界遗产地唐崖土司城》第十章内容改编。萧洪恩.世界遗产地唐崖土司城[M].北京:世界图书出版公司,2016.

性、创造性,才有了整个世界的生命与活力。**第二,全球性现代化观,要求以科学的现代性看待每个民族创造的文化价值**。看到它们作为人类遗产,在推进人类社会长期发展过程中,在人类不断地走向现代化新目标过程中所具有的巨大作用。**第三,还应正视在全球性现代化运动中出现的种种矛盾和问题**。只有正确地掌握和运用全球性现代化观,才能不断解决这些问题。如文化多样化和文化孤立主义的冲突,全球性与民族性的矛盾,普通性与地方性的差异,传统性与现代性的鸿沟,等等。充分保护、传承、利用各民族的优秀文化遗产无疑有助于这些问题的解决。

● **保护文化遗产与文化生产力观** "文化遗产"问题的日益突出,是与"第一生产力的文化转向"和"全要素生产力"观密切相关的。**第一,第一生产力的文化转向**。传统现代化国家由经济起步,而经政治、社会,最后至于文化;后现代化国家由政治先行,经经济、社会而至文化,一并形成了所谓"文化引导未来"的文化生产力浪潮、"第四次浪潮"。这就是已为学界所关注的"第一生产力的文化转向"。第一生产力随着全球性现代化的发展发生文化转向,凸显了文化日益重要的发展动力地位。这首先表现在经济、社会生活中,文化力不断得到彰显,文化不仅仅体现在人类社会历史发展中承继的文化物质财富与物质能量,它更体现在具有先导作用的文化力上,文化力是软实力的核心。文化元素力、文化竞争力、文化创造力、文化凝聚力等一系列文化力表明了文化力量的重要性。如何充分保护和利用文化遗产,已经成了大国博弈之核与世界财富之魂。文化创新领航着经济创新。因此,我们必须重视第一生产力的文化转向,重视文化力的作用。**第二,全要素生产力观**。我们在讨论生产力时,除了第一生产力发生了文化转向外,生产力俨然已经进入了全要素生产力时代。包括文化遗产保护在内的文化要素则是全要素生产力的重要组成部分。文化是全要素生产力的特色要素,是独一无二的要素,而且民族文化要素则具有不可替代性。全要素生产力观是伴随着全球性现代化产生的,全要素生产力的主要内容包含实体要素、渗透要素、运筹要素、劳动力和劳动工具要素、劳动对象要素等,这些都是实体性要素;科学技术、知识、信息、文化等都是非实体性的渗透性要素;对各种资源的管理、对各类要素的整合等则是运筹性要素,我们可以通过优化整合各类要素来提高全要素生产力。民族地区、民族国家具有优势的文化资源,这些优势文化资源都具有民族特色,但现实情况是这些优势的文化资源长期处于封闭、闲置状态,没有运用到产业发展中去。我们应当将优秀文化生产力作为先进生产力的一部分,通过创造性地整合文化要素优势,把民族文化要素由潜在资源优势转化为发展优势,把文化遗产有效地转化为资产,使遗产成为生产力的新贵。

● **保护文化遗产与大众文化观** 文化遗产,尤其是非物质文化遗产保护的提出,直接将人民大众指认为文化人,从而超越了传统的精英文化观。因为非物质文化遗产就是各族人民世代相承的、与群众生活密切相关的各种传统文化表现形式和文化空间。非物质文化遗产的保护与传承突显了大众作为文化主人的地位。大众文化观与传统精英文化观的最大不同在于它凸显了文化主体——普通人的作用。传统精英文化观突出的弊端是容易让普通人失去文化自觉与文化责任。与精英文化观相对应的大众文化观则强调人本身,强调每个人都可以把自身内化为文化人,成为文化的创造者。大众文化观意义上的文化是整体上的文化,它强调文化应该涵盖整个社会。在大众文化观背景下观察民族文化、观察文化遗产保护,更加有利于动员人民大众积极参与文化创造,这必然极大地推进文化遗产保护。

●**保护文化遗产与文化产业观** 文化产业化与产业文化化是实现文化遗产保护的重要途径。*第一,文化产业化。*实质上是经营文化、管理文化,把文化遗产资源整合起来,形成优质的文化产业。有了文化产业,文化遗产所具有的符号资本价值才能得到实现。这种文化产业观将文化产业视为文化遗产实现全方位效益的中介。*第二,产业文化化。*它是将文化的符号价值转化到不同地区既有的产业中去,把原本没有文化优势的产业赋予文化内涵,借以增加产业的文化附加值。产业文化化实质上是进行产业创新。成功的产业文化化不仅需要熟悉技术规则、市场规则、文化规则,加入创新文化符号的商品与服务,还需要获得社会大众的接受。我们可以通过对文化符号价值的深度开发,进而形成新的"文化传统"。按照"昨天的文化是今天的经济""今天的经济是明天的文化"的思路,从文化层面进行产业创新。不同地区在进行文化遗产保护时务必把握好文化产业化与产业文化化这两种路径,要把不同地区丰富的文化资源整合在一起形成链条式的产业,要将不同地区既有的各种产业注入民族文化内涵,通过文化商品与文化服务等多种现实依托来实现文化遗产保护。

●**保护文化遗产与农村就地现代化观** 在中国,文化遗产保护还证明了一个重要的观念变革——中国现代化观念的变革。在传统的现代化观念看来,工业化、城市化、市民化几乎是唯一选项。然而,学界早已提出了农村就地现代化的观念。2017年2月5日,"田园综合体"作为乡村新型产业发展的亮点措施被写进中国共产党中央一号文件:支持有条件的乡村建设以农民合作社为主要载体、让农民充分参与和受益,集循环农业、创意农业、农事体验于一体的田园综合体,通过农业综合开发、农村综合改革、转移支付等渠道开展试点示范。"田园综合体"是集现代农业、休闲旅游、田园社区为一体的特色小镇和乡村综合发展模式,是在城乡一体化格局下,顺应农村供给侧结构改革、新型产业发展,结合农村产权制度改革,实现中国乡村振兴的一种新型发展模式。可以看出,"田园综合体"

发展模式,就是通过综合化发展产业和跨越式利用农村资产实现就地现代化,其重要动力之一就是充分利用乡土文化,其中包括各类文化遗产。

●**新发展理念与文化遗产的保护** 2015年10月,习近平在《中共中央关于制定国民经济和社会发展第十三个五年规划的建议》的说明中强调发展理念的重要性,认为发展理念是发展行动的先导,是管全局、管根本、管方向、管长远的东西,是发展思路、发展方向、发展着力点的集中体现。2015年10月29日,习近平在中国共产党第十八届五中全会第二次全体会议上的讲话中更加鲜明提出了新时代创新、协调、绿色、开放、共享的发展新理念,明确了新发展理念的基本内涵。新发展理念符合中国国情,顺应时代要求,对破解发展难题、增强发展动力、厚植发展优势具有重大指导意义。创新发展注重的是解决发展动力问题;协调发展注重的是解决发展的不平衡问题;绿色发展注重的是解决人与自然和谐发展问题;开放发展注重的是解决发展内外联动的问题;共享发展注重的是解决发展的社会公平正义的问题。如何按照新发展理念搞好文化遗产的保护和传承,一要用创新的方式探讨文化遗产保护与传承的有效路径;二要用协调的手段推进各地各级及各主体之间文化遗产保护与传承的平衡;三要用绿色的观念实现文化遗产保护与传承中的人与自然的和谐;四要用开放的胸怀与措施促进中国和世界文化遗产保护与传承;五要用共享的理念实现文化遗产传承与保护的共享共建共荣目标。新发展理念最根本的目的是"以人民为中心",真正做到一切发展为了人民,一切发展依靠人民,一切发展成果由人民共享,一切发展为了最终实现人的全面发展,即人的解放。

二、当代中国文化遗产的保护与开发模式①

1. 物质文化遗产保护与开发模式

●**博物馆式保护与产业开发模式** 经济社会的发展,从整体上推动了博物馆从以"征集、保护、研究、传播"职能为核心,以宣传、教育、科研为目的的传统公益性机构演进为社会教育传播机构和文化创意产业链中的一个环节,在文化旅游,展览,文化休闲,文物复制品生产、销售等行业和领域切入市场体系。它有如下模式类型:**第一,公共博物馆的开发模式。**在市场经济的催发之下,现代公共博物馆的文化遗产保护与市场发展功能形成了相辅相成的关系。如上海博物馆从1996年至2007年的10多年里,已成功开发出了1600多种文化商品,年销售额

---

① 本专题根据傅才武,陈庚《当代中国文化遗产的保护与开发模式》一文改编。傅才武,陈庚.当代中国文化遗产的保护与开发模式[J].湖北大学学报(社会科学版),2010(4):93-98.

约2500万元,甚至超过了门票收入。综合看来,现代博物馆的产业开发模式,主要是以文化遗产、文化资源作为内容基础,通过跨媒体的合作,进行文化旅游开发、文化纪念品销售、文物复制、会展展览等形式实现其经济价值。**第二,民间博物馆的产业开发模式。**在国营博物馆之外,民间博物馆是一种重要的文化力量。中国2002年修订的《中华人民共和国文物保护法》首次确立了民间收藏的合法地位。民间博物馆获得了快速发展的政策环境。在国家宏观政策制度的支持下,借鉴西方国家民间博物馆发展的典型经验,将会促进中国民间博物馆的快速成长。**第三,数字博物馆的开发模式。**数字博物馆是指运用网络技术、信息技术、多媒体技术来实现文物的保管、研究、陈列、教育等功能。数字博物馆将博物馆的藏品、图书、文献、研究成果、影像等资源进行数字化运作,形成信息资源,使之便于保存、储存、传播和使用。目前,中国的数字博物馆发展已颇具规模。如中医药数字博物馆、科学与艺术数字博物馆、中国航空数字博物馆、农业数字博物馆、北京数字博物馆、船舶数字博物馆、羌族文化数字博物馆等。其中最典型的数字博物馆为"数字故宫"。"数字故宫"是为更好地保护和利用故宫博物院丰富的文化资源而提出的全新理念。

●**大遗址保护与整体开发模式** 所谓大遗址,联合国教科文组织定义为:从历史、审美、人类学角度看具有突出普遍价值的人类工程或自然与人联合工程以及考古地址。《中华人民共和国文物保护法》第二条,将大遗址定义为大型的古文化遗址,也包括一部分古墓葬、其他设施遗迹及其群体。如北京周口店、河南偃师二里头遗址、秦始皇陵、西安附近西汉及唐代帝陵等。中国的大遗址数量多,规模较大,其保护和利用模式主要有四种方式:一是将整个遗址区规划建成遗址公园,如西安大明宫遗址公园;二是将遗址区与风景区结合,建成文化遗产旅游景区;三是将整个遗址区建成森林公园;四是将遗址保护与现代农业园区结合,建成历史文化农业园区等。中国大遗址保护项目中具有典型意义的是安阳殷墟大遗址的保护与展示。安阳殷墟大遗址是中国大型土质遗址,殷墟遗址的保护与展示主要有以下三种形式:(1)不可移动文物的保护与展示,包括:地下封存、原址地表夯土展示;地下封存、原址复制展示;地下封存、原址加固保护展示;地下封存、原址地表植被标识展示;地下封存、原址地表砂石标识展示;原址原物覆罩保护展示。(2)可移动文物的保护与展示,采取建设博物馆、集中保护展示的方法。(3)文物知识的科普展示。安阳殷墟大遗址的保护与展示项目在保护与展示理念、展示手段与方法、保护机制与体制等方面实现了创新。

●**文化遗产旅游开发模式** 文化遗产是历史文化与文明的结晶,是国家民族文化特色的重要载体,也是可供利用的重要的旅游资源。如中国的武当山、峨眉山、泰山、庐山、黄山、武夷山、都江堰、承德避暑山庄、故宫等都是享誉中外的旅游名胜文化遗产。以文化遗产为中心的旅游开发模式的特点是:(1)以文化遗产为中心,以其他自然景观、文化景观、民俗景观、纪念品为支撑,形成一个旅游产品群,互相支持。(2)地方政府作为外部的主要推动力,起到创造良好的政策、体制环境,引导和支持企业进入旅游开发系统的作用,并建立制度性约束机制,保护文化遗产的原真性、完整性。(3)旅游和相关服务企业注入资金,进行旅游开发并获得价值收益。价值收益的分配以谁投资谁受益为主要原则,但同时需提取相应的资金以投入文化遗产的保护、维护、修缮等工作。

●**城市历史街区开发模式** 历史文化街区作为文化遗产的重要组成部分,也是文化遗产开发的一个重要内容。历史文化街区的保护与开发,西方发达国家业已形成一些较为成熟的经验。中国历史文化街区的保护,主要涌现出上海的"新天地"模式,桐乡的"乌镇"模式,北京的"南池子"模式,苏州的"桐芳巷"模式和福州的"三坊七巷"模式。其他的一些历史文化街区,如北京琉璃厂街、菊儿胡同、沈阳盛京古文化街、黄山屯溪老街等都形成了相应的保护与开发经验。

●**村落开发模式** 在2000年联合国教科文组织第二十四届世界遗产委员会会议上,安徽省黟县西递、宏村两处古民居以其保存良好的传统风貌被列入世界文化遗产,掀起了古村落开发的热潮。目前,中国古村落的分布,以浙江、安徽、江西三省遗存最多,其中浙江的古村落保存最好。在中国,古村落的保护与开发形成了诸多的模式。在古村落与民居的旅游开发中,目前所采用的模式大致可以归为两种类型:一是外部介入性开发模式,一是内生性开发模式。**第一,外部介入性开发模式**。是指以外部主体(政府或企业)介入古村落的开发和保护过程之中,具有外部刚性的特点。如浙江永嘉县楠溪江古村落的保护与开发。**第二,内生性开发模式**。是指古村落的居民及其基层组织(村委会)作为直接利益主体实行自主运营、自主开发和保护的模式。浙江兰溪诸葛村是这一开发模式的典型。诸葛村"村治"模式的核心是:村民自筹资金,自我开发,自我保护。

2. 非物质文化遗产保护与开发模式

●**民俗博物馆保护与开发模式** 民俗博物馆属于博物馆中的专题性博物馆,它以征集、收藏、研究、展示地域的和民族的生产、生活、民俗、信仰、娱乐等民俗文化类型为主要宗旨,也是遗产管理的重要单位之一。目前,中国民俗博物馆成为社会关注热点,较为著名的是北京民俗博物馆、苏州民俗博物馆、天津民俗博物馆、南京民俗博物馆、山西河边民俗博物馆等。这些民俗博物馆以举办形式新颖的民俗展览和开展丰富多彩的民俗活动来达到彰显和弘扬民族民俗文化的目的。同时,一些新的产业模式也引入了民俗博物馆的经营范畴,如开发特色民俗工艺品等衍生产品,将剪纸、绒花、刺绣等民俗工艺品从陈列层面拓展到开发、设计和包装特色民俗工艺品的层面之上，并设计游客参与制作的服务，推行体验型文化消费，邀请民间艺术家或当地民间艺人进行现场表演等。

●**节庆文化保护与开发模式**　节庆文化开发模式是指以民俗节日、民俗活动或民俗文化为主题，以举办大型庆典活动为形式的旅游开发模式。节庆文化开发多以民族性的传统节日、民族文化艺术活动为契机，开展观光和文化体验相结合的旅游活动，其模式特点为：突出地方特色和文化特色，引入多元化的投资主体，将节庆活动转变为节庆产业，形成"政府牵头、公司经营、社会参与"的多元化举办模式。中国的节庆文化开发，较为成功的有龙虎山道教文化旅游节、曲阜国际孔子文化节等。另外，绍兴乌篷船风情旅游节、舟山中国国际沙雕节、武汉国际杂技节、中国吴桥杂技节、傣族泼水节、五台山国际旅游月、九华山庙会、大理三月街民族节等都是目前国内较有影响且形成了一定品牌的节庆活动。

●**特色餐饮开发模式**　在民俗文化中，不同风格的餐饮逐步成为人们领略不同特色文化的一种重要途径。餐饮作为非物质文化遗产的开发，与旅游业和演艺业等行业相配套，形成了一个餐饮与旅游等行业相互带动的发展模式。"特色餐饮"是人们可以直接感知的文化符号，成为中西方文化的标识之一，以餐饮为平台，汇聚多种多样的民间非物质文化遗产资源，以销售、展示、演出等形式实现非物质文化遗产的传承、更新和开发。如中国四川成都锦里古街，相传是三国时蜀汉驻兵马之地，目前锦里是四川非物质文化遗产的汇聚地，包括蜀绣、蜀锦、竹帘画、剪纸、泥塑、木雕等手工艺品，也有川茶、川菜、川酒、川药、川戏等古蜀文化元素，以及张飞牛肉、蚕丝被、诸葛连弩等蜀地特产。2002年，成都武侯祠博物馆组建公司投资修建并经营管理锦里古街。锦里古街以三国文化为灵魂，以明清建筑风格为外貌，以川西民风、民俗为内容，被誉为成都的《清明上河图》。锦里的开发经验是：以四川风味的小吃作为第一招牌，将民俗、民风、民艺汇聚一堂，衍生出餐饮、演艺、旅游、展示为一体的综合产业体。

●**演艺开发模式**　非物质文化遗产中的表演艺术，具有鲜明的民族特色，既是发展文化的重要载体，也是一种可经营的文化遗产资源，如中国的京剧、美国的音乐剧，业已成为其他民族了解本民族的窗口。目前，中国演艺市场上出现了一些将民族民间文化资源与旅游产业相结合的成功范例。如《印象·刘三姐》《云南印象》《风中少林》《丽水金沙》等。《印象·刘三姐》以桂林阳朔漓江山水为舞台，以脍炙人口的壮族刘三姐民歌为素材，按照文化产业方式运作，取得了巨大的经济效益，同时拉动当地旅游及相关产业的发展。《云南印象》由舞蹈艺术家杨丽萍与合伙人荆林共同投资，按照"企业化管理、市场化运作、产业化发展"的市场定位，成立产业公司来运作。该剧创造了6个中国舞坛之最：演出阵容最大、巡演时间最长、演出城市最多、演出场次最多、上座率最高、票房收入最好。

《风中少林》将武术与舞蹈融为一体,以爱情故事为主线,挖掘少林文化的内涵编演而成。该剧首演后,效益轰动,引起美国、法国、英国、瑞典等 10 多个国家演艺机构的关注,于 2006 年 7 月开始了在美国两年的巡演。

●**主题公园开发模式** 主题公园开发模式,是指在一定区域(园区)内,通过仿造民俗环境、表演民俗节目或生产、生活中的某些民俗活动,形成文化遗产集中展示、旅游者参与体验的一种民俗旅游产业发展方式。在中国,深圳的"中国民俗文化村"、山东省安丘市的"青云山民俗游乐园"、临沂市的"圣能游乐园"、济南市"九顶塔民族风情园"、莒南县的"沂蒙乡村风情园"、河南省开封市的"清明上河园"等都是典型的民俗文化主题公园。2006 年,成都开始筹建中国第一个专门性的非物质文化遗产主题公园。2007 年 5 月,成都非物质文化遗产公园正式开园,并在 2007 年 5 月 23 日—6 月 10 日举办了"中国成都国际非物质文化遗产节"。

●**物化产品开发模式** 非物质文化遗产是一种无形的、非物化的资源,具有深厚的文化底蕴和高度的审美价值,也颇具产业开发的价值。非物质文化遗产的物化开发最为典型的当属国家社科基金重大项目——十部"中国民族民间文艺集成志书"的编纂出版。文化部、国家民委、中国文联自 1979 年发起并组织编撰,经过全国 10 余万文艺工作者 25 年的努力,于 2004 年将 298 卷,450 册,约 4.5 亿字的编撰工作全部完成,并于 2009 年全部完成出版。中国民族民间文艺集成志书覆盖了中国民族民间音乐、舞蹈、戏曲、曲艺和民间文学诸学科,收集、整理了流传于民间的各民族文学艺术的基础资料,将中华民族几千年来散落在民间的无形精神遗产变成有形文化财富,为非物质文化遗产的保护与开发提供了系统、丰富、可靠的资料文本。非物质文化的物化开发的途径不仅包括将非物质文化遗产资源转化为文本一途,在此基础上也可以更进一步打造相关的产业链,如制作数字动漫产品和网络游戏等。

●**影视开发模式** 非物质文化遗产的影视保护与开发通常有两种形式:***第一,是民俗影视纪录片的形式。***通过真实、科学、动态、多维地记录文化原貌,保存、保护和展示民俗文化原生的形态和形成发展的历程,成为一种"活态文献"。例如,中央电视台制作的节目《昆曲六百年》《中国记忆》等,浙江省拍摄的"文遗系列"电影《皮影王》《十里红妆》《鼓舞天下》等,河北投拍反映非物质文化遗产二人台的电影《荞面旦》及其姊妹篇《骆驼旦》等。***第二,产业化影视开发模式。***即以非物质文化为题材,通过电影、电视公司、音像公司的影视化运作,创作出适合市场需求的影视作品。这种产业化的开发模式,比较典型有《少林寺》《红楼梦》《西游记》《三国演义》《赤壁》等。

以上分析了文化遗产保护与开发中的一些较为典型的模式,尚有一些区域性和非普及性的模式没有列入本文的研究范畴,如物质文化遗产的园林保护与开发模式,陵墓园区保护与开发模式,非物质文化遗产的知识产权保护模式、地理标志保护模式,等等,这些模式也具有典型意义,可作为文化遗产保护与开发过程中的参照范本。随着理论研究的深化和现代技术手段的进步,社会和业界定会创设出更多的模式和经验。

附3:中华人民共和国保护文化遗产大事年表

1950年
● 5月24日,政务院颁发《禁止珍贵文物图书出口暂行办法》。同日颁发《古文化遗址及古墓葬之调查发掘暂行办法》,对考古发掘工作做出了比较全面的规定。明确了"凡地下埋藏及发掘所得之古物、标本概为国有"。

1950年
●文化部、对外贸易部发布《文物出口鉴定标准的几点意见》。

1961年
● 3月4日,国务院发布《文物保护管理暂行条例》。

1963年
●文化部发布《文物保护单位保护管理暂行办法》《革命纪念建筑、历史纪念建筑、古建筑、石窟寺修缮暂行管理办法》。

1964年
●文化部发布《古遗址、古墓葬调查发掘暂行管理办法》。

1978年
●国家文物管理局发布《关于加强对长城保护的通知》。

1979年
●《中华人民共和国刑法》发布并制定了两条有关文物犯罪的规定:一是"盗运珍贵文物罪";一是"故意破坏国家保护的珍贵文物、名胜古迹罪"。

1981年
●国务院办公厅下发《转发文化部和国家文物事业管理局关于长城破坏情况调查报告的通知》。

1982年
●全国人大常委会通过并发布《中华人民共和国文物保护法》,这是中国在文化领域的第一部法典。●国务院批转国家基本建设委员会、国家文物事业管理局和国家城市建设总局《关于保护中国历史文化名城的请示》的通知。

1983年
●城乡建设环境保护部下发《关于加强历史文化名城规划工作的通知》。

1984年
●文化部颁发《关于使用文物古迹拍摄电影、电视故事片的暂行规定》。●文化部、公安部发布《古建筑消防管理规则》。

1985年
●文化部发布《革命纪念馆工作试行条例》。● 12月12日,中国正式加入《保护世界文化与自然遗产公约》。

续表

1986 年
●中国开始向联合国教科文组织申报世界遗产项目。●国务院发布《长城保护条例》。●文化部发布《省、自治区、直辖市文物考古研究所工作条例》《博物馆藏品管理办法》。

1987 年
●中国加入《保护世界文化与自然遗产公约》后首批 6 个世界遗产获成功申报。●文化部发布《文物商店向国内群众销售文物试行办法》。

1989 年
●中国加入国际《关于禁止和防止非法进出口文化财产和非法转让其所有权的方法的公约》。●国务院发布《中华人民共和国水下文物保护管理条例》。●文化部发布《文物出境鉴定管理办法》。

1990 年
● 9 月 7 日,第七届全国人大常委会审议通过《中华人民共和国著作权法》。

1991 年
●国务院发布《中华人民共和国考古涉外工作管理办法》。

1992 年
●国务院发布《中华人民共和国文物保护法实施细则》。

1997 年
● 5 月 20 日,国务院发布《传统工艺美术保护条例》。

1999 年
● 国际建筑师协会第 20 届世界建筑师大会于 1999 年 5 月在北京召开并通过了《北京宪章》。●中国加入国际《关于发生武装冲突时保护文化财产的公约》及其第一议定书。● 10 月 29 日,中国当选为世界遗产委员会成员。

2001 年
●文化部发布《文物藏品定级标准》。

2002 年
● 8 月 2 日,国务院发布《中华人民共和国著作权法实施条例》。● 10 月 28 日,全国人大常委会通过修订《文物保护法》。

2003 年
● 5 月 18 日,国务院发布《中华人民共和国文物保护法实施条例》。●文化部发布《文物保护工程管理办法》。● 11 月,由全国人大教科文委成立的起草小组,形成《中华人民共和国民族民间传统文化保护法(草案)》,这是《中华人民共和国非物质文化遗产法》的前身。

2004 年
● 6 月 28 日至 7 月 7 日,联合国教科文组织第 28 届世界遗产大会在苏州召开。这是中国政府第一次承办世界遗产大会。会议决定,从 2006 年起,每个缔约国每年申报的世界遗产项目从 1 项改为最多 2 项,其中至少包括一项自然遗产提名。会议发表《苏州宣言》。宣言呼吁将青少年作为世界遗产保护教育的重点。● 8 月 28 日,全国人大常委会做出关于批准《保护非物质文化遗产公约》的决定。●文化部发布《文物行政处罚程序暂行规定》。

续表

2005 年
● 3月26日,国务院办公厅发布《国务院办公厅关于加强中国非物质文化遗产保护工作的意见》。《意见》同时有三个附件。附件1:《国家级非物质文化遗产代表作申报评定暂行办法》;附件2:《非物质文化遗产保护工作部际联席会议制度》;附件3:《非物质文化遗产保护工作部际联席会议成员名单》。●文化部发布《博物馆管理办法》。● 10月17日至21日,在中国西安召开国际古迹遗址理事会第15届大会,会上通过了该领域的《西安宣言》。●国务院发布《中华人民共和国文物保护法实施细则》。

2006 年
●国务院发布《长城保护条例》。●文化部发布《古人类化石和古脊椎动物化石保护管理办法》。● 5月20日,国务院发出《国务院关于公布第一批国家级物质文化遗产名录的通知》,公布首批518项国家级非物质文化遗产名录。● 7月13日,财政部、文化部发布《国家非物质文化遗产保护专项资金管理暂行办法》。● 10月25日,文化部审议通过《国家级非物质文化遗产保护与管理暂行办法》。● 12月22日,发布《国务院关于加强文化遗产保护的通知》,其中一项重要举措是:决定从2006年起,每年六月的第二个星期六为中国的"文化遗产日"。

2007 年
● 6月5日和2008年1月26日,文化部先后公布第一批、第二批国家级非物质文化遗产项目代表性传承人名单,共计777人。●文化部发布《文物进出境审核管理办法》。

2008 年
●国务院发布《历史文化名城名镇名村保护条例》。●文化部发布《国家级非物质文化遗产项目代表性传承人认定与管理暂行办法》。● 6月7日,国务院发布《国务院关于公布第二批国家级非物质文化遗产名录和第一批国家级非物质文化遗产扩展项目名录的通知》。国务院批准文化部确定的第二批国家级非物质文化遗产名录(共计510项)和第一批国家级非物质文化遗产扩展项目名录(共计147项)。

2009 年
●文化部发布《文物认定管理暂行办法》。

2010 年
● 7月9日,文化部办公厅、国家文物局办公室发布《关于把握正确导向做好文化遗产保护开发工作的通知》。

2011 年
● 2月25日,第十一届全国人大常务委员会审议通过《中华人民共和国非物质文化遗产法》。● 5月23日,国务院发布《国务院关于公布第三批国家级非物质文化遗产名录的通知》,国务院批准文化部确定的第三批国家级非物质文化遗产名录(共计191项)和国家级非物质文化遗产名录扩展项目名录(共计164项)。

2012 年
● 5月4日,财政部、文化部发布关于印发《国家非物质文化遗产保护专项资金管理办法》的通知。

2014 年
● 12月3日,国务院公开发布《国务院关于公布第四批国家级非物质文化遗产代表性项目名录的通知》,国务院批准文化部确定的第四批国家级非物质文化遗产代表性项目名录(共计153项)和国家级非物质文化遗产代表性项目名录扩展项目名录(共计153项)。

续表

2015 年
- 4月24日,第十二届全国人大常委会审议通过关于修改《中华人民共和国文物保护法》的决定。至此,《文物保护法》自1982年制定以来,已经过四次修正。

2016 年
- 3月4日,国务院发布《国务院关于进一步加强文物工作的指导意见》。

【思考与讨论】

1. 什么是物质文化遗产和非物质文化遗产?提出保护文化遗产有何意义?
2. 简述国际物质文化遗产和非物质文化遗产公约的基本内容。
3. 中国保护文化遗产工作有哪些特点和创新?
4. 保护传承文化遗产有哪些主要模式?
5. 组织一次参观中国文化遗产的活动,并写出你的感受与大家交流。

主要参考文献

1 常秉义.中国古代发明[M].北京:中国友谊出版公司,2002.
2 陈廷湘,敖依昌.中国文化[M].重庆:重庆大学出版社,2001.
3 范文澜.中国通史[M].北京:人民出版社,1979.
4 冯天瑜,何晓明,周积明.中华文化史[M].上海:上海人民出版社,1990.
5 冯天瑜.中国文化的昨天、今天和明天[M].武汉:武汉大学出版社,2001.
6 冯友兰.中国哲学简史[M].北京:北京大学出版社,1985.
7 冯国超.中华文明史(彩图版)[M].北京:光明日报出版社,2002.
8 郭沫若.十批判书[M].北京:科学出版社,1956.
9 郭齐勇,吴根友.诸子学志[M].上海:上海人民出版社,1998.
10 葛兆光.禅宗与中国文化[M].上海:上海人民出版社,1986.
11 葛兆光.古代中国社会与文化十讲[M].北京:清华大学出版社,2002.
12 韩鉴堂.中国文化[M].北京:国际文化出版公司,1994.
13 翦伯赞.秦汉史[M].北京:北京大学出版社,1983.
14 翦伯赞.中外历史年表[M].北京:中华书局,1961.
15 教育部高等学校社会科学发展研究中心组.中国古代灿烂文化[M].北京:高等教育出版社,2001.
16 金元浦,等.中国文化概论[M].北京:首都师范大学出版社,1999.
17 冷成金.中国文学的历史与审美[M].北京:中国人民大学出版社,1999.
18 李衡眉.中国史前文化[M].广州:广东人民出版社,2001.
19 李泽厚.美的历程[M].北京:中国社会科学出版社,1984.
20 李宗桂.中国文化概论[M].广州:中山大学出版社,1988.
21 刘长林.中国系统思维[M].北京:中国社会科学出版社,1990.
22 刘文英.中国哲学史[M].天津:南开大学出版社,2002.
23 刘泽华.先秦政治思想史[M].天津:南开大学出版社,1984.
24 林甘泉,等.从文明起源到现代化——中国历史25讲[M].北京:人民出版社,2002.
25 林耀华.原始社会史[M].北京:中华书局,1984.
26 吕大吉.宗教学通论新编[M].北京:中国社会科学出版社,1998.
27 毛佩琦,李泽奉.岁月河山:图说中国历史[M].上海:上海古籍出版社,1989.
28 马中.中国哲人的大思路[M].西安:陕西人民出版社,1993.
29 牟钟鉴.儒学价值的新探索[M].济南:齐鲁书社,2001.
30 启良.中国文明史[M].广州:花城出版社,2001.
31 邵汉明.中国文化精神[M].北京:商务印书馆,2000.

32	天津师范学院历史系.中国简史[M].北京:人民教育出版社,1979年.	
33	吴中杰.中国古代审美文化论[M].上海:上海古籍出版社,2003.	
34	夏乃儒.中国哲学三百题[M].上海:上海古籍出版社,1988.	
35	徐旭生.中国古史的传说时代[M].北京:文物出版社,1985.	
36	杨鹤皋.中国法律思想史[M].北京:北京大学出版社,1988.	
37	于可.世界三大宗教及其流派[M].长沙:湖南人民出版社,1988.	
38	虞云国,等.中国文化史年表[M].上海:上海辞书出版社,1990.	
39	袁行霈.中华文明大视野[M].南昌:21世纪出版社,2002.	
40	张岱年,方克立.中国文化概论[M].北京:北京师范大学出版社,1994.	
41	张习孔,田珏.中国历史大事编年[M].北京:北京出版社,1987.	
42	张正明,刘玉堂.荆楚文化志[M].上海:上海人民出版社,1998.	
43	郑定.中国传统法律与现代法制文明[J].人民论坛,2001(1):59-61.	
44	中国历史博物馆.简明中国历史图册[M].天津:天津人民美术出版社,1980.	
45	中国青年出版社编辑部.中国古代史常识[M].北京:中国青年出版社,1980.	
46	中国史稿编写组.中国史稿[M].北京:人民出版社,1976.	
47	钟敬文.民间文学概论[M].上海:上海文艺出版社,1980.	
48	宗白华.美学散步[M].上海:上海人民出版社,1981.	
49	王蕾,李自华.邓小平对改革开放前30年历史的科学认识和判断[J].中国社会科学研究论丛,2014(2):119-122.	
50	宋福范.整体性视阈下的中国特色社会主义理论体系[J].中共中央党校学报,2013(6):28-34.	
51	裴长洪,李程骅.中国特色社会主义理论体系的新发展——习近平总书记系列重要讲话学习体会[J].南京社会科学,2014(5):1-9.	
52	张喜德.试论习近平的中国传统文化观[J].中国延安干部学院学报,2016(5):31-41.	